彦兰 著

嫁个好男人

——女子婚恋经典全书

作家出版社

目 录

上卷♡恋爱篇

第一章 / 好男人不要错过

第二章 / 远离垃圾男人

第三章 / 有些爱，必须放手

第四章 / 恰当处理两性关系

第五章 / 让自己变得强大

下卷 ♡ 婚姻篇

第六章 / 营造和谐家庭

第七章 / 交流沟通，爱是基础

第八章 / 与丈夫相处技巧

第九章 / 智应生活

上卷♡恋爱篇

第一章 / 好男人不要错过

得到的才是最好的

有些缘分，错过一次就错过一生。所以，在他还属于你的时候要好好把握机缘。记住：爱一个人就是给予。你给的同时，也会得到。得到的才是最好的。

出身书香门第的薛颖犹如古画中走出的美人儿，周身散发着水墨香气。冰雪聪明的薛颖容貌秀丽，高挑的身子婀娜多姿，款款而行如杨柳迎风摆动，飘逸、温婉、含蓄。薛颖才华横溢，但性格文静内敛，含而不露，从不爱出风头。在女孩比男孩更开放的今天，薛颖犹如一株散发着幽香的翠玉牡丹，其独特而高贵的气质让众男生为之倾倒。

然而，薛颖觉得那些围着自己转的男生只是看上了自己的外表，没人能读懂自己浩如烟海的内心世界。加之教授父母从小对自己的严格要求，薛颖从初中到大学毕业一路拒绝着众男生对自己的追求，直至考取了研究生。新学期到校时，父亲托一位曾是自己学生并在那个城市工作的小伙子到机场接她。小伙子叫陈熙，博士生，在一家国家级的科研单位上班。陈熙出现的一刹那，薛颖并不反感，当时只是不反感而已。因为，陈熙文质彬彬、相貌堂堂。不过，这样的小伙子薛颖见过很多，所以也不觉有什么特别的。

可就在陈熙帮薛颖放好行李、打开车门、很绅士地低头含胸做势邀请薛颖上车时，陈熙熠熠生辉的眼眸看着身高一米六八还穿高跟鞋的薛颖打趣道："你好高，你怎么可以这么高呢？快跟我一样高了，怎么可以？"

就这一刹那，薛颖恍惚起来。她想起张爱玲第一次见胡兰成，胡兰成送张爱玲走出弄堂时，胡兰成也是这么说张爱玲，“你的身材这样高，这怎么可以？”只这一句话，就忽地把两人的距离拉近了。此时，薛颖的心境居然也是一样的。一刹那的工夫，薛颖顿觉身边这个陌生的男士好像跟自己认识了多年，变得亲切和熟悉了，更何况对方还是父亲的学生。初次见面，薛颖几乎就在心里把自己交给了陈熙。

一路开车回城，陈熙的博学、幽默、睿智，更是加深了薛颖对他的好感。陈熙带她上最好的馆子，带她到学校帮她安顿好一切，一路体贴入微……

当陈熙离去，薛颖已经有些依依不舍，眼里缠绕的是缱绻的柔情……她渴望再看到这个男人。但她不敢出声，她太含蓄。酷爱文学的薛颖是张爱玲迷，她太喜欢张爱玲了，当陈熙对自己突兀地说出那番话时，她觉得自己就是张爱玲。但她不希望自己遇上胡兰成。那胡兰成简直就是极品垃圾啊！她怕这个陈熙真是胡兰成。不是怕他是个汉奸，而是怕他已有妻或未婚妻还那么理所当然想要得到她。

其实薛颖不知道，心高气傲的陈熙跟她一样，这些年对异性也很挑剔，至今没遇上生命中的那个公主，看到薛颖的那一刻，他觉得这女孩子就是上帝专门为他准备的。

陈熙开始向薛颖发动攻势，追求薛颖。他太有优势了，薛父喜欢他，而且他通过自己的老师了解了薛颖的脾性和喜好，于是投其所好，经常给薛颖买好吃的，带她看她喜欢的电影，给她买精装的全套张爱玲集，因为他知道她是张迷。

薛颖也知道了陈熙绝不会是胡兰成，他是个非常优秀的男人，优秀到让她自卑……遇上这男人，那真真是：于千万年之中，时间无涯的荒野里，没有早一步，也没有迟一步……见了他，她变得很低很低，低到尘埃里。但她心里是欢喜的，从尘埃里开出花来。

薛颖的心早就被陈熙所占据，但她却不打算让陈熙知道自己对他的感情。在她想来，那么轻易对男人表示好感就会让自己身价大跌的。

尽管陈熙竭尽所能讨好薛颖，一心想娶她为妻，但薛颖总害怕陈熙一旦得到自己就会对自己不再好奇不再珍惜。不是说，得不到的才是最好的吗？所以，面对陈熙的狂热追求，薛颖总是很矜持：既不答应，也不拒绝。但她很享受陈熙对自己的追求。她希望陈熙把她当高贵的公主永远追求下去……

可是陈熙不想跟她玩拉锯战，因为这拉锯战已经玩了一年多了。如果看不到希望，他就打算急流勇退了。那次国庆长假，陈熙邀薛颖去海南七日游，陈熙想，如果她答应自己，就表明她答应自己的追求了。

薛颖真的答应了，这让陈熙欣喜若狂，那两天他兴奋到失眠。薛颖能感觉到陈熙很爱很爱自己，跟他去哪儿，她都会很安全，她知道他绝不会伤害自己。所以，想着能跟自己心爱的人到天涯海角，她也很兴奋很激动。

他们跟旅游团去，在导游看来，他们不是新婚夫妇就是热恋中的情侣，所以晚上入住的时候，导游给他们开了同一间房，房间里只有一张双人床。薛颖有些恐惧，尽管这是早在意料中的事情，但她真的没有细想过他们两人会睡在一起。睡在一起，不就意味着把自己完全给对方了吗？他得到自己之后，还会这样热烈追求我吗？薛颖一直想这个问题，患得患失，完全没了主意。

当陈熙抱住薛颖的那一刻，薛颖浑身哆嗦着，那种晕眩和激动令她陶醉，但一想到往下发展就得把自己的身心交付给对方的时候，薛颖一把推开陈熙，“不行，我不想这样……”

陈熙对她百般呵护，不断哄她抚慰她，说，总会有第一次的。他向她发誓：他爱她，想娶她为妻，一定会好好珍惜她。只要她愿意，他们从海南回去就马上去登记结婚。但薛颖就是不从，激动的陈熙，甚至想用暴力征服她。但是，不管他怎么折腾，他就是无法进入薛颖的身体。最后，陈熙冷静了，同时明白了一个道理：只要女的不愿意，男人根本就无法强奸女人。再说了，他们之间，如果强迫对方，那就太不应该了。

陈熙安慰自己：单纯又传统的薛颖还不习惯跟陌生的男人同在一张床上，她这种反应是很正常的。只要她愿意嫁给自己，他会配合她坚持到新婚的那天晚上。于是，薛颖让他睡地板，她自己睡床。他同意了。

接下来的几天，薛颖一如既往地跟他很亲密，很享受他对她的照顾，但一回到房间，薛颖却不愿意陈熙进一步亲密，连拥抱也没有。漫长的一个星期，在房间只有两个人的时候，陈熙不断问薛颖：你爱我吗？你愿意嫁给我吗？

也许陈熙平时对薛颖太过纵容，薛颖已经习惯了在陈熙面前任性，她知道他爱她，所以，她觉得自己无论如何对他他都会不由自主地爱自己的。于是薛颖总是故意任性道：“不知道哦，我还没想清楚呢。”

她确实还没想清楚，她知道陈熙很爱自己，自己也很爱他，但她害怕一旦把自己给了对方，对方就不再珍惜自己，身边太多这样的故事了，她才不跟那些傻女人一样轻易把自己的感情和身体交给哪个男人呢，哪怕对方是自己很爱的男人。她只想跟他出来玩，只想享受他对自己的好。

离开海南的最后一个晚上，陈熙听到的依然是这个答案，于是陈熙声调里有着明显压抑的愤怒，“你没想清楚怎么答应跟我出来玩呢？你这行为是不是太草率了？”

一听这话，薛颖不高兴了，赌气道：“我把你当哥哥不行吗？跟你出来玩就非得爱你、跟你睡觉、嫁给你啊？如果你很计较，我把机票、旅游费用还给你好了。”此时的薛颖，对爱情是自卑的，但对自己却是极度的自恋。

陈熙的挫败感差点让他失控，他想骂人甚至想打人！但他最终还是控制住了自己的情绪。他终于想明白：不属于自己的东西，再怎么求也求不来。

从海南回来的一路，陈熙依然对薛颖很好，但多了份客气。薛颖却很享受自己的坚持，她相信自己的行为不会有错，在满世界都是随便女孩的今天，陈熙只会更加爱她珍惜她。她相信陈熙的心永远都是她的。

其实，她真的很爱那个把她捧在手心上的男人，可是她害怕真的嫁给这个男人后就再也没有了这份美好的感觉。她觉得张爱玲对男人的了解是很透彻的，她特别相信张爱玲的那句话：也许每一个男子全都有过这样的两个女人，至少两个。娶了红玫瑰，久而久之，红的变成了墙上的一抹蚊子血，白的还是“床前明月光”；娶了白玫瑰，白的便是衣服上沾的一粒饭渣子，红的却是心口上的一颗朱砂痣。

所以，薛颖觉得要让陈熙永远记住自己，认为让他得不到自己才是明智的选择。至少，薛颖现在就是这么想的。

从海南回来，陈熙不再主动找薛颖，薛颖相信他只是一时赌气，不是说爱之深恨之切吗？她相信过一段日子，他就会情不自禁来找自己的。他是不可能忘得掉自己的。

可是两个月后，陈熙还不出现，薛颖开始焦急了，她实在太想见这个男人了。于是她主动约陈熙，陈熙接到她的电话很高兴，也很爽快，说很久不见了，他也很想见她，约好在咖啡馆见面。

在咖啡馆里见到陈熙的一刹那，薛颖激动到几乎流泪。可是薛颖发现，变得开朗的陈熙不像以前那么关心自己那么在乎自己了：以前在一起他总是细致地交代服务员她要的黑咖啡要加双份的奶不加糖，现在他不再有任何的交代；平时总是对她嘘寒问暖的，现在的他甚至没主动问她的任何情况；陈熙甚至一边回答她的问话一边不停看手机，似乎在跟什么人聊天，连跟她说话都显得心不在焉答非所问了。薛颖感到从没有过的失落，甚至是愤怒。可由于她内敛的性格，她是不可以太失礼的，只有强颜欢笑问他："在忙什么呢？跟女朋友发信息啊？"

陈熙很坦率，"是啊，同一单位的，一直暗恋我。以前一心在你身上，一直忽视她的存在，现在才发现，她是个好姑娘，我们相处一段时间了。"

薛颖愣了一下，不愿意相信这是真的，以为陈熙故意激将她。但还是忍不住酸溜溜地问："她一定比我漂亮比我聪明吧？"

陈熙温和地笑道："她没你漂亮，也没你聪明。"陈熙想加一句：可她比你爱我。但他忍了忍没有说。

薛颖听陈熙说女朋友没自己漂亮聪明，心里似乎有了些平衡感。心想，这男人始终都还会是自己的，她才是他心头的那颗朱砂痣，他会永远想着自己的。

这次分手，薛颖依然相信陈熙很爱自己，她甚至认为这次陈熙在她面前都是装的。想想当初他那么爱自己，怎么可能有别的女孩能代替她？陈熙不是说她比不上自己漂亮比不上自己聪明吗？她相信他说的是真的。

又过了几个月，陈熙似乎在她的生活中消失了，因为，陈熙连电话信息都没一个，甚至她给他的QQ留言他也不回了。这男人太可怕了，当初追自己的时候那么火热，怎么说变就变呢？薛颖想忘掉这个男人，但不仅忘不掉，反而越来越想念陈熙，于是薛颖几次主动打电话给他要见他，可陈熙都借口太忙走不开……

经过一段日子的煎熬，薛颖受不了了。这次她什么都不管了，她只想跟这个男人在一起，尽管有很多的男人追求自己，但没有人可以跟陈熙比。

这天周日，薛颖给陈熙打电话让他来自己租住的公寓，说自己得了重感冒动不了。陈熙很快来了，老师的女儿病了，他是不可以撒手不管的。

陈熙刚一进门，薛颖便扑进他的怀抱，边哭边诉说着自己对他的思念，此刻的薛颖已顾不上自己的矜持。

陈熙很激动，可是，很快他就把薛颖慢慢放开，冷静地说："好妹妹，我们的缘分已经过了。我现在已经是别人的了。"

薛颖没想到自己那么主动陈熙还拒绝自己，她一改往日的内敛温柔，拼命搂住陈熙的脖子，人也变得歇斯底里起来，"不可能！你永远是我的！你是在报复我！"

可是，陈熙还是把薛颖给推开，"你冷静点，我不是报复你，我已经把我自己给了别人，我跟她已经同居，我们准备结婚了。她爱我，我也爱她……”

“不！你是我的，你不可能跟别人结婚的！”薛颖边哭边喊起来。

看着身边自己曾经那么爱过的薛颖那样痛哭失声，陈熙也很心疼。可是想起薛颖无数次对自己的拒绝，自己百般哀求依然不曾对自己心软的这个女孩，陈熙的心硬起来，他觉得薛颖太任性、太自我。在自己很爱她、全身心对她好的时候，她总是视而不见，理所当然接受着，却从不回报自己的感情，现在他刚刚把伤疗好，她又拼命纠缠自己，她怎么可以自己想怎么样就怎么样？此刻，他的心、他的情已经给了那位答应嫁给自己，已经跟自己身心相融的女孩。就在前几天，女孩说她怀孕了，肚子里有他陈家的后代了。他是个责任心很强的男人，他是不可能抛弃那个把一切都交付给他的女孩的。

陈熙劝薛颖，“你冷静点，有些缘分，错过了就不能再来了。我们已经错过了。我和女朋友下个月就结婚……你是个非常优秀的女孩，你会找到真正属于你的白马王子的。”

“不可能，你不是说她没我漂亮没我聪明吗？你一定在说假话，你一定还爱着我，只是你不知道。”薛颖失声痛哭。

面对薛颖的失控和霸道，陈熙的声音变得冷漠而淡然，“她是没你漂亮没你聪明，但她属于我。她爱我，牵挂我，对我知暖知冷。你很优秀，但你不属于我，又与我何干？我只珍惜属于我的东西……”

不管薛颖如何痛惜，她再也追不回陈熙。

有些缘分，错过一次就错过一生。所以，在他还属于你的时候要好好把握机缘。记住：爱一个人就是给予。你给的同时，也会得到。得到的才是最好的。

牵住好男人的手

其实，世上从不缺少好男人，缺少的只是你的发现和欣赏。只要你留心，只要你真正懂爱和惜爱，好男人就在你我的身边……

还在读大二的雅萍是个开朗活泼的女孩，是校报的编辑。跟她一起负责校报的，还有几个男生和女生。

那个周日的下午，几个男生和女生忙完自己负责的板块后都先离开了。剩下雅萍和电子工程系的一名男生梁鸿。梁鸿是那种很普通的男生，扔在人堆里都挑不出来。雅萍对他也没什么特别的感觉。只是在一起工作，大家的关系都很好，像兄弟姐妹。

两人干完活准备离开时，梁鸿突然从自己的挎包里拿出一本书递给雅萍，“给，你说你找这本书，我无意中看到的。”

是英文版《一个国王的爱情故事》，雅萍找这本书找了很久一直找不到。所以一直叨叨着让大家帮她找这本书。

看到自己挚爱的书，雅萍乐疯了，不断地高呼着：“哇！梁鸿，你真棒啊！你太有本事了，我太喜欢你了！我爱死你了！”雅萍一边欢呼一边不断地吻着那本新书。

雅萍平时跟女伴们疯惯了，喜欢你啊、爱你啊一高兴就脱口而出。可此时此刻她说的“爱”字却把梁鸿给吓坏了。

梁鸿呆了会儿，冷眼瞧着手舞足蹈的雅萍，疑惑地说：“一本破书，没这么刺激你吧?”

梁鸿当时的神态毫无疑问地确认：站在她眼前的女孩一定是疯掉了。

雅萍的高兴劲还没缓过来，转头朝着梁鸿继续兴奋地说：“我就爱你了，你太让我高兴了。哈哈。”

梁鸿并不买她的账，冷冷地说：“你口中的那个爱字，跟我所认识的那个爱字不是同一个字。所以我不知道你说的啥意思。”

雅萍一愣，感觉眼前这位从未引起她注意的男生变得有意思起来。雅萍调皮地看着梁鸿的眼睛，充满挑衅地说："中国的汉字就一个爱字，我说的爱字跟你认识的那个爱字同一个字。我就是爱你了！不行吗?"

梁鸿也很固执，一点也不解风情地说："不行。因为我还不起。所以我不接受你的爱！"

雅萍突然就有些发怒了，因为从没有人敢这么对她强硬过！她虽不是什么超级美女，但论相貌、论品位、论才识，她在他面前是完完全全可以当公主的！再说了，身边那些死命追她的男生谁不变着法子讨好她啊！如果她愿意爱眼前这个普普通通的男生，他应该感到受宠若惊才对！他居然不接受她的爱?!

雅萍愤怒地把书朝梁鸿砸去，"你真可恶！我高兴时疯一下，开下玩笑，你用得着这么跟我较真啊?"

梁鸿弯腰把书捡起来塞给她，认真地说："丫头，不要轻言爱字。这个字太重了。"梁鸿说罢，转身走了。

留下雅萍呆呆地站在那儿。雅萍第一次发现，那个转身离去的男生，突然在她心里变得厚重起来。那种沉甸甸的感觉，让她居然觉得刚才说那些喜欢啊、爱啊，确实只是对小猫小狗说的，要跟这个男人说爱字，真的很需要实力、很需要内涵。

这一天起，雅萍的心发生了微妙的变化。本来给自己送礼物的男孩不计其数，她都没往心里去。可现在，她开始关注这个送她书但却不接受她过分热情的男生梁鸿。

雅萍了解到梁鸿来自农村，学电子工程的他品学兼优，精通电脑，熟知网络的操作，还为学校研发了一款教学管理的软件，很得校领导的器重。但梁鸿的生活看起来很简朴，经济很拮据。他本来可以利用他的专长在课余时间赚点外快的，然而，除了编校报，每到双休日，身为学生会副主席的他总是组织大家去当义工，做得最多的是上街去宣传预防艾滋病的知识。

梁鸿总是跟同学们说，现在我们国家爱滋病的传播速度实在太吓人了，可却没有引起国民足够的重视。让国民认识和预防这种会传染的癌症，我们这些天之骄子也有一份责任。从小学就一直担任学生干部的梁鸿有着很强的社会责任感。他的思想影响着一大帮同学。

那个时候他们的行为都是非政府性质的，都是自发的。为此，作为牵头人的梁鸿就要在活动前做很多功课。写宣传材料啊，跑计生委要避孕套啊，然后组织大家上街搞宣传活动，给大家普及艾滋传染的途径以及艾滋带给社会的危害。他们还经常去一些同性恋活动的地方做调查，了解他们对性的认知、对艾滋的认知，还到娱乐场所给小姐免费发放避孕套……

雅萍跟着去了几次，虽然在发放避孕套、教别人如何使用避孕套的时候非常不好意思，因为她自己都不明白这东东到底是怎么用的。但跟在梁鸿的身边让她很兴奋，她感觉自己做的事情非常有意义。

梁鸿这个外表很普通的男生在雅萍心里的分量渐渐地重了起来。这是一个永远都会让人有着积极向上心态的男生。雅萍觉得像梁鸿这样具有良好品格的男生，他以后的人生也一定是非常精彩的。有一天雅萍突然意识到，这么好的男生，如果自己不想办法把他给抢到手而被别人抢了去，那岂不是让人遗憾终身？

于是，雅萍开始有意识地接近梁鸿，委婉地向他表达自己对他的好感和爱意。这次，雅萍不敢随便说爱字了。她会很体贴地配合着他的学生会工作，生活中总是变着法子照顾他，比如，每次去做义工之前，雅萍就会在宿舍里用烧开水的电热杯煮几个鸡蛋带去给梁鸿，让他补点营养，因为雅萍看到梁鸿每次在饭堂吃早餐都是白馒头和白稀饭。中餐和晚餐一起到饭堂打饭的时候，她会多要一半的饭菜然后就找借口说吃不了这么多，把一半的饭菜放到梁鸿的碗中……

三番四次如此这般，梁鸿不是傻瓜。于是他有意识逃避雅萍，“你找别人恋爱去，不要对我这么好，我受不起！”

雅萍突然就觉得很委屈，“你真是木头人，我对你好，你也对我好不行啊？”

梁鸿坦诚地说：“你对我好得过分了，我无法还你这份好。你还是不要对我这么好，你对我这么好让我心里有负担。”

雅萍顿感伤心和委屈，泪眼模糊起来，“你为什么不能回报我的好？难道你有女朋友了吗？”雅萍发觉自己已经不可救药地爱上了这个外表冷漠的男生。

可是梁鸿却非常肯定地告诉她：“我是有女朋友了……她在别的学校呢。”

这其实很正常，但雅萍听了心里却很痛很痛。她不能接受这个现实。她边流泪边倔强地说：“反正你还没结婚，我还有机会！”

梁鸿却非常的冷酷，“没机会，我是不会离开她的……你以后不要再缠着我，找属于你的男生谈恋爱去。别把时间浪费在我身上！”

雅萍一直都是很骄傲的女孩，无论哪方面，她雅萍都不逊色于别的女孩子。她有着高挑的身材、白净的皮肤，还有一张很不错的脸蛋。最重要的是她性格开朗，很阳光很善良，学习成绩优异。除了是校报的编辑，还是学生会里的文娱委员，能文能武。多少条件好的男生都在想方设法巴结她啊！可梁鸿，这个来自农村、相貌平平的穷男生却不为她的美貌、她的风情所动，对她的主动献爱居然拒绝得这么干脆冷酷！

被拒绝的雅萍跑回宿舍，忍不住用被子蒙住头放声大哭……感情受挫的雅萍打算从那些追求自己的男生中选一个来谈恋爱，以缓解自己被梁鸿拒绝的挫败感。可最终她还是无法做到，因为那些追她的男生，没一个能像梁鸿那样让她有那种刻骨铭心的思念和柔肠寸断的感觉。她知道自己深深爱上了梁鸿，毫无疑问这是个好男生，这男生身上有种让人折服的风骨。在这个时代里，已经是太少了。尽管他不爱自己，但雅萍无法控制自己不去爱他。

都说缘分是天定的，但雅萍更相信美好的缘分很多时候是靠自己去争取的。雅萍觉得，只要双方都还没结婚，大家都还有选择的权利。她要尽自己的努力去争取这个好男生，哪怕他最终不爱自己。但她至少努力过，只要努力过，她就不后悔。

雅萍不再计较梁鸿爱不爱自己，她只想默默地爱着那个魅力非凡的男生。她依然跟在他身边去做义工，依然默默关心着他，也还经常给他带好吃的。可是，她变得开朗多了。她笑着对他说道："当我是你妹妹吧。你以后有什么好心情啊好吃的东西啊，也给我分享就可以了。"

雅萍的开朗让梁鸿释然。如果只当她是妹妹，他真是太喜欢这丫头了。可爱、聪明又善良。梁鸿总是开玩笑，"天上掉下一个好妹妹让我给捡到了，我真是赚大便宜了。

雅萍也想好了，在离开学校之前，她不会接受别的男孩子，她只会默默爱着梁鸿。尽管他不爱自己，远远地欣赏着他也是一种享受。反正，在学校谈恋爱也没什么实质的结果，还不如让这美好的单恋陪伴着自己呢。让她庆幸的是，梁鸿的女朋友跟他不在同一学校。所以她有很多的机会可以待在梁鸿的身边，感受着梁鸿让她心悦神怡的一切。

雅萍问梁鸿："怎么不见你女朋友来学校看你呢？也不见你去看女朋友……"

梁鸿很阳光地微笑，"我们一个在南边一个在北边，远得很，坐火车要几天。主要是没那钱，她家也是农村的，学费还靠贷款呢。哪有钱到处跑去玩啊？"

雅萍听了很受触动，如果是别的男生，女朋友不在身边，自己早就移情别恋了，更何况还有像她如此痴情的姑娘在身边呢。而现在的梁鸿却拒绝一切诱惑，不见异思迁，不喜新厌旧，多么难得的好男人！雅萍在心中妒忌那个女孩的同时，心里也更加敬佩梁鸿了。

“你呢？这么多人追你，你怎么不好好找个人谈恋爱呢？你整天跟在我身边，搞得别的男生都想揍我呢 。”梁鸿抗议道。

雅萍故作轻松地笑，“切！读书就好好读书，谈什么恋爱呢？现在谈恋爱有什么意思啊？毕业了各奔东西的，还不是悲剧啊！现在多好啊，好好学习，然后做点有意义的事情，以后毕业了还怕没恋爱谈啊？”

“傻丫头，谈恋爱还要选时间呢？”梁鸿边说边慈爱地用手轻拍她的头。

这时候雅萍总忍不住脸红，心里是满满的温馨和幸福。她很享受梁鸿这种很随意的动作和对自己很怜爱的表情。

渐渐地，梁鸿不再劝她找男朋友，似乎也习惯了接受雅萍对他的照顾。梁鸿也利用自己的专长帮雅萍很多的忙：排除电脑故障、帮她编辑校报、教她感兴趣的动漫制作，等等。他们一有空就在一起天南地北地海聊。

雅平的母亲比较迷信，雅萍从小也受些影响，有时做个不好的梦就会整天为之惶然，经常让梁鸿帮她解梦。梁鸿没有一味地指责她迷信或笑她无知，而是给雅萍讲了个故事：

一位秀才进京赶考，住在了一家客店里。有一天晚上他做了三个梦：第一个梦他梦到自己在墙上种白菜；第二个梦是下雨天，他戴了斗笠还打着伞；第三个梦虽然梦到他跟心爱的人同床共枕，但却背对着背，谁也不理谁。

第二天醒来，秀才越想越觉得不对劲，感觉这三个梦似乎有什么寓意，于是赶紧去找算命先生解梦。算命先生一听，连拍大腿说：“完了，完了，你这次还是回去吧，别考了！”秀才不解，忙问为什么，算命先生说：“你想想，高墙上种菜不是白费劲儿吗？戴斗笠还打伞不是多此一举吗？你看你第三个梦，和心爱的人躺在一张床上，却背靠背，不是没戏吗？”秀才一听，心灰意冷，回店里收拾包袱准备回家。

这时，店老板看到秀才要走非常奇怪，便问：“不是明天才考试吗？今天你怎么就回去了？”于是，秀才就把三个梦的事告诉了店老板，店老板听后笑着对秀才说：“对于解梦，我也略知一二，我倒认为你该留下。”秀才一脸疑惑，店老板接着说：“你想想，墙上种白菜不是高中（种）吗？戴斗笠又打伞不正说明你这是官（冠）上加官（冠）吗？而跟心爱的人背靠背躺在床上，不正是翻身可得吗？”秀才一听，觉得此解更有道理，于是精神振奋地去参加考试，结果金榜题名……

这故事告诉我们：有积极的心态，就有积极的人生。因为心态决定我们的状态，状态决定我们的行为，而行为则决定了行动最终的结果。所以说，积极的人像太阳，照到哪里哪里亮；消极的人像月亮，初一十五不一样！其实心态的差距正是人与人之间命运的差距。谁在掌控我们的命运？正是我们自己！

有梁鸿的开解，雅萍渐渐不再迷信，而是变得更加自信了。当然，女孩的心总是多愁善感，有时雅萍对生活对现状也忍不住抱怨、忍不住愤青。梁鸿会劝她：你看，这宇宙有白天也有黑夜，一切都是辩证的。这世界有丑恶也有美好的一面，主要在于我们自己的信仰我们的心态。如果我们多看些美好的东西，我们也去追求美好，那我们就会变得很愉快。我们这么年轻，只要我们愿意，一切美好都是属于我们的。梁鸿健康而积极的人生态度，总是能让雅萍的心变得澄澈和平和起来。

梁鸿虽从农村来，但他的视野很开阔，博览群书而又一身浩然正气的他总像一轮金光闪闪的太阳悬挂在雅萍的天空之中。每每雅萍心情不好，只要梁鸿在她眼前出现，她的心情就立即阴转晴，瞬间阳光灿烂……除了学好该学的知识，他们会利用休息时间一起做些有意义的事情。雅萍在劳累中品尝着那份淡淡的温馨和美好。当然，那种单恋依然让她内心怅然让她伤感。所以，她格外珍惜和梁鸿在一起的每天美好时光。

时间在两人的和平相处中悄悄地溜走。最后一个学期到来了。

那天雅萍到梁鸿的宿舍找梁鸿。梁鸿刚打完球回来，大汗淋漓的。于是梁鸿拿着衣服到学校的澡堂洗澡。宿舍里没别人，无聊的雅萍顺手帮梁鸿整理一下床铺。在整理梁鸿枕头的时候，雅萍赫然发现在梁鸿的枕头下面压着一封信，白色的信封上那几个娟秀的字体一看就是女孩子写的。

雅萍知道偷看别人的信件是非常不道德的，可她还是鬼使神差忍不住偷偷拿出里面的信笺……

她以最快的速度浏览，心突然怦怦剧跳起来。那是一封断交信啊，是梁鸿的女朋友写来的。大意是，她非常感谢这些年他对自己的那份感情。可是，现在她另有所爱了，希望他能忘掉自己，找到属于他的真爱……

雅萍慌乱地把信放回原处，然后呆呆地坐着不知所措……

原来他失恋了。怎么看不到他的反常？知道自己单恋的男人失恋雅萍本来应高兴的，可此刻她的心却像掉进了冰窟窿里……自己对他这么好，他失恋了居然不告诉自己！这只能证明两个原因啊：一是他对自己毫无感觉，不想让自己知道他失恋让自己有机可乘；二是，尽管那女孩已经不爱他了，但他依然深深爱着对方，不愿给她雅萍任何机会，哪怕那个女孩子永远都不回头，他也不放弃……

在雅萍胡思乱想的时候，梁鸿从澡堂精神抖擞地回来了。

按约定，他们今晚是一起到那间校报办公室工作的。可是走出来后，雅萍没朝办公楼走去，而是独自朝着路边的校园景区走去……

梁鸿跟上来扯住她，“你去哪呢？你看起来精神恍惚，出什么事了吗？”

雅萍挣脱他，依然自顾朝那小树林里走……

梁鸿紧跟着她，不敢再拉扯她，平时他们是不会有什么身体方面的接触的，刚才忍不住扯住她的手已经很出格了。

梁鸿跟在雅萍身边焦急地不停地追问着：“我的好妹妹，你这是怎么啦？你倒是说话啊！你想急死我啊？”

雅萍突然站住，转过身子定定地看着梁鸿。天还没全黑，梁鸿清晰地看到雅萍满脸的泪水。梁鸿很是震惊，他从没看到雅萍在他面前流过泪。他被吓着了。

雅萍哽咽着，满怀的委屈，“你是不是特别讨厌我？特别不愿意看到我？”

“这话从何说起、从何说起啊……”梁鸿突然很心痛，忍不住就张开了臂膀紧紧地抱住了雅萍……那是一种下意识的动作。

可雅萍却一把推开了他，“我不要你可怜我！你走吧……”

梁鸿站住了，非常坚决地说：“我是不会走的，今晚我跟定你了。你去哪儿我跟到哪儿，不管你是否告诉我你为什么哭。你爱说不说吧，反正我绝不离开你！”

雅萍擦掉自己的眼泪，突然说道：“我刚才偷看你的信了。”

梁鸿突然沉默了，他低着头。

“你不告诉我，是不是怕我乘人之危缠着你？”雅萍说着又忍不住伤心地落泪。

“我何德何能，可以让你对我这么好？”梁鸿的声音也有些哽咽。

“你是不是不相信爱情了？”雅萍依然伤心。

“要我不相信爱情，除非让我死了。”梁鸿一把抱住雅萍。他们第一次紧紧地拥抱在了一起……

等他们都慢慢平静下来的时候，他们已经依偎着坐在草坪上。雅萍不再控制自己的感情，雅萍有些卑微地说："其实我一直爱着你，深爱着你。尽管已经知道你有了女朋友，但我还是控制不住自己对你的爱，我是不是很没出息？你心里会不会很瞧不起我？"

"傻瓜，你不知道我在心里有多感激你，有多么舍不得你呢……从来没有人对我这么好过，她也没有过……"梁鸿紧紧地抱着雅萍，温热的泪水滚落在雅萍裸露的脖子里。

"你是不是很爱你的女朋友？"雅萍依然不能释怀。

"我答应过她永远不会背叛她，除非她不要我了。"

"可是，她为什么不要你了呢？你这么好的男人，她怎么舍得……"

"她不觉得我好。她一直反对我去做义工，她希望我利用业余时间去帮别人搞些网站啊开发些软件什么的卖给别人找点钱可以帮助她。但我一直做不到。"

"可是，你为什么不按她说的做呢？我觉得你是有这个能力做的啊。"这一点雅萍也有些不解。

"其实那些东西，都是我自己瞎摸索的，很难一步做到位。一旦卖给了客户，是需要售后服务的，一出现问题客户随时找你，你要随叫随到。这会大大影响我的学习和工作。我不能因为一点点的小钱而失去更重要的东西。我觉得以后走出社会会有大把赚钱的机会。现在在学校最主要的就是把过硬的技术掌握好……我这么固执老土，你是不是也很讨厌我？"

"不讨厌，你的一切都让我着迷让我崇拜。告诉我，这几个学期，我这么缠着你，你是不是很烦我？"

梁鸿拥着雅萍，"说出来你不要笑话我……其实我放假回家看到她的时候，感觉她已经很陌生。可能是我们的人生观和价值观相去甚远，也可能是我们分开得太久了……总之，我多么盼望着快点开学，因为一开学我就可以看到你了……"

"可是，你为什么不告诉我呢？你甚至连失恋了都不告诉我……"雅萍又开始流泪。

"你说过你在学校不谈恋爱的嘛，我害怕说出来你怕我追你而远离我呢……"

雅萍捶打着梁鸿，"傻瓜！你真够傻的！"

“我才不傻呢，这几个学期，你对我这么好，我明明已经拒绝了你，可你依然对我这么好，依然默默等着我。你太让我感动太让我珍惜，我都不忍心破坏这种美好的感觉……”

“你就是傻!傻得彻头彻尾，傻得无与伦比！”雅萍发泄着自己的怨气自己的委屈。

梁鸿突然用手掐着雅萍娇嫩的小脸，“你也很傻，等了我这么久，错过那么多的帅哥，以后毕业了还要跟着我这样的穷人受苦。你不后悔啊?”

“不后悔。只要自己真正爱过，青春就是无悔的，更何况你是这么好的男人。”

雅萍紧紧地搂着梁鸿的脖子，她太爱这个男人。她终于等到了这个优秀的男人了。当然，这个优秀的男人也不是十全十美的，他也有很多的不足和缺点，他跟高富帅更是沾不上边，但她觉得这个男人对她来说就是一个宝。只要能跟这个男人在一起，能牵住他的手，无论做什么，无论吃什么苦，她都觉得是浪漫的、是幸福的、是甜蜜的。

毕业了，梁鸿由于在校出色的表现，留校当了教师。雅萍也跟着在这座远离家乡的城市找了份工作。毕业不久，他们就到民政局领了红本本。

每天中午，梁鸿下课后就会煮好两个人的便当给雅萍送到公司，然后两个人在公司楼下的草坪上一起吃便当……他们很少进那些有情调的饭馆，很少进电影院，凡是花钱的地方都很少去，因为他们在攒钱买一套属于他们自己的房子。

生活是清苦了点，但跟梁鸿在一起，雅萍的幸福感是满满的。每每牵着梁鸿的手在学校的那条林荫小道上散步，雅萍就觉得自己是这世界上最幸福最快乐的女人。因为，陪在她身边的男人也和她一样有着满满的幸福感。他们彼此感恩和娇宠着对方。

其实，世上从不缺少好男人，缺少的只是你的发现和欣赏。只要你留心，只要你真正懂爱和惜爱，好男人就在你我的身边……

不是每个好男人都懂浪漫

若冰貌美如花，身材火爆。从12岁开始若冰就不断有男生的追求。若冰大学毕业时，已谈过几任男友。尽管追她的男生对她百般讨好，但若冰直至参加工作，依然没哪个男生真正让她神魂颠倒过，拿若冰的话说，那些男生的气场都不够，吸引不到她。那些恋爱，不过是无聊时的消遣而已。

直到工作一年后，若冰的单位新来一位年轻的副经理吴海。若冰是银行职员，那天那位副经理走过她身边，甚至一句话没跟她说，她仍然感到自己被电到了。吴海挺拔的身子，黑色的西装制服配着白衬衫红领带居然那样的风度翩翩、气度非凡，走过身边时那股强大磁场几乎扰乱了若冰的工作情绪，差点让她在不允许有错误的工作中出错……若冰就是那天真真切切体会到什么叫一见钟情的。

若冰很快打听到那位让她方寸尽乱的男人是单身，甚至连女朋友都没有，若冰觉得这个男人就是上天专门配给自己的。

若冰央求单位里一位热心的大姐为自己牵线。在那位热心大姐的牵线下，他们开始约会，看起来英俊沉稳的吴海对若冰也很钟情，注视若冰时那含情脉脉碧波荡漾的目光让若冰心潮起伏……于是，两人吃饭、看电影，节假日一起出游，恋爱进展得很顺利。

然而，随着一见钟情的激情慢慢退温，若冰还是感觉有些遗憾，吴海虽风度翩翩，人也很优秀，却一点都不浪漫。他会用业余的很多时间来进修专业知识，经常为了学习、为了参加考试不愿陪她看电影。虽然每次吃饭游玩都是吴海主动埋单，但平时吴海几乎没给她送过礼物。甚至认识后第一个情人节，吴海在外学习，居然一点表示都没有。开始，若冰想：吴海不在身边没有直接送份像样的礼物给自己，至少也该打个电话给花店订束花给自己吧？那是对他最低的要求了。谁知，一整天除了几个与节日无关的问候信息就什么都没有了。若冰气得连信息都不回他。若冰读初中开始，哪个情人节没收过男生的礼物啊？没想到现在自己痴恋的男朋友，情人节连块巧克力、连束花都不给自己送。她顿感自己恋爱的失败，甚至觉得很愤怒！

傍晚，接不到恋人礼物的若冰，却接到一直追求她的小广告公司老板冯洋邀她吃饭的电话，若冰毫不犹豫地赴约。

若冰在心里赌气：你吴海对我漫不经心，自会有人对我用心的。不出所料，相貌虽不出众、也没有若冰高的冯洋很会讨她的欢心：浪漫的烛光晚餐，鲜艳欲滴的红玫瑰，心形包装盒上写着I love you的巧克力，挂着心字形的金项链……尽管若冰不敢一下子接受这男人如此贵重的礼物——如果找男人嫁，有着小商贩俗气的冯洋还无法跟吴海相比。但看着那些礼物，若冰还是很为这个男人感动，起码，若冰知道这个男人比吴海对自己用心、对自己好。

吴海在情人节的第二天给若冰打电话说昨晚忙着备考都忘了是情人节了，很抱歉都没跟她说声节日快乐……若冰心想不用你说我昨天快乐着呢，因为昨晚有大方又懂浪漫的冯洋陪着她，但若冰仍表面客气着跟吴海说没关系……毕竟情人节背着自己的恋人跟别的男人一起，若冰多少还是有些愧意的。

情人节不送礼物，若冰心想吴海回来时一定会给自己带礼物的。出乎意料，吴海学习归来什么礼物也没有给她带，但对她的思念却很强烈：一见面，就紧紧拥抱她，说在外学习的日子很想她，很想……

而此时若冰心里却有些不快：如果你想我，干吗连个礼物都没有呢？这年头，谁谈恋爱会如此的吝啬？但若冰总不好说出来，心想，一个男人对自己好，那得他心甘情愿，如果他都不愿意送我礼物，我说出来有意思吗？

吴海依然视若冰为自己的未婚妻，去哪儿都带着她一起，甚至经常跟若冰规划两人的未来，但若冰却越来越觉得这个男人不解风情，没半点浪漫情怀，甚至不够爱自己，这种帅男人中看不中用。

吴海每星期都有几个晚上到夜校参加培训，这时候，无聊的若冰便忍不住答应冯洋的邀约，一起吃饭，一起逛街。一起逛街的时候，冯洋总有意带她去逛专卖一条街，给她选漂亮的衣服、时尚的袋子。开始若冰还拒绝，但渐渐地，若冰就不拒绝了。是别人主动送的礼物，又不是自己张口要的。别人送自己礼物，那是自己有那个价值，是别人对自己的肯定，那是男人真正认识自己价值的表现。

三番四次，若冰的情感天平倾向了冯洋。冯洋的甜言蜜语、冯洋的出手大方让若冰很是受用。若冰总觉得冯洋对自己的爱，胜过吴海对自己的感情。但是，弃吴海而嫁冯洋，若冰心里还是很不舍。不管怎样，若冰还是感觉冯洋跟吴海不是在一个档次上的。吴海风度翩翩、学识渊博、魅力非凡又很有上进心，相较之下，冯洋就显得有些商人的狡猾和庸俗。

于是若冰犹豫着。

吴海每到周末都要去参加一个培训课程，刚开始谈恋爱的时候，若冰不觉得怎么样，但现在她就越来越接受不了了。本来长长一个星期的工作，就想在周末好好玩玩，可他总是去上什么课！

那个周末若冰任性地要吴海陪自己去公园划船。吴海说，再有半年他的学习就结束了，到时再多陪她点，现在准备毕业，课程是不能缺的。吴海一边向若冰表示歉意，一边对若冰说道："亲爱的，再过半年，每天一下班我就陪你，半步都不离……现在，你自己找朋友玩去，玩得开心点……"

若冰赌气道："我要是找个男的朋友陪我去玩，难道你也放心吗?"

吴海温和地对她笑，"那有什么？只要是你的朋友，我就放心。"

若冰失望又伤心，感觉吴海真的对自己并不是很用情。若冰心想，也许他也不是很爱自己的。很多人都把自己当宝，可他却对自己那么不在乎！谈了近一年的恋爱，没收过他的任何礼物，也不愿花点时间陪自己，难道自己真的就那么不值钱吗？你不在乎我，会有人在乎我的。若冰心一横，就主动约冯洋去公园划船。

冯洋接到她的电话显得很兴奋，"不去公园了，我带你去海边玩……"

那天，冯洋开着车子带着若冰到两百多公里外的海边，一起游泳，一起吃海鲜。本来若冰想连夜赶回来的，但冯洋说，晚上住在临海的小宾馆观潮听浪很舒服很浪漫的……这一天，冯洋带若冰逛最有名的美食街，享用各种美食，还带她逛名牌专卖店，给她买了好几件价格不菲的时装。若冰有些对这男人依依不舍了，于是晚上没有坚持赶回来，而是跟着冯洋住进了海边的宾馆。

在此前爱着吴海的若冰虽然不断接受冯洋的礼物，但一直没跟冯洋发生关系，这一晚，若冰终于突破了最后的防线。

这是一个激情如潮涌的夜晚，吃海鲜的时候，若冰被冯洋灌了很多葡萄酒，周身燥热的若冰甚至连避孕的措施都忘记了。两人疯狂了一个晚上，第二天醒来，若冰才想起昨晚没有避孕，于是让冯洋去给他买紧急避孕药吃。

冯洋问了她的经期日子，掐指算了下，说道："你这是安全期，不用吃药，吃这种药太伤身体，有些人吃之后脸上就长很黑的斑。"若冰一听怕了。其实她也跟吴海过这种生活，但次数不多，每次吴海都会带套子，采取严格的避孕措施，吴海说，除非哪天想要小孩了，不然他是不能让她伤害自己的身体的。

在冯洋的坚持下，若冰没有坚持吃紧急避孕药。冯洋说，反正是安全期，不会有事的，于是又跟若冰疯狂了半天。冯洋一边跟若冰缠绵一边恳求若冰嫁给自己，发誓一辈子像唐玄宗宠爱杨贵妃那样宠爱她……

若冰说很喜欢跟他在一起，但嫁不嫁给他，她还没拿主意。

疯狂玩了两天，若冰回到原来的生活。在这个城市里，若冰是跟自己的父母亲一起生活的。请假去玩几天可以，但没结婚之前，父母亲是不允许她跟任何人公开同居的。所以她跟吴海谈恋爱，是不住在一起的。

从海边刚回到家，吴海就给她电话，说要见她。若冰推说母亲身体不舒服，她要陪母亲，拒绝了吴海的约会。这两天跟冯洋在一起，若冰觉得，吴海并没有冯洋那样对自己热情，那样舍得给自己花钱。若冰觉得，吴海再有气质，也不能当饭吃。人都是活在现实中的，哪个女人不希望得到男人的宠爱呢？像吴海这样的男人，一定是很小气的人，以后就算在一起估计也很难用他的一分钱，这种男人中看不中用，若冰赌着气不愿意见吴海。

第二天上班，吴海告诉若冰，他被单位派到北京学习两个月。若冰的表现很平淡，觉得刚好让自己好好梳理自己的感情。而吴海却对她表现出依依不舍的情怀，对若冰说，回来就到她家提亲去……

吴海到北京后，天天给若冰打长途，表达自己对她的思念之情。然而若冰却对吴海的情感越来越疏远。因为这期间，冯洋天天都会约她出去，冯洋无微不至的关怀和身体上对她的慰藉更让她感到实惠。

正在吴海准备学习结束回单位的时候，若冰发现自己怀孕了。毫无疑问，这个孩子是冯洋的。若冰的第一个反应就是上医院把孩子打掉。

若冰让冯洋带自己上医院，检查身体，看适合做什么样的妊娠终止手术。没想到检查完后，医生告诉她，她患低血压症，终止妊娠对她非常不好，而且她的身体状况有些特殊，如果做手术，怕是以后再也难怀小孩。若冰听了有些发蒙，但冯洋却很兴奋，恳求若冰奉子成婚。

从医院回来，若冰把自己的情况告诉了母亲，母亲一听，劝她留下孩子，跟冯洋结婚，她见过冯洋，说这人不错，会哄人开心。

冯洋更是对若冰热情如火，给她买各种贵重的礼物，整天磨着她嫁给自己。慢慢地，若冰觉得自己没有拒绝的余地了。加之这一个多月吴海不在身边，她对他的感情也变淡了……

吴海回来的时候，若冰已经在跟冯洋准备婚礼。吴海找到若冰的时候，若冰把自己的决定告诉吴海，吴海无法接受，责问她为什么才两个月就变成这样了?!

若冰有些幽怨地说感觉到他不够爱自己。吴海痛哭流涕，说非常爱她，愿意为她放弃一切，希望能换回跟她的关系，若冰看着吴海为自己那么伤心，很是愧疚，但感觉一切已经无法回头。再说，冯洋一样也很爱自己，而且比吴海更爱自己，于是她坚定地转身离去……

婚后几个月，若冰生下一女儿，生女儿后若冰的身材越变越胖，怎么也回不到当初做姑娘时的身段了。但变化更厉害的是冯洋对她的态度，过去的娇宠体贴不复存在，没多少文化的冯洋回到家经常爆粗口，若冰在他面前多说一句话他都嫌她啰唆。自从把若冰娶回家开始，冯洋再也没给若冰买过任何礼物，甚至经常以生意不济连伙食费也不给她，自己的银行卡更是不给她沾。家里的日常开支全靠若冰在银行上班的那点工资。日子变得无聊无趣且艰辛。更让若冰受不了的是冯洋想要个男孩，不断要求若冰帮他生个男孩子。若冰说现在连女儿都养不好怎么还想着超生，于是冯洋便经常地找借口跟她吵架甚至彻夜不归……婚后不到一年，若冰就悲哀地发现自己嫁错人了！

若冰经常哭骂冯洋是骗子，婚前婚后判若两人！在外生意不顺的冯洋一听若冰说这话，就非常刻薄地跟她针锋对麦芒：我骗的就是你这种人啊！谁让你这么蠢给我骗来着？骂我婚前婚后不一样？你自己照下镜子，你一样吗？婚前你像天仙一样，现在看看你的样子，跟猪有什么区别？

若冰觉得这样的日子过不下去了，但是，看着咿呀学语的女儿天真可爱的样子，她又不知道该怎么办了……

经常，若冰就会强烈地思念起那个被自己抛弃的吴海……

吴海在她结婚后的一个多月就升职了，不久就从那个小分行调到省行。吴海在若冰结婚后不久也跟一个相貌平平一直暗恋他的女孩结婚了。

那天，思念着吴海的若冰忍不住跟当初给她做媒的大姐打听吴海的情况。大姐告诉她：吴海现在跟自己的爱人过得很好，当初结婚的时候，他那个相貌很普通的老婆担心自己配不上他有些自卑。于是，吴海把房子和车子都归到那女孩的名下，让她放心并跟她承诺如果有一天自己背叛她，她就可以让他净身出户……多好的男人啊，你当初怎么就不要他了呢？

若冰听到这话，心里像被醋泡一样酸得受不了。若冰愤愤不平地说：

“可是，当初他跟我谈恋爱，一份礼物都舍不得给我买啊！”

大姐苦笑，“你真是傻啊，还有什么比给你一辈子更大的礼物啊？很多好男人在谈恋爱的时候都不是很会哄女人，不懂浪漫。但一旦跟你结婚，就把一切全交给你了，他的人、他的财产全是你的，他要用一辈子来对你好。吴海就是这样的人啊！你注重的怎么不是一个男人的品质而是那点小小的礼物呢？算了……现在说什么都没用了，你的男人那么宠你，你应该也过得不错的。过好现在的日子吧，过去的已经过去了……”

一听这话，若冰眼圈就红了，“结婚前，他是很会哄我，对我很好，结婚了就不一样了，日子很难过下去……”

大姐感慨，“唉，以前就有男性朋友问过我：所有的男人，即使在我们对女人最好的时候，心里也知道这是短期行为，是出于荷尔蒙的驱使，为什么女人就从来不知道呢？”大姐继续摇头道：“是啊，很多女孩子都不知道，很多品性不好的男人总能娶到各方面都很好的女孩子。现在想来，很多女孩子真的很容易哄到手，一点点小礼物就把她们给搞定了。我甚至发现，很多相貌很漂亮的女孩子，智商不错，总不愿意让自己吃亏，但情商太低，往往贪眼前的一点点小利益，把一辈子都耽误了……”

虽然大姐的话骂得难听，但若冰不得不承认：自己就是那种情商很低的美女。

众男人追你的花期极短

青春恰似花期，刹那芳华，转瞬即逝。假如你想在最美的年华选择最相配的男子相依……你任性不起。

苏珊肤白貌美，身材高挑如杨柳迎风婀娜多姿。最重要的是苏珊从小好学苦读，走出校门的时候，苏珊已是智慧超群，活脱脱一位智慧型的美女，不仅有份好工作，而且收入也很稳定。

不管是基于荷尔蒙分泌的一见钟情还是从优生优育的角度出发寻求长久婚恋，苏珊都是众多高品位男人追逐的对象。

刚参加工作的苏珊就同时拥有四位出色的追求者。宏是苏珊的学长，在校当了几年学生会主席，一毕业就挤进了公务员的队伍，前途无量。志是表姐介绍的一位非常年轻的海归，IT 业精英。宇是一位年轻的大学教师，儒雅多情。展是一位多金的年轻商人。

这几位追求者都是这社会的精英，取谁弃谁苏珊都不甘心。于是苏珊打算好好谈它五六年恋爱，享受够了再考虑嫁给谁。

苏珊很聪明，她是不会跟任何一个男朋友同居的，那样跟结婚有什么区别？她就要这个自由身，想跟谁约会就跟谁约会，想跟谁单独约会的时候，随便跟其他人说声加班，或者出差几天，就忽悠过去了。青春张扬的她，就像在水中穿梭的鱼儿，自由而惬意……

宏其实是追苏珊时间最长的，在学校已经追了三年了，工作后宏更自信也更充满激情，他火热地追求苏珊，希望能把她给娶回家里做老婆。苏珊却不为所动，做老婆太早了，再说了，现在的苏珊总觉得宏身上一些过于自信的东西让她很不喜欢。比如宏说话总是我如何如何，那种“老子天下第一”的口吻令苏珊由最初的崇拜变成现在的不屑。她想除了宏，还有大把的好男人在等着自己呢，干吗急着结婚呀？可是，她没有拒绝宏的继续追求，宏长得帅气，对感情执著，有前途，她还要考察，她不想轻易放弃。

那天，宏约苏珊到家里吃饭。其实，还在学校的时候，苏珊就经常去宏的家里吃饭，宏的父母还有姐姐都很喜欢她，宏工作后，家里就为他们准备了一套房子给他们结婚用。所以，这次到家里吃饭，在饭桌上，母亲就热情地跟苏珊说，想让宏到苏珊家里提亲，征求苏珊的意见。苏珊说，我还年轻，不想结婚这么早，一口回绝了老人家的热情。其实，这年，苏珊已经二十五岁了。宏依然在争取，但苏珊说，再过几年才考虑结婚的问题。宏央求："嫁给我吧，我们结了婚，再慢慢谈恋爱，我都有点等不及了，父母老催我们结婚呢。"

苏珊不耐烦了，"你不是说要等我一辈子吗？现在才等几年你就不等了啊？你爱跟谁结跟谁结去吧。"

宏开始还很受伤，依然缠着苏珊，可是宏早就怀疑苏珊一脚踏几船，因为有太多的破绽了。渐渐地，宏就觉得很疲惫很受伤，这世上的美女是生生不息的，身边暗恋自己的美丽女孩也不计其数，数次遭到苏珊的拒绝之后，宏选择了一位愿意跟自己牵手的文静女孩走进了婚姻。

苏珊虽有些失落，但不是很伤心也不后悔。围在她身边的优秀男人还很多呢，宏结婚的那一晚，她就主动邀约志。志是这几位追求者中最让她动情的，志在美国留学，是个博士，见多识广，说话夹着英文，且幽默风趣，很会尊重女性。那种绅士之风和时尚的气质让苏珊的情感偏向他，但苏珊也很遗憾，志的工作总是很忙，整天待在电脑边鼓捣什么程序，有时约好去度假的，关键时刻总是爽约。这不，这天晚上，苏珊说要他陪自己。志说，公司正在搞一个大工程，他是编程员，今天的活还没干完，还要加班两个小时，手头的活干完了才能陪她。

苏珊很恼火，于是又约年轻的大学老师宇，宇以最快的速度来到苏珊的身边，两人在咖啡馆聊天。宇满腹经纶，但在苏珊面前就经常失语，因为宇属于在美女面前木讷的那一类男人：面对学生，他可以滔滔不绝，但对着自己痴情的女孩，宇总是觉得有些手足无措。他觉得能静静地待在自己心仪的女孩身边就很满足。但苏珊不满足，这才子虽然气质高雅，但在一起太闷了。想想现在谈恋爱就这样了，以后在一起几十年不闷死人啊？苏珊非常不满，早早结束了约会。

刚回到家里，苏珊又打电话给展。展不算很英俊，文化也不高，只有个中专文凭，但现在这社会只看能力不看文凭了。英雄不问出处，展的父亲是这个城市的地产商，展也加入了这行，展不仅多金，且多情浪漫很会哄女孩子。只是，展的多情和浪漫也让苏珊有些顾虑，这种男人整天花天酒地、声色犬马，时刻被各色美女围着，实在是不安全。毕竟苏珊不是那些只贪钱的浅薄女子，她考虑更多的东西。但是，展对自己大把大把地甩钱和用情让苏珊也很痴迷。苏珊想，就是不嫁，能跟这男人谈几年恋爱也够享受的。可是展却一心想要娶她回家做老婆，展对苏珊很痴迷，苏珊的学识，苏珊有些傲气的气质，都让展迷恋。身边追自己的美女都死缠着自己，千方百计想嫁给自己，但苏珊一点不缠他，甚至不愿意同居，这让展一心一意地想娶她，这么美丽这么有学问的女孩，将来一定是个最优秀的好妈妈。

所以这个晚上的约会，展使出浑身解数想让苏珊嫁给自己。接到苏珊电话的时候，展还在外面应酬，但一听苏珊想见他，他就立即从一帮同行老板中抽身而出，来到了苏珊的身边，难得苏珊主动说要见自己。

这些天，苏珊不是加班就是出差。这次，展想把自己跟苏珊的婚事给定下来。于是驱车把苏珊带到十几公里外一处依山傍水的风景区里过个浪漫的夜晚。在水上的凉亭上，苏珊一边欣赏空中浮云穿梭的月亮，一边吃着展给她买的新鲜饱满的巨峰葡萄，惬意地跟展打情骂俏……宏弃她而跟别人结婚对她的伤害，此刻在她心中一点痕迹都没有了。

就在苏珊和展在水面上忘情欢笑的时候，苏珊的手机响了，是志给她打的电话，因为志加班完了，说可以陪她了。志的电话，还是让苏珊心里产生一些愧疚的，毕竟，这几个人中，她的情感最偏向于这个风度翩翩的海归男人。不过那份愧疚只一闪而过。她想，以后再找机会相约便是，于是对志说："你累了，先休息吧。我跟几个女朋友在外面呢，一时半会回不去了，今晚回去肯定很晚了。"

游泳赏月激情缠绵，过足了一个浪漫的夜晚。早上分开时，展恳求苏珊嫁给自己，苏珊想起志，那个风度翩翩的海归，其实要是嫁人，她倒是想嫁那样的男人，那样后代的基因会更好，展只适合做情人。于是说不急着结婚，再玩几年。

展并不急，心想他想要的女人始终都会是自己的，于是开车送苏珊回去。因为苏珊说喜欢吃葡萄，展给她买了一箱的葡萄。回到苏珊的楼下，展自然得帮她把葡萄搬到楼上。

当苏珊和展回到自己的公寓门前，苏珊愣住了，她的门口站着眼圈发黑的志，志说昨晚他来到这给她打电话，她说在外面，所以他在这等了她一个晚上。说完志就走了。

从此，志不再接她的任何电话，QQ上也把她给拉黑了。她再优秀，她长得再美，对那个她原来很钟情的男人来说都没有任何的用处了。但苏珊并没有因此而颓废，因为依然有很优秀的男人围着他。

展和宇都还热烈地爱着她的，两人相比，苏珊还是觉得展比较会宠她，物质生活也丰足，嫁给他会过得很舒服。就在她的情感逐渐偏向展的时候，苏珊却又发现其实展不仅仅宠她一人，他去哪儿，身边都会带回陌生女人的香水味。苏珊终于弄明白了，展为了自己优良的后代，他一定不会放弃跟她的婚姻，但为了他自己风流的本性，他也永远不会放弃追逐身边的女人。

看清了这点，聪明的苏珊很想拿他一笔就离开他，这种男人是不能嫁的，要嫁还不如嫁那个木讷的大学老师呢。

可是展比苏珊更聪明，他虽然有钱，但买房买车这样的礼物展说只能买给自己法定的那个老婆，没结婚之前，他只给她买衣服啊帽子啊玫瑰之类的……

于是苏珊开始毫无顾忌地要展给自己买贵重的衣服和各种礼物，能要的东西她就要，她想要够了就回到温文尔雅的宇身边。

可是那天在新开张的那家百货商场，苏珊正在撒娇着要展给自己买衣服的时候，被宇撞个正着……

宇坚决地离开了苏珊。

展依然追着苏珊嫁自己，但展风流的本性让苏珊望而却步。她不仅漂亮，而且充满着智慧，心里明白嫁给这样的男人以后自己独守空房的日子一定会很多，那又何必?

被苏珊几次拒绝后，展也放弃了。

尽管身边优秀而火热的追求者一个个离自己而去，但苏珊并不因此而气馁，貌若天仙的苏珊依然有很多的追求者。只是苏珊发现，追求自己的男人，越来越不如从前了。渐渐地，围在身边的男人都做了别人的老公。

一不留神，苏珊发现自己三十岁了。这时候，身边依然有好几位男人追求自己，追自己的男人也很优秀，都是成功人士。但这些优秀的男人，都已经是别人的老公了，这些寂寞的男人都想追求她，想让她做自己的情人。心高气傲的苏珊怎甘心去跟别的女人同享一个男人? 她坚决不干，可现在同龄的未婚优秀男人，都追比自己年轻很多的女孩子去了，不再追她了。

这时候她才意识到自己变剩女了。当然，没有剩女一说。只要想嫁，苏珊还一定会嫁出去。只是，现在她已经有种美人迟暮的感觉了。她发现自己可以选的男人几乎已经找不到了，更多的时候，是一些她心里瞧不起的男人在选她，而不是她选别人了。

青春恰似花期，刹那芳华，转瞬即逝。假如你想在最美的年华选择最相配的男子相依……你任性不起。

站在高处看人生最美的风景

其实人生和爱情亦如观景，你看到什么样的景色，取决于你所站的高度。

思思毕业后回家和哥哥经营祖传的红陶镂空工艺品厂。他们的产品不多，却很精致。几个固定的客商帮他们把产品销往全国各地。其中一个叫何磊的，是深圳片区的代理商，销得最多。何磊是老顾客了，但思思还没见过他，刚从学校出来的思思只是听哥哥经常说起这些老顾客。

思思第一次在电话里听到何磊富有磁性的男中音时便被一种神秘的魔力所吸引……这声音要是站在舞台上放声欢歌，一定会迷倒众生，一定会让那些歌迷发狂发疯……

每次接到何磊的电话，思思居然控制不住地心跳加速，那带着超强磁场的声音实在是让思思情难自禁。一次在谈完业务之余，思思开玩笑，“你的声音真好听，你老婆天天听你的声音一定很享受，一定越听越年轻漂亮……”

“谢谢你的夸奖。可惜我没老婆……”何磊说。

何磊这话让思思又激动又兴奋，原来他还没老婆呢！可是何磊似乎一点没觉察到思思的心思，每次电话除了谈业务上的几句话，就匆忙挂了。思思甜美的声音居然提不起他的兴趣，思思跟别的老客户打电话，别人总是想跟她多聊或调调情，但何磊从来没有。思思想这何磊一定是个很规矩的男人，这让思思对何磊的好感不断升温，甚至将他当成了自己即将恋爱的目标。

思思开始盼着年初的订货会，因为到那天她就会在自己的工厂里看到何磊了……

这一天终于到来。

思思见到何磊的那一刻，心几乎蹦出了嗓子眼儿。恍惚之间以为是月下老人眷顾自己专门依着自己的心意把他给牵来的。何磊三十多岁，身材魁梧，标准的国字脸，看起来充满朝气而又不失成熟。浑厚的男中音最是让思思痴迷，生在粤语世家的他却能说一口非常标准的普通话……

思思兴趣勃勃带着何磊和另外的几位老客商参观自己的工厂。当然，工艺是不会告诉他们的，他们的产品是红陶镂空陶瓷工艺品，这种陶瓷镂空工艺，是思思家祖传的手艺。

来的几个客商当中，何磊最年轻，素质也是最好的。思思对他一路充满着好感和幻想。下午参观完毕，思思和哥哥请他们到城里最有名的富丽华娱乐场吃饭……

在包厢吃饭的途中，哥哥的手机响了，原来是嫂子在赶来参加饭局的途中出了点小车祸，哥哥匆忙离席赶去医院看嫂子，走时交代思思要负责照顾那几个老客商。因为他们给工厂带来了非常可观的效益，以后还有求于他们，千万不可怠慢了……

那是当然。饭桌上，思思对他们是热情有加，高档酒招牌菜思思一点不吝啬。酒足饭饱，还剩着满满一台的菜。思思以为自己已经做得很好，但几位客商依然表现得意犹未尽。最后，那个最老最难看的客商终于说出口，说要找小姐过夜。思思一愣，但很快平静，已经开始涉足商场的她非常明白这种交易。如果是哥哥在接待他们，估计在吃饭的时候就已经给他们找来小姐了，只是看她在场没开口而已。

思思调整了一下心态，爽朗地笑道："好啊，我马上出去帮你们每人找一位小姐来……"这么说的时候，思思想那个叫何磊的肯定不会跟他们一个档次。

思思走出包厢，跟领班说了自己的要求，不一会儿，便有人领着几个丰胸肥臀的女孩走进包厢。思思希望何磊明确拒绝——他不需要。可是最后思思还是看着何磊和那几个男人各自搂着妖媚的女人离开。思思曾经对何磊的所有幻想立即消失。还没恋爱的思思，第一次对男人产生了绝望。

一段时间里，年轻貌美而富有的思思对男人失去了兴趣。在她想来，没本事的男人她一定不感兴趣；有本事的，估计个个都如何磊，一定不会放弃任何玩女人的机会，找男人谈恋爱结婚有什么意思？还不如自己生活呢。思思把所有的心思都放在自己的工厂里，这个工厂就是思思和哥哥的。由于工艺绝密、产品特别，他们的产品销路很好，效益非常可观。

看思思没恋爱的迹象，哥哥很是焦急，发动亲朋好友帮着妹妹拉线，思思也反省自己的心态，明白男人各种各样，不会每个好男人都如何磊，怎可以拿何磊来衡量所有的男人？于是听哥哥的话去赴约，可是，看到他们不是相貌不行，就是说话的腔调让人受不了，相亲最终都无疾而终。

思思想反正自己还年轻，再享受几年哥哥的疼爱再说。然而，横空而来的灾难几乎把思思打入地狱……

那天，一点征兆都没有，很突然地就接到了电话：哥哥出车祸已经躺在了医院……等思思赶去，连话都没得跟哥哥说上半句哥哥就永远离开了她……

这飞来的横祸让思思沉沦不已，怎么也集中不了精力去管自己的工厂了，当初哥哥已经把手艺教会了她，现在哥哥不在，工厂的工艺配方就要等着她下料才能生产，可是，思思哪有心思再管这些，疼自己爱自己的哥哥都已经不在了……

两个月后，还没有小孩的嫂子拿着属于自己的那份钱也离开了这个家，思思更加的悲痛，天天陪着一夜之间白了发的父母，生怕他们想不开也离自己而去……

这期间，何磊不断地给她打电话要货，思思都不理会他。现在，她实在没心思理会什么产品……几次打电话无果之后，何磊亲自跑来找她，知道了她哥哥的事情，非常震惊。

于是何磊专程在她身边陪了她几天，不断抚慰她、鼓励她。

何磊说：“你在天堂的哥哥，一定不愿意看到你这样，连他留下来给你的工厂都打理不好……”

何磊的话敲醒了思思，是啊，哥哥肯定不希望我这样，于是思思开始振作起来。工厂慢慢地恢复了生产，但却没有以往的产量了，因为全靠她自己一个人的配料和雕刻，她实在做不了多少。

好几个月，她都无法按量供货给客户，何磊很是焦急。

这天，何磊给思思打电话，“思思，我跟你商量件事……”

“说。”

“你的产品现在很多香港的客户都很喜欢，昨天还有个日本人跟我大量订货，说要带回日本……”

“我没那么多货。”思思打断他。

“所以我才想跟你谈这个问题——你的产品这么好，你得想法子扩大生产……”

“我目前就这个量，无法拿出更多的产品……”

“傻丫头，人家做企业都是担心产品的销路，现在却是人家担心买不到你的产品，等着要你的产品，这是多么难得的机会啊！你如果扩大生产有困难，我帮你牵线搭桥，找个注资的合伙人，把你现有的工厂扩建两个烧制炉，你目前才一个，把产量翻五倍。你负责工厂的工艺管理，对方负责扩建的资金和产品的销路。你占60%的股份，对方占40%，你觉得怎么样?”

思思拒绝，“不行，这是我家的祖传工艺，不外传。所以不打算跟别人合作……”思思真的不想扩大生产，反正现在不缺钱，自己一辈子优哉游哉就做自己的产品，不会有人跟自己抢生意，因为，只要自己的秘方不外传，别人是没有这种工艺的陶瓷的。

何磊说：“你有没有想过，你的产品这么好，如果把这种美丽的产品销往国外，该是多么自豪的事情，既带来效益，又为我们的民族产品争口气……”

“没想那么远。”

“其实，能把家族企业发扬光大也是一件很了不起的事情，你完全可以跟有实力的公司合作，你做董事长，完全可以把你的企业做大做强的。”何磊劝思思。

“不想，反正现在我不缺钱花，我慢慢做。细水长流。”思思冷漠而不耐烦。

几次都说服不了思思，何磊只好作罢。

这天，何磊让思思到深圳看看他的店面，顺便让她散散心。

何磊那天当她的面嫖妓，曾让思思对这个男人全面否定了，觉得他不是什么好男人，但在自己最难过的日子里，几乎是何磊鼓励自己走过来的，何磊对自己的关切和劝导让思思又觉得这男人似乎并没有自己想象中那么垃圾。

于是思思答应去深圳两天，她确实想出去散一散心。

何磊住深圳市郊，店面却在市中心，何磊去机场接她后先带她回自己郊外的家逛了一圈，说做了这么多年她的产品，应该让她认一认自己的家门。

去到何磊家，思思才知道，何磊已是做父亲的人，结了婚又离了，现在一对龙凤胎的儿女跟着他，由他母亲照顾着。何磊已经离婚，还是何磊的老母亲嘴快，无意间说出来的。这让思思有些意外。原来以为何磊还没结婚，却没想他已是做了父亲的人了。

看着一对可爱的小孩，却没有母亲在身边，思思心里有些不是滋味。

从何磊家出来的时候，思思忍不住问何磊：“你为什么离婚呢？离婚小孩多可怜啊……”

何磊苦笑，“有谁结婚是为了要离婚啊？肯定有原因嘛 ……”

“肯定是你经常在外面乱来，老婆忍受不了，所以才离开你的……”

“瞎说，没离婚的时候，我可没做过伤害老婆的事情，我老婆可漂亮可有魅力了……”

“谁信你……”想起自己就曾帮这男人的风流埋过单，思思的脸上浮起不屑。

“五年前我出了车祸，在医院躺了一年多。当时医生说我可能终生瘫痪，老婆从小是那种娇生惯养的人，结了婚也从来不做家务，大事小事都由我做主，突然让她侍候一个整天躺在床上的男人甚至可能侍候一辈子，让她无法接受。所以几个月后她就偷偷地离开了我，连离婚也委托律师来跟我交涉……其实，她就是直接跟我说我也会立即同意离婚，不用她付那笔冤枉的律师费。想到自己将终身瘫痪，我也不会去连累她啊！”

何磊的话，让思思愣了愣，一下子说不出话来。原来这男人有这么坎坷的经历，可看他却非常的阳光快乐啊！

“老婆在那个时候离开你，你恨她吗？”思思转头问正在开车的何磊。

“不恨。捡回一条命，我觉得上帝还是很宽待我的。原来老婆是带着孩子走的，我康复后，两个孩子都愿意跟我，她就送回来了，我非常感谢她，感谢她不为难孩子。她现在已经有了新的家庭，但她每个星期都会回来看孩子，我也经常送孩子去看她……我也希望她能过得幸福。死过一回的人再重生，觉得每天都是赚来的，哪里还会有恨？现在，我的生活中没有恨，只有爱，爱母亲爱孩子，爱身边的每一个人，怎么也爱不够……”

思思突然发现这个男人原来跟自己想象的一点都不一样。思思有些不能释怀，“听起来你好像是个难得的好男人……可是，你怎么会在夜总会里接受那种女人呢？”

何磊顿了顿，坦然地说：“因为那种女人用钱就可以买得到，不用负责任，不用去担当，会让我觉得轻松……男人在没有爱情的时候，也是很需要女人的……不过那次酒醒之后我有些后悔，不该在你面前那样，你太小了……”何磊说。

“你真是千不该、万不该在我面前那样！”思思的口气里带着丝丝的怨恨，这男人的行为，差点就毁了她对这世界原有的看法和本来相信爱情的价值观！

何磊突然无谓地笑起来，“切！你不会连那样的心理承受力都没有吧？从反面教育一下你也好嘛，让你认识一下不是东西的男人真正的嘴脸，让你有个防备的心啊！”

思思突然问：“是不是所有的好男人也有你那样的一面？”

“不是。真正的好男人绝不会像我，我不是好男人。”何磊肯定地说。

看思思不出声，何磊补充道：“人跟人不一样，每个人的行为在人生的各个阶段表现的也不一样，就像找那些小姐，没出车祸之前，我是从来不沾，也很不屑的。但现在就不一样了，各种感觉都已经不同……所以，你要学会从不同的层面去看问题，当然，你要怎么看我，我是不会在意的，我就怕影响你对这个社会的看法。希望你能坚持你心中美好的信仰，你就当是你看到一个坏男人丑恶的嘴脸，不用去跟他计较……”

思思突然笑道：“你真把我当三岁小孩呢！放心吧，我不会因为你而改变我的人生观的。”

何磊舒了口气，“那就好。”

一边聊着，两人就来到了何磊的工艺批发店，何磊的店面经营的都是思思工厂的产品，看起来，生意很不错，店里的顾客络绎不绝。何磊说每天都有很多从香港来的客户到店面要她的产品。

何磊的店里摆有很多的样品，但那些样品都已经没货了，不少顾客不断地问何磊：什么时候货会来？

何磊总是笑着解释：“很快货就会来，很快就会来。”

其实，思思明白，那些货，很多都是她打算不再做的。因为哥哥不在，她一个人实在没那么多的耐心和精力。可是，看到顾客如此喜欢自己的产品，思思的心里还是很激动、很高兴、很自豪的，于是不断地帮何磊跟顾客承诺：“放心吧，我们的产品很快就到的……”

从店里出来，何磊对思思说：“你可要说话算数啊，你答应尽快给货的，要说到做到，他们会来找我的。做生意要守信的哦。”

“好的，回去我会加大生产的量。放心吧。”思思嘴上答应着，心里却明白有些产品估计也是不能再供货了。她一个女孩家，怎么也做不了像哥哥那么好的。

第二天喝完早茶，两人走出茶楼，瑟瑟秋风迎面而来，很是舒适。思思说，今天没太阳，可以到处去玩玩，你今天还要陪我一天哦。

何磊突然转身对思思说：“我带你去爬山，怎么样？”

看着林立的高楼大厦，思思有些不相信地笑问：“深圳也有山爬吗？”

“当然有了。走……”

何磊带着思思到鞋店为她买了一双轻便的登山鞋，然后驱车朝特区的东部驶去……何磊带思思去爬的山叫梧桐山，是一个以山体和自然植被为景观主体的自然风景区，是特区内唯一的省级风景名胜区。而何磊是这座山的常客，登高望远，那是他最爱的运动方式。好几个星期没机会爬山的何磊想带思思游览这座城市的名胜，又可以过过自己的爬山瘾，一举两得。

考虑到思思第一次来，何磊带着思思特意在水库后面的山脚找了条捷径上山，减少了很多路程，那条捷径也比较好走，可是思思用尽了吃奶的力气也跟不上何磊，总是被他远远抛在后面，何磊没走几步就得停下来等思思。

何磊一点不怜惜思思，不停地朝她喊："我的娇小姐，你振作点，走快点，离山顶还很远呢！"

面对这山清水秀的世外桃源，思思也感到很惬意，就是爬山太辛苦。她还没这么爬过山呢。爬了一个多钟头的思思一屁股坐下来，"我不走了，你自己爬，我在这里等你。"

思思坐在半山腰，看着绿幽幽的水库下面有人在钓鱼，画面休闲浪漫，思思想就坐在这里欣赏风景，不爬了。

谁知，何磊突突地从上面跑下来，一把拉起她的手，"怎么可以一遇到困难就不前进了呢？老师没教你——坚持就是胜利啊！只有爬到最高的地方，才能看到最美的风景！"

思思被拉了起来，于是硬着头皮继续爬，边爬边嘟囔：这山也没什么特别嘛，风景也不是特别美。

何磊向她解释：现在是秋天，山涧里水少了，如果春天来，你可以看到很壮观的瀑布呢！你知道吗？这座梧桐山是深圳河的发源地，你看，这山高林密的，还有，这座山的主峰山泉汇入天池。何磊指着蓄水的天池告诉思思：池水可是深不可测的，积万年草木之精华，药用价值很高呢……春天雨季的时候，天池水顺谷而下形成了壮观的瀑布群，春雨一泻百米，声如洪钟，激起千层浪，散出万束雾花，非常的美……这天池水注入的龙潭底有一小洞，内藏珍贵的金尾娃娃鱼和山龟。龙潭水流至龙珠山汇集八条谷渠水而成深圳河，风水先生称此地为"九龙戏珠"的风水宝地……所以我们做生意的，也经常来此沾沾仙气和好运气……

何磊的声音就像电视里特别有魅力的讲解员。

思思变得快乐起来，"听你这么介绍，看沿途的风景确实美多了，这爬山的感觉确实不错，哈哈，很能挑战自我！”

思思跟着何磊攀越那层层险阻，爬了三个钟头，他们终于登上了山顶，俯览眼前的风景，烟波浩渺的大鹏湾海面及美丽的大鹏半岛尽收眼底……思思被眼前的美景陶醉，不断欢呼着：“太美了！”

何磊喘着气说：“我说过只有登到山顶才能看到最美的景色嘛！”

登高望远，思思一直禁锢的心豁然开朗，不禁感慨：是啊，人生何尝不是如此——只有站到一定的高度，才能看到人生更美的风景啊！

何磊做梦也想不到，一次简单的登山运动，竟让思思的心境开始改变。

从深圳回来的路上，思思心潮起伏，无法忘记这次登高望远时心胸豁然开朗的感觉，那感觉，真的让人心情舒畅感慨万千……思思突然就想着：如果自己的家族企业能发扬光大，是不是自己的感受也不一样呢？当然，自己也想把自己的这份工艺一代一代传下去，可是，现在自己连男朋友都还不知道在哪呢！想起哥哥，思思就感到人生的虚无，谁又知道自己的明天怎么样啊？看着活生生的哥哥，说没就没了，思思已经很能理智地接受人生虚无的现实，要是自己也像哥哥突遭意外，那这份造福人类的工艺不就毁在我这一代了吗？估计古时候的很多陶瓷工艺就是这么失传的吧？果真那样，不仅仅是这个国家民族的损失，更是人类文明的悲哀和损失啊！

回到家里，思思给何磊打电话：我决定了，要给我的企业注资，你帮我找投资人吧。

两年后，思思的产品开始在海外受宠。经常全世界各地飞的思思真正拓宽了自己的视野，过上了高品质的生活。这时候的她，也真正领略到人生最美的风景。原来事业的成就感，不仅仅是金钱；成功的乐趣，往往在金钱以外的东西。能把自己的祖传工艺发扬光大，能让这份老祖宗智慧的结晶一代代传下去，是最让思思感到自豪和欣慰的，这份自豪感，让思思感觉自己每天都活得非常充实非常有意义。

这天思思刚从英国回到自己的家便打电话给何磊：“如果我嫁给你，你会不会对我负责任、对我担当？

何磊带着开玩笑的口吻说：“丫头，放过我吧，我都老人家了，跟你们年轻人我可折腾不起啊！”

“不放。你折腾不起还那么关心我？谁让你没有老婆？我就非缠上你不可了！你看着办吧！”

“那你明天来深圳跟我爬山，你要还能爬上山顶，我就要你……”

思思欢喜地说:“那我明天就飞过去……你要说话算数哦!”

何磊说:“当然。你要爬不上去,我背也要背你上去……因为我没有老婆很久了。哈哈……”

思思的心,柔软而幸福……明天又能跟自己心爱的人登高望远,领略最美的景色了……

其实人生和爱情亦如观景,你看到什么样的景色,取决于你所站的高度。

男人是菜，吃多坏胃口

如果你曾因毫无节制的乱食而患上厌食症，需要你很好地去调节自己的心态才有可能让你恢复健康和快乐。

玲玲二十五岁的时候，已是地方电视台颇有名气的女主播了。她青春靓丽，台风得体。有着如此春风得意的事业做基础，玲玲对爱情对男人总比一般的女孩有着更前卫的思想和行为。她觉得男人就是菜，她要选她人生中最美味的那道菜肴。

玲玲是个很有智慧的女孩，她知道在自己没任何背景的情况下，除需要自身的努力，还得有男人对自己的帮助，毕竟，这个社会还是以男权为主流的社会。想跟他们一样平起平坐，得想办法挤进他们的那个门槛。

她走出学校跟自己的男友分手投进A男的怀抱，因为A男可以实现她的理想之梦，尽管A男已经结婚，但这丝毫不妨碍玲玲的情感投入。A男也很坦白：只能给她婚姻以外的东西。

渐渐地，玲玲的视野开阔了，情感也发生了变化，想想怎么样A男都无法像自己原先的男朋友那样纯粹地爱自己，那样愿意把自己的一辈子交给自己。既然A男不能给自己想要的那份爱、那份责任，她只能忍痛割爱，选择了B男。

B男是名门望族之后，多金也帅气，表示爱她也愿意迎娶她，可从不缺美女环绕的B男总会在她面前流露出某些恶习，比如花心，比如不重视她的职业，比如口是心非……玲玲不吃这套，对她来说豪门只是一种传说，她在乎的是那个真正要跟她过日子的人而不是他的家有多富豪。于是她离开B男投入C男的怀抱。

C男年轻有为、风度翩翩，对她一见钟情，也打算与她携手百年，但C男事业心很强，很多时候会忽视她的需要和感觉，这让玲玲无法忍受，她快刀斩乱麻，很快从C男的怀抱抽身投入D男的怀抱。

D男倒是很呵护她，很爱她，很黏她，时刻想跟她走进婚姻的殿堂，可很快玲玲又发现这男人没A男C男的那种事业心和魄力。且脾气还有些古怪，占有欲非常强，他的这种个性迟早会影响到自己事业的发展，于是玲玲又坚决地离开D男。

后来，玲玲又遭遇E男乃至N男……

32岁的时候，玲玲已是过尽千帆的女子。尽管镜前的她依然灿如鲜花美若西施，但卸妆后的她脸上是众多男人留下的沧桑痕迹。因为经历过太多的男人，玲玲已麻木，再也没有那份为情感付出的冲动。她甚至连最基本的爱都已经没办法拿出来给男人了，因为她在这方面早就已经透支了。

最后玲玲甚至打消了结婚的念头，觉得男人没一个好东西。不是有这个缺点，就是有那个缺点。这心态的产生，甚至让她连暂时的情人都找不到了。

在外闯荡的她很多年都不敢回家过春节，她怕父母和亲朋好友的那种叹息和眼光……

又一个春节来临。

除夕的早上，周遭的空气都透着过年的喜庆气氛，大家都在高高兴兴准备过年，可孑然一身的玲玲却不知怎么过这个节日。孤独而落寞的她无精打采地走出小区的门口，走进了一家早餐店，在她走过去要早餐的间隙，有个人跟她打招呼。她定睛一看，是台里新来的一位叫南北的男同事，在台里是幕后制作部一个很普通的技术员。

玲玲是不屑跟这种普通的技术员说什么话的。在单位里她只在乎台长和几位直接管辖自己的领导……所以玲玲只是跟南北点点头就拿着自己的早餐走到另一边。

南北虽刚来不久，但他知道玲玲且了解她的基本情况，其实台里也是一个很世俗的小世界，每个人的隐私都被人在背后说三道四，包括台长和那几名主播……

玲玲想避开南北，但南北却拿着自己吃了一半的那碗粉走过去跟她一起坐。

南北非常突兀地对她说："反正我们都单身，今晚一起过节吧。"

玲玲觉得这男人简直不知好歹！但她只是笑笑，没出声。

"我买了很多气球，都吹好了，还有烟花，我们一起踩气球，然后到楼顶去放烟花，怎么样？"

玲玲有些发愣，这个看上去很粗线条的男人居然想到节日里踩气球和放烟花？玲玲脱口而出："你一个大男人也玩这个？"

男人很阳光地笑，"谁规定男人不能玩这个？"

玲玲不置可否地继续埋头吃着自己的早餐。

突然南北低下头，声音有些低沉地说："我其实是为我的女朋友准备的，我以为她过来跟我过年，原来，她都准备结婚了，年初六是她大婚的日子，但新郎不是我……"

玲玲一愣，"女朋友都要嫁人了，你刚刚知道?"

"她提出分手一段时间了，我一直想把她给追回来，她的态度也有些暧昧，我还以为她过来跟我过节呢……"

玲玲有些触动，同是天涯沦落人，相逢何必曾相识? 其实在这喜庆的日子里，有个伴跟自己搭伙过个年也挺不错的……再说了，又不是跟他谈恋爱，计较那么多干吗呢。玲玲终于说服自己。

"好吧，我跟你搭伙，去我那儿，还是去你那儿?"

"去我那儿。吃完早餐我跟你去买年货……"南北的声音忍不住地流露出喜悦。

吃完早餐，玲玲跟着南北穿梭在菜市场和年货市场里，南北总是告诉她这个好吃那个好吃，于是他们买了一大堆的东西回来。

一进南北的客厅，光亮的地板上全是五颜六色的气球，其实，玲玲也很喜欢这种浪漫的氛围，已经消失多年的童心一下子就冒了出来，玲玲突然就像小孩子一样兴奋地踩着那些飘飞的七彩气球……

南北在旁边看着她笨拙的动作，忍不住笑她，"你好笨，你是个笨女人……"

其实南北比玲玲还小三岁，但长相和说话的口吻却很霸道，在玲玲面前俨然一副大哥哥的范儿。

南北一边笑玲玲的同时双脚跳起来踩在气球上，个子高大的南北跳起来居然身姿那么矫健轻巧，几乎每次都能踩在气球上……看着南北踩得很过瘾，玲玲也跟着学，可是跳了几次都踩不中气球，玲玲不服，不断地跳，终于掌握要领。玲玲非常的开心，心中的孤独烦恼都随着那气球的爆响声而烟消云散……

踩累的她坐在沙发上一边看电视一边吃零食，看着忙碌的南北，玲玲竟然有种错觉，感觉自己置身于一个非常幸福的小家庭里，自己就是那个幸福的女主人，而忙碌的南北就是宠自己爱自己的男主人，如果他们身边多个小孩子，那画面就更加温馨更加幸福了……这样的遐思让玲玲心里突然就涌起万般的柔情，很久，自己都没有这种欲望了啊……原来，有个会煮饭菜的男人在身边忙碌着，也是挺诱人的……

中午吃饭的时候，玲玲笑嘻嘻地拿南北开心，"你真傻，女朋友都结婚了自己还在这傻乎乎地等……”

南北看着玲玲，“你呢？早该结婚了怎么还是一个人？”

“找不到合适的嘛。”玲玲说。

南北意味深长地看着玲玲，“给你说个笑话——

不久前新开了一家商店，女士们可以为自己选购丈夫。入口处挂着如下内容的商店营业规则：

1.您仅能光临本商店一次。

2.本商店有六层，随着楼层号的升高男人的质量也依次升高。

3.您可以选择某层的任何一位男士或者继续到上一层。

4.不允许返回到下一层。

一位女士决定逛逛这家丈夫商店，为自己挑一位伴侣。

读完一层入口处的招牌：有工作的男人，她立刻上了二层。

二层的招牌：有工作且爱孩子的男士。这位女士上了第三层。

三层的招牌：有工作、爱孩子、非常帅的男人。这位女士想：“哇！真狠！真厉害！”但还是上了四层。

四层的招牌：有工作、爱孩子、帅呆了、还顾家的男人。“不可思议！”这个女士惊叹道，“我都禁不住诱惑了。”但她说完后，还是上了第五层。

五层的招牌：有工作、爱孩子、帅呆了、顾家、还非常浪漫的男人。女士非常想在这一层停留，为自己选一个配偶，但是她还是忍住了，上了最后一层。

在第六层她读到了如下内容的招牌：

您是第816012位光临本层的女士，这里没有男人。

本层的存在只是为了再一次证明：要让女人心满意足是不可能的。

……

玲玲的笑容凝固了，“你在笑我？”

南北哈哈笑着，“你对号入座啊？这笑话虽然对女人有些刻薄，不过，如果你有此心态真的应该反思一下了。不是你没有遇上好男人，而是你放弃了他们。其实，他们就在你的身边。只要你摆正心态。”

玲玲终于明白：爱情和婚姻其实离自己很近很近，只不过自己一直摆不正心态而已。其实，最近也有不少好心人给自己介绍对象，玲玲因其身份一般连面都不愿见，觉得自己早已看透感情，不愿再谈恋爱，最终选个家境不错或者有地位的男人嫁出去就算了。但至今找不到那位门当户对的男人把自己嫁掉……其实再光鲜的大人物也得过柴米油盐的生活，也得经历生老病死，就算自己能嫁入豪门，那深深庭院又怎知有何规矩要遵循？有多少不快和寂寞要忍耐呢？……人生在世，能吃多少能用多少？在乎的，不就是那份心底的快乐和愉悦吗？

玲玲发现眼前这个普普通通的男人就能给自己这份快乐和愉悦。

当新年的钟声敲响，住顶层的南北拉着玲玲上天顶放烟花。看着周围绚丽多彩的烟花，玲玲被那种喜庆和快乐包围着，这种感觉，玲玲以往都是没有过的，开心的玲玲情不自禁地就趴在南北的肩上看那五彩缤纷的烟花，那一刻的感觉是那样的温馨、那样的快乐……只一天的工夫，玲玲跟这男人像是认识一辈子了，这时候的她竟然一点也感觉不到自己跟这男人有何身份之别。此刻的她只有家的感觉……她突然很强烈地想延续这份温馨的感觉。

从楼顶下来的时候，玲玲突然问南北："如果我嫁给你，你要不要我？"

南北很吃惊的声音，"你不是要嫁豪门的么？你怎么甘心嫁给我？"

玲玲气恼地一拳朝南北的肩膀捶过去，"我自己就是豪门！我嫁什么豪门！"

南北哈哈笑着，"这么暴力的女豪门，我不要……"

玲玲一下扑在南北的背上，双手勾住南北的脖子，"你不要我也嫁，我缠定你了……"

南北弯腰很轻松就把玲玲给背起来。南北一边背着玲玲下楼一边是怜爱而又溢满柔情蜜意的声音，"你给人的印象又高傲又厉害，其实你是个很温柔很可爱的女孩……让人心疼着呢……"

没错，要在以前，玲玲对身边这种普通男人连看都不会多看一眼的。她一心想着往更高的层面迈进，就算谈恋爱嫁人她起码也要选身份相当甚至更高的。可此刻玲玲的感觉不一样了，这一刻，趴在南北肩上的感觉是那样的安全那样的温馨和欣喜……

从此，玲玲再也无法抗拒南北对自己的好。于是两人经常搭伙开饭，经常一起运动一起逛街一起旅行……直至走入红毯。

如果你曾因毫无节制的乱食而患上厌食症，需要你很好地去调节自己的心态才有可能让你恢复健康和快乐。

第二章 / 远离垃圾男人

不做男人的情感备胎

恋爱是门深刻的人生课程，当你从失恋中走出依然相信爱情，那你就真正长大成人了。

爱情是个不讲信誉的孩子，说变脸就变脸，不是你付出多少就能收获多少的。

那是个春暖花开的日子，小童跟一帮朋友到公园烧烤。当俊朗而风度翩翩的文凯出现时，小童像突然被施了魔法，一下子便陷入了莫名的兴奋和醇醉之中…… 小童很快弄明白了：原来这感觉叫一见钟情。

文凯是小童朋友的朋友。文凯似乎对小童也很有感觉，那次烧烤之后两人便撇开其他人开始约会。

小童无法掩饰自己对文凯的热情，她总是很主动。想起文凯她就像蜜蜂闻到了花香，那是一种爱情的香味。于是小童比蜜蜂还辛勤地扑到那个男人的身边。在男人寂寞的夜晚，陪他喝酒，陪他聊天，甚至陪他睡觉。

看着做白领的文凯穿着朴素，小童省吃俭用把自己挣的血汗钱拿来给文凯买了两三千块一套的西服、好几百元一条的领带、上百块一双的袜子。而她自己的服饰全身上下都不到两百块钱。在爱情面前，小童是那样的无私，只考虑自己爱着的那个男人，却从不考虑她自己。

对小童的热情和礼物，文凯总是来者不拒。除了激情万丈不断索要她的身子和惊叹她性感赞美她温柔善良之外，从没给她回报什么礼物，也没给过她什么明朗的承诺。可小童依然飞蛾扑火般地扑到男人的身边。小童想，爱就是付出。不是有句话说：想要什么就先付出什么吗？她就想要男人的爱情，所以她对自己爱的男人毫无保留地付出。小童想着自己对他那么好，他就是铁石心肠也终有一天会被自己感动，自己也会有守得云开见月明的那天。

然而，小童守来的不是月亮的笑脸，而是伸手不见五指的黑夜……

那天中午，小童路过梦之岛购物中心时，眼睛的余光从通透的玻璃墙外敏锐地捕捉到一个熟悉的身影，她立即止住了脚步，心一下就跳到了喉咙眼儿：是文凯，是他深爱着的那个男人！其实就是文凯一个不完全的背影，小童也能感知到那就是她深爱着的男人。小童对文凯的那股感情，已深入骨髓，就像那小狐狸远远就能听到小王子的脚步声……

小童蹑手蹑脚走进那个购物中心，发现文凯正在女子时尚新衣区那儿选购衣服。那是全市最昂贵的服装专卖区，小童自己从不敢想有一天会到这地方来买衣服。她既激动又幸福，她想，文凯终于懂得回报自己了，终于懂得给自己买衣服了，而且是来这么高档的地方给自己买衣服！可是小童没有打扰文凯，她要等着文凯把礼物亲自送给自己的幸福时刻，再用自己满心的爱和蚀骨的缠绵来回报他……

文凯反复挑选，拿了一件白色的风衣，交完款走了。

等文凯走远，小童走过去看那风衣的标价：3728块。将近四千块钱一件的风衣啊，贵了一点。小童一边流着幸福的泪水一边在心里骂男人：亲爱的，你不用那么奢侈，其实给我买几百块一件的就可以了……

回到家里，小童激动得连午饭都忘了吃，一直在回忆着跟文凯在一起的细节，想象着晚上见面时的浪漫情节——一般他们到晚上才见面，因为白天他们都各自忙着自己的事情。

一分一秒熬着时间，终于等到下班，小童盼着一到下班时间文凯就给自己打电话，或者来接她回家，可是等了一会儿并没有。于是小童在回家的路上也把手机耳机塞到耳朵里，生怕错漏了男人给自己的电话，因为路上太吵了，她怕手机铃声响的时候，自己听不到。

可是，直至回到家，都没听到文凯邀约自己的电话。小童又等了一个小时左右，电话依然没有。小童等不住了，于是主动给文凯打电话。

电话铃响了很久，没人接，小童的心高高地悬了起来：干吗不接电话？是不是出了车祸？或出什么意外了啊？怪不得不给自己电话了，小童焦急得只想哭，突然，电话那头有人接了，文凯有些气喘，有些不耐烦的声音，“干吗呢？”

小童带着哭腔，“你干吗不接电话啊？你在哪啊？你什么时候过我这里来？”

“不过了。我忘记跟你说了，我已经出差到广州，不知道什么时候回去……”文凯说着就挂了电话。

小童像被敲了一记闷棍，简直不相信自己的耳朵……她想，文凯一定在跟自己开玩笑，他一定很快就会突然地出现在自己的眼前的。

可是从天亮等到天黑，却闻不到男人的任何味道，小童耐不住了，于是再次拿起电话。依然是很久，文凯带着喘息的声音才传过来，“跟你说了我出差在外面，在跟客户谈事，你别再打电话给我了……”

小童压着自己的怒火问文凯：“你什么时候出的差？”

“一大早走的，走得匆忙，怕你没醒，没来得及跟你说……”文凯明显的不耐烦，声音压得很低。

小童终于明白文凯买那件昂贵的风衣不是给自己，而是给另外的女人，现在他就跟她在一起……

小童歇斯底里地喊起来：“骗子！你混账……”

可是对方却突然关了机。任她如何地发疯如何地哭喊，他都听不到了。小童明白，那个自己爱的男人此刻不愿她打扰自己，因为他正在跟一个他愿意花高价送给对方衣服的女子在一起。他从没有送过自己衣服，别说几千几百的，甚至有次跟他一起走过夜市的桥边，看到一个很漂亮的手提袋，小童拿下，才六十块钱，小童以为身边的男人会帮自己付钱，可是没有，最后还是自己付了。

小童开始并不是很在意文凯是否送自己东西，文凯跟她说过，小时候家里很穷，受穷受怕了，所以从不敢浪费钱乱买东西……可是，现在他却肯拿着几千块钱一件的衣服去讨好别人！

小童整夜都在拨着文凯的手机，尽管电脑小姐不厌其烦地提示她该用户已经关机，可她还是不断地、疯狂地拨打那个号码……从黑夜到第二天曙光微露，再到阳光普照大地。

文凯的手机终于开机。

面对她的哭闹，文凯一点也不回避，明确告诉她：他以前跟她在一起，就是把她当成自己的情感备胎，如果他心爱的那个女孩最终拒绝自己，他就有可能跟她在一起，可现在那个女孩已经被他征服，所以对不起了。

文凯最后还来了个高姿态：我是个混账男人，希望你以后找个比我好的男人。说完这话，文凯就再也没有接过她的电话。

原来，自己一直就是男人的情感备胎！因为她对他好，她对他无偿地付出自己，在他的面前，他没有了对她的征服欲，他不屑于征服她，他要去征服别的女人。他只把她当成他的情感备胎！如果他征服不到心中的所爱，如果他的情感爆胎了、无法行走了，她才有可能成为他的轮子！

小童突然就想：如果自己成为他的轮子，她这只备用的轮子，他又该对她如何？不用想，她这只备用的轮子不顾一切撑起他生命的重量。她也只能默默地为他牺牲着自己，他对她的索取已成自然，他对她没有征服的快感和得来不易的珍惜……她出现在他的情感世界里，不是天生的位置摆不对，而是自己不顾一切的献爱方式不值钱！

小童终于明白：原来在爱情的游戏里，完全无规则可循，不是你付出了多少就得到多少的收获！

虽然难过，虽然心里不平衡，但小童也明白：情感这东西是不能勉强别人的，既然不爱，你就是为他去死，他也不会因此而爱你。

小童自己花了很长的时间来疗伤，慢慢地走出了那种被伤害的阴影。也许没失过恋的人就不会真正地成长。

小童这次是真的长大了。

再爱上，是业务中有联系的一位分销商小亮。小童做着广州一家产品在南宁的总代理，那个青春的、很阳光的大男孩总是很快就来拿她的产品。小童说你的生意做得不错啊，这么快就卖完了？小亮总是笑笑，说你的产品好卖啊！

别家的经销商每次来都跟她压价，直磨到她不耐烦把价格降下来。可是，小亮从不跟她压价，她给多少就是多少。而且每次来要货，总黏着她聊天，有时会脸红。

小童发现小亮特能聊，天文地理、古今中外无所不知，看得出他读的书很多。小童喜欢有知识的人。而且小亮帅气又阳光，嘴巴又甜。很快就牵起小童心底里的那根柔软的神经，尽管小童能感觉到小亮对自己有好感，但吸取上次做别人情感备胎的教训，小童丝毫不露自己对他的喜爱，甚至连产品的价格应该可以照顾他的她也没照顾，她把他该赚的钱占为己有了。

小亮来找她的次数越来越多，约她吃饭、看电影、外出游玩。小亮还不时地给她送礼物，小童照单全收。当然，她不会像当初文凯对自己那样去对小亮，她不会收着别人的礼物要着别人的情感还那么理所当然。她觉得那样很没品。她会适当地还礼，保持距离地对他好。

情感的世界，钻进去不是自己伤害别人，就是别人伤害自己。想起自己被伤害的痛，已经长大的小童决意不去伤害别人，也不会再让别人来伤害自己。

虽然发现自己慢慢喜欢甚至爱上了小亮，但小童知道，像小亮这么可爱又这么能侃的阳光男孩，都是追女孩子的高手，他的情感备胎肯定也很多，说不定自己此时也被他列入了其中。所以她是不可以再像以前那样毫无保留地奉献自己的那份爱情了。小童希望这男人是可以把自己娶回家的男人，但如果小亮不打算跟自己长久，只是一时的好奇，小童是不会满足他的这份好奇心的。

那天一起吃饭，小童和小亮都喝了一点酒，两人聊得很开心，小亮在饭桌上忍不住紧紧抓住她的手，央求她，“做我女朋友，好吗?”

小童温婉地笑，“我一直都当我是你的女朋友啊！你没当我是你女朋友吗?”

小亮的眼里是征服的欲望和泛滥的柔情，离开饭桌的时候，小亮拉着她的手，有些迫不及待，“到我家去……好不好?”

小童想起当初的自己，一旦爱上，就迫不及待地要给对方，最终得到的也只是伤害。当然小童看着小亮就如最初的自己，她有些感动，也有些心痛。可是现在的小童已经明白爱情这玩意是很讲究策略的，说白了就是一种技术活，得深思熟虑才有胜算。

小童当街第一次拥抱小亮，给了他一个热烈的吻，“对不起，我不能跟你去你家，我还不了解你，我不知道你是不是也同时有别的女朋友……”

“我没有，我发誓。”小亮对她指天发誓。

可小童依然放开他，一溜烟跑掉了。

小童的欲擒故纵，让小亮对她欲罢不能。小童情不自禁当街拥抱他的情景让小亮激动了几天几夜。其实小亮真的也有情感的后备胎，甚至是主胎，但此时，小童却是最让他想占为己有甚至想占着一辈子的人。因为小童最让他有着征服甚至结婚的欲望，而身边的那些女孩子，都没有让他有这一冲动。

于是小亮不断地往小童的店面跑……小童也明白她不能老拒绝人家，老是拒绝，也会把人家给拒绝跑了。再说了，如果要跟哪个男人成家，那也要零距离全面了解的。

看火候差不多，小童把小亮带回了家。小童跟小亮撒娇说想吃他做的饭菜。于是小亮手脚麻利地煮饭炒菜，尽管手艺很一般，但小童吃得很开心。饭没吃完，小亮就把小童给拉到床上去了……在床上，小童尽情舒展自己的温情与缠绵，不断索要小亮的情感，“你爱我吗？你只爱我一个人吗？”

“我爱你，我只爱你一个。我要跟你结婚。”小亮的激情如翻滚的波涛汹涌澎湃着……爱情是排他的，这时候，谁都希望拥有对方的一切，而结婚，就是最好的归属。

“结什么婚呀？我们还没谈恋爱呢……”小童笑。其实，小亮跟自己索要婚姻，是她心里最渴望的。

“你会不会只想跟我玩玩，不想跟我结婚呢？”小亮想着像小童这么优秀的女孩子，一定有很多优秀的男人抢着要。

虽然想跟小亮结婚，但小童确实还没准备好，不知道自己的感觉会不会错。她可不想太快给小亮结婚的承诺。婚姻只能选择一次，这婚姻一定是自己最想要的那种才行。

“反正我先谈恋爱，如果你对我不好，或我发现我们不合适，这婚就不能结了。”小童说。

“那你要谈多久啊？”小亮拥着她。

“那看感觉啊！”小童撒娇。

小亮几乎天天厮磨着要跟小童在一起。小童给自己的期限是三个月了解这男人，其实恋爱谈三个月就够了，不然情感一倦怠，再浪漫的感情也变淡。小童也相信没有哪个男人拿自己的婚姻来当儿戏的，只要是真心实意愿意结婚，他就会打算跟自己过一辈子。所以小童决定这三个月好好感觉这男人，如果不对劲，她立即抽身离开，另寻佳偶。她才不会像以前那样傻乎乎地毫无边际地等一个男人来娶自己，一等好几年。青春是那样的短暂，谁浪费得起啊？

小童知道自己的缺点就是比较懒，经常地，她甚至连换下的内衣裤都懒得动手洗，自己一个人的时候，会放一两天才一起洗。跟小亮在一起，她也不隐藏自己这个见不得人的缺点，小亮居然一边嗔怪她懒一边帮她洗衣服，那种对她的纵容和娇宠，让小童心动和温暖。

在朝夕相处的三个月里，小童毫不掩饰自己的任性、自己的缺点……看小亮对自己的包容力。小童觉得这点很重要，因为男人对自己的包容力直接影响着自己的幸福指数。当然，小童不会是无理取闹横蛮霸道的人，她在心里对自己说只要对方对自己好，自己就会加倍回报对方。

渐渐地，小童把自己对小亮的爱也尽情地倾注在行动之中，其实，两人在一起，只要彼此相爱着，所有的一切都是甜蜜的、难分难舍的。

三个月后，小童跟小亮见了家人，在亲朋的祝福中走进婚姻的殿堂……

恋爱是门深刻的人生课程，当你从失恋中走出依然相信爱情，那你就真正长大成人了。

愤世嫉俗的男人最无能

无数的事实证明着：愤世嫉俗的男人永远都不会有出息。正因为他没出息，他才会愤世嫉俗，觉得自己生不逢时、怀才不遇。这种男人，消极、厌世，对什么都看不惯，对什么都怀疑，看什么都只看到黑暗的那一面。

每个人的脾性都与生俱来，绝大多数人的性格一旦定型，一生都难以改变。所以年轻的你选择终身伴侣时，一定要先摸清他的性格。因为，性格决定他的命运。

筱筱和钢是大学同学，是一对令人羡慕的金童玉女。毕业后，在北方大城市长大的筱筱跟着钢回到南方一个很不起眼的偏僻小城工作。

钢很幸运，由于父亲的关系，加上自己响当当的牌子大学，他进了公务员队伍，而筱筱只能在一个私营的公司里上班。刚刚工作，两人都还没打算结婚，就先同居着。

钢每天坐办公室，很多时候是一张报纸一杯茶就过一天的。但筱筱不一样，她在公司做文员，每天要写很多的计划，打印很多的文件，每每回到家里常常累得腰酸背痛。当然，因为年轻，因为对生活的热爱，筱筱总是把繁重的工作当成一种挑战和动力，每天回到家里依然一边哼着歌曲一边干家务活。

钢却不一样，每天回来都是满腹的牢骚，不是抱怨这个就是抱怨那个。在学校的时候，钢就是典型的愤青，那时候，筱筱觉得钢很有才华。年轻的时候，总是很容易喜欢上那些愤青的男子，感觉他们似乎就是这个时代的改革者，正因为他们对现实的不满，他们才会不断去改变现实、创造未来。

可是渐渐地，筱筱就觉得身边的男人那股愤世嫉俗的劲儿有些让人受不了。自从在一起，筱筱很少听到钢轻松的话题，每天不是骂周围的环境，就是骂自己的领导、自己的同事，翻来覆去的，都是那些话题。有时就是躺在床上缠绵，筱筱听到的依然是钢骂自己领导的粗话，常常让筱筱听得心里添堵、性趣索然。

那些日子，钢说他们单位准备提拔一批干部。钢非常自豪地告诉筱筱，他们单位，就他有过硬的文凭，他毕业的学校名气是最大的，等着瞧，要提拔年轻人，他就应该是首选。

钢平时总自恃自己名校出来的，看不起周围的人。看钢那么自信，筱筱劝他："你平时少发些牢骚，踏踏实实地做事情，你整天跟这个不和、看那个不惯的，就算单位提拔你上来，你又怎么能做好工作呢？"

筱筱是为钢好，那时候他们已经在准备结婚，他们同居已经三年了，加上在学校的四年恋情，筱筱早就当钢是自己的丈夫了。她希望钢越来越好。她觉得男人20岁的时候不满现状、发发牢骚愤世嫉俗很正常，但现在都快30了，该是面对现实摆正心态好好工作、好好经营自己事业的时候了。

钢回应她，"你管我……你就等着听我的好消息吧。"

然而，筱筱并没有等来什么好消息。钢那个单位提拔的年轻干部中没有钢的份儿，反而他平时很看不惯的、一个从乡下上来的小干部被提拔上去做了他的领导。

那天回到家里，钢黑着脸，筱筱知道钢肯定又在单位遇上"不平"事了，因为她已习惯钢把白天的工作情绪带回家。刚开始来到钢身边一起工作的时候，每每看到他心情不好，筱筱总是百般抚慰，尽管自己白天在单位里也受尽了委屈，但看到自己的男人不开心她总会控制自己的不良情绪尽量讨好他。可今天筱筱心情也很不爽，她部门那个令她恶心的已婚男人老想吃她的豆腐，她想换个单位。这个时候，她希望自己的男朋友能帮他，而不是像个小孩因为心情不愉快而要她去抚慰，她还等着别人来抚慰呢！

筱筱对钢那张黑着的脸孔视而不见，对他说，我今天不做饭了，你做吧。

钢一听这话，积压在胸腔的情绪理所当然地找到了喷发口，对筱筱怒道："你爱做不做吧！反正我不吃！好像你做饭很委屈似的，你以后也别再做了！"

筱筱也是怒火中烧，"你什么态度？我身体不舒服你做一次饭也不行吗？你不吃也得给我做吧？我都给你做了几年的饭了！你难道给我做一次不行吗？"

筱筱越想越气愤，这婚还没结呢，自己就这待遇了，以后领了证，那不更加名正言顺做他合法还倒贴工资的高级保姆吗？

钢突然拿起茶几上筱筱买给他的那个情侣茶杯狠狠地朝地板砸去，"妈的，做什么饭?！你别烦老子！老子在单位做牛做马，什么好处也没有！难道回到家里也要受你的气吗?”钢莫名其妙对筱筱破口大骂起来……

从钢盛怒的骂声中，筱筱终于听明白，钢的仕途之路刚刚受挫了，提拔没他的份儿。其实这早在筱筱的意料之中，钢整天只会发牢骚，看不起别人，为人处世不得要领；且不愿吃半点的亏，根本就没有领导者的素质。可钢永远也不会明白这些。随着年龄的增长，筱筱已经慢慢地看透了钢。本来筱筱也不是很在乎很计较钢能不能提拔，她觉得钢能进公务员队伍已经很幸运，应好好珍惜，做好本职工作，每天愉快生活，她就很知足。以往，她发现他情绪不对，总是安慰他鼓励他。可现在这男人已经把自己对他的容忍当成他自己不要脸的资本了！

筱筱没好气地顶撞钢，“你冲我发什么火？领导不提拔你肯定有原因。你干吗老把责任推到别人身上？你为什么不在你自己身上找找原因？再说了，不提拔又怎么样？你年纪轻轻的，这次不提拔就争取下一次！不提拔你也还是公务员，每个月轻轻松松就领着一大笔的工资。很多曾在运动赛场上为国家争得冠军荣誉的运动员退役后连个正式的工作都没有，病魔缠身还得去摆地摊过日子呢！相比之下，你该去烧高香了！你有什么资格发牢骚?！”

筱筱第一次把积压了很久的怒火喷发出来！这男人是越来越让她忍受不了了！

筱筱的怒斥把钢的火气慢慢地控制住了，筱筱从遥远的北方跟着自己来到这座陌生的城市，他曾经答应过帮她的忙让她至少也进事业单位工作，各方面都有些保障，但至今都没实现。筱筱身材高挑、肤白貌美，不管在外还是在家里，任劳任怨，人又爽朗活泼。这样的北方女孩来到这座南方小城规规矩矩工作的并不多。筱筱的美貌让很多男人垂涎三尺，周围的哥们儿也非常的妒忌和羡慕他。所以，他是不怎么敢对筱筱太过分的，那张合法的婚约还没拿到手呢！

钢不再出声。筱筱心里的怨气发完后人也轻松了点，于是坐下来跟钢坦诚自己不喜欢他这种整天愤世嫉俗的样子，学生时代过去了，该学会适应这个社会了。人是活的，只有人去适应环境，环境是不会适应人的。读了这么多书，难道连适者生存的简单道理都不明白吗？

钢向筱筱保证，以后不再这样了，一定要改变自己。

筱筱也相信他能改变自己，都已经吃过不少亏了，还不学聪明点吗？人都是要不断地长大的啊！

筱筱没急着结婚，她要看着钢真正能改变自己才结婚，不然结了就难离了！

然而，钢并不能真正改变自己，他自己静默了几天，几天之后，又恢复了那副愤世嫉俗的老样子，整天说这社会没救了，骂自己单位的领导，骂这个社会的种种不公，常常让筱筱一听到他说话的声音就特别的反感和难受。

那天，筱筱晚饭后出门去散步，想透透气，让疲惫了一天的心灵得以歇息。钢见她出门也跟在身边，筱筱很希望钢能给她一些轻松快乐的元素，然而，一路上钢又开始大骂自己的领导是饭桶：将帅无才，累死三军，那饭桶整天就瞎指挥！你说他饭桶，可在争抢利益面前却又是超人……

筱筱忍无可忍，不管身边来往的路人，站住朝钢吼：“你别整天在我耳边聒噪这种声音！我听烦听腻了！你自己走，别跟着我！”

走过他们身边的人，都当筱筱是泼妇，哪有当街这么吼自己男人的女人？筱筱甚至听到走过身边的男人对他身边的女人说：“我要是遇上这么泼的女人，一定把她给扔到江里去喂鱼……”

她筱筱原来也是个多么可爱多么小鸟依人的温柔女子，可在钢身边都变成泼妇了！真是什么样的男人就造就什么样的女人啊！筱筱气鼓鼓地撇下钢跑掉了，但这场矛盾的风暴并没有因为她的走开而消停。

回到家了，男人怒气冲冲地等着她，“我在外面所受的委屈，不回来跟你说，我能跟谁说？连你也这么残酷无情地对我吗？”

筱筱也朝男人吼：“你委屈？你有想过我的委屈吗？你真是让我受够了！”筱筱甚至连架都不愿再吵，她发现这个男人已经无药可救了！

“我还以为你很愿意跟我在一起呢，原来你这么讨厌我……你受够了怎么不走？怎么还赖在这里?!”男人说着又开始摔东西，甚至想动手打她……

筱筱逃了出来，这一晚，筱筱在宾馆里过。第二天过了上班的时间，筱筱回家收拾自己的东西，离开了这座曾经让她喜欢让她充满幻想的城市。

坐在回程的列车上，筱筱有种沮丧的挫败感，但同时也有种解脱的轻松。初恋是美好的，但初恋的那个男人未必就是最适合自己的。一辈子的日子很长久，身边的男人如果不适合自己，那一定是很苦的。这么想着，筱筱就变轻松了。

筱筱选择离开是对的。无数的事实证明着：愤世嫉俗的男人永远都不会有出息。正因为他没出息，他才会愤世嫉俗，觉得自己生不逢时、怀才不遇。这种男人，消极、厌世，对什么都看不惯，对什么都怀疑，看什么都只看到黑暗的那一面。

如果你嫁给这种人，一辈子充塞你耳朵的永远都是悲观厌世的声音和他扩大化了的社会阴暗面。每天回到家，你就成了他的垃圾桶，他会什么垃圾都往你身上倒，让本来就不轻松的你心情更加沉重更加郁闷和灰暗。跟这种男人在一起，你永远都快乐不起来。因为你身边的男人没有快乐，他怎么可能给你快乐呢?

你改变不了滥情的男人

男人的风流滥情从不受什么道德良心的约束。一旦遇上那种“博爱”的男人，你最好别幻想自己的痴情和善良能改变他。你的痴情和善良，对他毫无价值。

薇儿和李岩是大学的同学，薇儿的父母都是大学教授，李岩只是一个农民的儿子，但李岩却没有半点的自卑，在学校就狂追薇儿。

从小就能吃苦的李岩在学校的时候就显露出某些农民企业家的天分，他总是尝试着去做各种勤工俭学，而且在工作中发现商机，隔不久就会做点小本生意。李岩相貌堂堂，且个性阳刚，嘴巴甜蜜，很吸引女孩子。而薇儿觉得自己能征服李岩也很有成就感，感觉李岩以后一定是个有为青年，比很多娇生惯养的富二代和小白脸更能适应这个社会。

毕业的时候，尽管父母极力反对，但薇儿还是义无反顾地跟着李岩回到他的家乡城市创业。

尽管磕磕碰碰，但李岩开的小餐厅还是一天比一天好起来。由于一直在创业，没有多少经济基础的他们一直都不敢结婚，他们商量着，等再挣多点钱就结婚，办个风光的婚礼。薇儿也想借此向父母证实自己的眼光没错，她选的人没错。

四年之后，这一天终于到来，因为这时候，李岩的饭店已经发展到开了分店，日子也过得殷实了。李岩跟薇儿商量要办个风光的婚礼。

这天，是他们要买钻戒、拍婚纱照的日子。李岩因店里还有些琐事处理，让薇儿先到婚纱店等他，他随后就到。可薇儿等了很久很久，不见李岩的踪影。薇儿于是打电话给李岩，然而，李岩随身的两个手机居然是关机的！

李岩身上备着两个手机，从不关机。今天这么紧要的关头居然关机了！就算逃婚也不是这时候啊！他肯定出事了！

薇儿急匆匆往店里赶，店里的伙计说刚才李岩只是来了一会儿，很快就走了。薇儿觉得李岩沿途有可能走过的地方她都找过了一遍，也不见任何车祸或意外发生。李岩怎么会突然人间蒸发无影无踪呢？

李岩的手机一直关着，从白天到黑夜。薇儿如热锅上的蚂蚁，她甚至跑到警局去报失踪案。接待她的警员告诉她，不超过二十四小时不立案，薇儿只好揪着心离开了警局。自从与李岩失联的那一刻开始，每一分每一秒，薇儿都像经历了好几个世纪。

天黑了很久，依然没李岩的任何信息，薇儿把李岩平时联系密切的朋友都找了个遍，但没有一个人知道他的去向。不过大家都安慰她：李岩应该没有事，可能是刚好手机有什么问题电话打不通了……

薇儿知道作为朋友的他们根本不会明白自己此刻的心情。总之，薇儿觉得李岩肯定是出了事情，不然不可能是这个样子的。

正当薇儿感到凶多吉少的时候，她的手机响了。薇儿兴奋得几乎跳起来，是李岩的号码！

但电话那头并非李岩的声音，而是一个陌生男人的声音，“你马上到X路X号楼X房,李岩在这里。”

薇儿几乎来不及思考，心急如焚般开着车子直奔对方说的地址。敲开门一看，薇儿愣住了。李岩坐在屋子的一个角落，屋子里围着一屋子的人，其中有个女孩子哭红了眼。薇儿一看，那女孩子居然是自己饭馆里的领班小玉。

半小时后，薇儿弄明白了事情的原委，原来，李岩和小玉早在两年多前就在薇儿的眼皮底下暗度陈仓了……小玉知道今天李岩要订婚，于是让其哥哥和两个表哥把李岩给绑到家里来，要给他们一个交代！要么李岩对小玉负责，马上跟她结婚，要么就赔偿八十万的青春损失费，因为这两年多里，小玉已为李岩做了四次人流术，最后一次，医生说小玉的子宫严重受损，以后估计再也没有小孩了……

李岩对薇儿说，给他们钱，因为他不愿跟小玉结婚。之所以叫来薇儿，是钱都在薇儿的手上，当初开饭店的钱，就是薇儿跟她姐姐借的 ，这些年，薇儿管着饭店里的财务，所以李岩才让她过来救他于水火之中。

这四年的创业中，薇儿多次发现李岩有风流的痕迹但又抓不到证据，且每次李岩总是信誓旦旦说这辈子就爱她薇儿，薇儿相信了。她心想财务大权掌握在自己手上谅他也不敢背叛自己，真没想到，人家孩子都有几个了！

长长的一天之中，薇儿都在祈祷李岩平安无事，心里默默祈祷只要李岩没事，她甚至愿意承受任何的苦难，可这一刻，薇儿却是希望李岩死掉！那种被欺骗的耻辱让她突然想杀人！

薇儿流着泪对着那一家人恨恨地说："这男人八万都不值！还八十万?!我卖给你们好了！"

薇儿一路哭着回来，她第一个念头就是把饭店的钱拿走，离开这个让她觉得心碎的城市，可是所有的钱都已经投到两个饭店的装修上，而饭店的法定代表人写着李岩的名字，没有她的份儿。想着自己这些年毫无防备地把自己所有的一切献给这么个忘恩负义的男人，薇儿简直要吐血……

除了那份无法掌控的固定资产，薇儿更伤心的是自己这七八年的感情竟然付出得一点儿都没价值，薇儿非常伤心！

晚上，薇儿打电话给自己的好同学，一边哭诉自己的遭遇一边埋怨自己的愚蠢。

可那位女同学却非常的冷静，劝她，"你其实不用这么伤心。这年月这种男人都是女人抢的货色。重要的不是那女孩怎么样，而是那男人对你怎么样！如果他跟别人只是玩玩，他还坚持要跟你结婚，证明他还是很在乎你的，所以你不能放弃，这么年轻就自己把事业做成这样子的男人很难找的，好东西别人当然要跟你抢了。之前看那境外媒体关于某著名女星的八卦新闻，她的富豪男朋友已经公开跟别的模特秀恩爱，可她又把他给抢回来了。你看人家都成了好莱坞明星了，那么漂亮，还有钱有地位的，不一样要争男人啊！最重要的是那个男人还意愿回到你的身边，想想看，如果那个男人跟别的女人一去不回头，你才失败呢！"

好同学劝了一番，薇儿没那么绝望了，当然，薇儿还是很痛苦。但要她放弃一切离开这个男人她也一下子做不到。

薇儿回到家一会儿，李岩回来了。他带回来一张八十万的欠条，是那女孩子的家人逼着他写的。

李岩不断地忏悔不断地恳求薇儿的原谅，李岩告诉薇儿：他真的爱她，对那个女孩，他只是玩玩。李岩说，那是个坏女孩，坏女孩是拿来玩的，而薇儿是好女孩，好女孩是拿来爱的。

薇儿虽然痛恨这个男人，恨不得劈他几刀，但七八年的感情也不可能说一下子就可以丢得开，于是很不甘心地原谅这个可恶的男人。原谅他就意味着帮这男人的风流埋单。因为不及时还那八十万，女孩的家人就起诉法院，封他们的两家餐馆。

筹够那八十万，他们也无法再结婚了。因为此时的他们，连拍婚纱照的钱都没有了。薇儿把痛苦和委屈吞进肚子里，原谅了自己男人第一次如此大动作的出轨。

然而，日子平静没有多久，李岩又再次遭遇坏女孩。薇儿突然明白：李岩骨子里的花心，一辈子都有可能遭遇坏女孩，所以他永远都有玩玩坏女孩的借口。

凭什么自己要一辈子忍受这种伤害和痛苦？薇儿不露声色，想着法子把两个饭店的资产全转到了自己名下。在李岩第N次遭遇坏女孩的时候，薇儿忍痛割爱，把李岩给扫地出门，彻底了结了跟李岩八年多的情感纠葛。

其实，生活中像李岩这种骨子里非常风流的滥情男人不一定有钱有权。有这种天性的男人哪怕身无分文，也习惯吃着碗里、看着锅里的。一有机会，他就绝不放过。当然很多足够自信的女人都觉得不管自己的男人多风流，自己才是他的最爱，所以没选择离开。也许你是幸运的。但多数事实证明：风流的男人爱上哪个女人都会觉得那个女人是自己的最爱。在这点上，男人和女人有着本质的不同：男人总是希望自己是女人的第一个，而女人却总希望自己是男人的最后一个。

向“三不”男人说不

那么，遇到“三不男人”怎么办？南希·里根曾到一所学校做演讲，学生问她：“如果有人拉自己去吸毒，怎么办？”南希回答：“对他说不。”真理，总是又简单又明确。

时代的进步，不断地冒出新新人类。近年流行一种三不男人：不主动，不拒绝，不负责任。偏偏这种三不男人还对不少妙龄女郎极具杀伤力！

美丽的白领姑娘石子是在一次派对中认识小康的，拿她的话说就是小康真是帅呆了、酷毙了！小康有些冷漠的眼神和对自己不太搭理的态度更是挑起石子的斗志：恋爱就得找对手！要知道平时自己走到哪儿都是男人对自己穷追猛打的，难得遇上这样一位不把自己当女神的男人啊！

如果能征服他，岂不更能证明自己的不凡魅力？

于是，石子巧妙地拿到小康的电话，且开始主动约小康，说请他吃饭。小康答应得很爽快，他是从不拒绝美女的。美女请吃饭，不吃白不吃。

再次见到小康，石子兴奋得满脸绯红，周身的细胞几乎要蹦出皮外。其实石子情感上还是比较单纯的，虽然恋爱了几次，但那些男主角都没怎么让她进到角色里。现在这个眼神冷淡、举止得体的小康让她开始进入角色了……于是，饭桌上的石子像只快乐的小鸟，唧唧喳喳地欢唱，小康只是淡然地微笑着。小康的沉稳更让石子着魔。当然，这顿饭是石子埋的单。说过要请他吃饭嘛，当然要守信啦。

石子自信自己的魅力能征服任何男人，她自信小康很快会主动邀约自己。然而，小康连个电话和信息都没有。石子耐不住了，又一次主动约他。小康当然没拒绝，美女的主动邀约他欣然前往，而且是乐此不疲。石子很愿意向小康敞开心扉，什么心里话都说。但小康只是听着，从不主动说起自己的情况，石子问什么他就答什么，有些问到了，小康也不愿意回答。不过石子不计较，石子是个开朗的人。

几次约会之后，石子忍不住了，非常妩媚地问小康：“你爱我吗？”

小康不置可否地微笑，“我也不知道。”

石子非常不满意小康的回答。不过石子只是伤心了几天又为自己找到了原谅小康的理由：他不敢承认自己的爱一定是害怕有一天失去她石子，他一定是爱自己的。他有什么不爱自己的理由呢？如果不爱，他为什么总是不拒绝自己呢？

石子决定不放弃自己的爱。不是说男追女隔堵墙，女追男隔张纸吗？石子就不信自己追不到小康的那份爱。

有次在跟小康聊天的时候，小康说他喜欢油烟味的女孩子，就是那种会做菜的女孩子。

石子牢牢地记在心上，从不沾油烟味的她开始学着做菜，还买了很多这方面的书回来研究。石子不断拒绝别人诚邀的饭局，仅仅为了回家多一次与油烟味的亲密接触，她要多点实践，让自己变得炉火纯青。尽管很多时候煮出来的饭菜她都倒进了地下道里，尽管为了买菜她省掉了好几件牌子靓装，但她无怨无悔。

终于，石子觉得自己的手艺可以出炉了。

那次约小康出来吃饭，石子很自豪地对小康炫耀说自己做的蚝油排骨非常不错。

“明天周末，我到你那儿给你露一手，怎么样?”石子灿烂的笑眼盯着小康。

石子是想变着法子跟眼前的男人更亲密点，她甚至不拒绝跟他同居。他不是喜欢有油烟味的女孩子吗？石子想用事实证明自己就是那种女孩子。

小康却说自己在单位跟一个男同事同住一宿舍，不是很方便。不过他倒很愿意到她那里尝尝她的手艺。石子听了依然高兴。到她那里也可以的，他跟别人住一起确实不方便。她那里就方便多了，自己租了一个单间，一房一厅一厨一卫。如果再有个自己爱的男人陪自己，那个小窝就很温馨了。

第二天周末，石子早早就到市场买菜。小康说他忙，只能到晚饭的时候才能到她家，石子不计较。总之，等她煮熟饭菜的时候小康来到身边她就高兴就满足。回到家里，石子兴奋地洗洗擦擦，盼望着时间过得快点，希望快点看到小康。下午四点多，电话里小康说已经出门时，石子开始为小康准备饭菜。为自己心爱的男人做饭菜是幸福的，石子一边哼着小曲，一边忙碌着，她给小康准备了三个菜：清蒸鲶鱼，蚝油排骨，还有个薯叶炒酸笋。这几道菜她已经自己练习过很多次了，做起来很上手。

第一道菜端上桌的时候，小康到了。尽管小康第一次到她家是空手而来，连半个水果都没给她带，但她依然高兴、依然幸福。

小康确实很喜欢石子烧的饭菜，不断称赞她手艺了不得。石子又自豪又兴奋，喜悦之情溢于言表。说，如果你喜欢，我餐餐给你烧饭菜。

小康很高兴，“好啊，那我以后可以经常到你这儿品尝美食咯?”

“只要你愿意，我每餐都可以给你煮。”石子幸福地许诺。

不是说想管住男人的心，就得想法子先管住他的胃吗？石子相信自己有这能力。

在石子的诚邀下，小康经常来石子的小窝一起吃饭，甚至一起睡觉。但小康却没跟石子同居，他说自己正在复习考研，不想让自己太分心。

石子就喜欢小康这种有追求的个性，这样的男人才有前途。石子不敢太过打扰小康。

如果打电话小康说没时间，她就会自己忍受着思念和孤独的煎熬，直到再次见到小康。每次，知道了小康口味的石子总是早早给小康做他喜欢的饭菜，然后留小康过夜，在石子看来，自己都把身体给他了，他多少都会对自己负点责任的。

渐渐石子就觉得好像自己的恋爱有什么地方不对劲儿，总是觉得那个男人对自己什么都不上心，很多次她跟他暗示她爱吃的东西，暗示什么地方好玩，可他从不给她买，也不会带她去她提过的地方玩。

石子有时自己想着心里就很不平衡，于是又开口问小康：“你爱我吗?”

这次小康比以前多了点暧昧，“不爱你怎么跟你在一起呢?”

石子有些委屈，“可是我感觉不到你爱我！”这话题一谈开，石子就有些控制不住自己了，“我觉得都是我在付出，你只会索取，一点也没回报我！你是不是在利用我的感情?”

小康一听这话就站起来，“来你这里我可不是来吵架的，我的学习任务很重，都准备考试了，我可不想自己找累，如果你不想跟我在一起，以后不要打电话叫我过来，没人强迫你跟我在一起！”

说着小康撇下石子就走了。

小康一走石子又难过了，思念了好几天，好不容易他松口有空，好不容易才在一起，怎么又惹他生气把他赶走了呢？石子真是又沮丧又委屈，只能一个人哭。

自此，石子那种战无不胜的自信心开始动摇：我这么付出去追一个冷冰冰的男人，真的值得吗？我石子难道没人要了吗？天天都有男孩子邀请吃饭的我干吗老拒绝人家而跑回家像个老妈子一样做饭菜等着那样一个男人啊?!

石子决定不再理会这个男人。可是，石子想着自己付出了那么多，对那个男人也那样的柔情缠绵，他就是铁铸的心也该融化了，他不可能那样对自己啊！

石子委屈着、矛盾着。此时的她自己也分不清到底是真的爱上那个男人，还是自己的征服欲得不到满足而心里不平，总之石子就是放不下这个男人，一边在心里骂他，一边想着他。渐渐又开始牵挂那个男人——他边工作还边应付那么重的学习任务，如果他吃不好，会不会营养不良？如果身体差了刚好感冒了怎么应付考试呢？于是又蠢蠢欲动要去为他煮可口的膳食，可是一想起每次都是自己厚着脸皮去找他心里又开始感到委屈和失落，还有上次他说话的口气，想起来就让人气愤，他都那样说了，自己还死皮赖脸去求他，也实在太贱太不值钱了！

就在石子矛盾难过的时候，小康来了。这本是恋爱中很正常的现象，男孩主动找女孩，更何况男孩要是惹女孩不高兴了就更应该负荆请罪了，但现在小康突然主动来找石子还是让石子又惊又喜，几乎让她喜极而泣。

小康一来，石子所有的委屈所有的怨恨立即烟消云散。她发现自己已经不可救药地爱上这个男人，尽管知道他没自己爱他那样爱自己，但石子觉得他的心始终有一天会被自己彻底征服！看看，以前对自己不主动的他不是开始主动来找自己了吗？

这次小康不仅主动来找石子，还破天荒地给她带来了一件非常意外的礼物，是一双款式非常时尚的红蜻蜓皮鞋。

这是小康第一次给石子送礼物，他终于给自己买礼物了啊！石子激动得手脚都在发抖，又幸福又感动，她迫不及待地试穿着鞋子。鞋子是乳白色的，穿在脚上显得很秀气很合适，这颜色也刚好配她平时喜欢穿的浅颜色裙子……

幸福的石子不断地抱着小康又亲又吻，用自己热烈的情感表达自己对小康的感激……

如果是别的恋爱中的女人看到此刻石子的失控和忘形，一定为她感到心酸和可怜，男人为她们买点小礼物是多么正常的事情啊！

石子当然不能跟她们比了，对于石子，此刻的她真有点守得云开见月明的满足，付出这么多，今天终于有了回报，而且还是这么上档次这么让她喜欢的礼物，她能不幸福能不忘形吗？

然而，石子的幸福和满足感，在一番缠绵过后就受到了沉重的打击。石子不断地追问小康什么时候注意到自己脚的尺码？那双鞋在什么地方买的？花了多少钱……

小康开始还应付，说送给你你就穿，问这么多！但幸福的石子不断撒娇，“我就想知道嘛，想知道你什么时候去买的，想知道你怎么这么会挑女孩子的鞋子，还挑得这么合适……”

小康突然就有些不耐烦了，“我才不会去买这种东西呢！老实告诉你吧，这鞋不是我买的，是我姐姐买的，买了不合适，又换不到合适的，对方又不给退，所以那天我姐来看我就丢给我，说让我送给女朋友，免得浪费。所以我就送你了……”

石子柔软的身体突然变得僵硬，房间里柔和的灯光也瞬间失去所有的浪漫。整个下午的幸福和感动也转化成愤怒，她一把推开身边的男人，怒道：“你真可恶！让人恶心！你就骗一下我不行吗?！”

男人的声音也愤怒，“干吗要骗你？事实就这样，你也让人烦，送给你你要不就完了？问这问那，让我怎么骗你？我现在这么忙，哪有时间上街去给你买东西？我姐买跟我买有什么区别?”

石子依然为最初的兴奋和忘形感到愤怒，在静夜里石子吼着：“那是她丢弃的垃圾！”

男人也吼：“谁说是垃圾?！几百块钱一双呢！”

石子把身子一歪，伸出脚用力朝身边的男人推去，“总之，你就是让我感到恶心！”

小康被推到床边，差点就掉到床底。他立即从床上跳了起来。

其实，石子就是想此刻小康能哄一下自己，说点软心肠的话，她就原谅他。

可是，小康却开始穿衣服，临出门时扔给了石子一句话：“你不喜欢可以不要。就当我没送给你好了！”说完小康摔门而去。

伤心了一个晚上，当太阳光铺满大地的时候，石子又找到了原谅小康的理由了：她姐姐让他送给自己的女朋友，他就拿来送给自己，那就证明他把自己当女朋友了啊！小康说的没错，送给自己就要呗，问那么多想那么多干吗呀？搞得大家都不高兴……

石子检讨了自己一番，又打电话给小康道歉自己的不是了……要小康晚上过来吃饭，她给他煲他爱吃的排骨冬瓜汤……

于是两人又在一起，石子总是尽量迁就着小康，小康似乎对她也很好，每天晚上总在她身上要了一次又一次……每次高潮过后，男人总会抱着她睡过去……石子也感到很幸福，她觉得这个男人已经越来越离不开自己了。石子想，他现在不提结婚，一定是想先通过考研。石子憧憬着：到时候一定会双喜临门的，他考上研究生，同时跟自己商量结婚的事情……

可是石子没等到那一天就被噩梦给惊醒了，因为她以为安全期的那次并不安全，她怀孕了。

石子有些不知所措地把这情况告诉小康，她期待着小康能给她一个男子汉最该有的表现。就算不能马上奉子成婚，他也该对自己有个承诺，同时要陪她到医院，要照顾她，要帮她分担那份痛苦和伤害。

非常出乎意料地，小康却指着她骂："你怎么不吃药呢？你是不是想以此要挟我？"

石子先是惊愕，继而愤怒委屈，"我以为是安全期就不吃了，因为吃药副作用太大！你什么意思？要挟你？我怀孕了不应该告诉你吗?!"

小康冷冷地，"避孕是每个成年人都应该具备的常识。那是你自己的错！你告诉我有什么用？你自己犯的错误，你自己想办法解决！"小康撂下话摔门而去……

石子愣了很久才开始撕心裂肺地大哭起来，原来自己一年多来费尽心思讨好的这个男人居然是个披着人皮的劣等动物！

痛不欲生的石子向自己的闺蜜求助，因为她实在没能力自己一个人承担这样的痛苦，心灵和肉体的痛苦。

闺蜜来到她身边，听到她的哭诉后气不过跑去找小康理论，"你这么对石子，你还是男人吗?!"

小康却振振有词，"每次都是她主动找的我，每次都是她求我不要离开她。我可没主动找她。我是不想让她伤心才陪她的，我没给过她任何的承诺……我还要读书，我的路还长着呢，我怎么可能现在考虑跟她结婚?!"

闺蜜想帮石子狠狠揍这个男人一顿，但她似乎也没揍他的理由。因为男人那样理直气壮：玩不起干吗找我？又不是我去找她！

闺蜜气鼓鼓地离开那个男人，一路想着石子真是自找苦吃！

而像石子这样自找苦吃的女孩在当今的社会还真不少。因为她们过于自信和自恋的心态刚好给了那些"不主动，不拒绝，不负责任"的"三不男人"钻了空子。其实很多的情感悲剧都在反复证明一个真理：女人的盲目痴情都是非常的廉价而且是毫无意义的！假如你遇上的是个冷酷的"三不男人"，就算你舍得割肉给他，他也无动于衷。

那么，遇到"三不男人"怎么办？南希·里根曾到一所学校做演讲，学生问她："如果有人拉自己去吸毒，怎么办?"南希回答："对他说不。"真理，总是又简单又明确。

恋爱前，请他亮出身份证

当然了，人与人的熟悉总由陌生开始。陌生不可怕，可怕的是陌生人有意隐瞒自己的身份。其实相信陌生人是种很阳光很健康的心态，但这个社会有太多不健康的人。所以女孩们，当你遇到自己心仪的陌生人也想跟你谈恋爱时，没什么不好意思的，你就大大方方把自己的身份证掏出来给对方看，也让对方把自己的身份证亮出来！

小朵18岁技校毕业便开始创业，五年过去，她拥有了自己的一小间品牌内衣店。这几年忙于创业忙于生意，朦胧相恋的几个男朋友都相继跟她分手了。

现在，小朵请了两个帮手，尽管要经常到店里，但没以前那么忙碌了。人一轻松，寂寞便跟着来了，再说了，二十三岁，正是青春勃发的美好年华，小朵渴望恋爱的情怀就像春天里疯长的小草……

不管在店里还是在家里，小朵唯一的消遣方式就是上网聊天。小朵在同城的Q群里认识了一个网名叫骑士的，互有好感的他们都将对方加进了的好友栏。两人开始只是随便聊聊，大家斗嘴开玩笑。很快，小朵觉得自己有些依恋网上那个跟她斗嘴调情的骑士了。渐渐跟他说起自己的真实情况，自己开个小店，生活是无忧了，就是找不到自己的另一半，很寂寞很无聊。

一天骑士向小朵发出邀请，“敢不敢出来跟我一起去看电影？”

“有什么不敢的，你又不是老虎！”小朵回复。

“那好，明晚八点，万达影院门前见面，我请你看《阿凡达》。”骑士说。

“好。不见不散。”小朵很激动。《阿凡达》正在这个城市热播，一百块钱一张的电影票，排队挤破了头还不一定买到票呢，跟黄牛党要票更加贵，现在居然有人请她看！能不感激和兴奋吗？

当然不是电影票贵让小朵激动，而是那个请她看电影的人让她激动，还没见过面就那么舍得去排队买票请她看电影的那个骑士让她向往……那会是什么样的男人呢？

带着兴奋和好奇，第二天傍晚，没到八点，小朵便早早来到电影院门口，终于等到骑士的出现。在手机上互相打着招呼，当看到那个瘦高的男生朝她招手，小朵觉得那男人真的很像影视画面里的骑士。

他们没“见光死”，而且还聊得非常投机。两人带着3D眼镜一边吃爆米花一边感受詹姆斯·卡梅隆给他们制造的视觉震撼大餐，当看到四处飘飞的树精灵不断萦绕在自己身边的时候，小朵下意识地伸手把飞到眼前的树精灵给挡开……

骑士突然抓住她的手，头贴在她的耳边，“傻妹妹，你好可爱，我们在看电影呢，那些树精灵不存在的……”

小朵一下子从剧情中回到现实，刚才那些树精灵都是3D眼镜的效果。身边的骑士大哥哥般对自己的关爱让她感到陶醉……电影结束，他们牵着手走出影院。

“我请你喝咖啡吧，就当是感谢你请我看电影。”跟骑士在一起的快乐让小朵不愿这么快离开这个男人。小朵本来就是个大方的女孩，高兴的时候，从不吝啬花钱。更何况，现在她遇上自己心仪的男人了。

两人在咖啡馆里喝咖啡，之前在网上聊天几乎都是斗嘴开玩笑，突然坐在一起，小朵突然就变得羞涩和老实起来，于是把自己的生活告诉骑士，说自己从市郊的农村来，毕业后做过很多工作，靠自己的努力终于开了一间生意还不错的小店面，可以勉强在这城市里生存下来了。

也许是突然遇上自己喜欢的人了，小朵碎碎念念不停地说着，骑士温柔痴情的目光和虔诚的倾听更是刺激着小朵的倾诉欲。初次见面，小朵翻了个底朝天把自己祖宗十八代的生活履历都给交代清楚了。直到分手，小朵才想起，一直都是自己在说话，骑士几乎没说什么话，她连他姓甚名谁都不知道呢。

“不好意思，都是我在说话，你烦不烦我？”小朵确实很不好意思。

“不，我喜欢，我喜欢听你说话，喜欢你的一切……”骑士含情脉脉地望着她。

“你叫什么名字，在哪儿上班呢？”

“叫我阿发吧。我在一家保险公司做业务主管。”骑士说。

其实，小朵并不在乎这个男人是干什么的，她在乎的是这个男人对她说他喜欢她，喜欢听她说话，喜欢跟她在一起，骑士的话让她感到温暖，让她柔情泛滥。尽管从网上认识到现实的今天都不到一个月，但小朵发觉自己已经掉进温馨的情网里出不来了。

小朵开始在QQ在电话里跟骑士撒娇发嗲，骑士的口气也越来越煽情和缠绵……

又见了两次面后，骑士说很想跟她在一起，但自己跟另外的同事合租房子不是很方便。

“那到我那儿吧，我自己租了一套房子，两室一厅的。”其实，小朵渴望着有个让自己喜欢的男人陪自己住已经很久了。在这春情勃发的岁月里，她实在太寂寞了。她要找个男人来恋爱。结不结婚，那是以后的事，但现在她要恋爱！

在那个寒冷的深夜，小朵把骑士带回了家。他们开始了同居生活。来到小朵身边的骑士总是让她惊喜不断，骑士不仅在床上甜言蜜语体贴入微，而且只要有空就会亲自给她买菜做饭做家务，无微不至照顾着小朵，每到周六周日还一早跑去花店买鲜艳欲滴的红玫瑰给她……虽然买菜买花的钱都是用小朵塞给他的生活费买的，但这依然让小朵有种被泡到蜜罐里的甜蜜感。

骑士说着纯正的国语，不会这个城市的粤语，很明显不是当地人。小朵问过他，他也告诉小朵他家什么什么地方，那是省外很遥远的城市，小朵甚至记不住那个小城市的名字。小朵想，如果两人最后发展成夫妻，他们就生活在这个城市，因为他也喜欢这个城市，所以小朵根本不在乎骑士的老家在哪儿，小朵甚至不在乎跟她同居的这男人很少开伙食费甚至从不交房租费。小朵现在不缺钱，她缺的是快乐。而这个从虚拟的网上走下来的男人给她真实的拥抱，给她快乐的慰藉，这就够了。陷入热恋中的小朵甚至没留意到要看一眼骑士的身份证。

每天，骑士早早起来给小朵做好早餐，自己先吃也早早去上班。小朵10点以后才去开店门。有时小朵也会去菜市场买菜，回来煮好中午晚上的饭菜，让骑士下班回来用微波炉热下饭菜就可以吃了，因为晚上小朵会很晚才回来。他们彼此照顾着，小朵觉得生活充满了快乐与温馨。

骑士对小朵也很体贴，常常地，总跟小朵说要帮她进货什么的，让她不用操那么多心，以后成家了作为男人他就要撑起家里的一切了。可是小朵非常体贴地一口回绝他，“进货非常方便的，又不用出门，现在我们跟厂商已经成了至交，一个电话，对方先发货，我汇款过去就搞定了，一点不花力气，也不复杂。”不过，小朵还是为骑士对自己的体贴而感动，对骑士就更加信任更加爱恋了。

这几天，小朵跟骑士说，她母亲早逝，父亲很不容易带着她和两个哥哥艰难度日。现在自己有点钱了，很想把父亲的生活安顿好，但习惯在农村生活的父亲肯定是不跟自己的。两个哥哥结婚后，生活也只能顾着自己，很少为父亲考虑。所以小朵说刚好现在有一项政策，一次性交四万多块钱就可以为农村的老人买养老保险了。小朵说，她要帮自己的父亲买一份养老保险。父亲已经六十二岁，交了钱，每个月就可以领养老金了，这样，父亲的后顾之忧就没有了。

骑士听了她的话，非常赞赏，不断夸她是个孝顺的女儿，支持她这么做，还专程跑去劳保大厦帮小朵问了相关的办理手续，这让小朵很是感动。

父亲在郊外的农村老家，离城里并不远，一个钟头的车程就到市中心了。小朵给哥哥打电话，约好第二天让他带父亲在劳保大厦跟自己会合，因为办这个养老保险是要本人亲自办的。

骑士跟小朵说，他问过了，办她父亲那样类型的，都要交现金，要小朵做好准备，因为排队的人很多，得去早点。所以，晚上小朵就让骑士跟自己到附近的自动提款机把钱给拿出来。小朵提款，骑士则像一位骑士站在身边护卫着她，让小朵很是放心。

每张卡一次只能提两万块钱，所以小朵把自己的两张卡拿出来，每张分别提两万块。小朵提着四万块钱回家，一如既往和骑士恩爱缠绵。睡前，在骑士给她递来热牛奶的时候，小朵说，明天起床一定要叫她早起。因为平时骑士总是悄悄起来把房门关好，自己忙着煮早餐，让小朵睡到自然醒。明天不一样啊，她要早起的，八点半钟跟哥哥和父亲在劳保大厦会合呢！

骑士拍着她的肩膀，“放心好好睡吧，我七点半煮好早餐叫醒你。”说着拿小朵喝完牛奶的空杯到厨房清洗。为了睡个好觉，小朵入睡前都有喝一杯热牛奶的习惯。

第二天七点半骑士没有叫醒小朵，直到第二天的中午，小朵是被哥哥摇醒的，醒过来的小朵头晕眼花，床边是哥哥和父亲焦急的眼神。

小朵留给哥哥一把房门钥匙，让他们进城时方便到家坐坐，今天上午约好八点半会合，可是直等到快中午也不见小朵，手机也打不通。打到店里，店里的员工说没见人来。于是哥哥和父亲直奔她的住处，打开门，小朵居然还在沉睡，叫了很久才醒。

小朵恢复神志的第一个感觉就是有些不对劲儿，哥哥怎么到家里来了？

“几点了？你们怎么来了？”小朵一边爬起来一边拍着头。

“你还说，你怎么睡到中午都不起床呢？你没什么事吧？”

小朵懵懂的眼神望着哥哥，“中午？”突然，小朵清醒过来，一股不祥的预感让她几乎透不过气来。

小朵冲过去拿起自己的包包，打开，里面的四万元和一部摄像机两张银联卡都不翼而飞。小朵拨骑士的电话，手机已经关机。小朵明知道拨不通，但依然一边哭一边拨。

哥哥看他这样子，急了，“怎么啦？你这是怎么回事？”

小朵边哭边说：“我男朋友把我领回来准备给爸爸交养老金的钱偷走了！”

“畜生！他叫什么名字？住哪里?！我去把他给废了！！！”

这么一问，小朵哭得更厉害。同居半年多了，她居然不知道他长期的住处，不知道老家在哪儿、单位的具体位置。他只告诉她，他叫何荣发……平时彼此分开时的联系只靠手机，现在他手机一关，就像人间蒸发般无影无踪了……

很快，小朵发现，除了四万块的现金，两张卡各剩的两万多块钱也被取走了，那天晚上，骑士以保护者的身份贴在她身边看她取款，按密码时他一目了然。两张卡同一个密码，而且很简单，用的就是她的生日，太容易记了。当时，小朵还一边取钱一边让他帮收好，那一刻，情感和身体都非常依赖他的小朵根本就没有半丝的防备心……

小朵和哥哥按着骑士说过的保险公司所在的位置查找，但查了几家，都说没有这个人。

报警后，警方调出骑士取款的录像，骑士故意穿着雨衣，把脸蒙得严严实实的，根本看不清面孔。警察问小朵，有没有记下男友的身份证号码？小朵摇着头。别说记下对方的身份证号码，整天被情感冲昏头脑的小朵甚至没看过男友的身份证一眼……

最后警察查骑士的手机号码，号码登记的身份证也是卖手机号的老板的，骑士在这城市蒸发得无影无踪……

就在这伤心欲绝的关键时刻，小朵还发现自己怀了骑士的小孩……

这次，小朵不仅仅失去了钱财，失去了健康，更重要的是小朵从此失去了人生的信仰，一时想不通的她，差点走上轻生之路。这次打击，让小朵彻底改变了自己，她从此不再相信爱情，不再相信男人……

其实，小朵还是不幸中的万幸了，损失几万块钱买个教训而已。曾看过几个案子，都是单纯女孩通过微信摇一摇摇出了男朋友，兴高采烈见面，见面稍有好感便毫无防备跟对方建立恋爱关系，被对方以感情为幌子骗至偏僻之地劫财劫色最后抛尸荒外……那样的案例才是最惨痛的！

当然了，人与人的熟悉总由陌生开始。陌生不可怕，可怕的是陌生人有意隐瞒自己的身份。其实相信陌生人是种很阳光很健康的心态，但这个社会有太多不健康的人。所以女孩们，当你遇到自己心仪的陌生人也想跟你谈恋爱时，没什么不好意思的，你就大大方方把自己的身份证掏出来给对方看，也让对方把自己的身份证亮出来！

暴力男人如猛虎

记住：如果你爱一个男人爱到让自己变得愚昧，甚至失去做人的底线，你只能打碎牙齿和血吞，你将永远为自己的不幸埋单！

温婉娇弱的小荷本是许多好男人欲用一生来娇宠的好女孩，可她偏偏遇人不淑。还没等她在朦胧的情感中清醒，男友小焦就粗暴地要了她的身子。这是她的第一个男人。男人在霸占她身子的同时也粗暴地把她的心给掠夺了。既然身心已随了男人，两人同居便顺理成章。

然而，和小焦在一起，小荷却尝不到初恋的那份甜蜜和芬芳。因为，她很快就成了自己男友的出气筒……

男友第一次动手打她，过后想起来都让她觉得不可理喻。

那天下午，休班的她和几个姐妹相约去南湖划船。出发前她就打电话跟小焦说了。当时小焦也没什么反对的表示，小荷也就放心玩去了……

游完船，几个小姐妹说很久没一起聚了，一起吃了晚饭再回家。因为几个姐妹一直唧唧喳喳闹着，小荷也没太多的心思顾小焦了，就简单发了个信息给他说晚上不回去吃饭了就没再打电话。

跟几个姐妹聚会结束后，小荷还特意打的到夜市给小焦带点他很喜欢吃的鸭嘴和酸饺子，高高兴兴地赶回小焦的住处。因为同居的这段时间都是小荷先下班回来给小焦煮饭菜，他习惯了吃她煮的东西，今晚没回来煮，小荷怕小焦吃不饱，所以特意给他带回夜餐。

可当她兴冲冲地迈进家门，小焦却如一头发怒的老虎从沙发上跳起来朝她吼："疯够了？舍得回来了?!"

小荷觉得小焦这态度过分了，于是说他："你不用这样吧？跟你这么久我才第一次跟几个姐妹出去玩呢，你看，我还给你带夜餐了……"小荷说着把夜餐盒拿出来递给他。

谁知，小焦一把夺过夜餐盒随手就扔出窗口，小焦住的是父母亲的单位房，一栋旧式楼房，在四楼，小荷惊得扑到窗口往下看，还好没人走过。

小荷很错愕，“你怎么这样？随便就往楼下扔东西，砸到人家头上怎么办？你到底发什么火？我做错什么了？”

“你以后下班了就乖乖回来给我煮饭！你要敢再这样出去疯，看我不打死你！”小焦凶神恶煞般咆哮。

小荷也气得七窍生烟，“神经病！”小荷骂了一声转身欲回房，没想到，男人却扑过来扇了她两巴掌，接着又被男人狠狠地朝背部捶了几拳，小荷被打趴在地，爬不起来。小荷第一次看到男人这魔鬼的一面，惊吓和屈辱让她几乎哭昏过去……

哭了一夜，小荷决定离开这男人。可是，第二天醒来，小焦又一脸忏悔地给她煮早餐，向她道歉，说自己因为太爱她才控制不住自己动的手……

小荷是那种心地很善良很痴情的女孩，小焦的忏悔和道歉很快又让她心软，加上情感的惯性和依赖让她确实一下子很难离开这男人。更何况这是自己的初恋，身子和情感都给了这男人，小荷鼓不起勇气离开这男人。再说，小焦不发火的时候对自己还是可以的。

然而，小焦对她的动手，有了第一次，便有第二次、第三次，于是便有第N次。有时一句玩笑话，居然也让她备受欺凌。

那天他们一起坐在沙发上看电视，看刘德华的片子，看着看着，小焦非常自恋地站起来学刘的动作，然后问小荷：“看，我像刘德华吗？”

小荷觉得好笑，于是带着开玩笑的口吻，“不像。刘德华是我偶像，不许你拿他来比，嘻嘻……”

小荷这玩笑居然让小焦脸色突变，他一跃跳到小荷的面前扯住她的头发，“你什么意思？你整天跟我在一起，心里却想着一个戏子！那你还死赖着我？你他妈的马上给我滚蛋！”男人说着一边就对柔弱的小荷拳打脚踢起来……

尽管小荷一边哭一边说着自己在开玩笑，但男人并没有停手，直打到她浑身都是伤口。

小荷发现，男人每次打她，都往死里打，而且打得不过瘾都不收手。

好几次，绝望的小荷很想离开这男人，又觉得自己失去的太多。每次动手之后，男友总是向她忏悔，求她原谅。如果软的不行，男友就来硬的，威胁她说要敢离开他他就把她给杀了……总之是对她软硬兼施，小何于是一次一次原谅了男友，到最后，她居然也适应了男友动不动就打她的生活。小焦似乎也看透她离不开自己了，就变本加厉起来。只要心里有气，只要在外遇上不顺心的事，他就会回家拿她出气……

有次小焦带着她到江边的船上餐厅参加几个朋友的聚会，席间，一句话不合适，小焦居然当着几个朋友的面甩了小荷几巴掌。

几个朋友很惊愕，说小焦：“你怎么敢这样打她，多好的女孩子，你不怕她离开?”

小焦满脸的不屑，“切！现在我就是把她扔到下面的邕江河里，她爬起来了，也还得跟着我。”

朋友听了都带着可怜的目光看低头哭泣的小荷，怀疑她是不是智障女，居然让一个还没结婚的男人如此欺凌自己。

已经对这种变态情感有依赖性的小荷确实有些智障。她真是没勇气离开，她觉得自己把感情、身体全给了这男人，现在离开总是心理不平衡，她总是找各种各样的理由原谅他，她的软弱，更是纵容了男友的劣性。直到有一次，小荷被男友失手打残了左耳，得了脑震荡，父母才强迫性地把她给领回家。

酿成这种悲剧不能全怪小焦，小荷自己要负主要的责任，早就发现这个男人有暴力倾向，却不愿离开他。其实很多女孩在谈恋爱时就发现自己的男友有暴力倾向，却因为软弱和情感的失衡鼓不起勇气离开自己的恋人，导致自己一生的不幸……

记住：如果你爱一个男人爱到让自己变得愚昧，甚至失去做人的底线，你只能打碎牙齿和血吞，你将永远为自己的不幸埋单！

激情犯罪离你很近

如果你不具备在任何情况下都可以对这种变态男人百依百顺、俯首帖耳的特质，那你千万别碰这类男人。如果不幸遇上也要果断离开，能离多远就要离多远！

这个社会不知何时开始，心理不健康的人越来越多。这些心理有障碍的人就生活在你我身边。很多心理有障碍的人都不愿意承认自己心理有问题，从没寻找过医生的帮忙。因为他们不发病的时候，就跟你我一样的正常。

遇上昆的时候，丹丹觉得这男人就是自己要找的那种类型。冷峻沉稳，虽文化不高，但年轻有为、敢想敢干。昆自己开有一家洗车厂，在这城市里，日子算是过得中上。最最重要的是丹丹觉得昆是那种很传统、很专情的男人。丹丹在一家外企做了六年高管，见多了花心的男人。所以昆表现出来的渴望婚姻、看重家庭的理念跟丹丹非常的合拍。于是两人一拍即合，几次见面后便搬到一起，并打算不久就牵手迈进婚姻的殿堂。

可很快，丹丹就发现身边的男人有些不对劲儿。这男人虽然很顾家、很专情，也比较体贴人，但他的脾气却很古怪，常莫名其妙生闷气，而且只要有男人给丹丹打电话或男上司给丹丹派发加班任务，昆一定会脸色阴沉外加冷嘲热讽。这让丹丹非常的郁闷。而昆表现的极端思想也总让丹丹难以接受。

每次打开电视，看到镜头里年轻漂亮的女子和英俊男生，昆总是骂骂咧咧的，在他的嘴里，所有镜头里的女人都是婊子，所有的男人都是鸭子。这世上好像只有他是好人，别人都是坏人。

昆的奇怪思维也很吓人。一次，两人坐在沙发上看电视剧，有说有笑的，突然中途插播广告，画面中出现一个几个月大的小孩坐在澡盆里代言某牌子的沐浴露广告……突然，昆转头恶狠狠地对丹丹说道："要是以后你敢让我们的小孩去做这样的广告，我就把你给杀了！"

昆这突兀的话语和恶狠狠的目光把丹丹吓得灵魂出窍，差点夺门而去。尽管后来昆解释是因为他痛恨那些父母为一丁点钱就拿这么小的小孩来做广告让他感到气愤才这么说，可丹丹还是觉得这男人不可理喻，别人做广告关他什么事？再说了，这广告你以为想做就能做的吗？就算广告里的小孩是自己的又怎么样？小孩多开心啊！用得着他这么变态去愤怒啊？

更变态的还在后头呢！那本来是个非常温馨浪漫的夜晚，两人爱爱后相拥而眠，每逢这个时候，昆总会滔滔不绝地跟她说一会儿话，尽管很多时候，丹丹宁愿昆什么话都不说。因为有时候，昆的一些话总让她听了不舒服，甚至很难受，但昆总是忍不住要说。

在黝黑的房间里，昆突然跟丹丹说起当年日本侵略中国的事情来。昆说他看过最原始的资料，他能想象得出当年日本人是怎么杀中国人的，于是昆绘声绘色给丹丹再现当时的画面：两个日本兵把一个临产的孕妇绑在木桩上，然后用尖尖的刺刀噗的一声给孕妇剖腹……血淋淋一片，一刀两条命……

昆居然是非常陶醉的声音："噗的一声……我相信日本人每当听到那种刺刀刺进肚子里去的声音一定很过瘾很爽快……"

丹丹听得心惊肉跳，恶心不已。她挣脱他的怀抱，连夜跑回了自己的住所，丹丹自己租有一套房间。丹丹打算要跟这男人分手，她觉得昆身上有种令人心惊胆战的气息，这种冷飕飕的气息让她莫名地恐惧和不安。

可是，昆第二天就自动跑上门来了，昆指责丹丹脾气古怪，半夜也莫名生气离家出走。丹丹不想跟他再多纠缠，说，想自己静一静，暂时不想跟他住在一起。昆也赌气回自己的家了。昆几次在电话里要丹丹到他那儿去丹丹不去后，昆变得暴躁，在电话里都跟丹丹吵起来。那些日子，昆因为投资很多股票都亏了便更加暴躁，不能说服丹丹到他家里，这天趁着丹丹在家休息，他便阴沉着脸找到丹丹的住处。

"你对我有什么不满，你就告诉我，你不能老这样耍脾气！"昆一见面就劈头指责丹丹。

丹丹平静地说："对不起，我觉得我们彼此不合适。我们分手吧！"

一听"分手"两字，昆立即怒气攻心、头晕目眩。多年辛苦洗车挣的钱在股市里已经打了水漂，父母指责，朋友嘲笑，而自己这几个月全心全意投进去的感情，丹丹居然说要分手！他是那样爱这个女人，对他来说，这女人就是他的生命，她怎么可以跟自己分手？

昆跳起来吼："你想玩弄我的感情？你要说分手就分啊？"

丹丹一听"玩弄"这两字也火冒三丈！这不是恶人先告状吗？她和他都

是你情我愿，再说她和他一样的付出，大家都是两个独立的个体，现在发现不合适当然要分开了，她一个女的还没说被玩弄呢，你个大男人自己性格古怪、脾气暴躁、一身的不是反倒怪我玩弄你，难道我不喜欢你还得非逼着我跟你在一起啊?

丹丹火冒三丈地指着男人，“你给我滚出去！离我远点！”

正在绝望中的男人听到丹丹说要他滚蛋立即崩溃，他以为自己发怒可以让眼前一向温柔的恋人妥协。丹丹的决绝让他完全失去了理智，他一个箭步冲上前，把丹丹扑倒在床上，用手死死地卡住她的脖子……丹丹能从男人的狠劲中感受到他残忍的杀气！

丹丹在挣扎中拿到床头的移动电话机，丹丹用电话机狠狠地朝男人的额头砸去……

疼痛让男人松开了手，但他依然丝毫没有放过丹丹的意思。在丹丹跳到窗口的一刹那，男人则跑到门边堵住防止她跑出门口，曾经对丹丹缠绵恩爱的这个男人此刻满目狰狞，他恶狠狠地说：“如果你敢叫人，你敢报警，警察没到你就死了！我说到做到！我先杀死你再自杀，反正没有你我活在这世上也没什么意思了！”

直到这一刻丹丹才清醒地意识到自己遇到的是个有神经病的男人！如果死在这神经病男人的手里那真是太冤屈了！生活才刚刚开始，怎么可以毫无价值地死去呢?

尽管屈辱和害怕让丹丹浑身战栗，但她依然强迫自己冷静下来，因为，此时任何冲动的言行都有可能让自己送上鲜嫩的性命！

想起这男人平时吃软不吃硬的个性，丹丹突然坐到地上伤心哭泣，边哭边委屈地埋怨，“我平时对你这么好，你竟然下得这个狠手……你还说你要爱我宠我一辈子呢，呜呜……你弄得我脖子好痛……你过来帮我揉揉好不好?”

这招果然有效，男人那张狰狞的脸慢慢变得哀伤，他走过来抱住丹丹，“你以后不许说要跟我分手，如果你真不要我，我会拉着你一起死掉的……你发誓要永远跟我在一起……我们马上去登记！”男人要求。

这男人真的不正常。这种事情他竟然认为可以用暴力解决！但此刻，丹丹什么都答应，丹丹吻着他，答应永远也不会离开他，答应他明天就去登记。生命是最重要的，比什么都重要，甚至比妥协比尊严都重要……丹丹用女人的妩媚和柔情抚慰这个让自己害怕的男人，平息他愤怒的情绪，消除他的防范心理。

当两人在床上缠绵了一番之后，男人彻底平息了激愤的情绪。心有余悸的丹丹趁着男人回家的当口，急忙拣行李离开了这个城市，远离这个男人，这种变态男人她惹不起但躲得起！遇上这样的男人自认倒霉吧，但倒霉还是不幸之中的万幸，如果他激愤中你不冷静，如果他冷静后你不果断，继续待在这种男人身边的你就有可能成为激情犯罪的牺牲品。

“激情犯罪”在西方犯罪学中往往被看作是挫折攻击型的犯罪，其含义是指人在受到强烈刺激和挫折后，由于情绪异常激动而产生行为的异常冲动，在发生难以控制的暴烈行为时不计后果也不择手段。“激情犯罪”的心理基础是性格粗野、缺乏修养。更多的人是心理有障碍，性格有弱点，表现为思想偏激，报复和嫉妒心理强烈，一遇外界刺激，其心理发生恶性转化，从而导致攻击性的犯罪行为。这种犯罪大多没有预谋策划过程，但往往不计后果，具有突发性强、极端鲁莽、危害性大、案发后十分悔恨的特点，严重危害社会的安定团结。这些犯罪嫌疑人原本不是罪大恶极，90%以上没有犯罪前科，就是因为一时的不冷静，才坠入犯罪的深渊。

其实，像昆这类心智不健全的男人我们还是能从中看出蛛丝马迹的：性格孤僻，没有朋友；经常独立独行，行为古怪；情绪变化无常，常为一点小事情大动肝火；思想极端，什么事情都往坏处想；有暴力倾向，比如虐待动物、打人、摔打东西来泄愤等；在两性关系中会有很强的占有欲，常觉得你就是他的私有物品，不容你对他有丝毫的不从和背叛！

如果你不具备在任何情况下都可以对这种变态男人百依百顺、俯首帖耳的特质，那你千万别碰这类男人。如果不幸遇上也要果断离开，能离多远就要离多远！

第三章 / 有些爱，必须放手

已婚男人是一道美丽而虚无的风景

原来，只属于自己的爱情是这么的美好，如果在自己的青春岁月里没有谈场真真正正只属于自己的恋爱，那该是多么遗憾的青春、多么遗憾的人生啊！

现在的成功人士，多是已婚男人。有家有事业的男人是越来越有魅力。他们那种成熟、那种温和、那种包容，以及成功男人身上特有的自信和淡定形成一股超强的磁场，让初涉生活浅水的我们总是身不由己地被吸附过去……

然而，对这种已身有所属的男人，我们只能远远地欣赏，千万别走近了。只要你走近，你一定会看到美丽被撕碎的残忍。

小胡很敬佩自己的老总。老总才三十出头便自己拥有一家规模不小的广告公司，单员工就有三十多人。小胡原来在公司里负责广告策划，现在老总让她做公关部的经理。小胡觉得自己也应该多点技能，于是倾力做公关。很多时候，便经常与老总商讨如何争取客户的诀窍，经常地，小胡也跟老总出入各种场合，一起应酬来自四面八方的客人。

一开始，小胡就对自己的老总有种特别的感情，每天看到他心里就忍不住地激动和喜悦，每每老总出差或有事不到办公室，小胡心里就惶惶然感到不踏实。她知道自己不可救药地暗恋上自己的老总了。

老总在工作上雷厉风行，但对她总是很温和。生活上也是关怀备至，关照财务给她多发些奖金，说她给公司拉的单子赚了不少钱。出差在外地总不忘给她带回价格不菲的礼物。老总还常夸她聪明，说她工作能力强，且多才多艺。

小胡那颗躁动的心渐渐就被自己的老总给占得满满的。她觉得同龄的男孩一个个都那么幼稚懒惰，没人能像老总那样成熟有魅力……于是，小胡在工作上更加卖力，最大限度地施展自己的魅力和才华，把客户源源不断拉到自己的公司来。平时也见缝插针地回馈老总对自己的照顾，给他送些小礼物，在办公室里给他配备方便的食品和用具，应酬宴上为他挡烈性的酒精……

其实小胡知道老总已有家室，在这点上老总一向对她都是坦白的，但老总总是有意无意跟她透露，他的家庭生活过得不是很如意，说妻子不理解自己，脾气非常不好，而且，妻子不喜欢过夫妻生活，他们常常几个月不过夫妻生活，这种禁欲的生活让他非常苦闷……

小胡听到这番话，很是震惊。老总才三十岁出头，有钱又有型，居然过这种禁欲的生活！小胡掩饰着自己的心跳问：“那你在外面没有情人啊？”

老总看着她，“外面的女人我可不敢找，要找情人就得找个有情的，现在的女孩一个个眼里除了钱，哪还有什么情？”

小胡听了突然就很心疼这男人，甚至有股冲动，要把自己浓烈的爱情献给这男人，他对自己太好了，太信任自己了，连他最见不得人的隐私都告诉自己……

就在小胡打算随时对自己的老总以身相许之时，一个意外的场景让她情感的脚步停止了。

那天她一个人在办公室，一个美丽的女人走进了办公室指名要见老总。女人气质高雅、妩媚动人，开始小胡以为客户找老总来了。

小胡热情地招呼：您找我们梁总是吧？我给他打电话……

不用。女人说，我自己打。

于是女人当她的面嗲声嗲气地打电话，“亲爱的，你猜我在哪儿？呜，猜一下嘛……”

小胡等女人打完电话才知道原来她就是老总的老婆，可这女人哪像是老总口中的那个彪悍女人啊？而且看女人满脸的幸福和滋润的妩媚，怎么可能是跟老总几个月没过夫妻生活的女人？这时，小胡才发现，这女人身上有股长期被自己的男人宠爱才会有的优越和娇气……

小胡带着心酸由衷地赞美女人，“您真漂亮，我们老总真有福气，娶到您这么漂亮的老婆……”

女人骄傲地说：“他当然有福气了，当年我可是我们学校的校花，追我的小伙子一个连都不止。可我偏偏看上了其貌不扬的他……”

小胡违心地奉承，“那您的眼光不错嘛，现在不是嫁得很好吗？现在知道满足了吧？”

女人摇头，“不满足。女儿出生后，他没那么宠我了，分一半给我女儿了，我经常跟女儿争宠，他老说他现在养了两个女儿，我是他大女儿，我女儿是他小女儿，说他当然会宠小女儿多点……昨晚我为了跟女儿争宠，生气不理他，早上想想是自己做得过分了，所以中午特意来接他去吃饭呢……”

女人的表情像个天真的小女孩，这是长期有男人的呵护和娇宠才会驯养出的幸福女人。小胡暗自庆幸自己还没把身子给那向她诉说婚姻不幸的老总。她也没痛恨自己这段时间以来对老总的那种感情。他确实是个优秀的男人，自己的情感偏向于他也很正常，欣赏美好的东西是每个人与生俱来的天性。只是，欣赏和拥有是完全不同的两码事。

小胡在老总还没回来的时候就走出了办公室，她不想妨碍他们，更确切地说，她不想见证他们的幸福。

老总依然给小胡传递他需要她的爱情的信息。有意安排他们在一起应酬，一起出差。但小胡每每被这风度翩翩的男人迷惑的时候，总会提醒自己：这男人已经把他最浓烈的爱在十年前就给了那个像牡丹花一样艳压群芳的女孩也就是他现在的妻子了。现在他还得把自己的爱分成几部分：一部分给了自己的女儿，一部分给了他的妻子。想想当年他是多么的激情万丈，比现在追求自己还更加激情百倍地燃烧着自己去追求那个校花。想想当年他们曾经是一对多么令人羡慕的金童玉女，现在，他说他不幸福，他不幸福关自己鸟事啊?!

那些小三、那些婚外恋搞出的惨烈故事，比比皆是。她小胡可不愿去凑这个热闹。当然，小胡不可否认自己对这男人真的有股难以压抑的感情，但小胡知道自己的青春有限，不想将来后悔。

每当老总带着火辣辣的目光注视自己的时候，小胡总是不停地提醒自己：这个男人也许还能给自己一点点激情，但已经不能再给自己爱情了。他对自己怎么好，都只能把他当兄长来交往、当朋友来相处。千万不能当恋人！

只要自己不愿意，别人是勉强不了自己的。其实，老总还怕她呢，因为她把握着这个公司的客源。把她惹不高兴了，她随时能把公司的客源给带走。所以，她和老总的社会地位和身价是相等的，她不用看任何人的面子吃饭。至于爱情，她想清楚了：青春如此的短暂，她要找个和自己一样毫无忌讳地燃烧自己青春的阳光男生共同品尝这杯醇香的爱情美酒，哪怕以后有变故，起码不会后悔自己的青春！

从情感错位中走出的小胡终于发现，那个一直默默关心着自己、曾经的男同事阿庆原来是很不错的，阿庆曾经热烈追求过她，但当时正暗恋老总的小胡拒绝了他。于是阿庆选择离开，到更大的公司去发展。如今阿庆在新的公司也成了骨干。

那天小胡跑到阿庆的公司，阿庆正在跟客户打电话，看到小胡很意外，以为小胡是找别人的，想起自己被无情拒绝时的情景，阿庆装不认识把头扭到一边。

看到阿庆有些怨恨的目光，小胡知道他还在爱着自己。以前痴迷老总的时候小胡很烦阿庆对自己的痴情，现在小胡看着阿庆故意不理自己，心里暗暗偷笑。只要他还恨自己，就证明那份痴情还在……

"喂，有免费午餐，你吃不吃啊？"小胡冲着阿庆诡秘地笑。

阿庆还想赌气，可是，他哪经得起小胡盯着自己看的眼神？那份妖媚和野气……太让他魂牵梦绕了！

阿庆几乎是喘着粗气，"有免费午餐谁会放过呀？"

餐桌上，看着小胡燃烧着爱意的眼神，阿庆埋藏于心底的对小胡的思念在瞬间井喷式爆发……他一把抓住小胡的手，"给我爱你宠你的机会，不要再拒绝我，我只想爱你，我只要你接受我的爱……你可以不用那么爱我……"

小胡的眼泪冒了出来……这才是自己想要的好男人啊！

小胡和阿庆正式恋爱了。现在他们谈恋爱，不再是办公室恋情，他们可以肆意疯狂！

阿庆跟她同龄，是有些莽撞和不够成熟，但阿庆那份香醇浓郁的情感和一辈子的承诺是已婚的老总不能给自己的。

走在沙滩上，阿庆突然就把她拦腰抱起扛在自己的肩上在海滩上奔跑，然后两人一同扑向大海，这时候小胡就想着，自己的那个老总，已经耗了十几年的激情，现在他还能跟阿庆相比吗？别说把她给扛到肩上去奔跑，要是当初自己陷进去，怕是一起出来晒太阳的机会都没有吧？

特别是当阿庆无意多看街上的美女一眼，她就会醋性大发，让阿庆像哄三岁的孩子那样哄她大半天，如果是自己的老总，又何止是多看陌生的美女一眼？他还同时把身体和感情分给好几个女人呢，那个醋你吃得过来吗？

最最重要的，青春勃发的阿庆每天晚上都无休止地与她抵死缠绵，而那个已经跟自己的老婆交缠了十几年的老总，还有这个体力和这份激情吗？肯定是没有的。就算有，那也是强弩之末了。想起老总那个已经凸起来的肚子，小胡心想，还好自己当初没陷进去，不然，在如此美好的青春之夜，她就只能偷偷摸摸地躺在那个有着满肚子肉的中年男人的怀抱中与他家里的那个女人争风吃醋，而没机会与如此年轻健美而又青春激扬的阿庆尽情挥洒自己澎湃的激情了……

原来，只属于自己的爱情是这么的美好，如果在自己的青春岁月里没有谈场真真正正只属于自己的恋爱，那该是多么遗憾的青春、多么遗憾的人生啊！

没有男人值得你为他自杀

从这次情感的转移中珂珂明白了一个人生的哲理：爱情是会改变的，人的感觉也会发生变化，而所有的事情都会过去。

珂珂遇上文龙是在一次有着几十人参加的笔会上，那时候文龙是协会的一名年轻领导。风流倜傥的他周身散发着文人墨客身上特有的骚气。在笔会上作为领导发言的他，一开始就拿着珂珂的一部小说点名要作者站起来。珂珂在人群中站了起来，珂珂五官秀美，身材高挑，肤如凝脂，一袭白色的长裙更是把她衬得鹤立鸡群……文龙从始至终拿着珂珂的那部小说赞不绝口，毫不掩饰自己对此书作者的好感和喜爱。而与会的很多人，都各自有自己的创作成果。身为领导，文龙这种有失偏颇一味只对某一作者的赞赏，甚至让好几位自视甚高的作家在心里对他产生抗拒，但文龙毫不在乎。最后还来了句：虽然我知道这位作者年纪比我小很多，但我永远是她的粉丝。我相信她在这条路上会走得更远……她将永远是我心中的偶像……

其实，那是珂珂出版的第一本小说，她也知道没有他说的那么好。自由活动的时候，文龙来到珂珂的身边，珂珂满怀感激地对文龙说："谢谢你对我小说的关注和肯定。"

在此前，珂珂只在电视上看到过文龙，知道他是本省非常出名的一位集书画文学于一身的年轻艺术家，他曾经非常成功地在海外办了好几次个人画展，挣下了数百万美金的财富。多金而潇洒的他年近四十却还是单身一人，谁都知道他眼光高，对女性特别的挑剔。没想今天他竟然在会上对默默无闻的她如此的赞赏，给她那么高的评价，她实在是受宠若惊啊！

对她的感激，文龙照单全收，同时笑眯着眼睛盯着珂珂，"我不仅关注你的小说，我还特别关注你的人……"

珂珂的脸，一下就红了。在她的想象中，这么有身价的男人那是可望而不可即的，没想到他竟是如此煽情且这么欣赏自己。

"小说写得这么好，想必生活也过得很好，有男朋友了吗？结婚了吗？"

文龙一连串地问她。

珂珂的脸更红了。她摇着头，“没有……没人爱我。”

珂珂二十七岁了，谈了几次恋爱，但还找不到能让她下决心走进婚姻的那个男人。而且不久前珂珂还刚跟男友分手了。

听她说这话，文龙的眼里刹那间光芒四射，他突然把头伏到珂珂的肩膀上几乎贴着她的耳朵，“那你一定是在等我……老天爷就是让你来这世上等我的……”

听到文龙这话，珂珂一阵幸福的昏眩，差点就失去了知觉……

那次笔会，很多人都见证着他们的一见钟情，整个笔会期间，两人就在众目睽睽之下一起调情幽会……那半个月的笔会，他们很少参加集体活动，两人手牵手张扬着自己的浪漫——湖中泛舟，执手落日，才子佳人，自是无限美好。

笔会结束的时候，他们已经难舍难分。依着文龙的个性，他是不会再让她离开自己的身边。这倒好办，珂珂本就是自由作家，不受职业地域和时间的限制，可以天马行空去自己想去的任何一个地方。

于是珂珂从自己的小城市来到了文龙的身边生活。文龙自己有一栋临江别墅，别墅的前庭后院都种满了各种鲜花，站在别墅的阳台就可眺望滔滔的江景，珂珂感觉自己进入了梦幻般的世界，那份安逸，那份幸福，让珂珂觉得几乎不真实。

“你条件这么好，为什么还不结婚呢?”珂珂真的想不明白，这个男人居然就这么单身住着这样空荡荡的几层别墅楼。

“在等你啊！要是我之前结了婚，你这辈子跟谁啊?”文龙搂着她笑嘻嘻地说。

珂珂听文龙这样说着，心是甜蜜的，是满足的。这就是缘分啊，该是你的东西，他就是先你来这世界几十年，他也会很耐心地等待着你的出现。

在那栋到处都是文龙壁画的别墅里第一次缠绵，文龙就搂着珂珂表白：“你是我第一个愿意带回这别墅里的女子，你就是这个家的女主人……”

珂珂也是这么想的。她觉得，这个男人就是自己的真命天子。肯定是自己修了几辈子的福分才修来的。

白天，文龙去上班、去应酬，珂珂就自己待在别墅里。本来，以文字为生的她有很好的创作条件。但自从珂珂来到文龙的身边，她就一个字也写不出来了。因为她太幸福了，也许真是愤怒才能出诗人，痛苦才能出作家。她也不管了，她现在不想当什么作家了，她只想做个幸福的小女人。于是她整天在花园里摆弄花草，还到各个房间去打扫卫生，因为平时文龙一个人的时候比较懒，除了他的卧室，其他的房间都有厚厚的一层灰尘……

那天珂珂在打扫二楼的房间时，发现跟现在文龙的卧室布置一样的主卧室的衣柜里有很多女人的时尚衣服，枕头边还遗留着好几根长发，床头柜里还有用不完留下的避孕套……这是个曾经有女人跟男人缠绵的房间，可是，文龙不是说，这房子，自己是他第一次带回家的女人吗？那么，那个女人又是谁呢？

整整一天，珂珂都坐立不安起来，那些长发、那些女人的衣物是谁的？各种各样的想象纷至沓来，好不容易等到文龙的归来。

文龙一句话就消除了她一整天的难过和推测，“那是我弟弟的女朋友，东西也是他们的，弟弟在广州，有时会带女朋友来这里住上一段时间。看你，一看到女人的东西就受不了，这房子这么大，不可能我一个人住啊！”

珂珂扑到文龙的怀抱又欣慰又委屈，“人家受不了嘛，要是你还有别的女人，我真的都不想活了……”

文龙搂着她，“放心吧，你是唯一让我有结婚冲动的女孩。明年，我的画展结束，我们就结婚，我要请几个月的假带你去欧洲旅行结婚……

有了这份承诺，珂珂的心变得平和而幸福，一心在家等待那份甜蜜浪漫的蜜月之旅……

然而，还没等到那份甜蜜和浪漫，这天，独自一人在别墅里的珂珂却等来了一位陌生的女人。

在楼上听到开门声，珂珂以为文龙回来了，于是下楼来，一位非常艳丽的女人正往楼上走，两人相遇，都愣住了。

艳丽的女人盯着珂珂，还没等珂珂反应过来，女人不屑的目光和口气对着珂珂讥讽，“文龙的品位真是越来越次了，这样的女人也肯带回家了……”

本来，珂珂还以为这女人是文龙的家人，因为文龙说他有个妹妹出国了，以为她突然回来了呢，因为她有文龙家的钥匙。可听她说话的口气，绝不是妹妹应该有的素质。

珂珂厉声道：“你是谁？”

艳丽的女人带着嘲讽的目光看着她，“我是那个跟文龙睡觉的女人，你说我是谁呢？”说着径直走上二楼打开二楼的主卧室。

珂珂瘫在楼梯口，瞬间脑子是空白的。好一会儿才掏出手机拨打文龙的电话，愤怒地朝文龙喊：“你马上回来！马上！”

文龙在那头压低声音，“宝贝，我在开会呢！有事晚上再说……”说着关了手机。

女人从楼上走下来，带着挑衅的目光看着她，“你别瞪着我，只要我愿意，我随时把你给赶出门去！这本来就是我的地盘。不过呢，现在我不要了，随便哪个傻女人进来住吧……不过文龙也真快啊，我走才一个月，就找人来充数了……”

珂珂这些日子那些饱满的幸福感一下子全被高浓度的醋精给烧焦了，她边哭边打文龙的电话，她不明白，他干吗要骗她那个二楼主卧的房间是他弟弟住的？干吗说那些女人的衣服是弟弟的女朋友的？这个女人直到现在居然还能随便进出他的家门，他到底还有多少事情瞒着自己啊？

好不容易等到文龙回家，此时的珂珂已经哭得眼睛肿得像桃核。文龙有些惊异地问她：“你怎么了？出什么事了？”

“你别装蒜了！你干吗骗我说那个女人是你弟弟的女朋友？你干吗要带我回来？干吗带我回来给别人侮辱？”

珂珂这么一说，文龙才知道那个女人回来拿东西了。那是他的前任女朋友。这其实很正常，他怎么可能寂寞呢？他凭什么寂寞呢？

文龙淡淡地说：“你也不用反应那么强烈，那是还没认识你的时候认识她的，那时候我也不知道今天会遇上你啊，至于骗你说是我弟弟的女朋友，是不想让你难过，她原来就去北京发展了，说过不回来的，谁知道她又跑回来了。”

文龙的解释依然让珂珂难过，她不断地哭泣。其实文龙说的没错，那是他以前的事，是他的权利和自由，跟她无关，但她就是难过，那种痛苦只有深深爱着的人才能体会……

文龙抱着她安慰，“傻瓜，现在她不是走了吗？其实我早就不爱她了……如果我爱她，你也没机会啊……”

在文龙的百般呵护下，珂珂渐渐平静下来，想想，自己的确是没条件也没必要吃文龙的醋的。他那么的优秀，而且都快四十岁了，难道还指望他是童男子不成？再说自己以前也是有男朋友的，过去的都过去了，最重要的是未来啊……

日子渐渐平静下来，珂珂又开始期待着那个幸福婚礼的到来。可她渐渐发现文龙在家的日子很短很短，对她的身体也没当初的那份热情了。只要是上班的日子，文龙总是很晚很晚才回来，有时回来的时候都快天亮了，珂珂问她，为什么回来这么晚？文龙说最近都在为自己的画展拉赞助，很忙。

珂珂也不在意了，男人总是要忙事业的。只是，在这空荡荡的房子里，珂珂感觉很无聊，她甚至嫌弃这房子太大了，空间越大，她的寂寞更显得无边。

这天星期天，好不容易文龙说今天在家陪她一天，珂珂很高兴，在床上跟文龙缠绵着。突然，文龙的手机响了，文龙拿起手机一看，立即从她身上下来，拿着手机到了卫生间……

珂珂觉得很蹊跷，干吗接个电话也要背着自己啊？但她没跟出来，也没出声。难得两人在一起，珂珂没有问更多的事情，免得大家不高兴，拿文龙的话说，如果不爱她，不想跟她结婚，他是不会带她回家住的。有爱和婚姻承诺，自己还苛求这男人什么东西啊？

第二天上午文龙上班去了，珂珂刚打开电脑……

门铃声骤然响起，珂珂出来开门，一位看起来很娇嫩的女孩子站在门外。

珂珂有些惊异，“你找谁？”

女孩的目光充满怨恨，“找你！”

珂珂把女孩挡在门外，“找我？我不认识你啊！”

“你不用认识我，我找你是因为文龙。”女孩说着挤进了屋内。

珂珂调整好自己的心态，给坐在沙发上的女孩倒了杯水。珂珂想，像文龙这样的男人，谁不抢着要？这也不奇怪。重要的是文龙的态度，而不是那些缠着他的女人的态度。

珂珂坐在沙发上，平静地说：“你想说什么，说吧。”

“我有了文龙的孩子。”女孩充满挑衅的目光看着珂珂。

珂珂冷笑，“你也太可笑了吧？你不觉得玩这种把戏太过时了吗？”

女孩冷笑着从自己的随身包拿出早孕的化验单，递给珂珂看，“你可以不相信我肚子里的孩子是文龙的。不过没关系，我可以把他给生下来了再做亲子鉴定……我今天就想来看看他身边的女人长什么样的……昨天我给他打电话，他居然说没空陪我！我倒看看他陪的是什么人！”女孩上下打量着珂珂，“原来你就是他打算娶回家摆设的黄脸婆？看起来确实是傻乎乎的好女人……不过，在床上你得到他的肯定很少，因为每天我都会在画室里跟他做两次爱，有一天甚至做了五次……”

珂珂的心一点一点地像被人拿刀片在切割……原来昨天他跑到厕所听的

电话是这女孩子打来的！

珂珂指着女孩子吼："你马上给我滚出去！"

女孩冷笑着看她，"你凭什么？好歹我肚子里有文龙的种呢，你有吗？没有吧？这段时间他每天都被我榨干了，肯定也没精子给你了，所以你没有。其实，你就是他找回来的一个保姆，你凭什么赶我走呀？要赶，也是我赶你！"

珂珂一阵阵的晕眩，记得上次那个艳丽的女人回到这个家里戏弄她的时候，就是这种撕心裂肺的痛楚。

珂珂愤怒地拨通了文龙的电话朝他咆哮："你马上回家！马上！不然我就点煤气罐！把你的房子夷为平地！"

很快，文龙回来了。看来他是想娶珂珂的，不想让珂珂离开的，因为他回来看到那女孩子，显得非常愤怒，"你怎么闹到这里来了?！你还有没有羞耻感?！"

女孩子听了文龙的话，失控地从沙发上跳起来，"你很有羞耻感?！你把我玩腻了，就想把我一脚踢开！你以为我不知道你在玩我的同时还在玩我师妹？!你知道我拜你为师的时候我多敬重你多爱画画吗？可你花言巧语哄我上床，还承诺出费用给我到国外留学，帮我办理一切手续！你已经亲手杀掉了我跟你的三个孩子了！可是你的承诺一句都还没兑现！我告诉你，你马上帮我办理我出去留学的手续！同时把三百万打到我的账上！除非你把我们母子给杀了，不然我就挺着大肚子天天到你们单位去闹！你什么时候办理清楚了我什么时候把孩子做掉，不然我就生下来慢慢虐待他！"

文龙似乎气得青筋暴露，但却说不出话。女孩子撇下他们，走了。

珂珂想扑向文龙把他给撕碎了！可她什么也做不出，只能用眼泪疏导着自己的悲痛，那种绝望，让她真正体会着什么叫痛不欲生……

文龙并没有为自己的行为做什么辩解，只是坦诚地向她道歉："对不起……我是真的爱你，真的想娶你做老婆。她那样的，我只是抱着玩玩的心理，我从不打算跟她结婚的……"

珂珂随手拿着茶几上的茶杯朝男人砸去！

文龙花了一大笔钱摆平了那个女孩子的纠缠。

珂珂虽痛不欲生，但要她彻底地离开风流倜傥的文龙，她也做不到。她太爱他了。她逃离了一个多月，在文龙的忏悔和央求下又回到了文龙的身边。

日子恢复了平静，却无法恢复以前的那份甜蜜。自己那么爱的男人一边说爱自己一边同时跟别的女孩子风流快活，每每想起这些珂珂就觉得身边的男人特别的恶心。更可恶的是这个男人竟然以老师的身份肆意玩弄自己的学生！

经常地，文龙一碰她的身体，她就会想起这个男人在不久前，甚至就在回家之前刚跟别的女孩做爱的种种画面，这种想象，常常就让珂珂突然就把文龙从自己的身上推开。文龙似乎也很不吃她这一套，几番受挫，文龙干脆不再碰她，然后开始对她漠不关心，再也不提结婚之事，他没开口赶她走，但他在外面风流的痕迹却越来越明显，有时甚至彻夜不归……以此逼迫珂珂自己离开。

每每独守空房，伴着漫漫长夜，珂珂总情不自禁念叨着当年张好好写给杜牧的那首诗：孤灯残月伴闲愁，几度凄然几度秋；哪得哀情酬旧约，从今而后谢风流……那时候的张好好爱上了风流才子杜牧，估计就像当初自己爱上文龙那样的感觉吧？女人一旦被男人的才情迷惑，总是难逃那种从今以后谢风流的宿命。可是，夜夜欢醉烟花楼的杜牧会为她谢风流吗？

珂珂没想到爱情的破灭会让人如此的痛苦，似乎所有的生存形式都已经没了意义。很多次，无法承受那份痛苦的珂珂多么想让自己一觉就不再醒来，或以其他的方式结束自己痛苦的一生……

那几天，珂珂什么都没有做，不写东西不上网。可是空荡荡的房子里静得太可怕，可怕到各种自杀的念头总是纠缠着她，珂珂每天都在想着要用什么样的方式结束自己的生命才会让文龙永远记住自己。那天，珂珂一边想着一边胡乱地打开电视……

突然，珂珂在电视画面中看到一个人，珂珂想起来了，画面里的人叫汤镇业，记得小时候她最喜欢看的电视剧是金庸的《射雕英雄传》，最喜欢看翁美玲演的黄蓉，后来知道那个她非常非常喜欢的黄蓉在现实生活中居然为一个叫汤镇业的男人自杀了，当时她还小，但知道了这影视背后的故事还是为那位活泼又智慧的姑娘难过了很久……现在在屏幕上看到那个翁美玲为之自杀的男人，珂珂的心情却是另一番滋味。现如今屏幕上的那个男人，在一部很烂的片子里演一个配角，胖嘟嘟的圆脸，神态苍老疲惫，面貌庸俗……珂珂突然想到：如果当年翁美玲看到这男人今天如此样子，还会为她去死么？于是，这个问题一直萦绕在珂珂的脑子里，挥之不去且让她深省……

由此珂珂想到很多，十几二十年后，文龙也会变成这样的男人，也许会更加的老态，变成一个再也没有女孩子因为爱他而千方百计要争夺的男人，要争的估计也是除了爱情之外的东西了。说不定那时候，他还有一身的病，需要身边的老伴去照顾他侍候他，可是他年轻的时候，这位老伴却要忍受他的风流带给自己彻骨的伤害，直至老去……那么，在青壮年的岁月里，陪在他身边的女人要怎样忍受着那份人生的煎熬啊？再说了，这样的男人，值得你去为他牺牲自己的青春自己的幸福乃至自己的生命吗？

珂珂想清楚之后，慢慢解开了自己的心结……远离家乡的她开始想念自己的父母家人，想念曾经的好同学好朋友，并开始跟他们打电话倾诉心里话，排遣自己的不良情绪。她也不再对文龙有那份刻骨的恨意，而是一边向文龙索取对她残余的那份情感，一边主动跟过去欲对自己好而自己总是回避的异性朋友联系，这是自己强迫自己把情感从文龙身上转移的最佳方式……她没有一下子就彻底跟文龙决裂一走了之的坚强，她要慢慢地离开文龙，慢慢地把这份感情转移掉。

当遇上那个完完全全把她当成自己的太阳当成自己整个天空的另一个男人时，珂珂才明白：其实男人跟男人是不一样的，有人风流有人痴情。懂爱惜爱的男人也许没那么多的才情，但却有着责任与担当，有着会欣赏好女人的内涵与修养……

珂珂终于主动离开了文龙投到一个非常普通、但却让她感到踏实和安全的男人的怀抱。当然，也许没有哪个男人的怀抱永远安全。但至少，目前她的感觉是安全的。而且她永远也不会再为哪个男人萌生自杀的念头了。回头想自己差点就为那个风流不羁的男人去自杀，珂珂感觉当时的念头真是又蠢又可怕。没有任何男人值得自己为他去死，特别是背叛自己的男人。

从这次情感的转移中珂珂明白了一个人生的哲理：爱情是会改变的，人的感觉也会发生变化，而所有的事情都会过去。

小三，你需要转正吗

歌声停止。佳佳的心也明朗起来：自己的退出，一定是成全了别人也成全了自己。

佳佳爱上那个大她十岁的老总时，一点儿也没想过跟那个男人索要什么婚姻。她像所有对已婚男人动真感情的女孩一样，爱上的霎那，是不管不顾的。那个时候的感觉只是想爱，然后希望那个男人也爱自己。有爱她就很满足，她不在乎婚姻。

那一年，佳佳22岁。像一朵含着晨露的鲜花，清新温润，美得让人心颤……刚从学校出来的佳佳应聘到那家大型的国企做文员，在办公室管档案收发文件。可能是办公室跟老总办公室相邻吧，老总总喜欢走过来顺带让她帮着写这写那的，老总说佳佳写什么东西都能抓住要点，文字简练，没半句废话，这点他很喜欢。于是刚进公司的佳佳兼着做老总的工作秘书。

那些日子，刚离开学校的佳佳也同时失恋了。男朋友跟着另一女孩去了另外的城市，因为那个女孩的父亲可以帮他安排一份好工作。佳佳不断安慰自己说那个男人不值得自己为她伤心，不值得！可她依然伤心，依然止不住地流眼泪。

那一晚，佳佳到办公室继续帮老总写那份年度工作总结。其实佳佳刚来公司几个月，老总都做了些什么她也不是很清楚，但这一点不妨碍佳佳为他写工作总结，因为老总给了她一大堆的资料。她把那些资料组织起来，见缝插针地在里面发挥自己独特的文采。佳佳一边干着活，一边脑子里很突兀地冒出男朋友的面孔，其实这种状况总是很经常。

于是佳佳放下手中的资料，呆呆地想着自己曾经有过的甜蜜浪漫和男友突然与自己决绝的情景……想象的翅膀不受控制地飘飞起来，佳佳又开始幻想：男友终于被那个女孩抛弃，百病缠身，于是自己不计前嫌到他身边照顾他、爱他宠他，让他知道自己的好……想着想着，佳佳不能自拔地深陷自己编织的那份悲情之中泪流不止。为了怕有人看到灯光跑到她办公室，佳佳关了办公室的灯，但没关门，任自己的泪水肆意横流，她还在失恋当中，她控制不住自己。

就在她哭得一塌糊涂的时候，办公室的灯啪地亮了起来，佳佳张皇地抬起头，老总竟然站在办公室门口看着她。

老总愣了愣，说道：我以为你下班忘记关门关电脑了……干什么呢你？看恋爱悲情片啊？老总对她满脸的伤心泪水似乎一点不惊奇。老总边说边走进她的办公室，电脑屏幕并没有什么影视的画面，只有佳佳为他写的工作总结。老总看着她台上铺满他的个人资料，又看看她满脸刚刚擦掉还没干净的泪痕，突然用手拍拍她的头，“傻丫头，这总结我又不急着要，你放着白天做，晚上自己找点快乐的节目去……”

“没事，我一下子就完成了。写完明天干别的事情。”佳佳终于平静下来，恢复了常态。

老总拉来一张凳子坐在佳佳的侧边，盯着佳佳，“哭什么呢？是不是有人欺负你了？告诉我，我帮你教训他！”

老总三十多岁，军人出身，平时工作雷厉风行，说一不二，公司里的人都怕他，可佳佳从不怕他。自从进这家大型公司的那天起，佳佳就感觉到老总对自己的呵护和照顾。比她学历更高更有才华更美貌的很多人，都被放到生产科去上三班倒，而只有普通文凭的她却可以舒舒服服坐在办公室里上行政班，而且，他自己的很多私人工作都交给她，很信任她。所以佳佳觉得自己跟这位人人敬畏的老总有种默契和亲密感。此刻，老总突然这样开口问她，佳佳忍不住自己的委屈，泪水又开始冒出来。

佳佳可怜巴巴地望着眼前的男人，“老总，我男朋友不要我了，他跟了别人，我那么爱他，他说过永远爱我的，可是，为什么为了一份工作，他就不要我了呢？你说，我是不是很失败啊？”

老总一脸爱怜的表情，他用自己宽阔厚实的手轻轻拍着佳佳放在台上的手背，“丫头，那个不要你的男人才是很失败的……你的青春刚刚开始，多少好男人在等着你呢！为这么一个不懂得珍惜你的男人哭成这样子，你真是傻啊！”

在老总的安慰下，佳佳慢慢也觉得为一个根本不会珍惜自己而且永远也不会再有交合点的男人流泪确实不值得。

老总走之前，突然对她说道：“今晚把这份总结写好后，明天你代表我去参加市里组织的到深圳香港澳门的考察……”

佳佳愣住了，“这样的考察，我怎么能去呢?”

老总笑笑，“能去。那是有关领导找借口要企业赞助出去玩想出的点子。名是考察，其实就是出去玩……放心吧，钱我已经交了。你就代表我出去走走，改善一下心情……反正我现在跟几个副手也忙得抽不开身。你去最合适了……”

佳佳踏上深圳、香港、澳门之行。看着陌生的城市，感受着经济特区特有的人文风貌，佳佳变得快乐起来。一路随去的各单位领导身边都带着明显不是自己老婆的小蜜前往，整个行程陪着她的是个年轻的女导游小张。不讲解的空隙，小张说，很奇怪，这次来的都是上了年纪的男领导，女的都是陪玩的，你这么年轻就是公司老总啊?

佳佳说不是，我是代表我们老总来的。

小张啧啧称赞：“你的老总真不错啊，现在这年头，能拿公款这么消费的，谁放过啊? 他干吗不跟你一起来啊?”

佳佳道：“怎么能跟我一起来啊? 我跟我们老总才不像他们那样的关系。”佳佳边说边用眼睛瞟那些老少相配的一对对。

“那你的老总人不错。对你这么好，却不打你的主意。这年头这样的男人已经不多了，多少人利用手中那一丁点的权利肆意玩弄女人，把身边的女秘书啊、女职员啊，都当作自己的私人物品霸占着……”

“他确实很不错，对我很好，但从不对我要求什么，而且总是希望我能快乐……”

谈起自己的老总，佳佳兴奋起来，一路滔滔不绝地跟陌生的导游说起自己的老总……

小张笑眯眯地看着佳佳，突然说道：“你肯定喜欢上了你们老总，一个女孩只有喜欢上一个男人才会用这样的口气谈论他。我敢肯定他也喜欢你，不然他不会这么宠你的……”

导游小张的话让佳佳吓了一大跳：自己真的喜欢老总吗? 怎么从来没意识到这点?

佳佳细想起来进公司到现在，自己每天去上班总是很喜欢看到老总，老总不来找她的时候，她都会主动跑到他的办公室问问有什么需要她帮忙的没有。对人人惧怕的老总她却有种莫名的亲切感，而且在没人的情况下她还喜欢跟他撒娇。好像觉得自己什么要求他都会答应……就是现在，想起老总佳佳心里总是暖乎乎的，和那个抛弃自己的男人相比，老总对自己就好得多了……

走了一圈回来，佳佳像换了个人。一看到老总会心跳，会莫名其妙地脸红，因为，她发现老总真的很宠自己，无原则地宠。比如，这次的考察，就算他没空，还有一大帮副职啊主任啊，怎么排，也轮不到刚进公司的佳佳。可老总对外说派她去开会，却让她公费出去尽情地玩了一通她平时连想都不敢想的非常向往的港澳地区。

佳佳卖力地工作，对男友曾经的思念完完全全地转移到老总的身上，每天看到老总就是佳佳最开心的事情。可是老总只默默对她关照着，从不需要她任何的回报。这更让佳佳对老总情深意切起来。自己一个人躺在床上的时候，佳佳就会遐思翩跹……如果自己躺在高大魁梧的老总怀抱中，他会不会很宠很宠自己呢？这样的幻想总是让佳佳很激动、很兴奋，于是幻想着和老总一起浪漫缠绵的各种影像便在漫漫长夜中伴着佳佳入眠……

可是白天面对老总的时候，佳佳开始拘谨，竟然没了以往看到老总的那份从容与任性。佳佳的羞涩拘谨所传递的信息老总似乎也捕捉到了。这位从北方到南方工作的汉子在没别人的时候，会用“丫头”称呼她，有时会在丫头面前加上“傻”字，语调里透着浓浓的怜惜与柔情。每每此时，佳佳就会有些稍微的放肆，会在老总面前红着脸撒赖和撒娇，因为佳佳很渴望老总能抱抱自己。可老总从不乱来，给她最亲密的举动就是拍拍她的头或肩膀，“傻丫头，干活去……”

这让佳佳对自己的老总更加的痴迷，佳佳发现自己不可救药地深深地爱上了自己的老总，尽管老总已有妻女，但佳佳不在乎。这时候的佳佳不在乎爱的形式，她只是想爱，只想自己爱的男人也爱自己，这就够了。婚姻，对于这个年龄段的她是毫不重要的，她连想都不去想。她只想恋爱，与自己的老总疯狂地恋爱！

那晚下班前，老总走过来对她说，晚上有个饭局，你一起去吧，反正你一个人，回去也懒得煮。

听到这话，佳佳最开心了，因为她又可以跟老总在一起了。那是个跟几个大客户一起的饭局，几个客户给佳佳敬酒的时候，都被老总替她挡了，于是，老总就喝了不少的酒。散席的时候，老总说，你自己打车回去，我喝酒了不能开车。我去找间房休息。

佳佳没有自己回去，说先陪他开房，把他送到房间再说。进到房间，老总突然一把抓住佳佳的手臂，狠狠地说：“你干吗跟我来？你知道我喝了很多酒……”

其实佳佳等这一刻已经等了很久，佳佳转身紧紧拥抱着老总，什么话也没说，只是紧紧地抱着这个让自己日思夜想的男人……

男人似乎也很激动，他也情不自禁地紧紧抱着怀抱中的她，“丫头，你让我喜欢，让我心疼，我真想拥有你，但是，我已经不能给你婚姻了……”

佳佳一边流泪一边吻着男人表白，“我不在乎，我不需要你给我婚姻。我只想好好爱你，我只要爱你，我只需要你也爱我就行，我不需要你给我婚姻……”

这一晚，两人都进入了癫狂的状态。一个是春情澎湃的痴情女子，一个是正在开始进入婚姻倦怠期渴望新鲜刺激的强壮男人，他们淋漓尽致地挥洒着自己的身体和激情……

回到单位，他们依然是一如既往的君臣关系，但自从突破了肉体上的关系，他们几乎不放过任何可以在一起的机会。老总的家不在公司的厂区，老婆和他在不同的单位，所以有时候老总说工作忙或出差也影响不到家庭。而公司里谁都知道佳佳有支很厉害的笔，是老总的工作秘书。于是，两人单独在一起的机会很多很多……

佳佳尽情地享受着这份偷偷摸摸但对她却是非常甜蜜的爱情。不管是情感或身体上的，佳佳都从老总那儿得到前所未有的满足感。

一晃，两年的时间过去了。

这天晚上，老总跟佳佳激情缠绵之后，突然对佳佳说道：“我准备调走了，要调到别的单位……”

佳佳一听，呆住了。自她进公司就发现这个国营大公司有很严重的派系关系，如果老总一走，曾经在老总身边的她肯定就变成弃儿，如果老总走后刚好是老总的对立派上来执政，曾经帮老总歌功颂德拿了很多荣誉的她肯定遭报复，说不定就被放到生产科或车间上三班倒……一想起老总走之后，自己再也没人照顾，甚至有可能连这份爱情也没了，突然感觉很伤心甚至绝望的佳佳忍不住就哭起来。

男人紧紧抱着她，“傻丫头，我调走怎么会让你留在公司？我不在了谁照顾你啊？我已经帮你搞调动了，用我的人脉和不少的钱把你弄进机关做公务员，已经搞定了……”

“真的？”佳佳几乎不相信自己的耳朵。从一个企业职员调进机关做公务员那可不是一般人敢奢望的，她知道老总一定为自己付出了很多。佳佳紧紧抱住男人，生怕一松手男人就不见了。

老总贴在她的耳边吻她，“真的，我调走的时候，你也可以离开这个单位了。我早就为你想这个问题了，我希望你有一份轻松又有保障的工作，那这辈子我就不用担心你别的了……”

佳佳的眼泪再次喷涌而出，为这男人对自己所做的一切。这世上，还有哪个男人对自己这么好啊？这一刻，佳佳萌生了要把自己一辈子都交给这男人的想法。哪怕一辈子不结婚，哪怕一辈子只做他的地下情人。

很快，老总和佳佳调离了单位。老总到别的单位任职，佳佳进了招商办工作。两人工作的调整，更加方便他们在一起了，他们的身边再也没有别的熟人，老总给佳佳买了一套房子，于是，他们几乎过着夫妻般的生活。老总只要有空，晚上都会先在她那儿过几个小时才回家，有时会找出差的借口在她那儿过上几天……这样的日子，很快又过去了几年。

随着时光的流逝，佳佳的感觉和心态渐渐发生改变，每每老总离开自己回到另一个家的时候，佳佳便开始焦虑不安，开始烦躁恼火……每当躺在老总的怀抱中，佳佳总希望老总不再离开自己，每每想到自己正在跟另一个女人分享身边的男人，佳佳就觉得非常的难受，这感觉跟当初不管不顾的爱已经不一样了，她开始想要更多的东西。特别看到身边同龄的女子跟自己的爱人出双入对，看着同伴们已经儿女绕膝嬉戏，而自己仍然偷偷地做着别人的第三者。佳佳的心开始失衡，因为，她也想跟老总手拉手去买菜去散步，她也想自己有个可爱的小宝宝……可是，她答应过老总她不会逼他离婚跟自己结婚的，她不能说话不算数，更何况老总给了自己这么多的东西。可是一想到自己跟这个男人没有未来，只能空耗青春，佳佳开始变得焦虑，情绪反常。特别在第三次意外怀上老总的小孩又不得不自己一个人去医院打掉的时候，佳佳突然决定给自己两条路走：要么结束这种关系，要么让自己小三的身份转正。

从医院回来，佳佳把自己的想法告诉老总。老总表示，他也不愿意跟她分开，只要她需要他离婚，他愿意离婚。几天后，老总说已经跟老婆提出离婚，但老婆不同意，估计得需要一段时间。

佳佳看到老总是真的爱自己，为自己做了这么多的事情，还肯为自己离婚，这让佳佳很感动，更加爱他了，佳佳说，没关系，只要你肯离婚，不管多久，我都等你。

在等待的过程中，老总告诉佳佳，他很爱女儿，离婚后，女儿要跟他。

所以，她必须要接受她的女儿。佳佳说没问题，你的女儿就是我的女儿。

不久后的一天，老总特意安排一场饭局，带着女儿跟佳佳一起吃饭，让她们见见面。

那天佳佳先到饭店，心里对那位没见过面的女孩充满了母爱，知道她喜欢洋娃娃，还特意买了个价格不菲的芭比娃娃准备送给她。老总带着十岁的女儿终于出现，可是不管她如何的笑脸相迎，那女孩子看着她的眼光却充满了敌意和戒备。

当佳佳拿出芭比娃娃递给女孩的时候，女孩并没有接，而是转头瞪着父亲，带着明显不是她这个年龄段的女孩该有的口吻冲着自己的父亲喊道："爸爸，你为什么要跟这个女人一起吃饭？你跟妈妈闹离婚是不是因为她?!"

老总低声呵斥着自己的女儿："小孩子怎么随便乱说话？"

老总话刚说完，女孩嘴巴一扁，突然哇哇大哭起来，不管她父亲怎么劝都劝不住……

那场饭局，还没开始，就匆忙结束。

回到家里，佳佳突然感到前所未有的沮丧……佳佳躺在沙发上不断想一个问题：以后，自己要天天面对那个对自己充满敌意的女孩，然后跟那女孩子争宠？自己能争得过吗？那个觉得自己赶走了她妈妈的女孩会怎样对自己呢？想起女孩子怨恨的目光和饭桌前尖厉恐惧的哭声，佳佳的脊梁骨突然冒出了冷汗……

心里恐惧的佳佳打开电视，突然看到画面上的刘若英在台上唱那首《为爱痴狂》……她很喜欢听刘若英的歌，也很喜欢她的人，她觉得她很美。那么温润那么的迷人，可是，快四十岁的她为什么没听说有男朋友呢？

隐约地知道她十几年爱着一个不能跟她说爱的已婚男人，但详情如何佳佳不是很明白，一种同病相怜的情愫让佳佳特别想知道这个美丽女人的往事……

于是佳佳上电脑搜索，佳佳终于看到侯佩岑主持的《桃色蛋白质》中刘若英与陈升的专访视频……整个节目，佳佳陪着刘若英哭，面对刘若英用了十几年来守候来坚持的爱情，那个男人却显得那么冷淡、那么无情。甚至残忍地冲着刘说了那么多难听的话：我觉得只要是一个女生，就应该有一个啰里八嗦的、或者是个讨人厌的家伙，随便，随便一个，去保护她。随便就好了——随便！只要有一个人可以去保护她，司机老王啊或者什么的都可以，随便，可是，你现在是怎么了呢？——你现在是怎么了呢？全世界的男人都死光了么？这是我最介意的一件事了！你有你的路，我有我的事要做。我的事情还没有做完。你不会带动我的，你今后要去的任何地方，其实都不关我的事了。你不会找到我……

整个节目，刘若英总是忍不住流泪，佳佳也哭得一塌糊涂，为她的痴情和执着……可是看着陈升的残忍，看着刘若英那一张已经不再娇嫩的脸庞，佳佳突然非常庆幸自己遇上的不是陈升那样完美而冷酷的男人。

佳佳突然觉得自己比刘若英幸运多了。至少在她想爱的时候，她得到了爱，得到了那个男人的肉体和灵魂，她不用似刘若英那样花十几年的青春去等候那份等不到的爱。

佳佳突然想：如果陈升遂刘若英的愿，她也会是小三的身份，也会像她的今天一样面临着残酷的现实：男人是跟老婆离婚跟她在一起，还是要做一辈子的地下情人？

且不说转正后担心跟莫名演员那样步入前妻的后尘又开始跟小三争夺丈夫。就算自己是这个男人最后的女人，面对那个对自己充满敌意的女孩，面对忍受抛弃糟糠之妻而遭受良心谴责的男人，曾经很爱自己很宠自己的男人还能一如既往给自己快乐给自己一份完满的爱吗？

佳佳突然想着，如果自己急流勇退，找个简单的男人过简单的生活，那会不会简单点？

这么想着，佳佳轻松地跟着电视画面上的刘若英唱起她那首《成全》：

看着你和她走到我面前
微笑地对我说声　好久不见
如果当初没有我的成全
是不是今天还在原地盘旋

不为了勉强可笑的尊严
所有的悲伤丢在　分手那天
未必永远才算爱得完全
一个人的成全　好过三个人的纠结

我对你付出的青春这么多年
换来了一句　谢谢你的成全

成全了你的潇洒与冒险
成全了我的碧海蓝天

她许你的海誓山盟蜜语甜言
我只有一句　不后悔的成全
成全了你的今天与明天
成全了我的下个夏天

歌声停止，佳佳的心也明朗起来：自己的退出，一定是成全了别人也成全了自己。

床上没给你快乐的男人不可嫁

当然，床上的快乐，因人而异。他也许没什么经验，但有一点，他必须会照顾你的情绪，会哄你开心，能让你感到身心愉悦。相反，如果他在床上的表现让你很不开心，让你很勉强，有一些怪癖甚至让你过后一想起来都恶心和不舒服，那就千万不要勉强跟他在一起。你的勉强，害他也害你自己。因为长期勉强自己就会患性冷淡，当你患了性冷淡，你们之间的不幸就开始了。

小梅在一次会议中与小辉相遇，两人一见倾心。他们从不同的城市来到省城开会，会议结束，彼此都给对方留了联系方式。

回到各自的单位，两人开始通过各种快捷的方式进行沟通，更多的时候，他们会在QQ上视频聊天，很多时候，他们甚至聊到热血沸腾。

他们开始规划美好的未来，小梅决定调到小辉的所在地，他们的城市相隔两百多公里。

有时在网上聊得激情四溢的时候，他们都忍不住聊到性爱，男人总是激动地向她表达此刻恨不能就把她给摁到地上来一番疯狂……每每看到男人赤裸裸的言语小梅也激动得浮想联翩，渴望着和自己的爱人厮磨在一起，共享性爱的销魂……

常常地，躺在床上，小梅总忍不住遐想着跟男人厮磨在一起的甜蜜画面，那种臆想出来的缠绵悱恻，那份美好，让小梅充满了渴望……非常可惜，他们都是领导身边的左右手，经常加班加点，就连节假日都很难正常休息，所以他们很难相聚，只能在工作之余在网上互诉衷肠以缓解相思之苦……

国庆长假的时候，他们终于可以不受干扰地相聚在一起了。白天，两人都非常甜蜜地到海滩尽情玩耍，到了晚上，两人在朝海的小旅馆一边观海一边聊天，这是小梅渴望了多久的美好时刻啊！

可还没等小梅明白怎么回事，男人已经飞快地把她给压到身下，非常粗鲁地进入她的身体，闷声不响地一阵冲刺，便离开了她的身体，倒在一边呼呼大睡了，没有前戏，也没有后续的温存。这跟小梅曾经无数次想象过的美好情景相去太远了。小梅不仅没有半点幸福的感觉，甚至还有些受伤的挫败感。于是小梅安慰自己，也许是第一次，以后会慢慢好的……

男人睡着了，因为白天玩得太累，可是小梅翻来覆去却无法入眠，她很希望男人能抱抱她，跟她说些甜言蜜语，可男人却独自睡着了。半夜醒来，男人又非常粗暴地要她，一点儿不温柔，而且速度非常快。小梅不但没有快乐的感觉，甚至还非常的不舒服，这种感觉非常的不好。这让相聚的甜蜜大打折扣，但小梅嘴上却不好意思说出自己的感受。

相聚的几天，男人总是急匆匆要她的身体，在这点上，男人并没有为她着想，那份曾经的浪漫性幻想没有实现，这让小梅觉得很遗憾。但男人对她还算不错，用钱比较大方，给她买了好几件价格不菲的衣服，而且一心想娶她为妻。小梅想，也许性爱的快感要等到结婚以后吧，很多书本上都是这么写的。于是小梅没怎么计较，回到家，依然憧憬着跟男人在一起的时光。

他们依然在QQ在手机上沟通，男人不断怀念着她的身体，赞美着她的身体，问她的感觉。于是，小梅老实说没什么感觉，因为他不够缠绵不够温柔。于是男人道歉说对不起，下次一定让她感到幸福感到缠绵。

可是等到他们再相聚的时候，男人跟在网上说的又不一样了，他总是控制不住自己的粗暴，而且，他还说以后她就慢慢习惯了……小梅无法习惯男人的这种行为，她希望男人温柔，希望男人在缠绵之前说些赞美自己的话，说些甜蜜的话。但男人喜欢说的是非常下作的在黄片里看到的群交场面，男人非常喜欢强奸的画面，喜欢几个男人一起强奸一个女人，或几个女人一起伺候一个男人，他说起那样的情景就非常的激动，说看到那样的画面就感觉很刺激，边说边就粗暴地要她的身体。这让小梅非常反感，她觉得那样的画面非常的恶心，觉得那是动物才会有的行为，每每男人说起这种事情，小梅的生理和心理都非常的不舒服，可是男人却很喜欢说，总是乐此不疲。有次，小梅就忍不住阻止他：别再说了，我不喜欢听！男人却责怪她没有情趣。

他们不断地找机会相聚，可是每次，小梅总是感觉不到两人在一起时那种难舍难分的缠绵，有时小梅甚至想尽快分开各自回到自己的家中，这种感觉对于正在热恋中的人来说是非常不正常的，小梅终于明白是因为自己在性爱中得不到快乐和满足的缘故。

事情出自一次意外。那天晚上，小梅参加一次同学聚会，大家都喝了很多的酒。临别时几位好同学都推托自己喝醉了要清醒的小梅先送喝醉了酒的一位外地男同学到宾馆再回家，于是小梅送男同学到宾馆的房间。

这位男同学以前曾经向她示过爱，但被她拒绝了，她看不上他的长相，觉得他不够帅。

可当晚，他们很聊得来，因为彼此都很真诚。男同学在进入房间后突然就抱住了她说非常非常想念她，他其实不是很醉，只是找个借口想单独跟她在一起。于是开始吻她抚摸她，喝了不少酒的小梅也浑身燥热，突然很渴望这种爱抚。男人一边用手抚摸她的身体一边吻她，向她诉说自己对她的思念、对她的渴望，男人对她的爱抚和思念的话语让小梅体内的欲望如决堤的洪流一发不可收拾……两人开始变得疯狂，非常出乎意料地，这位一直没有被她看上的男同学却在床上让她尝到了做一个女人极致的幸福和满足。

这次缠绵，小梅居然好几次达到了跟男朋友达不到的高潮，男同学对她是那样的体贴，不仅前戏充分，爱爱之后还陪着她聊天，这一晚，他们几乎不睡。男同学居然通宵都在跟她聊天爱爱，不知疲倦，让她欲罢不能。原来，男人跟男人是不一样的，有一种男人是可以让自己在床上得到极致的幸福的，而这点，她的男朋友是从没给过她的。

第二天，小梅便坚定地跟男朋友提出了分手。她不一定要嫁给昨晚的那位男同学，但男朋友是不能嫁了。她不一定要自己嫁的男人非得让自己高潮迭起，但最起码，能给自己有身心愉悦的感觉……人的一生有三分之一的时间在床上度过，如果自己的男人在床上都不能给自己带来快乐，那是多么不幸的事情！

想起张爱玲那句“男人进入女人的心路要经过阴道”的话真是经典。小梅相信性福是所有夫妻幸福生活的根基，如果哪个女人说她跟老公很幸福，就是夫妻生活不和谐，那她一定在说谎话或者说笑话。

当然，床上的快乐，因人而异。他也许没什么经验，但有一点，他必须会照顾你的情绪，会哄你开心，能让你感到身心愉悦。相反，如果他在床上的表现让你很不开心，让你很勉强，有一些怪癖甚至让你过后一想起来都恶心和不舒服，那就千万不要勉强跟他在一起。你的勉强，害他也害你自己。因为长期勉强自己就会患性冷淡，当你患了性冷淡，你们之间的不幸就开始了。

离开没能力欣赏你的男人

对你好的男人也分两种：一种你对他好，他觉得你好；一种是他懂得你的好，会欣赏你的好，所以想对你好。选恋人和选老公，都要选择后面那种。

小云一段时间以来都面临着选未婚夫的抉择，因为有两个男人在追求她。这两个男人都很不错，小蒄是她的高中同学，英俊潇洒，在事业单位工作；另一个追求者小韦自己开家货代公司，虽相貌平平却才华横溢，小公司也经营得风生水起的。

小云天生喜欢帅气的男生，所以她的情感天平偏向那个帅气的小蒄。特别是小蒄在众目睽睽之下定定地盯着她看时眼眸里流光溢彩的电波总是让小云心潮澎湃……小韦在经济上比较宽裕，虽然对她也很好、很爱她，但没有小蒄那样的帅气和煽情。

小云也是个白领，有着自己固定的收入，所以她更在乎自己精神上的愉悦和享受，物质是其次的，于是她拒绝了小韦，接受了小蒄的爱情。他们搬到了一起，两人厮磨着，情感更加的浓烈。

还没领结婚证的他们俨然一对小夫妻，小云几乎是为着自己心爱的人而活：煮饭菜，按小蒄的口味煮；买零食，买小蒄喜欢吃的；走在街上，看到适合小蒄的衣服裤子，小云总会先考虑着帮他买，而自己的，却很少考虑。小蒄身上的一切，从头上的帽子到脚下的袜子，从外面几千元的西服到里面的内裤，都是小云一手包揽着。

回到家里，小云把家里布置得井井有条，煮饭菜做家务，也是她自己全包揽，甚至小蒄早晚洗漱的牙刷，小云都会帮着挤好牙膏，备好热水，找好洗澡用的短内裤……因为有爱，小云把做这一切当成自己在享受爱情。

当然，小蒄也没让她白做，总是抱着她吻她，“你真好，你是个好老婆，我离不开你……”

听到心爱的人那么肯定自己，小云觉得自己没有白白付出，男人是懂得她的爱懂得她的好的，这让她很满足很幸福。

然而，人的感觉总在不断发生着变化。有时一件小小的事情，就会让你固有的观念发生改变。

很少感冒的小云那天感冒了，不过不是很严重，所以小云回到家里依然给小蓋煮他可口的饭菜，但自己却一点食欲没有，吃了两口就放下筷子了。可小蓋对没有食欲的小云，连问也不问，只顾自己狼吞虎咽着……小云第一次感到委屈和不悦，但没怎么表示。

吃完饭，小蓋躺在沙发上看电视，周身软绵绵的小云不想动，于是让小蓋把碗给洗了。

小蓋有些不情愿地应付，你不想洗就放着，我明天再洗。

小云一听就恼火了，从来都是饭来张口衣来伸手的，今天让他洗一次碗居然推三托四的！小云吼道：现在马上给我洗了！干吗要放到明天？放到明天还不是我洗？

小蓋从未见小云这么大声说话，只好一边嘟囔一边把碗给洗了。看小蓋把碗洗了，从卫生间洗完澡出来的小云对他说："我身体不舒服，你帮我把我的衣服给洗了晒起来……"

因为都是牌子衣服，平时小蓋的外套和她的外套，小云都是用手洗，家里的洗衣机一般都用来洗床单和一些普通的衣服。这是小云跟小蓋说过的，有些衣服是不能放洗衣机洗的。小云再三交代，她的裙子不能放洗衣机洗。小蓋答应着说好的，你不舒服先回去睡吧，我来洗。

小云于是早早回房睡了。可等她第二天醒来，她发现洗衣机里洗好的衣服还没晒，而她昨晚特意交代小蓋用手洗的那条一千多块钱的丝绸裙子已经被洗衣机搅得皱巴巴且脱了线……

小云一把把小蓋从床上拽起来，大吼："你怎么把我的裙子放洗衣机了？我不是让你用手洗吗？你怎么那么恶心?!"

一大早被骂，小蓋突然也爆发了，"洗衣机不拿来洗衣服拿来干什么？你一大早像个母老虎一样吼人，你更恶心！"

小云尖叫着，"我的裙子被你搞烂了！我最喜欢的一条裙子！"

小蓋没好气地说："烂就烂！你都穿着不烂，那些服装厂不关门啦？"

小云发现跟这男人争吵毫无意义，吵下去只会两败俱伤，只好不再出声。但这次争吵过后，小云终于发现，小蓋其实是个非常懒惰非常自私、不懂得体谅自己的男人，只是因为被爱情蒙蔽着双眼，自己一直没觉察到这点。

当一个人的付出得不到任何回报的时候，心里就会产生失衡感。小云渐渐就不再什么都为小蓖考虑了，煮饭菜的时候，小云不再放那么多的配料，因为小云喜欢吃清淡的东西。于是小蓖总是责怪她，煮饭菜越来越没有味道了。尽管小云会特意给他配个小碟，给他很多种口味的配料，可他依然唠叨小云没以前煮的好吃。

小云听了不舒服，于是责问他："我按你的口味煮的时候，我根本吃不下。你有没有为我想过呢？"

于是小蓖会带着讽刺的口吻说："你什么都吃不下，一副小姐的样子……扮什么啊？我吃这么久也不见我死！"

小云觉得这男人不仅自私而且很可恶！对身边男人的反感也与日俱增起来。然而，每次发生矛盾，小蓖总会在床上死皮赖脸缠她的身体，于是他们依然在一起。小云发现，情感上的依赖，居然是一种非常可怕的惯性。有时它黏合两个人的力量，竟然比爱情更有作用。

那天，小云在街上遇上了当初被她拒绝的小韦。于是两人很礼貌地站着聊了一会儿天。聊天的途中，小云咳了几声，小韦焦急地问她："你怎么咳嗽了？发烧吗？"

小云摇头，说咳嗽是感冒引起的，但是感冒都好很久了，咳嗽就是好不了，都快一个月了……

小韦说，你这是干咳，身体需要好好调理才行……走，我知道有家很好的药膳，我带你去吃，尽快把身体调养好了。

于是小云跟着小韦到城西的一家药膳馆，小韦张罗着给小云点了猪肺罗汉果粥，小云不怎么喜欢那种味道，加上没多少食欲，吃了两口就不想吃了。

小韦不断哄她，"这是甜口良药，这粥加了点消炎止咳的中药，虽然味道不怎么好，但药效很明显的。把它吃完，再咳下去发展成肺炎就很麻烦了……听话啊……"

小韦看她的目光充满了怜爱，这种关怀，天天都索要她身体的小蓖是从没给过她的，哪怕刚刚开始追求她的时候也没给过，只有她给他。这就是爱和被爱的关系吧？

小云有些心酸，忍了忍，眼泪才没流出来。

小云问身边的男人，"你过得好吗？女朋友对你好吗？"

小韦苦笑，"我还没女朋友呢。"

小云有些诧异，“怎么还没女朋友啊？你是不是要求很高啊？”

小韦盯着小云，“也许吧，我想找个像你一样的好女孩，可一直没找到。”

小云低下头，“我有什么好，满大街随便抓一把都有几个比我好得多的女孩子……”

“不。在我眼里，没人比你更好的。你温柔、善良、体贴。总是为别人着想，现在这样的女孩子，已经很少很少，就算有，我也没运气拥有，都是别人的了。我找谁做朋友啊……”小韦的语气有些忧伤。

小云的眼里突然就被涌上来的泪水蒙住了视线，那个跟自己朝夕相处的男人从来没说过自己身上有什么优点，对他好到骨髓里的时候他也只会说你真好，但如果稍微有一点对他照顾不到，他就会翻脸不认人了……

分手时，小韦在药店帮小云买了一大堆止咳润肺的药膏和补品，不断叮咛小云注意身体。

回到家里，小蒈坐在沙发上看电视正在等着小云回来做饭给他吃。看小云进家门，小蒈抱怨道：“你怎么那么晚才回来？天都黑了！快煮饭去，我饿了！”

小云没好气地说：“你自己煮，我在外面吃过了。”

小蒈突然跳了起来，“你在外面吃，怎么不打电话回家说一声？你什么意思？”

“我忘记了。”小云淡淡地说。

小蒈突然恶狠狠地说：“你这么忘情，怎么不忘记回家呢？你还回来干吗？”

这次争吵最终的结果是小云拿着自己的行李离开了小蒈。尽管事后小蒈不断道歉纠缠，但小云不愿意再回头，因为她明白：小蒈根本没能力欣赏她的好，他只是想要个好老婆，要个对他好的老婆，如果心软再回头，小云知道那将是苦海无边的婚姻生活……跟一个永远都不会欣赏你优点的男人在一起，你将一辈子成为他的奴隶，不管你做得多好，他都觉得是理所当然的，不懂感恩和回报。相反，如果你有什么地方做得不够，他就会全盘否认你的好，对你求全责备、不依不饶。在他眼里你永远都是欠着他的！

对你好的男人也分两种：一种你对他好，他觉得你好；一种是他懂得你的好，会欣赏你的好，所以想对你好。选恋人和选老公，都要选择后面那种。

第四章 / 恰当处理两性关系

闷骚女遭遇帅主管

为错开上电梯的高峰期，林馨总是提前半个钟头来公司上班。这天早上，她走进电梯，电梯正欲关门，门外几米远的一男子朝电梯里的他们招手：“等等……”

电梯里几个站在林馨前面的人都没有理他，电梯门徐徐关闭，于是站在里面的林馨抢上前摁住了电梯门等他。因为这电梯一关门上去就几十层楼，为什么不能与人方便呢？

男子跑过来，林馨在男子跨步进电梯又转身脸对电梯门的瞬间，无意瞟见那个穿着笔挺黑色乔丹西服、系着红色领带风度翩翩的男子裤子门的拉链居然没拉上。

林馨的脸莫名地红起来，在这栋高级写字楼上班的，都是非常注重仪表的白领人士。林馨看着这么风度翩翩的男人居然穿着开裆裤上班，她就忍不住为他脸红。可那是一个陌生人，不关自己的事，林馨这么想着于是平静了下自己。

电梯在上升，突然，男子转过身对着林馨笑，“谢谢你……”男人在感谢她刚才摁住电梯门等他。

看着男人阳光的笑脸，林馨鬼使神差地对男人报以微笑，并用手指指他的下半身。林馨忍不住想提醒男人他的裤子没拉拉链，她实在不愿意这么有魅力的男人穿着个开裆裤出现在众人的面前。但电梯里还有其他人，而他们又不在同一楼层，再不提醒，林馨就到目的地了。

然而林馨的笑容和她突兀的手势却让这帅气的男人脸红耳赤，因为他经常被女人骚扰。他没想到这个看起来一副良家女子模样的女孩居然敢在众目睽睽之下对自己做出如此下作的动作，男子不禁在心里感慨：如今的女子真是不可貌相啊！

帅男子本来充满感激的表情突然变得愤怒，男人狠狠瞪了她一眼，转过了身子。这一切在几层楼之间完成，林馨被男人的表情镇住了，很快明白他误会了自己，他根本没明白自己的暗示！

林馨变得倔强起来：岂有此理！他把我当什么人了？居然拿那样的眼神看自己！

林馨在自己的那一层没有出电梯门，因为她看到那男人刚才摁的指示灯只比自己高一层，她跟着他在23层的时候走出电梯。

“嗨！”一出电梯门，林馨就叫住男人。

男人匆匆逃开她，头也不回，急急往前走去……

林馨急了，跑过去一把扯住了男人的衣袖。

男人站住，转身愤怒地朝林馨低吼：“喂！你想干什么?！你再骚扰我，我就不客气了！”

林馨红着脸，指着他的裤裆，语无伦次地说：“你……裤子的门没关……”

男人低头认真一看，顿时窘得满脸通红……林馨转身跑下了楼梯。她的办公室在22楼。她这么执着仅仅是因为那陌生男人对她的误会让她心里不舒服！

在她打扫清理好办公室的卫生之后，其他同事开始蜂拥而至，因为上班时间到了。

隔间的小K突然跑过来跟她耳语：“公司新来一位总经理，听说从澳门过来的，非常帅气……”小K人长得漂亮，八卦消息特别的灵通。

林馨觉得好笑，“那又怎么样？人家经理帅又不给我们提薪水，有什么好高兴的……”

小K意味深长地笑，没出声就回到自己的位置。林馨明白小K的笑容意味着什么，因为她的机会又来了，对她来说，这世上的男人都是她征服的对象，没有最好的，只有更好的。因为她那小狐狸精的臊气，几十里开外的男人都能闻得到。

一会儿，就接到公司开会的通知，说新来的总经理要跟员工见面。会议室在23层，于是大家纷纷拥向23层的那个大会议室开会。这栋办公楼的会议室很多公司合着租，哪个公司需要就提前跟业主打招呼。

公司的员工拥向了楼上的会议室。小K和一帮时尚漂亮的女职员争着往前排坐。林馨没跟她们一起朝前拥，很随便地找了一个角落坐下来。

新上任的经理走进了会议室，林馨看到新来的总经理，顿时愣住了：那男人居然是早上自己在电梯里遭遇的裤链门男人！

男人是本行业的精英人士，刚从澳门的总部调过来。就职演讲才华横溢，激动人心。林馨看着站在台上魅力逼人的男人慷慨激昂，突然就想着如果此刻他的裤门依然没关上，那是多么滑稽的事情。林馨臆想着，就忍不住地用手掩住嘴，一边望着台上的男人偷笑起来……

而此时的男人目光刚好扫到林馨这边，与林馨目光相遇的瞬间，男人突然愣了下，话语也中断了，但很快就恢复了常态，继续演讲……

林馨也不敢再偷笑，于是帮他寻找着早上那尴尬场面最有可能的理由：今天他新官上任，于是急匆匆提前上班，可能太匆忙，出门前小解忘记拉裤链了……林馨想着台上那个魅力四射的男人其实也很平常，也有普通人方便后忘记拉好裤链的疏忽，只不过他的工作经验多点、职位高点、人长得帅点而已，没什么稀奇的……这么想着林馨的心就变平静了。

散会的时候，林馨在走出门口时男人也刚好收拾好东西走出来，他们的目光再次相遇，可男人很快移开，似不认得她，连点头的招呼都没打。林馨也彻底把早上的相遇扔到脑后……从此一门心思做自己的业务。

自从那位帅经理到来后，公司里的美女除了业务上的明争，还有对总经理争着献媚的暗斗。女子以内敛文雅含蓄为美似乎已被时代所不屑，现如今的女孩一个个毫无忌讳火辣辣地施展和比拼着自己的骚劲，以此展现自己迷人的魅力。只有林馨不去凑这种热闹。

林馨不是那种让男人看一眼就爱上的女人，她不具耀眼的美貌和媚惑男人的魔鬼身材。也许是从小就知道自己不够完美，于是林馨在成长过程中更加注重个性的磨砺与内心的修为。她坚信相貌是父母给的，但气质却是自己给自己的。林馨的公司是一个大型的房产公司，林馨负责售楼业务，身边全是貌美如花的姐妹。林馨在那帮肆意张扬自己风骚的姐妹群中就像只丑小鸭。当然她也不是出奇的丑，只是，她相貌平平，加上不善张扬自己，所以很少得到众男人的宠爱。

像和她隔间的好友小K就很得宠，想吃什么零食朝男同事发声嗲，于是就有人从22楼跑下一楼的糕点店去为她买。但林馨从不跟办公室的男同胞发嗲，她觉得能发出这种声音的应该不是这在种场所，也不是随便朝哪个男人都可以发出来的 。

公司为庆贺新楼盘的开张，举行庆祝晚宴，一帮美女趁着这机会，不断想着法子接近那位帅得让人心颤的经理。因为有消息人士透露，那绝对是个优质股的王老五。尽管公司有明文规定不许搞什么办公室恋情，但很多女孩子都明知故犯。如真能钓到金龟婿，她们才不管你公司的什么规定呢！

男人追求地位比自己高的女人总是不合规矩，但反过来女孩火热地追求着地位比自己高很多的男人却是天经地义的。

晚宴上女孩子们唧唧喳喳地围着那个帅男人转，要跟他斗酒，要拉他唱歌，在这种场合，没有职位层次的分级，只有男人跟女人之分。

林馨却像个旁观者远远看着他们，林馨觉得那个男人离自己很远。倒不是她没对他动过心思，整天待在公司里拼命干活，根本没机会接触别的男人，而公司里优秀的男人不多，像帅经理那样魅力逼人、气场超强的男人自然也让她想入非非过的，但林馨觉得自己没实力跟其他的女孩竞争，毕竟这种东西也不是单方面的。他怎么可能撇开众美女独独钟情于自己？凭什么？就凭自己看见过他最窘迫的那一幕？那岂不是天大的笑话?！

可是，非常出乎意料地，那个男人在大家的嚷嚷声中，拿着酒杯朝她走来，举杯向她敬酒，这是今晚他唯一主动敬酒的人。众姐妹看她的眼神意外中充满了艳羡和妒忌。

林馨平静地站起来，倒了杯饮料，"我用饮料代酒……"

男人扶着她的手，"不行，我喝酒你喝饮料？你太不够意思了……"

在这城市里，酒文化深入人心，一般都是下级给上级敬酒，现在作为上级经理给做下级的她敬酒，她居然只是用饮料代酒，也太不给面子了！那帮原来不停地起哄的骚女孩儿都屏住呼吸要看好戏……

林馨缓缓拿开男人的手，气定神闲地看着男人，"有绅士风度的男人是从不强迫女人喝酒的，因为那样不礼貌。"说着把杯中的饮料一饮而尽。然后带着挑衅的目光看着他，同时示意着手中的杯已空……

男人在她挑衅的目光中把手中的酒喝下，边喝边看着她，目光复杂……

林馨心里有些乱，他在想什么呢？想那天跟自己第一次见面的情景？那天以后，林馨在公司跟他见过几次面，除了点头打招呼，从没出过声。

渐渐地，帅男人严厉的管理手段和雷厉风行的作风以及毫不留情地对有过错的手下进行处罚训斥，让那些变着法子要靠近他的女职员们望而却步。

帅经理上任不久就注意到公司里长相最不起眼的林馨，因为她的业绩远远超过了那帮美女同事，在售楼部她是个领军人物。其实也不奇怪，有谁会拿着一辈子的积蓄来只看美女的面孔就下订单买房子的？所以，售楼的她们单有美貌还不够，还得有实力。而林馨就是凭着自己的实力，为公司售出了很多的楼房。

林馨看起来平实善良的相貌，对楼盘潜在优势深入浅出的介绍，在为顾客挑选楼房时以人文关怀的角度完全替对方考虑的作为让她赢得了很多的客户。

于是，那位很帅的经理个别找她和跟她一起应酬顾客的机会也就多了起来。可是每次，穿着职业装的林馨总是礼貌而客气，连玩笑也不敢开。

渐渐地，男人对她表示出好感，很露骨地照顾她，在应酬宴上为她挡酒，为她说好话。甚至有一次男人跟她开玩笑：你说这缘分是不是天定的？你说我平时都是那么完美的形象，怎么二十几年才有的第一次裤链门事件就被你揭发了呢？

林馨却是一副茫然的样子：我没揭发过你什么裤链门事件啊，你是不是记错人了？林馨在他面前否定了那次别有韵味的初次相遇，林馨不想这事横在他们两人之间。

男人读懂了林馨的眼神，自嘲地笑，“我记错人了……哈哈。”

帅男人对林馨的好感林馨早就感应到了，但她却不敢应和。不是觉得自己不够漂亮而自卑，也不是她看不上这男人，更不会害怕公司的那些混账条文不许搞什么办公室恋情。她是怕自己，她太清楚自己了，不爱则已，一旦爱上，她就很难控制自己的疯狂，所以她必须把自己的情感控制在萌芽状态之中。在没有把握的情况之下，她是不敢随便把自己的感情托付给别人的，更何况这男人还是自己的领导，一旦出什么差错，连饭碗也难保了。那多划不来呀！

好几次，看着帅男人对自己燃烧着激情的眼眸，林馨都有投怀送抱的冲动，但最终都忍住了。他们依然平静相处，相安无事地一起见客户一起开会一起吃饭……

时间一晃一年多过去。

由于他们部门业绩突出，公司给帅男人跟林馨为期四十五天的到外地参观学习的机会。

在飞机上，帅男人在帮林馨戴耳机看电影的时候，有意无意用宽大的手掌轻轻抚摸了一下林馨光洁细腻的脖子，林馨立即满脸绯红，那种强烈的反应让她自己都觉得非常不好意思。

帅经理突然偏头对她耳语：“跟你谈恋爱，一定能醉死人……”

一听这话，林馨的脸更加红，像朵怒放的牡丹！

男人火辣辣的目光看着身边的姑娘，满是欣赏和神往。他一把扯下林馨的耳机，“别看了，跟我说说话。”

林馨低着头，不敢看他，“说什么……”

男人靠近她，“告诉我，你心目中的另一半是什么样的男人？”

林馨醉人的声音，“有爱的能力，他很爱我就可以。”

男人愣了愣，问她：“怎么样才算很爱？”

林馨突然抬起头来看他，柔情缱绻地说：“就像我爱他那样爱我就行……”

林馨妩媚的眼神波涛暗涌，脸上醉人的气息差点让男人失控地把她搂在怀里告诉她他很爱很爱她，甚至比她爱自己更加爱她！可他忍住了。大把的机会啊！四十五天呢。男人的脸上露出得意而幸福的笑意。林馨在他面前如此柔情还是第一次，她给他传递了非常特别的信息，他捕捉到了，那是爱的信息！

到达目的地，两人把行李往房间一丢，便像逃出笼子的小鸟欢快地满大街乱逛。平时的工作实在太紧张了，难得如此轻松地玩啊！而且是跟自己心仪已久的人在一起。其实，林馨早就读懂了男人平时看自己的目光，他那样坚决地拒绝着众美女的纠缠佐证着他是个好男人，在爱情方面敢负责敢担当而不是花花公子哥儿。现在这样的男人比国宝大熊猫还稀少呢。她是多么地渴望着这个男人的爱情啊，没想到公司居然公派他们出差，而且是四十五天的时间！

在街上男人很自然地牵着林馨的小手，林馨没有拒绝，两人都沉醉在别样的激动之中。

走过服装行的时候，男人拉着她走进去，“我要买几条裙子给你，我不喜欢你穿职业装。”

“好，听你的……”林馨的脸上始终带着羞涩和幸福的红晕。

林馨从换衣间穿着他挑的一条时尚白连衣裙走出来，立即从丑小鸭变成白天鹅。男人惊喜的目光看着她，绯红白嫩的圆脸，羞涩的眼神，高挑柔美的身子凹凸有致。原来平时穿着古板的她穿起裙子竟这般的美丽！

男人忍不住当着售货员的面就走过去拥抱她，“你太美了，就要这件！出差在外面的日子，不许你穿职业装了，你要天天穿裙子，多买两条裙子……”

从街上回到宾馆，本来是各自开着房间的，但男人却走进了林馨的房间里，门关上的刹那，两人就紧紧地拥抱在一起。

林馨温情、缠绵而火热……林馨这种蕴藏已久终于爆发的情感如一锅慢火煲了很久的靓汤，芳香四溢且营养丰富。这让在职场上历经风雨的帅男人备加的珍爱和激动，他紧紧地抱着怀抱中的林馨几乎是狠狠地说：你是个闷骚的女人！你让我痴狂！

是啊，林馨的情感之树根基雄厚，情感之花却不易开，一旦开放，花期长且花香浓郁。而且单独对着自己开放，哪个稳重的男人俘获这类女人的情感时没有成就感？

其实，很多自视甚高的好男人都喜欢闷骚的女人。闷骚的情怀，蛰伏在女人体内，假寐、积蓄、含而不露、欲语还休，时机成熟就会自动唤醒，暗香浮动、浅吟低唱、春光乍泄。闷骚的气息，不是“夏奈尔”也不是“毒药”，而是冷香丸的药草仙灵、刚离衣橱的时装溢散的印度薰香。闷骚，是一种迂回的性感、婉转的风流、潜隐的诱惑、暧昧的情致、朦胧的渴望，足以令人意乱神迷、魂不守舍。

闷骚女人，不是那种美得让人目瞪口呆的漂亮，也不一定有黄金分割的魔鬼身材。她们仰仗的是比标准美女更高超的技艺和更迷人的天赋灵感。而林馨，就属于此类女人。

一个半月的学习结束，帅男人做出要跟林馨结婚的决定。他害怕这个把自己的魂魄勾走的女孩会被别人抢去，所以，他打算马上结婚。因为他等这样的闷骚女已经等很久了，终于遇上，当然不放过。

匆忙转身时，回头看看

相爱容易相处难。当你匆忙转身，回头看看，多想对方的好，给对方一个机会，也给自己多一个机会。

没什么比两情相悦更让我们备感幸福的事儿了，花前月下，卿卿我我，你和他几箩筐的浪漫故事都装不完。然而，当你们真正朝夕相处，耳鬓厮磨……不一样的生活习惯和个性一定会让你们的浪漫大打折扣。这时候的你该如何面对?

奔奔和美美是一对南北组合。他们都已过了做梦和爱情是一切的年龄。兜兜转转之中，他们都非常理智地想选个可以过一辈子的伴侣。可当两人在网上相遇，爱情的滋味依然让他俩不顾一切奔向对方。

美美在一个南方的小城，一毕业就被父母安排在一家事业单位做文员。奔奔在北京一外资公司做高管。两人最初在网上认识，开始只是普通的网友随意地聊天，渐渐他们有了感情，开始视频聊天，聊着聊着，两人便滋生出缠绵的情愫，那种灵魂相通的愉悦让他们每每上网都难舍难分……奔奔说我请假去看你。美美说，不，还是我去看你，我还没去过北京呢，我要去看升旗，那可是我非常向往的城市啊!

“好啊好啊……最好来了不回去了。”奔奔非常兴奋。

其实这也是美美心里的想法。凭着在网上对这男人的感知和认识，她打算嫁给他。网络虽然虚幻，但也有真实的一面。美美知道怎么辨别虚幻和真实，知道怎么去辨别别人对她情感的真假。

当然，她不能把自己的想法告诉亲朋好友，在这么虚幻的网络世界，她居然打算嫁个还未谋面的男人！说出来除了吓死父母，朋友们一定也会把她强制送进精神病院的！要单独去会见网友，父母知道了肯定也不会让她出门。所以，她只说她要公休假，外出旅游。当然，美美也很理智，打算归打算，嫁不嫁这男人得见了面才能确定。

美美在机场见到奔奔的一刹那，感觉好像他们早就认识了三百年，彼此的感觉亲密而甜美。那天奔奔跟朋友借了辆车去接她，一上车，奔奔就坦诚告诉她：车是朋友的，他还没钱买车，他攒的钱，都拿来交房子的首付了。美美笑道：你其实不用借车，坐巴士来接我就可以啊，我再跟你坐巴士回去，优哉游哉的，多自由。跟人家借车多麻烦呀！

美美真不在乎这个男人有没有车，当时的感觉是，只要能跟这男人在一起，骑个自行车也浪漫和幸福……

奔奔没想到已经三十岁的美美居然还像十几岁的女孩那么单纯天真，美美的淳朴和柔情让奔奔既痴迷又感动。奔奔对她的爱，比网络上的那份依恋更加强烈起来，一见面两人就如胶似漆、难分难舍。

奔奔也请假专门陪她。陪她看升旗，陪她登长城，陪她逛故宫，两人玩得很尽兴。唯一让美美觉得遗憾的是，她好像不是很适应北方的气候和饮食，而且，奔奔似乎在生活上好像也没她想象中会照顾她。奔奔餐餐都要吃面食，可是美美更喜欢大米饭，虽然吃得不多，但她的胃每天都要吃一点米饭才舒服。在家乡的时候，美美也吃面食，但那是早餐，要一日三餐吃面食她就不是很舒服了。

可是奔奔总是不在意地劝她，“面食比大米更有营养，吃面食好。”

美美于是勉强吃一点儿，餐后就找零食和水果吃。除了饮食上奔奔不是很照顾她，别的还算是很体贴的，特别是他们缠绵的时候，奔奔总能让她尽享女人的幸福和快感，这让美美忘掉了那小小的饮食不习惯。

很快，美美的公休假结束了。奔奔非常缠绵地拥着她，“别回去了，在北京找个工作，就算暂时找不到，我也能养活你。”

其实，自从他们见面的那天起，奔奔就说要娶她为妻，奔奔说，她就是他等了三十二年的那个人。其实美美也是第一次这么爱一个男人。但是，毕竟才相处十几天啊，一辈子的婚姻啊，万一结婚有什么变化，自己固定的工作没了，又远离亲朋好友的……美美不敢轻率答应，也不敢贸然拒绝。于是美美想出了一折中的办法，她凭着平时跟领导不错的关系，多请了三个月的病假。领导答应了，说以后补拿病假单回来就行。父母那边美美随便撒了个谎。于是美美又可以跟奔奔多待三个月了。

美美想，能不能在一起，三个月也够了。

奔奔很高兴，开始为美美找工作，美美也开始奔波着找工作。美美三十岁，但看起来比实际年龄年轻很多，外形也很不错，加上办公软件的熟练使用，很快就找到了一份文员的工作，工作比较辛苦，但工资并不高。勉强够自己一个月的伙食费，但美美还是很高兴。中午这餐，他们都在自己的公司里解决。晚上才回家吃饭，如果是美美先回到家，美美就自己煮点米饭然后给奔奔煮面条，那菜则按奔奔的口味去煮。如果是奔奔先回家，奔奔却从来不帮她煮米饭的，就煮一大锅的面条，把所有的菜也放进去，而且，味道很重。奔奔会吃得津津有味的，但美美却很难咽得下，然而奔奔似乎并没有什么反应。这让美美心里渐渐不舒服起来。

渐渐地，美美发觉还不仅仅是饮食不习惯，刚来那十来天奔奔还显得挺勤快的，可是，现在跟她熟络了，很多东西就不掩饰了。比如，奔奔不爱洗澡，不太在乎她的感受，生活上不够体贴，这些都让美美刚来时的热情慢慢降温。其实，美美还没来北京的时候，就曾有不少网友和女伴跟她说过，北方的男人不好，不爱讲卫生，而且很多人很自私，只顾自己，没有我们南方的男人细腻会体贴女人，原来真是这样的啊！

美美来的第二个月，秋风起了，美美觉得很难适应。皮肤干燥得要爆裂，喉咙发痒，眼睛充血。那天美美感觉特别不舒服，下班回到家后，就不想动了。于是，美美给奔奔打电话说："我好像重感冒了，你快点回来吧，给我煮点肉稀饭，我中午还没吃东西呢！"

可奔奔却在电话那头说："我今晚有应酬，你随便到街上买点东西吃吧。我要很晚才能回家呢！"

美美一听眼泪水就出来了。他什么应酬比我的身体还重要啊？自己大老远从南方跑到北方来看他，平时都是自己迁就他。来这么久了，就出声求他一次，他还这么无情地拒绝自己啊！

美美胡乱吃了点东西就躺在床上，越想越伤心。还说要嫁给他呢，现在还什么都不是，都对自己这样了，哪天真成他老婆了，他更加不当自己是一回事啊！

满腹委屈的美美一边怨恨着奔奔，一边等着奔奔回来抚慰她。12 点过，奔奔才醉醺醺回来，连澡也不洗就倒在床上。还有点力的奔奔想爬到美美的身上，那一刻，美美突然对这男人厌恶又愤怒，美美狠狠地把奔奔给推开……

被推开的奔奔不到半分钟就呼呼睡了过去。

身体不舒服、情绪极度低落的美美几乎一夜无眠。天亮的时候，她最终给这男人下结论：这不是她要嫁的男人。这男人太不懂得珍惜她了！

美美庆幸当初没听他的话辞掉自己的工作。美美决定回自己的家乡上班，这个美丽的大都市实在太不适合自己了。决定要离开，美美的心里还是很痛苦的，想当初，没见面的时候他就是她所有的希望，每天都在网上倾诉衷肠，虽未谋面，但他们在网上恋了整整两年半啊。那时候孤独的她心里有什么话都跟他说，让他分担自己的痛苦，分享自己的快乐。他已经是她的精神支柱，是她生活的全部，现在，她就要离开他了。随着自己的离开，所有的一切都结束了。

疼痛的感觉于是越来越明显，她也明白自己还是爱着这男人的，不然就不会这么痛苦。但美美也很清醒：生活中，仅仅有爱情还是不够的，爱情很快变淡，剩下的，就是两人的不习惯了。来到这里，自己感觉就好像来到了陌生的国家，美美觉得环境和人都差异太大了，实在适应不了。

想到这，美美爬起来准备收拾东西去坐火车。来的时候，奔奔说不想忍受等待她的那份煎熬，要她不要坐火车，因为坐火车要一天半的时间。奔奔要她乘飞机来，还特意给她汇了买机票的钱。

现在没人在等自己，没人在意自己要坐多长时间的车了，反正她不赶时间，省点钱吧！美美一边收拾着自己的东西，一边想着。

美美起床收拾东西的声音惊动了奔奔。奔奔没有睁开眼，朝美美呢喃着：“亲爱的，今天周末，不许这么早起的……”

见美美没出声，奔奔干脆爬起来一把抓住美美的手就要往床上拉，被美美狠狠地甩开。

这下子奔奔完全清醒了。一向温顺柔情的美美可是从没有这种动作的。

奔奔站到美美的身边，“亲爱的，你怎么起这么早？是不是昨晚我回来晚了，你在生我的气？”

美美不出声，委屈的泪水在眼里打转，她控制着自己。

奔奔在身后伸出手揽住她的腰，“亲爱的，别生我的气嘛，我爱你，我可从没有这么爱一个女人，我们真是有缘千里来相会呢！”

“可是，我们有缘没分，我打算今天就离开你，回家乡上班。”美美的声音冷漠而委屈。

奔奔身子一震，激动地把美美的身子转过来，“为什么？不是说好不回去，要在这里工作的吗？”

美美的泪水掉了下来，“不在。我讨厌这个城市，一点亲切感都没有，上班的地方每个人都戴着假面具，我没有一个朋友，这里的空气又让我难受……”

“可是有我啊！”奔奔突然失控地抱住美美，“你这么说让我心慌得难受，你不要离开我好不好?”

美美又委屈又伤心，“可是在我需要你的时候，你在哪儿呢? 有你还不等于没有?”

奔奔焦急地说：“亲爱的，这次是我拉的一个大单，我得应酬他们，我在想办法挣我们结婚用的钱呢，我不是有意要冷落你啊!”

“就算你没有应酬，你平时也没有体贴和照顾我。”反正准备离开了，美美可不想把话憋在心里。

“亲爱的，我很久不谈恋爱了，一直都一个人生活着，可能我真的做得不够，你要教我怎么做你才高兴，好不好? 告诉我，我应该怎么做，我一定听你的话。我真的很爱你……”

美美的委屈劲还没过，她还在伤心，“反正我就不想在这里，我要回我家乡，北京有什么好? 经常有雾霾，车多人多，天热热死人天冷冷死人，不是生活的地方。还是我的家乡好，气候滋润，一年四季花香扑鼻，树木葱茏，草坪如茵，比这里好多了。”

奔奔放开美美，伤心地说：“如果你真要离开，我是不能强迫你留下来的，但我一定很伤心……”说着，奔奔哽咽起来。

美美其实也很不舍，但又怕跟这男人以后委屈的永远是自己。美美赌气地说：“我不伤心，因为我发现你除了在床上爱我，下了床，你就不爱我了。如果你真爱我，你一定很宠我，生活上会很照顾我，但我发现你一点都不迁就我，也不照顾我，都是我迁就和照顾你! 你看我每次煮东西，都按你的口味煮，但我要吃大米饭，你就从来不给我煮。”

“原来是为这么小的事情啊!”奔奔惊讶地用泪眼望着美美。

美美一听这话，由委屈变成愤怒，“你认为是小事情? 我可不觉得是小事，我每天都要吃饭，得有饭吃了我才能活命! 这是最基本的! 我不认为是小事情! 我说我病了，你一个人在外面吃吃喝喝，也许身边还有美女陪着你，我自己一个人在家待着，你不闻不问，一个电话都没有! 回来了也没问我身体怎么样了! 你也觉得这是小事情吗? 你也太自私了吧? 其实你并不爱我，你只是想讨个老婆，讨个爱你的女人做你的老婆罢了!”

美美淋漓尽致地发泄完转身拣自己的东西。美美决定马上去买车票，马上离开这里。她一刻都不想跟这男人在一起了，她要快刀斩乱麻!

奔奔愣了很久，他没有阻止美美，只是呆呆地看着美美拣自己的东西。看美美拣得差不多，奔奔也拿出行李袋简单拣几件衣服，看美美出门，奔奔也跟着出门。

美美又气又疑惑，“我回家你跟着干吗?”

个子高大的奔奔站在美美面前像个无助的小孩，“我跟你回去!”

美美转身去找出租车，她才不信他会跟他走。他那么爱他的工作，连她感冒了都不管了，他能有时间跟她走?

美美上出租车，奔奔也跟着上去。美美知道他不过做做样子，但美美决定今天就回去，才不管他跟不跟呢!

“我那地方可没有面食给你吃!”美美没好气地说。

“有你在身边，我吃什么都行啊，当然，不能吃毒药，你可不能给我下毒。”奔奔说。

美美知道奔奔是想哄她留下来，尽管她已经有些心软，但想到以后什么都要迁就这男人，美美的心又硬了。她不再出声，她跟自己打赌。如果到车站还有票，她就回去。

到了售票处，奔奔抢着把头伸进窗口问:“要两张到南宁的软卧，还有票吗?”

“软卧没有了，硬卧的要不要?”售票员问。

奔奔问美美:“要不要?”

美美看奔奔真要下决心跟自己回去，突然就变得慎重了。她退了回来。

美美想，如果这男人不合适自己，让他跟回去不是自找麻烦吗?自己这次来赴约，所有的人都不知道，他要跟自己回去，哪天跟他不成自己都不用嫁出去了!自己年纪也不小了，她可折腾不起。

美美说:“你跟我回去有什么意思?我不需要你送我回去。”

奔奔拉着美美的手，“不管我有什么让你不满的地方，但有一点，请你相信我:我真的爱你，我觉得只要有爱，什么困难都难不倒我们的，你说呢?”

美美的心，渐渐变得柔软，“你跟我回去，你的工作怎么办?”

奔奔拥着美美，“不管了，对我来说，你比工作更重要。工作可以随时找，遇上自己的最爱，也许一生只能有一次，我怎能轻易放弃你?也许在你看来，我真的有很多缺点。但在我眼里，你一点缺点都没有的，你那么温柔缠绵，体贴我照顾我。我只顾享受你给我的爱而忽略了你的感受……我以后一定改，亲爱的，给我一次机会。”

美美这时候又觉得有些过意不去了，“要不，先不回去了，我怕会影响你工作呢!”

奔奔拥住美美，“没关系。我请几天假，不会有事情，就是少拿点薪水吧。我始终要见岳母岳父嘛，这次送你回去，当是拜见他们吧。我们先买票，然后给他们二老买礼物去……下午才上车，我们还有很多时间呢！”

美美以前谈的几次恋爱，每次一发现对方有些东西让自己不舒服，都非常坚决地立即转身。本来这次她也打算这样的，就当是自己多谈了次恋爱。可美美突然就想着：如果每次都这样急着转身，会不会永远都错过？

于是，这次美美没有像以往那样急着转身。她觉得，也许真该给对方一次机会，其实也是给自己多一次机会。

美美买了两张车票。奔奔先是带她到一家粤味餐馆喝早茶，然后又拉她上街买礼物……”

一直为女儿迟迟没有恋爱结婚而揪心不已的父母突然看到美美带着阳光帅气的奔奔回家，两位老人高兴得合不拢嘴。远在几十公里外的哥哥和嫂子也赶过来了。一家人杀鸡宰鸭的，很是喜庆。奔奔很讨家人的喜欢，这有些出乎美美的意料之外。奔奔确实也很会讨老人的喜欢，除了给父母和哥哥买很多的礼物，一回到家，总是帮父母做这做那，陪父母聊天，逗小侄子玩。好像他早就是他们家的一员，居然一点陌生感都没有。

美美的心情也变得快乐起来。在煮饭菜的时候，美美特别要帮奔奔煮豌面条。奔奔说你干吗要煮面条？是你要吃吗？

美美说我煮给你的啊，你不是不吃大米饭的吗？

奔奔笑嘻嘻地说：“才不呢，不要特别为我煮，你们吃什么我吃什么。其实我喜欢吃大米饭呢，你去北京我总是想让你吃面食，就想让你适应不同的环境。再说吃面食营养好，你偏瘦了，我想让你胖点呢，所以我才故意不煮米饭想让你多吃面食……”

“原来你有目的啊！以为你故意不迁就我呢！”美美捶打奔奔，“你真的能吃米饭？不吃面条?”

“你这里的面条不好吃。还不如吃米饭呢！”奔奔笑，“我去哪儿，就会习惯那里的饮食，换个口味多好啊！我才没你那么娇气，这个不吃那个不吃的，你看你太瘦了……我喜欢杨贵妃，我可不喜欢林黛玉……”

“去你的！”美美幸福地捶打奔奔。

美美没有去上班，天天陪着奔奔在街上逛。一个星期后的晚上，奔奔拥着美美，“这城市虽然小点，但环境还是比较舒适的，真的是很适宜人的居住。如果你不习惯北京的生活，我就回去把房子给卖了，然后到这里发展，看看能做什么。你同意吗?”

奔奔的决定吓美美一跳，她做梦都没想到奔奔会这样肯为她牺牲自己。她知道，他已经在北京闯荡了十几年，才有今天的地位。北京，是他梦想的天堂，他居然为了她而愿意来这么陌生的地方生活!

“不。还是我跟你回北京，这地方太小了，不适宜我们后代的成长。”美美说。

“那你真愿意嫁给我了?”奔奔激动地抱紧美美。

“你都向全世界宣布你是我未婚夫了，你现在是不是打算不要我啊?”美美狠狠地拧奔奔的肩膀。

奔奔吻着美美，“我恨不得现在你就能帮我生个像我这么帅的小子或像你这么漂亮的丫头呢!”

你想得美!美美嘴上骂着，心里却没了恨。她发觉，这男人其实也很疼她很爱她的。只是每次跟男人在一起，一旦发觉对方的缺点她总是无限度去放大，这其实也是她致命的缺点，正是这缺点让她错过了很多的好男生。其实不单别人有缺点，自己也有缺点。不断地走马观花最终只会落个竹篮打水一场空的下场!

美美暗暗发誓：一定要改掉自己的臭毛病，宽容别人也就等于宽容自己啊!

一个星期后，美美跟着奔奔回到北京，两人很快结婚。

一年之后，美美生了对龙凤胎。奔奔自己经营的公司也开始盈利，不管奔奔工作多忙，每星期奔奔都会抽空带她跟孩子去玩，夫妻俩尽享天伦之乐……

生活中依然有磕磕碰碰，但美美已经学会淡化生活中奔奔做得不够的地方，多想他好的那一面。拥有了这种胸襟和习惯，美美的幸福感总是满满当当的。

多年过去，过着幸福生活的美美想起当年如果急着转身，自己一定就不会有今天的幸福生活了。

相爱容易相处难。当你匆忙转身，回头看看，多想对方的好，给对方一个机会，也给自己多一个机会。

爱情，经不起折腾

基督教《爱的颂歌》这样唱道：爱是恒久忍耐又有恩慈，爱是不妒嫉；爱是不自夸、不张狂，不做害羞的事，不求自己的益处，不轻易发怒；不计较人家的恶，不喜欢不义只喜欢真理。凡事包容，凡事相信，凡事盼望；凡事忍耐，凡事要忍耐。爱是永不止息……

这说的是人间大爱，但也同样适用于爱情。

爱情，是多么的美好！如果你在对的时间里遇上对的人，那你的青春你的爱情更是锦上添花，炫耀着你的人生。

然而很多恋爱中的女生偏偏不懂得享受爱情，总是无端地给自己找罪受。

娟娟跟子强同居已有两年多了，两人都痴爱着对方。也许，越是爱，越是怕失去吧，娟娟总是患得患失。

娟娟总觉得子强没有刚开始追求她时对她上心了。那时候，她的喜怒哀乐，他是那样的敏感，可现在，他总是对自己熟视无睹。这不，假日特意陪他到一百多公里外他非常感兴趣的岩洞玩，一到目的地，他似乎忘记了身边的她，而是黏在年轻漂亮的女导游身边，问这问那，让人觉得他不是带女朋友来旅游，而是专程追导游来了。

娟娟想着刚刚谈恋爱的时候，他们去哪儿玩两人的手都像生在一起，谁也不离开谁。他甚至在她走累的时候，不顾众目睽睽，背着她走，一走就是上百米也不会歇气。可现在，才在一起两年多，他就不再宠自己了，别说背着她走了，就是现在她落在队伍的后面，就是她失踪，他也觉察不到也不再关心了，因为他对那个有着鹦鹉般美丽嗓音的导游正着迷呢！

不过才两年啊，他再也不爱自己了，他一定厌倦自己了。娟娟越想越伤感，于是，在出了岩洞再进第二个洞口的时候，娟娟索性不走了。

导游发现她落在了后面就朝她喊："快跟上队伍！"

听到导游的声音子强才回头看到坐在石头上不走的娟娟，急忙跑过来拉着她，"亲爱的，这岩洞太好玩了，快点走啊！"

“不走！我觉得一点都不好玩！”娟娟气呼呼地说。

子强拉着娟娟的手，“走吧，大家都等着我们呢！”

娟娟狠狠地挣脱他的手，“要走你自己走！反正有人等着你！”娟娟说罢朝出口大门走去……

子强跟在身边，有些气恼地说：“你又哪根筋不对了？出门还好好的，你的脾气怎么说来就来呢？三个岩洞还有两个没看呢，都花了钱的。你到底怎么回事?!”

娟娟站住，感觉气闷胸堵，“我又没拦你！你爱看你自己去看好了，反正我没兴趣。我本来是想跟自己喜欢的男人出来散散心，可是我喜欢的男人根本不在我身边，他在别的女人身边，我有什么玩头？你觉得有意思吗？你觉得有意思你就自己继续玩吧！反正我回去了……”

这时候，子强才意识到自己冷落她了，急忙抱住她安慰，“亲爱的，我就是太想了解这几个岩洞的历史了，所以我才跟在导游身边，听她讲解。听说，后面那两个岩洞当年都住过土匪，里面还有城堡呢，回去我要写游记的。所以我想听导游讲解啊，离她远了就听不清楚了，今天的游客特别多呢！”

“除了我，你对什么都感兴趣。反正有我没我都一样，你继续玩吧，我先回去了……”娟娟说着，径直朝来路走回去。

出门时高高兴兴，回来的时候，大家都黑着脸，生着闷气。娟娟越想越委屈：两人出门去玩，他理都不理自己，极力去讨好美女导游，当她不存在呢！

子强也越想越窝火：好不容易有此机会去游他喜欢的溶洞，明知道自己喜欢这种岩洞的，她跟近点，跟在自己身边不就行啊？好好的一次旅游行程，就这样被她给毁了！老这样莫名其妙地吃干醋，还要不要人活了?!

两人谁也不让谁，一个等着哄，一个拧着脖子不肯妥协。

回到家里的娟娟不吃不喝，可就是等不来他的道歉。娟娟想着以前自己一生气，身边的男人总是像哄三岁小孩一样哄着自己。那时候，他是多么的爱自己，现在，他再也不爱自己了。现在还没结婚呢，他都这样子了，以后结了婚，还有几十年，这日子怎么过？

娟娟越往深处想，眼泪就忍不住地往外冒。委屈的娟娟开始收拾自己的行李。其实，娟娟就是要这个行动给子强以最后的抗议，可子强好像铁了心，就是不理她。

子强也正在气头上，他就想不明白：女人干吗这么麻烦？总是一点点的小事情就这样闹，没完没了！烦不烦？要一辈子都这样，还不如自己一个人过呢！走就走吧！

娟娟一边哭一边拿着行李离开了子强。

可是走出家门，娟娟才明白，离开了子强，她更加的难过。就是跟死党闺蜜出去happy，她也满脑子都是子强，怎么也快乐不起来。想起子强的种种好处，又开始后悔自己一生气就离家出走了，可是一想起子强对自己的态度，又怨恨起这个男人来。于是，娟娟就在这种爱恨交织中度日如年，直到子强来接她回去。

回到家里，两人恩爱了一段日子，娟娟又故伎重演了，原因是子强在她生闷气的时候没有哄她。他们就这样分分合合，娟娟想着两人在一起的日子，吵架和不快乐似乎比快乐多了很多，可是，大家谁也不愿意放弃这份感情。每次吵架，分开一段日子后，两人又在一起了。

可是不久，他们又吵架了，那时候已经是凌晨12点了，仅仅因为电视剧里的一个情节，是娟娟拉着子强陪自己看的。剧情讲的也是一对年轻人，老是因为一点点小事情吵架、生闷气。子强就有所指地说：“其实，那女孩这么闹，这男的始终有一天会离开的，太累人了！”

娟娟觉得子强是说给自己听的，于是说：“你是不是开始烦我了？不想要我了？”

子强说不是，我在说电视里的人！

娟娟不依不饶，“你含沙射影，你就是烦我了，你就是不愿意再宠我了，你说过要宠我一辈子的，可是，你现在已经开始烦我了……”

“很晚了，我不跟你吵了，我要睡了。”于是子强转身回房去睡了。

回到子强身边的娟娟却怎么也睡不着，她故意翻来覆去的，等着子强来哄她。子强就是不理她，而且居然发出了鼾声。

伤心的娟娟再一次出走，不一样的是，这次她是半夜里走出家门的。这个时候，朋友都睡着了，她不敢去打扰人家，半夜里到宾馆去划不来，房费太贵了。她的家人不在这里，两年前她就是从别的城市投靠自己的男朋友子强来的。她没有自己的住处，平时她出走，总是去跟自己好的女伴那里。现在，她走出来后，只能在小区下面的凉亭里徘徊，她要等他醒过来，等他醒过来看他出不出来找自己。如果他半夜醒来不出来找自己，她这次就决定离开他。

可是，娟娟一直等着，就是等不来子强出门找他。那是个寒冬之夜，穿着太空服的她也无法抵挡寒气的侵袭，她坐在凉亭冰冷的角落里，望着他家的窗口，期盼着那一扇窗突然亮起灯来，只要子强下楼来，她就跟他上去，不会再像以往让他苦苦哀求。然而，那一扇窗口，直到天亮也没有灯亮。因为子强一上床，就一觉睡到天大亮。

这次娟娟决定要离开子强。无论子强如何解释，她就是觉得这个男人不再爱自己了。一个爱自己的男人，不可能面对还在生自己气的恋人酣然大睡的，他那晚的表现，只有两种：要么他已经非常不在乎她，真的睡着了。要么就是他根本没睡着，但对她的出走已经不在乎，不愿意再管她的死活。总之，无论是哪种，也都只有一个理由：他不在乎她，不爱她了！

娟娟在恼怒和痛苦中结束了这段感情，以一种凛然的姿态。可心里，却是疼痛难忍的。

为了减轻这份失恋的痛苦，娟娟很快又投到另一个男人的怀抱。然而，娟娟无法忘记子强，她强迫自己忘记子强，但梗在心里的那根刺总是不经意就会刺得她心里生疼。

不久，闺蜜给她打电话，说是子强要她转告她拿身份证去办理退预支的房产手续费。

娟娟诧异道：“我没买过什么房子，退什么房啊？”

闺蜜说，不知道，反正他让我转告你。说要尽快去办理，不然过期了。

娟娟去了才知道，子强在半年前拿她的身份证去预定了一套房子，已经交了3万块钱的定金，现在工程竣工要交首期款了。但娟娟已经离开，他当然要退了。

子强说，每次吵架，娟娟总是离家出走，所以他打算，买房子的时候，他就用她的名字买，这样，再吵架的时候，她就不会离家出走了，因为房子是她的。要走也应该是他走，是他把她叫来的这个城市，他发誓要守护她一辈子的，他是永远都不会走掉的。可现在她却走了。

娟娟听得泪流满面，原来这个男人始终都是那么在乎她。现在的社会有多少个男人把终身的积蓄用来买房子的时候，会写上还没结婚的女人的名字？

娟娟哭得不行，想再回到子强的身边，但子强断然拒绝。他不会再接受已投他人怀抱的娟娟。他恨她，要办理这个手续，他甚至让别人给她打的电话，他甚至不愿意直接再跟她打交道。

娟娟这才明白：是她自己残忍地扔掉了自己一生中的最爱。

其实很多女孩都会有着与娟娟一样的经历：爱在其中之时，不懂珍惜，失去时才痛心疾首。两人在一起，总是吵架，过后回想起，都是那样微不足道的小事情。爱情，本来是多么美好的东西啊，如果在一起的时候，好好享受那份在一起的幸福和快乐，就算哪天要分开，留给对方的，都是美好的回忆，为什么在一起的时候非要相互折腾呢?

基督教《爱的颂歌》这样唱道：爱是恒久忍耐又有恩慈，爱是不妒忌；爱是不自夸、不张狂，不做害羞的事，不求自己的益处，不轻易发怒；不计较人家的恶，不喜欢不义只喜欢真理。凡事包容，凡事相信，凡事盼望；凡事忍耐，凡事要忍耐。爱是永不止息……

这说的是人间大爱，但也同样适用于爱情。

坚持美好，幸福不找自来

此刻的方芳幸福而充实。当然，人生之路还很长，很多未知的困难还会出现。但方芳坚信：只要自己内心永远有份美好的追求，幸福之神就会垂青自己的。

方芳从小家境宽裕，貌美人聪慧。高考时方芳以优异的成绩进了名牌大学，学的是国际金融专业，大学毕业又读研究生。本来像她这样的美才女可以找份舒适的工作，好好享受人生。但方芳还在学校时就发誓：绝不让自己学到的技能让富人更富，她要帮助穷人，她要自己创业。

走出社会的方芳发誓要为拉近贫富之间的距离出份微薄之力，她要找份可以帮助弱势群体的事业当成自己终生的事业。

可是，能做什么呢？刚从学校走入社会的方芳一片茫然。于是，方芳背着行囊，到全国各地去考察。

方芳出生于深圳，长大了到北京读书。这两个城市是中国文化和金融的前沿城市，方芳几乎没怎么接触社会和了解人间的疾苦。而这次独自一人游走，方芳才知道自己的国家原来还有那么多贫困的人、那么多贫困的地方。每当走到一些贫穷的村落或草原，方芳都很震撼，有些村民或牧民，辛苦一年甚至都拿不到一千块人民币的收入。走到那些地方，方芳很辛苦，但方芳想自己很快就可以坐车坐飞机离开，可是，他们却世世代代都在那个地方，外面的文明世界离他们是那么的遥远，很多地方的女孩子甚至不能去学校读书。方芳想到自己一出生就享受着美好的生活，接受最好的教育，自己什么样的机会都有，可她们却没有任何的机会。没有文化的她们过着最低贱的生活……看到那些贫困的人们，方芳心里就很难过。她发誓要用自己的力量去为他们做点事情。

在考查到与自己省份相邻的广西边远山区的时候，一位药物专家的一句话提醒了方芳，也让她生出了自己事业的雏形。

这位药物专家告诉她，其实，那些偏远的山区，有很多珍贵的野生药材和野生动物，但村民却不知道利用那些宝贝。

这次，方芳跟着这位药物专家专门到那些偏僻的山区重新考察。这些山区，山路崎岖，山峰险峻。因为都是石山，泥土少，农民无法种经济作物，所以生活非常贫困，有些家庭几乎年年靠政府的救济才能果腹。可是，这里的人们却纯朴而长寿。方芳走了一圈回来，终于知道该做什么了，她要在广西办个药材加工厂，同时把这个地方很多的长寿食品加工并销售到外面，她要帮助那些贫困的人们。

对，就办一个药材加工厂，把那些珍贵的补药做原材料制成药酒，一些山珍食品进行深加工。野生的原材料可以采几年，采完他们可以种植，现在就可以发动他们一边采野生的一边种植，因为他们有着得天独厚的天然条件。

方芳开口跟父亲借五百万的启动基金。父母一听方芳要去贫困的山区开药厂，坚决反对。不是心疼那笔钱，在深圳做房产生意的他们有的是钱，他们是为女儿担忧。

方芳缠着父亲，“爹地，你就让女儿做点自己想做的事情吧！”

经不住方芳的缠磨，父亲终于答应。

尽管方芳做了许多思想准备，在现实面前她还是差点气馁。这地方多数人虽淳朴憨厚，但相应的人的观念很落后，只贪眼前的一点点小利益，不为将来着想，很不配合她的工作。就是简简单单地选个合适的厂址，方芳就面临着重重的阻力。最终还是父亲插手帮她打通各个环节，工厂才能顺利开工。

建厂的初期，方芳非常辛苦，找酿保健酒的师傅，招聘培训管理人员。最辛苦的是跟班熟悉整个生产的工艺流程，自己的工厂，自己肯定要掌握和熟悉。那段日子，每天她几乎只睡两三个小时，有时候在车间忙活累了，躺在车间的地板上就睡过去了……原本娇嫩白皙的她不到半年就晒得又瘦又黑，经常满身的泥土，看起来比村姑还村姑。

两年之后，方芳的工厂走上了正轨，产品开始销往全国各地。当地的村民也因为方芳工厂的存在增加了不少收入。于是按她的要求种植各种药材和采集各种山珍，保证着工厂原材料的供应。方芳实现了和村民的双赢，自己也变成了款姐……

工厂走上正轨后，方芳就不用自己整天待在工厂里了，她高薪聘请了一位厂长，全面管理工厂的生产，自己则把产品推向了市场，经常来往于各个城市……为了出入方便，方芳不再住在偏僻的工厂，而是在城里买了套居室。方芳渐渐也结识了圈内的几位款姐，她们都是非常有背景的人。按年龄，几位款姐还依次排名：大姐二姐三姐……方芳是最小的。

这天刚出差回来，二姐邀她出去吃饭，她高兴地应邀前往，上次保健酒在这城市打市场的时候，二姐可是帮了不少忙，这几位款姐，都是父亲的朋友介绍的，父亲希望女儿在这陌生的城市里有个照应。正因为父亲的出面，这几位款姐对方芳是非常照顾的。

二姐的生意面很广：房产，建材，电梯……

坐在包厢里跟二姐聊天，二姐说，钱都不知道怎么花，现在花钱都觉得没意思了。

方芳笑道："二姐钱多，那就多资助山区的孩子读书吧，那里很多孩子都没钱读书呢！"

"切！那些穷人有什么值得帮的？帮不了的。八年前我还不是很有钱，我资助了贫困山区的三个女孩子读大学。现在，那三个女的都做了别人的二奶，连工作都不做，真是没意思。后来我就不再干这傻事了，既然她们都要做二奶，读那么多书也是浪费钱。那些男人还不希望女人太有知识呢！前两年，商会也组织了一次到山区帮扶的活动，每人要资助几个小孩读书。那天去学校看那些小孩，那些男孩子一个个眼睛滴溜溜的像贼，女孩一个个都是做二奶的料，我坚决不资助他们……"

"哪会个个都不是好人呢……你资助她们，他们会感恩的……我觉得那些村民都挺纯朴的。"方芳觉得二姐看问题实在是太偏激了。

"嗨，不聊这个话题了，懒得说他们了，你怎么样？男朋友在哪里啊？"

二姐这一问，方芳就有些黯然了。在方芳创业的时候，男友还在读博士，那时候是挺支持她的。但男友去年出国后，想法就变了，要方芳也要出国，方芳说自己的事业在这里，不想出去。于是男友说不想再回国了，男友说在外面发展的空间比在国内大得多……所以，这段时间方芳正伤心呢，从大二就开始相恋了，以为可以牵手百年呢，现在却天各一方。方芳明白，他们是没有结果的了。

二姐听了方芳的故事，摆摆手，"你真是年轻，居然还信感情。这年头，感情最不可靠了，最可靠的还是金钱。所以，我们白天要拼命找钱，到了晚上，我们就要拼命享受。不过，不怪你，像你那么年轻的时候，我也是很相信感情的……"

方芳虽然失恋，但还不至于到不相信感情的地步。所以方芳觉得自己跟这位商场老大姐实在是话不投机半句多，她是绝对不认可她的人生哲学的。像她把什么东西都看得这么透，活着还有什么意思？

方芳不再言语。吃完饭，二姐说先去桑拿，然后去按摩，二姐说她都安排好了。刚出差回来的方芳确实感到很累，真是很想让专业人士按摩按摩，舒筋活络，舒服一下。过去出差回来累了，她也经常到小区里的盲人按摩店里按摩。那些盲人按摩师真的很专业，一些小的感冒症状一经按摩很快就消失。她知道很会享受的二姐找的人肯定不差的。方芳希望赶紧脱离二姐的语言环境，听她说话实在压抑。这种应酬不得已而为之。一听说去桑拿方芳就站了起来，“太好了，累死我了，让自己出身汗一定很舒服……”

二姐也站了起来，“死丫头，跟姐出来哪有不舒服的，姐今晚包你比活神仙还舒服……”

桑拿后，换上宽松丝绸服的方芳被一个小伙子带进按摩房。方芳看着四周，疑惑地问：“按摩师呢?”

小伙子带着献媚的微笑说：“我就是啊！”

方芳上了按摩床，心里嘀咕着：这按摩师可真年轻……

然而，方芳很快发觉不对劲。这按摩师的手法实在不怎么样，在她的后背乱按，根本不对穴位，这让曾经让专业按摩师按摩过的方芳非常难受，老觉得周身的骨头酸痛却又得不到缓解还加重了。就在小伙子在她的腰上乱捏的时候，方芳坐了起来，“你按的根本不对位置，你有没有真正去学过人体穴位和按摩的技术?”

小伙子讪笑着看方芳，“别急嘛，我慢慢来，要不，你需要按什么地方，你说，我绝对按得你舒服……”

看着小伙子那脸暧昧的微笑，方芳终于醒悟过来，这小伙子不是什么按摩师，而是传说中的鸭子。

方芳一阵恶心，站了起来，“对不起，你的按摩太不专业了，我不给你小费。”

“不用你给。桃姐已经给过了，她要我今晚好好照顾你，整整一个晚上呢！你就慢慢享受吧……”

他说的桃姐就是二姐。方芳知道在这种地方，只要自己不愿意，男人是不可能强奸自己的，他们会像奴隶一样受自己的指使和使用，不会有自己半丝的自由，所以方芳不会担心这男人对自己做什么。

但方芳讨厌这种男人，感觉他们就是异类。

方芳故作惊诧地转身问小伙子，“一个晚上？享受什么？”

小伙子终于也露出诧异的神色，“难道你是第一次来？第一次也没关系，你会慢慢习惯的，以后，你也会记住我的……我可是这里的招牌……”

方芳好奇地说：“是吗？那你说说你有什么特色？”

“你试试不就知道了吗？”小伙子伸手拉方芳，欲把她往床上抱。方芳打掉他的手，“你给我放尊重点！你别乱动你的狗手！”方芳生起气来。

小伙子吓得不断道歉，“对不起，桃姐让我好好服侍你，我可不敢得罪你。如果你不高兴，你可以打我骂我，你可千万不要跟桃姐说我的服务不好，她可是我们老板的常客和恩人，我们是绝对得罪不起的啊！”

看着眼前一大男人可怜巴巴的样子，方芳心里很不是滋味。

“看你这出息样！做什么不好？做这种事情！你父母真是白养你了！”

小伙子低着头，一副低眉顺眼的可怜样。方芳本想劝这小伙子离开这是非之地，好好找份工作，堂堂正正做人。但看眼前这男人那种已是毫无羞耻之情的神态，方芳突然就觉得自己的幼稚。有需求，便有供给，这是市场的需要，就算今晚能说动这个男人改行从良，还会有一大群像他那样的男宠被女人消费着，自己能管得过来吗？

自己该干什么干什么去好了……

方芳刚一离开娱乐城，二姐就打来了电话，“怎么，人家服务得不周到？这么快就走了？”

“二姐，以后这种地方少去吧，没什么意思的……”芳芳说。

“方芳，反正现在你的男朋友在国外，又不能陪你，那么认真干吗？好好做事，也好好享受生活，凭什么就男人有女人侍候？女人就不能有男人侍候啊？你得改变一下观念，学会享受……”

方芳听着二姐这些话心里特别的不舒服，她没有反驳二姐。反正就是觉得今晚出来应酬让她觉得累觉得压抑，本来想放松一下的，反倒更郁闷和压抑了。

回到家里方芳终于想明白，自己之所以觉得难受就是跟二姐在一起。二姐让她看到了有钱女人的空虚和颓废，本来失恋后心情就沮丧，二姐的那种人生理念更是让自己感到压抑和无聊，难道自己那么辛苦做事业到头来也不相信爱情不相信美好，沦落到二姐那样的地步？她知道还有几位姐妹吸毒养男宠都是很公开的事情。她们目前都还没找到生命中的那一半，有的是已经离了婚的，有的干脆就是不找另一半的。她们的生活荒唐而让人觉得可怕。

方芳突然明白，要远离这种不好的感觉，必须要远离她们！现在，自己做着非常有意义的事业，能帮助村民，带动当地的经济，使无数人脱贫，她是让人敬重的款姐。尽管男朋友不愿再回国，但方芳相信自己一定还会有美好的姻缘。

方芳开始有意地疏远那帮很有背景的款姐。还好，她真正的据点不在她们的身边，找什么借口都不会得罪她们。

方芳一心扑在自己的事业上，不仅把自己的产品销往全国各地，她的山珍产品也开始销往国外。她的产品能到国外源于她大学时认识的一位美国留学生山姆。

回国后的山姆开始只是跟她电话和网络联系。后来，山姆开始在美国帮她宣传中国的长寿食品，同时帮她推广产品。

山姆和方芳的联系多了起来，电话、网络，他们彼此一天比一天更了解对方。山姆知道方芳的男朋友已经去到了美国，山姆说，你也过来吧，我担保你过来。

方芳不屑，“美国就一定是天堂啊？我在这边才好呢，山清水秀，还可以天天吃山珍。这里的很多老人都能活到百岁，有些地方的老人能活到一百二十多岁呢。我哪也不去，没人要我就嫁给这里的大山和老树，永远陪伴他们……”

“那可不行，你嫁给大山，得征得他母亲的同意。”

方芳愣了愣，“大山还有母亲啊？”

山姆哈哈大笑，“那就是我啊！我是山的母亲啊！我不同意你嫁大山，不过我可以同意你嫁给山姆，哈哈。”

方芳有点意外，但很开心，“你什么逻辑啊？”

山姆诚恳地说：“反正你男朋友也不回去了，不如你就嫁给我算了。最多我移民到中国帮你打工……”

方芳也开玩笑，“那你先过来给我看看你够不够格当我的老公。”

“真的啊？那我明天就飞过去！”山姆的声音欢欣雀跃。

方芳在学校的时候对山姆就非常有好感，只是当时已经有男朋友而没别的想法。

山姆说来就来。半个月后，山姆终于来到方芳的身边。

高大威武的山姆对娇小的方芳非常佩服。山姆说，方芳可以过上更好的生活，但却为那样的一份事业而生活在大山里。山姆发现，方芳的生活并没有方芳在网上描绘的那么浪漫。其实在山里的生活并不是很方便，雨天时多走两步都艰难，而山里又经常下雨……但山姆决定陪方芳在这里生活。

山姆非常赞赏方芳，说方芳做的是社会企业，非常有意义，是一项利己也利民的事业。山姆告诉方芳国外有个叫穆罕默德尤努斯的，在社会企业事业中也非常的出色，他开创的面向穷人的小额贷款银行非常成功，获得了诺贝尔和平奖。山姆说，你也许获不了诺贝尔和平奖，但你获得了诺贝尔的幸福奖，因为我决定要给你一辈子的幸福，我真是太佩服你、太喜欢你、太爱你了！

方芳幸福地依在山姆的怀抱里。其实学金融专业的她知道穆罕默德尤努斯，在学校的时候，正是这位孟加拉国“穷人的银行家”的故事启发和感动着她，所以她才萌发并坚持自己人生的这份美好事业……

此刻的方芳幸福而充实。当然，人生之路还很长，很多未知的困难还会出现。但方芳坚信：只要自己内心永远有份美好的追求，幸福之神就会垂青自己的。

爱情，是两个人的事情

是啊，谁说得了明天的事情？好好享受今天吧！如果这男人好好爱自己、珍惜自己，她一定加倍回报他的爱。不过，她只会用三分之一的心思去爱他，她还得用另外三分之一的心思去爱这个世界和生活本身，剩下的三分之一的心思她会拿来好好爱自己。如果哪天他不珍惜自己了，她也可以不把他当回事！因为爱是相互的，是两个人之间的事情，她绝不会拿自己的热脸去贴男人的冷屁股！

兰子是一所学校的小学教师，长相一般，但身材很好，高挑窈窕，性格开朗活泼。按理这样的女孩是最容易走进婚姻的。同龄的女伴一个个用尽心机都钓到了自己想要的金龟婿。可26岁的兰子现在连男朋友都没有，依然孤单地住在学校老式的单身宿舍里。

女伴们劝她，“你不能老这样什么都不在乎，你得在男人身上用点心机，学会哄男人开心，得学会用点手段……”

可兰子不屑于此——干吗那样费尽心思，违背自己的意愿去取悦男人？男人算什么东西？值得我这么辛苦去活着？如果这个男人只要你去在乎他，而他并不在乎你，幸福永远都不是你的！因为爱是相互的，爱，永远都是两个人的事情，不会因为你的讨好，别人就会爱上你。

正因为有这样的理念，兰子任由自己随性地活着，而且活得非常惬意。

斌是女同学介绍给兰子的，是某广告公司的部门经理。斌不仅帅气阳光，且年轻有为。27岁的他已经通过自己的努力在这城市里拥有了自己的居所，一套120平方米的临江公寓。这样的男人，是众多女生巴结讨好的主儿。斌是那位女同学的老乡，女同学跟兰子说：我可是告诉他你从没谈过恋爱，是纯洁的天使，他才动的心。你要珍惜机会……

兰子心里有些不舒服，干吗说自己没谈过恋爱呢？自己是谈过恋爱的，而且不止一次呢。不过老同学的好意不好拒绝，于是答应见面。

初次见面兰子感觉还算不错，斌很帅气，这是最基础的眼缘。况且斌不仅仅帅气，还有那么好的硬件条件。那些东西足以证明斌的生存能力。这也很重要，关系着后代的素质。于是，兰子开始渴望一场浪漫的恋爱而后走进温馨的婚姻殿堂……

然而兰子从第二次见面开始就发觉自己的梦想有些脱离现实，因为斌很强势的一面开始让她反感，特别是斌跟她说话的口气总是我如何如何、我如何如何……斌的口吻让兰子听着很不舒服。

第三次见面的时候斌就邀请兰子去他家玩。斌说他的家装修得还不错，让她去看看，口气里充满着自豪，“看我的家漂不漂亮？要是觉得漂亮，今晚你就不用走了……”

斌的热情邀请，被兰子拒绝了。兰子想，口气这么狂的男人，去他家，他一时性起，还不凭着自我良好的感觉把自己给强奸了？当然，双方愉悦，男女欢爱也不是什么不好的事情，但兰子目前还不想对这男人以身相许，尽管他人长得不赖，能力也很不错。但兰子觉得不是每个好男人都适合自己的。她有些看不惯他的自傲，不就有点能力，不就长得帅点吗？用不着老在我面前摆谱吧？比你帅、比你有能力的人多去了……

兰子的拒绝更激起了斌的追求欲。刚见面时斌觉得兰子没有那种惊艳的美丽，有些遗憾，但很快他就被兰子身上的那股气质吸引。兰子文静、温润，而且让人感觉越看越耐看了……介绍人说她还没谈过恋爱，这是最吸引他的。

斌越来越相信兰子是个非常纯的女孩子，从她不轻易答应自己的邀请就可以断定了。要是别的女孩知道自己有那么漂亮的房子，就是他不同意，人家还死缠烂打非要跟他回家呢，可兰子却对此不屑一顾。这让他更加坚信兰子还是他想象中的处女，现在这样的女孩子几乎绝迹了。

兰子一点都不知道斌对自己的心思，她是越来越不满斌说话的腔调。那天他们在江边散步，突然，斌的电话响了。斌和对方聊了起来。兰子听得出，他在向自己的领导汇报工作。说的是机场高速路上广告牌的事情，斌不断地说自己如何如何努力跟对方周旋才拿到那个单子，但具体布置那块牌子的是某某人，那小小的失误也是他造成的……

电话结束，斌在兰子面前继续痛骂那个让他挨批评的手下。原来，斌的部门在机场高速路上做的一块广告牌子上的英文写错了一个字母，放在那儿几天了才被客户发现。

兰子看着愤愤不平的斌，突然问他：“这个广告牌装上去之前，你没检查吗?"

"那时候我很忙，是有些疏忽……" 斌说。

"那就是你的错，你没有认真检查。你负有最大的责任，你干吗把这错误推给别人?"

兰子没等斌接上话继续不客气地说："我不知道你真正的工作能力如何，但我觉得你的素质还有待提高—— 一个高素质的男人，有成绩的时候不会向别人邀功；有错误的时候，也不会把错误推到别人身上！而你现在刚好相反，你不觉得吗?"

斌愣了愣，有些尴尬，"你在批评我吗?"

兰子玩笑的口吻，"不是，我在跟你探讨人的素质问题。"

斌有些无地自容，兰子的话让他感觉自己确实有些不像男人。年轻气盛，有些不足他自己也不是不知道的，他意识到这小女子能帮自己打磨自己的品格。其实正是他平时肯接受批评，肯不断改进自己，才会工作得那么出色的。

斌低着头对兰子说："对不起，我确实很不像男人。你说得对，一个有高素质的男人是应该具有担当责任的能力的。放心，以后这样的错误我不再犯了。"

斌的这番话很出乎兰子的意料，她本以为这男人听了她那些毫不留情的话会生气，她也就趁机离开他……因为她早就看不惯他了！但一直没借口离开他。可他现在居然道歉，而且态度还那么诚恳。

斌的态度让兰子对他顿生好感。一个肯接受批评的男人，就算不成恋人也可以成朋友的。

然而，兰子的这份感觉很快发生了质的变化。

那晚他们一起坐在江边看星星看月亮，斌开玩笑地问兰子："我一直想让你去我家看看，但你都不愿意去，为什么呢？你是不是怕我强奸你?"

兰子也毫不顾忌，"是有这方面的顾虑，要真动起武来，我绝对不是你的对手。"

斌突然定定地看着兰子，"你还是处女吗?"

兰子愣了下，也定定地看着斌，"你呢？你是处男吗?"

"我先问你。"

兰子口气肯定且坦然，"不是。"

斌感到绝望，随即是尖刻的口吻，"身子都给人家了，怎么不跟他了呢？被抛弃了吧？”

“有的是被抛弃了，有的是没感觉了，不爱了。就那么简单。”兰子平静地说。

斌突然沉默，面对江水，把背影给了她。

兰子冲着斌的后背，“你希望我是处女？”

斌的声音有着明显的愤怒和绝望，“废话！哪个男人不希望自己的未婚妻是处女？”

兰子也很愤怒，“你呢？难道你是处男？我可是听别人说你也祸害过不少女孩子了！还有怀了孕的女生跑到单位去找过你呢！”

“男人跟女人不一样！”

“是吗？男人可以三妻六妾，女人只能嫁鸡随鸡、嫁狗随狗！对吧？怪不得你那么倡导要学国学呢，你也太有文化了。可你想过没有？你一个劲地骂现在的女孩子贱，我们那么贱，还不是因为你们这些不负责任的垃圾男生给祸害的?!”

斌继续沉默。

兰子笑笑，“不过我挺理解你的，你这么优秀，明天去登个征婚广告吧！就说你帅过潘安，富可敌城，寻处女结婚。保证很多美女抢着去医院做处女膜修补术，然后半夜都抢着来应征……”

兰子说完转身离去。什么东西?！要不看在女同学的份上，看你那狂妄的样子，我早就把你甩到河的那一边了！！！

斌转身看着离他而去的兰子的身影，那弧度很好的腰形、浑圆的臀部、飘逸的白裙子，斌恨不得追上去把她给摁倒在地，狠狠地给她几巴掌！还说没恋爱过呢，都不知道有多少任男朋友了！斌有种被欺骗的愤怒和绝望，兰子的口气更加剧了他的挫败感。她应该是对自己充满愧疚的，可她居然狠狠地把自己奚落一番然后那么潇洒地转身！他还没被女孩子抛弃过呢！哪个女孩子不是要死要活地缠着自己的?!

斌没有马上追兰子，但却狠下决心：一定要好好报复一下这不知好歹的小妞，要分手也是他抛弃她，不是她抛弃自己！一向都是他抛弃别人，哪轮到别人抛弃自己？更何况长相这么普通的女孩子！斌狠狠在心里发誓：既然她判定自己是垃圾男生，他就真要做个垃圾的男生，把她给骗到手了再把她给甩掉！

第二天，下晚班的兰子刚回到自己的出租屋前，斌已经提着一袋子菜笑眯眯地等在门口。他几次送兰子回家，知道她的住址。

兰子有些诧异，简直不相信自己的眼睛，“你是在等我吗？”

“当然了。今晚我掌厨，给你做道好菜。”斌笑眯眯地看着兰子，俨然一痴情顾家的男人形象，一点找不到昨晚在江边吵架时那冷漠傲慢的男人影子。

兰子依然惊愕，“你不是要找处女吗？你怎么有时间到我家做见习厨师啊？”

“我随口开的玩笑，你那么认真啊？开门吧，我今晚给你做你最爱吃的牛排和排骨……”

这个平时傲慢得看起来不食人间烟火的男人居然会做菜？而且还不计较昨晚的一切？这还真是很让兰子吃惊和感动的。

兰子半信半疑地打开门，然后像看大猩猩一样好奇地看斌在厨房里忙活。

斌跟兰子吃过几次饭，每次兰子反复点的菜都是酸甜排骨和牛排。今晚，斌就打算给兰子做这两道菜。虽然斌跟做大厨的舅舅学过如何做这两道菜，但斌还是做得不是很好，牛排做得有点老，排骨的酸甜搭配和火候也不够，但兰子还是吃得津津有味……

这男人居然为自己做菜，而且看起来肚量也不小。就凭这，兰子对斌好感剧增，有能力的男人还真是不一样的，居然什么都会而且敢于正视自己的缺点。

兰子从不拒绝爱情的，她只是想找个对眼对味的男人好好谈场恋爱，然后结婚。明里暗里追自己的男孩也不少，当女同学说斌有多好有多好的时候，她也有些好奇，但看到斌在自己的面前总是表现出优越感兰子就开始反感，直到他问她是不是处女的时候她就打算把他给列入黑名单。她觉得这种男人再优秀她也看不上！尽管她只是一个很普通的女子。可今天这男人在自己家里的表现又让她改变了看法，她甚至有些后悔自己在斌面前说话那么刻薄了……

斌一边吃一边说：刚学会做，火候掌握得不好，多做两次就好了，就是不知道以后你肯不肯给我机会？

“给给给，谁这么傻有人给煮好菜还会拒绝啊？”

于是，过去斌请兰子到外面吃饭换成斌到兰子的家里给她煮饭菜，当然不是天天。在斌没有业务要加班或应酬的时候，斌总会按时到兰子的家掌厨。每次吃完饭聊了一会儿斌就会离开，完全没有兰子当初担心他会以武力征服自己身体的迹象。

兰子觉得自己很没出息，吃着吃着，就吃出感情来了。哪天斌不来了，兰子就有些吃不下饭了。

这天是兰子的生日，也是她认识斌后的第一个生日。她没告诉过他自己的生日，他也没问过。这天，斌一整天都没给过她电话和信息。兰子知道，斌今天肯定很忙，肯定没时间过来了。

果然，回到家的兰子，没有看到以往在门口等她的斌。兰子正郁闷地打算邀一两个女伴到外面随便吃餐饭，刚拿起手机，门口就传来了敲门的声音。

兰子惊喜地跑过去，打开门，斌提着蛋糕，拿着玫瑰，还有满满的一袋子菜，笑吟吟地望着兰子，“生日快乐！”

兰子激动得眼冒泪花：“你怎么知道今天是我生日？”

斌诡秘地说：“我是神仙嘛！”

其实是斌趁兰子不注意时偷看过兰子的身份证。就在那晚兰子坚决对他转身离去的瞬间，斌就知道这女子看似平常但不好追到手。就算能要到她的身子估计也不容易得到她的心，所以他打算费点力气把她追到手，她的身子还有她那颗傲慢的心！他喜欢这种挑战，宁可追到手后再把她狠狠地甩掉！

此刻的兰子才不管斌是怎么知道自己生日的，总之看到斌让她很高兴、很兴奋……

斌进门刚放好东西，兰子情不自禁扑到斌的怀里，双手勾着他的脖子，伸展着腰肢用热乎乎湿漉漉的双唇吻着他……她用自己火热的身体语言向斌传达自己对他的情感……

没有说爱，也没有一辈子的承诺，两人跟着这美好的感觉随着身体和情感的需要互相索取着……

出乎斌的意料，在床上的兰子羞涩娇嫩如未谙世事的小女孩，然而身体不断战栗的她却很享受他给她的一切……

拥着柔润温暖弹力很好的美丽裸体，斌一想起这身体曾经被别人耕耘过心里突然又妒又恨，就算这女人将来不一定是自己的妻子，可此刻他也不希望有别的男人跟自己分享过这个女人，尽管体内又涌起欲望，但斌还是放开了兰子的身体……

斌幽幽地问：“你以前对别的男人，也这样吗？”

兰子轻柔地吻着斌挨着她的裸露的臂膀，“就算你不打算跟我，都要过了今晚，好吗？看在我这么快乐的份上……”

斌本来就打算要到她的身体就抛弃她的，可现在由兰子说出来，他却感到莫名的愤怒。他一跃而起，跳了起来，指着兰子，“你不打算跟我还跟我上床？你难道对谁都可以这么随便吗？”

兰子也跳了起来，“你真让人扫兴！你觉得刚才我对你的一切感觉有假的吗？我也想让你娶我为妻，想跟你永远这么缠绵……可单单我想就行吗？如果你不想呢？你不愿意要我呢？难道让我把你给杀了？！拜托，那样的事情我做不来，我唯一能做的，就是你对我好的时候，我也对你好！”

这一晚，斌在爱恨交织的情感中不断地在兰子那具青春勃发的肉体上发泄着自己，折腾了一夜，所有的欲望和积怨也发泄完了，离开的时候，斌已经很平静。凭着自己目前的条件，找个没有过去的大家闺秀做自己的妻子是很容易的事情。至于兰子，能征服她，能报复她那天晚上对自己的伤害，就够了。

而兰子并不知道斌的想法，享受着整夜情爱甘泉的兰子整夜没睡第二天依然神采奕奕，她快乐地给孩子们上课，同时甜蜜地回味着昨晚的一切……

课间，她就忍不住打电话给斌，本来想撒撒娇的兰子却听到斌冷冷的声音，“我在工作，以后上班你别给我电话……”

像兜头一盆冷水，兰子的热情一下子就冷却了。一个爱自己在乎自己的男人不会对自己这么冷漠的，不管他此刻正在干什么。

都说爱情会让人变成白痴，失去理智。特别是当把身体交给了对方，对方却不把自己当回事的时候，心里的失衡感是无法用语言来表述的。兰子的挫败感让她想骂人甚至想打人，上课的时候都好几次走神，但看着孩子们天真烂漫的笑脸，兰子终于平静了自己。就算没有了爱情，还有一大群很爱自己的学生呢。

那几天，兰子不再主动跟斌联系。她也不拒绝回忆那一晚的美好，斌一整夜都在索要她的身体，他总是不知疲倦，那一刻她也得到了前所未有的快乐。如果斌只是想玩弄她，她想，他所付出的，比她多，他给自己煮了那么多的饭菜，给自己买了生日蛋糕，花那么多的时间花那么多的精力来哄自己开心，仅仅就跟自己上一个晚上的床。其实，真正损失的是他不是我，因为，我得到的快乐一定比他的多，那些空虚的女人要钱去养小白脸还不一定能得到这份快乐呢。这么想着，兰子就彻底平衡和平静了。

原来，换个心态想问题感觉便不一样了。

半个月过去，兰子准备重新投入另一场恋爱。尽管心里已经平衡，但斌还是时不时地跳进自己的脑海。要想彻底忘掉他，就得找个人来代替他，刚好学校新来的一位男老师正在火热地追求自己。

这天兰子和这位男老师参加一次校外讲座后一起散步回学校，两人有说有笑地到学校的时候，兰子突然看到斌正在学校门口徘徊。兰子一愣，随即转头跟男同事大声说笑着与斌擦身而过，走过去的时候故意对他视而不见，像根本不认识这个人。

兰子回到家门口，刚一开门，斌突然冒出来比兰子更先一步挤了进去。兰子一进门，斌就紧紧抱住兰子，兰子却狠狠抽了他一巴掌。

斌摸了摸起了红印的脸颊，没出声，以为兰子一巴掌后已经泄完心中的气，于是重新拥抱她……他实在无法忘掉半个月前那一夜的销魂和享受。他是想报复她、想抛弃她，但他做不到。兰子这半个月对他的不闻不问，甚至不接他的电话，更是让他心里不平衡，忍了两个星期的他已到了极限。

兰子却狠狠把他给推开，“你滚出我的房子！”

斌愤怒地说：“你为什么这么善变？为什么不接我的电话！”

兰子恶狠狠地说：“因为我另有新欢，我准备跟别人结婚！”

这个男人太可恶了！明明不想理自己还恶人先告状！

斌突然就蔫了，他一屁股坐在地上，斌痛苦地望着兰子，“不错，我是很妒忌你，我对你又爱又恨，想起你曾经跟别的男人缠绵，我心里就受不了！后来我才明白这就是爱，很深的爱，如果我仅仅想骗你上床，我可以继续骗你，你一定也很高兴。可是我就是恨你！很恨你，但我又忍不住时时都想见你……我知道我没出息！”

“我的过去是我自己的，与你无关。谁没有过去？难道你没有吗？你曾经也糟蹋过不少女孩子，难道她们现在都没有幸福的权利了吗？就你有权嫌弃我？难道我没有权利嫌弃你吗？我一样恨你，觉得你不是男人，没有男人的担当和责任！我觉得你很垃圾，你马上离开我的房间！不然我找人打你！”

兰子越说越愤怒。

斌无助地说：“那我们都不计较了好不好？原谅我……”

兰子平静地说：“不。以后你还是会计较我的！我们学校有个男老师，刚结婚不久老婆出国了，现在他离婚了，想跟我呢。人很不错的。像他这样离了婚的人肯定不会跟我计较我的过去……”

斌跳了起来，一把抱住兰子，不管兰子怎么挣扎、怎么打他，斌就是不放手，“你是我的……我不许你跟别人……你好狠心，我就是跟你赌赌气，你就跟别人了。你到底有没有感情啊？”斌说罢泪水就滴落在兰子的脖子里……

兰子终于瘫在了斌的怀抱，泪水滚滚而下，她狠狠地扯着斌的头发，“是你没感情，我给你电话你的声音比冰还冷比铁还硬，你都不想要我了……你不要我，还不让我跟别人啊！”

爱情总是难以控制，更何况兰子对这男人还很依恋，只要对方还爱自己，兰子也会坦诚自己的感情和脆弱……

斌激动地抱着兰子上床，“要，我要你……我非常想要你，我现在就要……”

可兰子却清醒地推开斌，“从现在开始，我只跟与我订了婚的男人上床。我年纪大了，玩不起了，我喜欢婚姻生活，我想养个小孩……”

两星期后，斌拿着单身证明来找兰子，“我们把证给办了吧，我想跟你上床了……”

兰子笑骂：“你这求婚也太下流了吧！不办。”

斌抱住兰子，“不办我可就动武了……”

兰子妥协，“你可想好了，这证办了就难离了。我可是个难缠的女人。”

斌吻着兰子，“以后的事谁知道？说不定是我缠你呢……”

是啊，谁说得了明天的事情？好好享受今天吧！如果这男人好好爱自己、珍惜自己，她一定加倍回报他的爱。不过，她只会用三分之一的心思去爱他，她还得用另外三分之一的心思去爱这个世界和生活本身，剩下的三分之一的心思她会拿来好好爱自己。如果哪天他不珍惜自己了，她也可以不把他当回事！因为爱是相互的，是两个人之间的事情，她绝不会拿自己的热脸去贴男人的冷屁股！

恋爱没有成败，只有是否合适

青葱的岁月拒绝经典男人，她不后悔。因为恋爱没有对错，也没有成败之说，只有彼此是否合适。

灵动俏丽的小蓉工作一年了还没男朋友，于是小姨三番四次跟她说要介绍一个经典男人给她。开始她总找借口拒绝，可小姨老缠她说不见面会是她一辈子的损失。小蓉不堪其扰，答应见面。

见面的那天晚上，小姨告诉她地址，让她按时到就行，说她就不去了。小蓉想，小姨不去最好，小蓉打算见面直截了当拒绝那男人，让他别再缠小姨。这年头哪还有这么土得掉渣的人谈恋爱还要别人介绍?!

小蓉待在办公室快到约定时间才赶往约会的酒店，她连平时那条放在办公室的备用休闲裙子都没换，穿着让她自己都感觉讨厌的职业套装就前往了。平时一下班，她立即跑到卫生间换上时尚的休闲装。除了工作，一离开办公室她就从不穿职业装。她讨厌职业装，那副一本正经的装扮让她看起来起码比实际年龄老十岁都不止。可今晚她却穿着职业装去赴约，这身打扮，就是她打算恶心那个刚见面的男人的！什么经典男人！谁稀罕呀！

走进约定的包厢，一个早在那里等的男人朝她站了起来……

蓦地看到那男人，小蓉的脑袋“嗡”的一声响了起来，突然蒙了。脸也立即火烧火燎起来，此刻，她是那么后悔自己没换上裙子，要知道是这个男人，她会把自己打扮得漂漂亮亮才来赴约的！

出现在她面前的，是她少女时代的梦中情人，她初中的班主任梁舰。

梁舰上下打量着小蓉，“哇，过去的小捣蛋变成大美女了！还记得我吗?”梁舰边说边朝她伸出手。

小蓉无措地把手伸出又缩回来，“你怎么不告诉我阿姨你是……谁呢?”

梁舰笑，“怕你知道了不愿意见我。”

“怎么不愿意，我一直在找你……”小蓉边说边坐下，慢慢恢复常态。

梁舰叫来服务生点菜，不断征求小蓉要吃什么菜，小蓉看着眼前风度翩翩的男人，说随便，你吃什么我就吃什么。小蓉一边说话一边回忆起那年少的往事……

那年是初三的下学期，准备中考了，班主任突患重病，于是学校不知从哪儿请来一位很年轻的小伙子顶替班主任管他们，同时任他们的数学课。上讲台的第一天小伙子跟他们介绍，他刚师专毕业，十八岁。他愿跟他们一起学习一起成长……那位当年的班主任就是眼前的梁舰。

那时候的小蓉虽然每次考试都在前三名，但她并不是个规矩的乖孩子。她讨厌每个老师都压他们学习，整天做一大堆重复的练习题，每天晚上都要让他们在教室里晚自习到10点，老师还鼓励他们自学到12点。

小蓉讨厌晚自习。她觉得白天学的就够多的了，天天学得晕头转向的，学也学不进啊。于是，在没老师值班的夜晚，小蓉就鼓动身边的同学偷跑出去玩。女同学不敢应和她，只有几个男同学愿意陪她一起出去。晚上学校的大门是不开的，学校不让学生外出，对他们是封闭式的军事化管理。

小蓉于是带着几个男孩子翻墙跑出学校，在外面晃悠。花一两块钱买小吃，或什么钱也不用花，跑到江边的广场免费看业余歌手唱歌跳舞……

小蓉翻墙跑出去玩很快就被学校发现。几个男生先被校长抓起来，最后他们一致供出主谋是小蓉。这还了得?！新来的班主任梁舰连课都不上了，一大早就把小蓉叫到自己的宿舍，因为教务室太小了，怕训学生影响别的老师备课，那时候老师找学生个别谈话都把学生带回自己的宿舍。

小蓉来到梁舰的宿舍，其实这个宿舍她已经不止一次来了。自从那次她数学课讲话被罚站，然后她咚咚走上讲台把梁舰在黑板上讲解的繁杂的几何证明题用反证法两三步就证明出结果后，这年轻的老师就经常让她来帮着批改作业和探讨一些高深的方程题……可是今天，小蓉明显感觉到气氛不对，班主任梁舰满脸的怒气，明显地刚被校长训斥过。小蓉不敢看班主任的脸，低着头看着班主任台上的那个小碗，小碗里面盛着两个圆圆的糯米汤圆，估计是他准备拿来当早餐的……

满脸怒气的梁舰气急败坏地训她，“你一个女孩子，为什么没有女孩子的样子?！你为什么翻墙出去？这是非常严重的错误你知不知道?！我要叫你父母亲来学校！告诉我，你愿意爸爸来还是妈妈来?！”

小蓉定定地盯着梁舰，威胁道：“你敢把这事告诉我父母，我就告诉大家你借口考我为名，让我教你解难题，其实很多方程式的难题你都不懂……”

梁舰气得脸一阵红一阵白，“你还不认错？你还要挟我?！你竟然不服管?！你信不信我开除你?！”

小蓉突然拿起台上的那个盛着糯米汤圆的小碗放在班主任面前，“你要能把这碗里的汤圆捶碎，我就认错，我就服你……听清楚了是捶碎！不是捶扁！”

满脸盛怒的梁舰突然一愣，忍不住笑起来，这小女孩古灵精怪，这汤圆无论他用多大的力量都不可能把它给捶碎了，只会越捶越扁。

爱恨交织的梁舰失控地一巴掌朝小蓉的肩膀拍去，像拍自己调皮捣蛋的亲妹妹，“我恨不得捶碎你！”

小蓉这次更加嚣张，“你敢告诉我父母，我就告诉校长你打我……”

最后，梁舰求着小蓉以后别再犯这样的错误。都快毕业了，如果被学校记过处分，她的成绩再好，德行不过关也是没有好学校接收她的……

梁舰点完菜，小蓉的回忆也被打断，因为梁舰在问话：“你怎么不肯见我呢？我找你很久了，通过很多人才找到你小姨……”

“我不知道是你啊，我后来有回学校找过你，但是没有人知道你去哪儿了。”小蓉读到大学的时候，觉得那时候对这班主任很过分，而且她有些莫名其妙地思念他，于是想找他。

梁舰说：你毕业后，我又考上另一所大学，重新去读书了……

这次见面，小蓉才明白，当年的那位班主任，大学毕业出来后就进入了政府部门工作，后又调到组织部工作，现在是某干部科的科长，大好的前程在等着他。这些年，也有不少女孩子找他，可他总忘不了十八岁那年遭遇的那个古灵精怪的调皮女孩子。所以，今天他找到她，希望他们能走到一起……

小蓉已经长大了，不再是那个调皮的小女生，知道了这个男人的好，而且现在这男人简直无可挑剔，一米七八的个子，相貌堂堂，成熟温厚稳重。更重要的是他收入稳定，前程似锦。这样的男人，去哪儿找啊？小蓉说，要知道是你，我今晚就穿漂亮点了……

梁舰哈哈笑起来，“你这样穿已经很漂亮了啊，你还要怎么漂亮啊？”

很快，他们又相约着再见面。

第二次见面，小蓉恢复了自己的原貌，她穿着露脐的短上衣，配着到处是洞的低腰牛仔裤，一头染成金色的头发烫成了大波，她脸上倒是不用化妆，因为她的脸本来就是白里透红的，她只上了眼睫油，涂了点口红。

那天他们相约去看电影，梁舰早早在电影院门口等她了。看着花枝招展的小蓉朝自己走来，梁舰简直不敢相信自己的眼睛，同是一个女孩子，穿着打扮的变化给人的感觉居然如此的南辕北辙。上次见面，她穿着合体的职业装，头发是盘起来的，显得高贵而典雅。可现在的她完完全全是一小太妹，杨柳般的一节小腰露在外面，肚脐上点着闪闪发亮的东西，在灯光下显得非常的耀眼。梁舰的眉头皱了起来，他可不喜欢她这种小太妹的形象。

等小蓉走近，梁舰就说她："怎么穿成这样子？像个不务正业的小太妹！"

小蓉调皮地问："我这样穿不好吗？很青春很时尚啊！"

梁舰认真起来，"我不喜欢，以后你最好尽量不要穿露着皮肤的衣服……"

小蓉嘻嘻哈哈地笑着说梁舰老土，但没怎么放进心里。这场电影，还算看得挺开心的，因为那是他们都很喜欢看的《阿甘正传》。

但第三次见面的时候，小蓉才发现原来经典男人也有让她不适应的地方。

那天梁舰开车到她公司楼下约她去吃饭。因为他们要去吃的那家饭店离小蓉的公司很近，于是，梁舰把车子放在小蓉公司的停车场后，两人一起走到街对面。才一起走了几步，小蓉就情不自禁地拉着梁舰的手一起走，梁舰却把手给抽回来了，说道："别在大街上拉拉扯扯的，你们公司的员工看到了会说你不文雅。"

小蓉一听，很是受伤，本来那么柔情的举动应该是他给她的，现在她主动给他他不接受还拒绝和指责自己！

小蓉站住了，她瞪着圆溜溜的大眼看着梁舰，不再往前走。她要治一治这个不解风情、封建意识很浓的老土男人！

梁舰催她，"走啊，怎么不走了？"

"我走不动了，你要背着我走……"小蓉撒娇道。

梁舰的脸都变了，"别任性了，这成什么样子？"

小蓉站着不动，"你不背我，我就不走，饭我也不吃了。"

争执到最后，男人自己走了，小蓉流着泪饭也不吃就回了公司。她决定不再跟这个男人来往，这种不解风情的男人，再经典也是很无趣的，还在谈恋爱就一点浪漫都没有了，结了婚那还不闷死人啊？

可是第二天，梁舰又来找她了，向她道歉说，他不习惯在众人面前行为出格，不过他真的很爱她，一直找了很多年才找到她，希望彼此能珍惜。最后梁舰又表白：其实很喜欢她的调皮劲，如果在家，她怎么闹都可以，只是在外面他希望她规矩点……

梁舰的一番话又打动了小蓉，小蓉想想梁舰其实也没错啊，这么规矩的经典男人，人家想找还找不到呢。

于是他们又和好如初，两人出双入对的。然而，小蓉的烦恼依然不断，两人逛街，肚子饿了，小蓉便想坐在街边的大排档吃那几块钱一碗的风味酸粉。可是梁舰从来不给她吃，不断地教育她：不要随便去大排档吃东西，要提高自己的品位，吃东西要到高雅的环境，一边听轻音乐，一边进餐，久而久之就能熏陶出自己的高雅气质……每每垂涎欲滴的小蓉都被教育得没了食欲。

跟梁舰逛街买衣服更是让小蓉恼火。她看上青春靓丽物美价廉的衣服和袋子，梁舰总是阻止她买，说一年买一两件名牌的衣服就可以了，质量好又耐穿，那些不是名牌的，不要买，穿在身上没档次。常常，小蓉看上的漂亮衣服总买不到，而那些所谓的牌子衣服，又老又土气，梁舰总是纵容她买。买回来了她也从不穿。

最让小蓉不能容忍的是，才谈恋爱几个月，梁舰便跟她谈婚论嫁。说现在她二十三岁，结了婚怀孕，到生的时候也二十四岁了，够生孩子的年龄了……梁舰说已经让父母给自己准备婚礼了……

小蓉说不行，她还不想结婚，她还想多谈几年恋爱。双方争执不下，于是两人只好分手。梁舰说他要结婚了，如果她不嫁，他就娶别人。

小蓉的家人轮番轰炸做她的思想工作：梁舰是少有的好男人。工作好有前途，错过这个村以后就没这个店了。但小蓉还是坚决地逃之夭夭……刚刚从学校出来就嫁人？嫁了人，就只能天天在家带孩子照顾老公做家务，太恐怖了！是的，现在拒绝这男人，也许她真的错过人生中最好的男人。但要她二十岁出头就心甘情愿在家做少奶，她坚决不干！一辈子那么长，青葱的岁月就那么几年，她得好好演奏一番自己青春的华美乐章！

他们分手了，梁舰跟别的女孩结婚去了。人家早就等在那里，巴不得小蓉不嫁呢。跟梁舰的情感小蓉陷得不是很深，她一边真诚祝福他，一边重新开始自己的生活。

很快，小蓉又迎来新一轮的恋爱，青春张扬的小蓉在七八年间换了好几位男朋友，恋爱谈得红红火火……哭哭笑笑，有甜蜜有快乐，也有刺骨的伤痛。到三十岁的时候，小蓉终于找到一位娇她宠她、纵容她随性任性的男人准备走进婚姻……

小蓉也常想起自己的老师，那个很经典的男人确实是个不错的男人。但她却从不后悔自己当初的选择。青春很短暂，三十岁前能尽情享受热烈的爱情，三十岁后安静地做别人的贤妻良母，她不后悔。而且，多谈几次恋爱，她也才知道自己真正需要的是什么样的男人。如果当初匆忙结婚，谁又说得准自己今天不后悔呢？说不定因为自己的任性和不懂事，现在也离婚了。

那天，小蓉偶遇梁舰，此时的梁舰已是四岁小孩的父亲。梁舰邀请小蓉到咖啡屋里小坐。小蓉坦然说:“你是我遇上的最经典的男人,你是个好男人!”

梁舰的脸表情复杂,“你现在后悔了?”

小蓉摇摇头,“不后悔。生活中不管你做什么样的选择,都会有相应的遗憾,如果当初我选择你,我就没有现在的经历,那也是很遗憾的。再说了,你虽然很优秀,但也不一定适合我……”

梁舰却有些不甘地,“你当初肯定不爱我,不然,你是不会拒绝我的。”

小蓉觉得这时候再跟这个男人谈论爱与不爱的问题已没什么意义了。

小蓉边给梁舰倒咖啡边笑道:老师,过去的事我们都别提了,我给你背首《时光颂》吧……

我是昨天,已经永远离你而去
我是一串日子中最后的一天
在你身后流着,在茫然和冷酷中流去
最后倾注在荒漠的大海中

从前我叫明天,纯洁一如处子
接着我成了你的新娘,改名叫今天
现在我叫昨天,我身上还有和你拥抱留下的痕迹

我很富有,因为我有智慧
我曾为你生下一孩子留在你身边
他叫经验
我是昨天,已经永远离你而去……

梁舰凝视着眼前已经成熟的女孩,语调里流着微微的酸涩,“我真希望我能年轻几岁,遇上你的时候,你刚好要嫁给我。”

小蓉笑容明媚:我已经是你的昨天,你好好珍惜你的今天。我也一样,因为,我们都不再青春年少,该珍惜的,我们一定好好珍惜……

现在的小蓉,心是宁静的,尽管她错过了那么经典的男人,但她现在也拥有一个非常合适自己的男人。她打算跟他一起走进婚姻,一起去经历以后的人生……

青葱的岁月拒绝经典男人,她不后悔。因为恋爱没有对错,也没有成败之说,只有彼此是否合适。

顶住诱惑，你会得到更多

很多时候，只要顶住了诱惑，你往往会得到更多的东西。尊重，友谊，乃至事业的转机。

李晔的贸易公司最近很不景气，于是她不得不亲自出马，毫无选择地接一些不大的单子，有时只有一点点的利润她也要亲力亲为了。

李晔做边贸多年，与越南的客商很熟，是个越南通。这天，一陌生的香港客户通过朋友的关系电话找到她，说他不熟悉越南，但他有货在越南芒街上岸，请她帮忙找越南海关的朋友报关并找放货的货舱，帮这个忙对方给她一万块钱的佣金。

这个忙对于李晔只是举手之劳。只要亲自跑一趟就可以，既能玩儿又能拿一万块，何乐不为？

于是李晔一大早就从南宁赶到了东兴与香港客商卢克会合。

卢克已经在东兴住了一个晚上等李晔。李晔每天都有机会见到陌生的客户，所以，见到卢克没太留意。第一个印象是这个卢克还算年轻，不太像生意人，倒像个艺术家，因为他留着一头齐肩的长发，脸上有种放荡不羁的神态。

见面礼节性地打完招呼，李晔就带着卢克来到北仑河边。李晔跟越南海关的朋友打完招呼，于是省去繁琐的入关手续，直接在北仑河上了一条木船。

李晔和卢克站在摇摇晃晃的木船上，从北仑河的东兴岸往越南关口开去。北仑河通海，上午九点，水面上汹涌着潮起潮落的波涛，很多来往的船只相互拥挤相互碰撞着。由于越南关口允许中国的客商进入海关看货，于是很多人在这河面只花两块钱的船费就可以进入越南（早进晚出）。于是，早上的这个时候，这条河就特别的繁忙。

李晔和卢克上的这条小船没几个人，但护栏不好扶，李晔只能尽量保持身体的平衡。但小船每碰一下，李晔还是控制不住地前扑后仰，卢克小心地护着李晔，看上去像她热恋多年的男朋友。

卢克那种绅士十足的举止让李晔打心眼儿里喜欢，李晔感慨：有过英国殖民地绅士文化熏陶的香港男人就是不一样，对陌生女子的呵护也显得那样的自然和让人舒服。开始没怎么注意身边这男人的李晔，开始研究身边左右护着她的卢克。卢克三十岁出头的样子，体格魁梧，相貌英俊，举手投足透出男人味很浓的阳刚之气，一口浑厚悦耳的港音也让人听起来想入非非。可让李晔想不明白的是：这么个爷们怎么留着一头女人的头发呢？

注意到李晔的目光，卢克很自豪地向李晔甩了甩头，“怎么样？我长得帅吧？”

李晔一愣，然后娱乐地朝他笑，“帅！帅呆了！”

说话的当口，小船又猛烈地和别的船只撞在一起，李晔失控地扑进了卢克的怀抱，嘴巴擦过他裸露的脖子然后她的下巴搭在卢克的肩上，一股陌生但又很蛊惑人的男人热浪突然就袭得李晔有些晕眩，青春的身体里不可抑制地产生了强烈的化学反应……

卢克一手死命撑住护栏，一手紧紧地抱住李晔。李晔努力挣脱卢克的怀抱，为掩饰自己身体那股难耐的燥热，李晔嘲笑他，“你是挺帅的，可我不明白：你这么正版的一张脸，怎么搞个盗版的发型呢？”

卢克哈哈笑起来，“谁说我的发型盗版的？我的发型早申请专利了，是他们盗我的版！”小船又撞了一下，卢克转开话题，“原来偷渡去越南这么便宜，只要几块钱啊，嘿嘿。对了，我们不签证不会有什么麻烦吧？”满脸兴奋的卢克突然有点担忧地望着李晔。

“不会。我海关的朋友在关口等我们。他跟守关的说带我们进去看货不会有事的，他们允许我们早上进去晚上出来，这是越南搞活边贸放宽的政策。我们不算偷渡，进去看货是合法的，你放心吧。”李晔安慰卢克。

船开始靠岸，李晔的越南朋友阿德朝他们走来，李晔把卢克介绍给阿德。简单的寒暄后阿德领着二人朝关口走去。临近关口，李晔突然想起了什么，叫住卢克，指着他的手提袋问：“你带多少现金？”

“四万多人民币，干吗呢？”卢克疑惑地看着李晔。

“进关他们要检查的，这么多钱我怕他们找借口没收。你要信得过我，就给阿德帮拿过关吧，免得有麻烦。”李晔只是说说，正常情况下客人都会自己带着钱，因为很多人都不会相信海关会没收他们的钱，如果没收，最多他们就不进去了，拿两块钱去冒四万块钱的安全风险，代价太大。

没想到卢克却爽快地把袋子里的四捆钱交给李晔，李晔又交给阿德。其实李晔和阿德对卢克来说都是陌生人，把身上的钱全交给陌生人对他来说是很大的风险，可卢克却没半点犹豫。这陌生男人的大气和对李晔的信任让李晔莫名地感到心动和敬佩。

守关的是个年轻的小伙子。卢克很快得以放行，可李晔却被卡住了。有着一双多情眼睛的小伙子从李晔背包里翻出李晔带在身边才看了三分之一的那本《一米阳光》，一页一页地翻起来，“这书好看吗？借给我看吧，晚上回来我再还给你……”

李晔知道他根本看不懂，他不过想跟自己多纠缠一会儿，这些年轻的越南海关小伙很喜欢找借口纠缠年轻漂亮的中国姑娘。李晔想这书要让他没收这旅途中空闲时就没书看了。李晔不甘心地和他磨起来，李晔把袋子里的巧克力拿出来哄他要回书，他就是不肯。

身边的卢克焦急地拉李晔走，“我的大小姐，这书你就给他吧，办完事回国我送你一车皮，好不好？”

嗯，办事要紧。李晔决定放弃，转身要走。小伙子又把李晔叫住，把书还给李晔，对李晔说：“这书还你，今晚我请你去唱歌行吗？”

“行行行……你在这等我吧！”李晔高兴地应诺，心想我回去才不让你看见呢，回去就不用检查啦！

见李晔拿回书，卢克边走边把李晔手上的书抢过去，“你还看书啊？什么书呢？”

李晔一把夺回，“爱情书，你看不懂的！”

卢克边走边转头笑眯眯地望着李晔，突然问她：“你相信爱情吗？”

李晔甜蜜地回报他的笑容，“当然信了！干吗不信？爱情是我们终其一生追求的美好情感，要是连爱情都不相信，活着还有啥意思？”

卢克边走边不断地转过头来微笑着上下打量李晔，不再出声。可他明显升温的目光流露出对李晔的赞许。

李晔带卢克朝早在一边等他们的阿德走去，阿德把那四捆钱还给李晔，李晔递给卢克，“阿德是我多年的朋友，我信得过他，现在没时间让你数钱了，中午休息的时候你再数，要是发现钱不够，你就从我的佣金里扣吧！”

“你信得过的朋友就是我信得过的朋友。”卢克边把钱放进口袋，边凑近李晔的耳边，“我相信你。就在你扑进我怀里的那一刻起，我就把我自己交给你了。这钱算什么呀？”

李晔突然脸红心跳，这陌生男人如此煽情有点出乎她的意料。

芒街码头在朝阳的辉照下一片繁华的景象，一群群蚂蚁一样的码头工人正把一个个集装箱上的货物往北仑河上停靠的船上卸，这些货物将源源不断地从北仑河运往国内的各个城市……

和阿德谈好了报关底价，落实好卢克放货的货舱地点和时间，李晔今天的任务就完成了。可李晔还得陪在卢克的身边，直到出关。

李晔陪着卢克在码头找工人卸货。乱哄哄的码头上灰尘滚滚，太阳烤得皮肤火辣辣的，卢克有些歉意地对李晔笑道："你看，这码头除了你没有一个女的，真不忍心让你在这种又脏又乱的地方陪我，你找个阴凉的地方好好休息吧。"

"没事。做事情嘛，哪有这么娇气的?"李晔坚持带着卢克熟悉这码头，直到帮卢克找到工人卸他自己的货，才在旁边的小店找个地方坐下把那本《一米阳光》拿出来慢慢欣赏。这是一本老书了，还拍了电视剧，李晔没看过电视剧，李晔喜欢小说里那超强画面的感性文字，无意中看到就爱不释手。看到故事中的伊川夏对年良修的那份爱真是让人唏嘘不已，伊川夏把绝美的八年青春献给一个已婚的男人，还爱得那样的义无反顾……现实中也有很多这样的女子吧？李晔合上书红着眼在心里感慨着。

卢克满头大汗拿着开了口的椰子回来给李晔，卢克坐在李晔的对面看看她手上的书又看看李晔，"我听阿德说在商场你是个很厉害的女子，他告诉我那年你刚毕业，才二十岁就一个人在国内拉着几车货物到越南占领市场。可现在瞧你看书的样子，一点都不像商人。怎么看也像个爱做梦的女孩子……"卢克温情而好奇。

李晔笑，"我现在也还爱做梦啊，有梦才有希望，有希望才有去奋斗的动力，我是个会把梦和现实尽量缩短距离的人……"

没错，李晔毕业的时候，正是边贸还算活跃的年代。跳了几个年级读书的她大学毕业比同时毕业的同学小几岁，但她一点也不胆怯，一边在单位上班一边利用自己单位的特殊性跑到越南做生意。上了两年班，她干脆辞职开了家自己的贸易公司，从小小的边境贸易开始，渐渐做到国际贸易，涉及日用、海产、食品、煤炭、木材、橡胶、烧碱……然而，随着经济大环境的风起云涌，李晔的公司也是起起落落。这次的金融危机，更是波及深远，李晔的贸易公司几乎瘫痪。因为公司长期代理的几家大型出口企业，都已相继倒闭。

“听阿德说你的公司非常不错的。生意做得很好吧?”卢克关切的目光一直没离开李晔。

“现在几乎没生意做了。”李晔淡淡地说。

“怎么会呢?你们公司不是有很多固定的客户吗?”

“那些客户都消失了啊。你想想看，原来他们跟国外的客户签的合同都是很多年前的，那个时候的美元兑换人民币是八块多，现在跌到六块多，本来很多的出口企业赚的利润就很薄，多数就赚那一点退税，现在呢?一万美金就比原来少了两万的人民币，十万美金就少了二十万，你一柜子的货物出去，都赚不到二十万啊，利润缩水都缩这么多，谁做得起啊?反正，我公司联盟的那些厂家都做不起了。这不，我不得不接你这样的小单呢!”

“喂喂，看你说的，好像很后悔认识我似的。我这次的单是小，但我们认识就是很好的缘分嘛，你不觉得我们的相遇比做生意更有价值吗?”

卢克满怀柔情的目光痴痴地望着李晔，卢克的目光突然让李晔有些无所适从。李晔已三十一岁，依然貌美如花。也许是自身过于优越的条件，这些年在商场上混的李晔很少在自己的圈子里遇上让她心动的男人。可今天，李晔似乎被这陌生的香港男人触碰到心里非常隐蔽的那根柔软的神经，一直平静的心也被什么东西不断地撞击着，已经不是小女孩的她脸上竟冒出了少女般的羞涩，莫名的激动和紧张让全身的毛孔全张开了，汗水就像蒸汽一样往外冒……

李晔掩饰着自己的慌乱，“你去看工人卸货啊……你回来这里——不看工人搬货吗?”

卢克却突然把头靠近李晔的耳边，答非所问地说:“你真美，美得让我感到绝望……”

卢克说完转身迈着潇洒的脚步朝码头走去……

毋庸置疑，这陌生男人是个调情高手。要命的是李晔发现自己竟然无法抵御这男人对自己的杀伤力……可李晔转念一想，难得遇上如此有感觉的男人，何不顺其自然呢?

越南的事情办妥，他们回到边境城市东兴已是晚上7点多，简单吃过饭，卢克在东兴大酒店开了两间房。

李晔在房间里刚刚洗完澡，卢克敲开她的房门，“明天就回去了，我想买点土特产回去，你陪我逛逛街行吗?”

这是应该的，李晔心想，别说以后有没有合作的机会，就看在这次的合作上，也得尽这份义务。这虽不是自己生活的城市，但李晔经常来，比卢克熟。带着第一次到这里的他逛街是她李晔的责任。

“这里有很多越南的特产，我带你去……”李晔很高兴。

跟这男人在一起，让她有种久违的兴奋，这种兴奋，在那个打算年底就要跟自己结婚、已谈了几年恋爱的男朋友身上已经找不到。

李晔开心地领着卢克在街上逛，路过一间很有排场的美发店时，卢克拉着李晔走进去。李晔以为他要洗头，卢克却指着墙上挂的模特发型问李晔：“我就留他那样的西装头型，你喜欢吗？”

李晔愣住了。不知所措地说：“你这样的长发该是留很久了，你没必要为我上午的一句玩笑话而改变发型啊！”

卢克低头俯在李晔耳边带着霸道的口吻柔情地说：“我知道你不喜欢我留长头发，我愿意为你改头换面！”卢克转身指着墙上的西装发型对店里的发型师说：“我就剪成他那样的，我女朋友喜欢……”卢克转过身子意味深长地看着李晔笑。

他还来真的啊，李晔只觉一股股的热血直往脸上涌，李晔开始坐立不安。

理完头，卢克更是魅力逼人，俊朗的他显得更阳光更潇洒。李晔也收拾好了心情，真诚地赞美他说：“不错，让人赏心悦目！”

“是吗？”卢克兴奋地，“只要你高兴，我什么都依着你……”

李晔掩饰着内心的风起云涌，故作平静地，“你嘴巴真甜，你真会哄女孩子……”

“我很多年没有这样哄女孩子了，你让我体会到什么叫一见钟情……”卢克边说边牵住李晔的手，李晔没有挣脱。以为经历过爱情的她可以抵挡任何男人的情感诱惑，可此刻，李晔无法拒绝这份快乐，一路像个小女孩般兴奋而幸福地向卢克介绍各种越南的土特产。其实她也明白，自己也同时遭遇了一见钟情，原来，这感觉如此的浪漫！一刹那的功夫，她甚至做出了舍弃原来的男朋友，跟现在的俊男人远走高飞的决定……

两人有说有笑，终于满载而归，卢克没进自己的房间而是提着大包小包回到李晔的房间。卢克把东西随手放在床上走到床边的沙发坐下。李晔站在床边弯腰把卢克要带回去的东西收拾好，然后直起身拍拍手愉快地对卢克说：“你的东西我帮你装好了，你看还少什么没有？”

卢克起身走到李晔身边，“还少一样东西……”

李晔有些疑惑，“你的东西，我都拣好了，还少什么啊？”

卢克突然就拥住了李晔，在她耳旁呼着热气，“还有我的心，我的心被你偷走了，你要还给我……”卢克湿润温热的嘴唇开始摩擦着李晔的耳根和脖子……

李晔也有些失控地抱住了卢克，边吻他边急急地问：“你有女朋友了吗？你结婚了吗？”

在如此销魂的关键时刻，李晔的问题对卢克多少有些扫兴，但卢克没有停止动作，边吻边喃喃道：“我知道，你这么优秀，身边一定也有男人。其实我也有我自己的生活。可是今晚，我们好好享受，好不好？相信我，我不是那种随便的人，我真的很喜欢你……我想，你的身体也很需要我的，对吗？”

李晔突然挣脱卢克的怀抱，“我给你泡杯茶……”多年的从商让她练就了在任何非常情况下都能自己冷静的本领。

李晔拿着茶壶走进卫生间，把门关了起来。接水时，李晔发现自己的手抖得厉害，心也无法平静下来。听到这男人说有自己生活的一刹那，李晔就明白这男人只想跟自己一夜情。其实身边很多的姐妹，都非常好这手，拿她们的话说，趁着年轻多享受。其实，遇上让自己动心的男人确实不容易，这么煽情的男人，就算不能陪伴终身短暂的快乐也是应该珍惜的。现代的爱情，有谁又可以永远？李晔犹豫着……

卫生间的门外突然传来卢克的声音：“亲爱的，要烧水，水都开啦，你还不出来啊？”卢克充满磁性的男中音让李晔心旌摇曳……这将是一个充满诱惑的夜晚。两个互有好感的热血男女在这寂寞的旅途之夜遇到了一起，不可否认，他们都对彼此动了情，有情作为基础，过上一个激情燃烧的夜晚，然后各自回到自己的生活之中……这似乎也符合现代人对情感快餐和肉欲的需求。

然而，李晔突然想起前不久一个长得像牛粪一样的土财主，在饭桌上喝了一点酒后居然在她和几个男人面前吹嘘，“别看我长成这样，可我什么花朵般的女人都能上，有钱的没钱的漂亮的和不漂亮的，只要你看准她寂寞，不用花钱，不用花感情，只需花力气就可以……哈哈，别看她们在人前一副高傲的样子，其实，只要你厚着脸皮，她就比你还贱……”那天晚上，李晔看着那个牛粪一样喷脏水的男人，恶心地跑到卫生间吐得稀里哗啦的，吐完就中途跑掉了，一路回来还被那土财主恶心着。

可现在李晔突然明白：女人被男人那样轻贱，也不是没有道理的，就像现在，才见面半天，就把自己脱光交给一个陌生的男人，这男人又怎么想自己呢？

李晔从卫生间出来的时候，手已经不再抖，脸上的潮红也已经退去。李晔想，这陌生的男人确实很有杀伤力，不能毫无防备地轻易让他给杀了。交个朋友，相互敬重，相互帮忙，这比什么都重要！

卢克见李晔出来，于是上前欲拥抱，被李晔笑着挡开，“不行。你太诱惑人了，我怕明天我发疯死活不愿离开你，你我都麻烦。”

“那我就不离开，多跟你玩几天！”

“几天过后，我就拖着你过一辈子，你怎么办？”李晔迷人的大眼定定地盯着卢克。

“你还没嫁人？”

“没有。”

“也没男朋友？”

“有了，但如果你肯跟我结婚我就不要他，而跟你走，你要我吗？”

“可是我结婚了，有了一对儿女。其实两个人相爱，又何必在乎形式？在一起快乐比什么都重要……”卢克的笑容已经有些勉强。

李晔从袋子里拿出随身的那本《一米阳光》在卢克面前晃了晃，“知道这本书讲什么吗？”

“不知道。讲什么呢？”卢克淡定而耐心。在他的旅行生涯中，只要他愿意，还没有拒绝过他怀抱的女人，不管她多漂亮多了不起，特别是内地的女孩子。别说是他这样有型有款有钱的年轻商人，就是比自己大几十岁的老人家回到内地都可以随便找漂亮的女孩子过一夜情呢！

“估计你是不会看这种小说的。这本书讲几个年轻人的爱情故事，女主角伊川夏在她最美的年华爱上了一个已婚男人年良修，伊川夏的情感是那样的纯美，她爱那个男人，为了成就他的事业，甚至不惜去做违法的事情。她把自己的身体和情感全给了他，八年如鲜花怒放的青春她献给了一个已婚的男人，最后却被自己爱着的那个男人追杀。当初刚爱上的时候，她一定被那个魅力无穷的男人深深吸引，当时她一定想着：一辈子能轰轰烈烈爱一场也够了，可爱到最后，连命都搭上了……你觉得她那样做值得吗？”

卢克讪讪地笑，“你傻啊？那是小说，是文艺作品。”

“小说也是生活，每个人读书都应该从中学到一些对自己有用的东西。

比如我看这本书，我就悟到：如果两人最终互相伤害，不如一开始就把这份感情往健康的路上引。让真挚的友情滋润我们干渴的心灵，把不健康的爱抹杀在萌芽状态之中……”

“住口，住口！你越说越像大学教授了，这些书真是害人不浅，应该通通烧掉……”卢克开着玩笑，但聪明而有内涵的他已经听明白了李晔在变着法子拒绝自己。

李晔也明白眼前的男人永远不会强迫自己，这样高素质的男人，要跟他胡来，绝对得不偿失。李晔也微笑着住嘴了，只是妩媚地笑着看他。

“跟我说说越南，跟他们做生意你觉得怎么样？”

“其实，现在跟越南，已经没多少生意可做了。我们太近，而且已经做了十几二十年的边贸，很多东西已经没有了差价，除非做实业。”

李晔滔滔不绝地开始跟卢克谈自己对两国贸易的见解和自己的生意经……本来可以过上一个浪漫而激情勃发的夜晚的他们，最终他们都各自在自己的房间里度过。

李晔白天被激情燃烧的心也已经变得很平静。这世界有太多的诱惑了，还是自制点好，给自己心灵留一片绿洲……留一片滋养友谊和爱情的绿洲。

第二天，他们友好地分手。

回到自己的生活轨道，李晔渐渐就忘记了卢克。可是，几个月之后，李晔突然接到卢克的电话，“美女，我要跟你合作一个大项目。明天赶到东兴，我们好好谈判……”这时候的李晔已经准备关闭自己的公司。

李晔应邀赶到东兴与卢克见面。

原来，卢克打算在芒街筹建一家橡胶厂，因为越南有着充足的原材料。他要拉李晔一起做。

“我没钱入股。”李晔说。

“不用你投钱，你用你的人脉入股，占百分之三十五的股份。现在贸易不好做，怎么样也比不上自己有产品好。所以，你也应该由贸易转到实业了。放心吧，我们是最好的哥们，我不会再打你的主意。我们好好合作做事情。”

李晔欣然接受。两人开始忙着找厂址，很快，他们收购了一家旧厂。李晔没想到自己跟这男人在行事风格上居然那样的不谋而合。注入资金后工厂很快就正常运转起来，李晔负责原料的供应和产品的销售环节，卢克负责工厂管理，工厂很快就产生了效益。

两个月后，卢克专程带着娇妻和女儿过来看李晔。卢克的妻子高雅漂亮，温婉迷人。看到李晔，不断夸她："你真能干！你是第一个跟我老公合作的女子，能跟他合作的，他都不当她是女人呢！我老公很佩服你，常在我面前说你是干大事的人……"

渐渐地，卢克夫妇在李晔的生活中就像自己的家人，变得融洽而亲密起来。李晔非常感恩卢克在她人生最低潮的时期拉了自己一把，所以在工厂的利益分配上总是有意让着卢克。卢克看到李晔重情重义的一面，更是打心眼儿里对李晔好。尽管工厂每天都有这样那样的问题，但两人的合作却非常的愉快，生意也越做越好。

常常，李晔就会想起那天晚上，如果那晚放纵自己，这男人肯定只是自己生命中一个无足轻重的过客，过后的事实证明，卢克的内心还是很轻贱轻浮随便的女子的，他也坦承，绝不会与自己有身体之交的女人合作做事情。如果那天晚上有那层关系，也许他们还会联系，但绝不会在生意上再有合作，只有身体之间的合作了。其实，那种没有结果的关系，又何必去碰?

这次的经历也告诉李晔一个真理：很多时候，只要顶住了诱惑，你往往会得到更多的东西。尊重，友谊，乃至事业的转机。

友谊比爱情更长久

男女之间，除了爱情还有真挚的友情。如果你遇上，一定要好好珍惜和回报。很多时候，真挚的友情和亲情比爱情走得更远……

咪咪遇上王立的时候，正是人生中最鲜美的年华。

大三那年，咪咪放暑假回家，晚上跟做汽车生意的姐姐出去应酬，在饭店门口，咪咪看到一位英俊的年轻男人笑容可掬地朝他们走来。当时咪咪几乎被电倒，咪咪从没见过这么英俊这么有魅力的男人！

咪咪的异样连姐姐都感觉到了，姐姐附在她的耳边，“他是房产大亨的儿子，刚从学校出来不久，就掌控着开发区一大片土地的开发权呢！是我们这个城市最年轻最英俊最有魅力的富豪。今晚带你出来，就是想让你认识他的。”

咪咪一下子就羞红了脸，不是因为听到他是富豪的儿子，而是姐姐话语里的含义。姐姐已经嫁人，再遇上好男人她也没机会了，今晚姐姐带自己来，原来是有目的的。

“这是王总，这是我妹妹咪咪。”姐姐给他们介绍。

俊男人向咪咪伸出手，“你好。你真漂亮。”

咪咪激动得一塌糊涂，羞得都不敢抬眼跟俊男人对望。

野味餐馆的酒楼比较隐蔽，要上一座木楼，上楼梯的时候，王立跟姐姐走在前面说笑着。不习惯走这种楼梯的咪咪身子闪了一下，差点崴着脚，没想这轻微的动作却惊动了走在前边正在跟姐姐说笑的王立。

王立立即停住了脚步，转过头，朝跟在他后面的咪咪伸出手来，“这楼梯不好走，小心点……来，叔叔拉你一把。”

咪咪当时又窘又好笑，什么叔叔啊？这男人看起来也就比自己大两三岁，可是咪咪却看到了这腰缠万贯的年轻富豪有颗细腻和非常体贴女孩子的心。

咪咪情不自禁伸出手让王立牵着自己往上走，尽管那颗失常的心几乎要从胸腔里蹿出来，但咪咪却希望这楼梯没有尽头，希望那个让她紧张让他兴奋的男人就这样牵着自己的手朝前走，永远不要停下来。

当然这只是咪咪被那支丘比特的箭射中后出现的幻觉，餐厅很快就到了。

坐在姐姐的身边，姐姐跟她耳语："王立今年26岁，也是刚大学毕业出来两年，素质很不错的，现在富二代中像他那样英俊又有人品的，很少很少……"

其实不用姐姐说咪咪也能感觉到这男人身上有股让自己神魂颠倒的魔力。富二代咪咪也见过很多，在学校就有好几位出身权贵和多金的男人追她，咪咪从没动过心。但现在咪咪却被王立的超强气场深深吸引着。

坐在咪咪对面的王立一边看着咪咪，一边冲着姐姐，"你可真会金屋藏娇，这么漂亮的妹妹都不带出来让我们饱饱眼福。"

姐姐适时地说："我可不敢藏她。她在北京读书呢，这不放假吗？要平时，不说你，老爸老妈望眼欲穿的都看不到她呢！"

俊男人笑眯眯地看着咪咪，"原来是大才女，学什么专业啊？"

咪咪低着头，"财经。"

"哟，未来的理财精英。什么时候毕业啊？毕业了我高薪聘你到我们公司你回不回来啊？"

咪咪这次抬起头，"你要说话算数！我可当你的话是真的！"

就在这一刹那，咪咪决定要跟在这男人的身边。

"一定算数。你要毕业了回我公司，职位随你选，待遇随你提，我一定满足你的要求！"

咪咪很兴奋，咪咪在学校就很瞧不起那些男生，不是娘娘腔的白脸书生，就是长得跟癞蛤蟆似的。今晚终于遇上一位让自己心动的男人了，她决定要为这个男人回到自己这座小城市发展。

一年之后，咪咪回到了王立的公司。王立说话算数，职位任她挑，待遇随她提。本来咪咪学的是财经，她可以选在财务科做理财的工作，但咪咪却选在极具挑战的项目部门工作，待遇上咪咪说公司可按她的工作业绩给她报酬。咪咪就是冲着这个男人来的，待遇多少，她根本不在乎。

咪咪的眼光确实不错。王立真是块经商的料，眼光独特，触觉灵敏。当年还在读大学的王立放暑假回家，无意听到城郊有土地出让，价格便宜，王立建议父亲拿下。父亲当时说那地方太偏不愿意买，王立居然借钱把那一片荒凉之地买下，没想几年后，那片土地成了开发区的黄金地段。王立也成了这个城市里最具实力的地主。城市在大张旗鼓地扩张，王立的房产公司如火如茶。那一年，咪咪23岁，王立27岁。

因为王立特殊的身份和地位，光芒四射的他一直是圈内达官富豪们争着抢的乘龙快婿。

到公司的第三天，王立把咪咪叫到自己的车上，对她说："你以后就扮我的老婆，我有应酬的时候，你跟在我身边，我跟他们介绍你是我老婆……帮帮忙，可不可以？我烦他们整天给我介绍什么女朋友！烦透了！"

咪咪脸红心跳，睁着亮汪汪的大眼看着王立，"帮你的忙，我有什么报酬？"

"如果我们配合得好，你对我又没什么意见，年底我给你转正，名正言顺当我老婆，怎么样？"

咪咪做梦都想不到这个时尚又英俊的男人跟自己求爱和求婚居然像在跟自己谈一笔生意，半点浪漫的情怀都没有。咪咪有些失落，但心里依然高兴：这男人，是多少女人梦寐以求的白马王子，别人求都求不来啊，我怎么可以放弃这么好的机会？

从此咪咪总陪在王立的身边。这个时段，也正是王立事业的高峰期，王立手下一帮保镖跟随着，出去吃个饭前后一大排的轿车跟着护着，而到别的城市还有警车开道和压阵。

跟在王立身边，咪咪体验到了上层社会的奢华生活！

尽管过着奢华的生活，但咪咪还是发现王立身上很多难得的好品质，王立重情重义、讲信誉，在圈内口碑很好，深得客户的敬重。最让咪咪意外的是王立的骨子里居然是个非常传统的男人。

每每看到商场上雷厉风行的女强人，王立总说：女人再强，都应该找个男人来疼自己，太要强了不好。这时候，王立会半开玩笑地跟她说："要是以后你转正了，我可不喜欢你跟她们那样处处逞强。那多累啊！"

有次跟王立在外应酬，一电视台的女主编在餐桌边一根接着一根抽烟。咪咪低头跟王立说："看，那女人抽烟的动作和神态好优雅……"

王立不屑地小声说她："什么优雅？难看死了，你可千万别学……"

其实，咪咪也不喜欢女人抽烟，可她故意逆着王立，"你懂什么？那是一种情调……"

王立很认真地说："什么情调？简直就是颓废和空虚！让人百看百不舒服，讨厌这种女人，没一点淑女的样子。你敢学她我就开除你……"

"都什么年代了？你还这么封建这么老土啊？"咪咪笑他。

“什么年代都好，女人就应该有女人的样子，男人就应该有男人的样子，难道你喜欢有女人腔的男人吗?”

不喜欢。这点咪咪还是非常肯定的。她发现王立在很多立场上都跟自己有共识。随着了解的深入，咪咪更加迷恋这个男人了。

可是王立尽管在人前一口一个老婆地叫着咪咪，但人后王立却对咪咪很规矩，除了开开玩笑，嘴巴胡说八道，却从没任何轻佻的举动。

咪咪隐隐地有些失落，难道自己不够漂亮，不能打动他?咪咪把自己的苦恼告诉姐姐。

姐姐欣喜地抚着她的头，“傻瓜，他那么公开把你介绍给别人，是早就选定你了。我了解他。别看他有那种身份，人很规矩、很传统的。”

咪咪听了很是心安，感觉自己真是世上最幸福的女人。想起平日里王立对自己的呵护和赞赏，咪咪觉得这男人永远属于自己必是无疑的，谁还有条件跟自己竞争?

可咪咪不知道，生活中不会有十全十美的东西，让她突然对王立改变看法是在半年多之后。

那天咪咪跟王立到北京出差。一下飞机，就有一队的小车接他们去了饭店，刚进饭店的包厢，一位明显在T字台上走秀的模特来到王立的身边。她似乎跟王立很熟，说话嗲声嗲气，看王立的眼神充满了挑逗和暧昧……这次，王立没跟他北京的朋友介绍咪咪说是他老婆，只说咪咪是他的助手。然后小声告诉咪咪那模特是他好朋友，他得找她帮忙疏通点关系。接着，王立让自己的保镖先带咪咪到宾馆开房休息。

咪咪第一次任性起来，“我要等你一起走，你既然想避开我，干吗带我来?”

王立有些不高兴地说：“让你先回去你就先回去，今晚我还有非常重要的事情，这直接关系到我们的新项目能不能拿到手。听话，先回去，明天我带你一起见几个大人物。今晚你先自己回去!”王立说着就命令他的心腹保镖把咪咪带离饭店。

走出门时看着那个女模特意味深长而又充满挑衅的目光，咪咪第一次感到心像被锥刺般地疼痛。

咪咪噙着泪水跟保镖离开饭店，去宾馆的路上咪咪脑子里全是那个女模特跟王立亲昵的举止，咪咪忍不住哽咽着问随身的保镖：“王总跟刚才那个女人到底什么关系?”

“是王总的朋友，业务上有来往的，您别多想，王总跟她没什么的……”保镖安慰着咪咪。

咪咪知道自己问王立的心腹保镖这种问题是很多余的，他就是知道内情也不可能对她说什么，但咪咪就是控制不住自己，“我就觉得他们不是一般的朋友！他们一定是很暧昧的关系！”

“像王总这种高富帅的单身男子，哪个女孩见了不想表示暧昧呢？这很正常，最重要的是王总最后要跟谁结婚，我知道王总很在乎你的，所以你不用多想的……”

一句话惊醒了梦中人！是啊，王总什么人？他如此身份的男人怎么可能只属于一个女人?!

别说现在没结婚，就是以后结了婚，他身边飞蛾扑火般的女孩你挡也挡不住啊！现在怎么样自己也还是花容月貌的黄金时期，依然收不住他的心，哪天激情消逝、人老珠黄，就更无法跟人家妙龄女郎竞争了！

咪咪越想越伤心，但咪咪天生就有种不让自己痛苦的本能，想到自身的条件，想到自己如朝霞般刚刚开始的青春，咪咪慢慢就理顺了自己的情绪。

今天来出差的城市是自己待了四年的北京啊！咪咪有着众多的好同学好姐妹在这呢！临行前因为跟在王立身边不想被别人打扰，她甚至连最好的闺蜜都没通知自己要来北京。咪咪擦干眼泪拿出手机拨通那个说了四年悄悄话的死党闺蜜的电话，对方听到她的声音惊呼起来：“天啊！我昨晚梦见你，你今晚就到北京了啊？你在哪儿？我马上过去！”

咪咪跟闺蜜约了几个同学一起疯狂了一个晚上，途中，咪咪心里虽对王立充满了怨恨，但无时无刻不在希望着王立会突然来接自己回去……只要他来接走自己没有跟那个模特过夜，她就原谅他。

可一整晚，王立别说来接她，甚至连电话都没打给她。咪咪出来疯狂的时候，保镖想拦也拦不住，他肯定给王立汇报了。那么，王立这时候的手机要么不开（至于为什么不开，那是不言而喻的事情），要不就是接到电话此时也无暇去顾及她了。不管是什么原因，咪咪都因此想明白了：王立这样的男人，不属于自己，他是属于众女人的！要做他的妻子，只要他还活着，她就要跟别的女人分享他。

咪咪不知道自己将来会怎么想，但目前，她的爱情不愿意跟任何人分享，也不想跟任何人去竞争。咪咪想清楚自己需要什么东西后，心里释然。

第二天王立给她电话，“你昨晚去哪儿了？保镖说你一个晚上都没回宾馆！你在哪儿？我马上过去接你！”

咪咪笑嘻嘻地说：“王总，我这次不能陪在你身边了。我已经到机场了，我准备去上海。”

王立意外又有些恼怒的声音，“你去上海干什么？瞎闹！等着我，我马上去接你！”

咪咪终于见识了这个优秀男人骨子里那种几千年来中国男人最垃圾的那一面：他可以为所欲为，但他不容许她胡来，她是他等着转正的女人！

咪咪狠下声音说：“你就别辛苦了，你就是来接我，我也不会跟你回去！我今天去上海去定了！就像你有你的自由一样，我也是自由人！还有，以后不要再跟别人开玩笑，说我是你老婆。你多几个老婆无所谓，但我未来的老公不喜欢！”

说完咪咪关了手机，她约了几个同学到上海玩，她请客。她要玩个痛快！她要把失恋的痛苦转移掉！

回到家里，咪咪跟姐姐说了自己的决定，她要离开王立。既然不愿意跟他一辈子，凭自己的能力，没必要再帮他打工了。

姐姐先是惊愕，继而惋惜，最后理解了。

于是姐姐给了她一部分的资金，让她自己创业。

离开王立的时候，王立曾极力挽留她，甚至愿意马上跟她结婚。但咪咪拒绝了。她太知道自己了，她不仅仅要婚姻，她还要一个完整的男人，一个可以时时陪伴在自己身边的男人。这个男人也许很普通，但要百分之百只属于她一个。她相信会有一个这样的男人在等着自己。

咪咪离开了王立，可他们都是这个城市里同龄的商人，都是圈子里的朋友。从咪咪离开王立公司的那天起，咪咪就跟王立建立了哥们儿关系。咪咪觉得，王立在很多方面都值得自己学习的，他的诚信，还有他灵活的经商之道。至于他个人情感，咪咪从此不再关心，那是他自己的事情。

分开的他们，反倒成了一对无话不谈的朋友：他要相亲，要咪咪帮参考，遇上难缠的事情，要咪咪去帮解围。咪咪也一样，在生意上遇上什么难解之事或投资之前，总要跟他讨要意见或经验，毕竟他比自己懂得多。

几年之后，咪咪在异地投资实业，由于缺乏经验，投资不仅赢不到半分的利益，还惹了官司。由于地方保护主义，眼看着自己倾家荡产投上千万的机器设备要不回来，这时候，咪咪甚至连打官司、走关系的钱都没有了，连自己的姐姐都被她拖累，变得一穷二白，到了走投无路的地步。

王立知道后，倾尽全力帮她。最终，让她要回了自己的机器，离开是非之地，帮她走过了人生中最难过的一个大坎！

回到同一城市的咪咪沉沦了一些日子后，王立鼓励她重新起步。经过谨慎考察，咪咪又拿着自己的机器到了另一个城市重新建厂经营。

刚起步的那些日子，咪咪亲力亲为，一天工作十几个小时。王立去看她，在宾馆打电话给她，咪咪接了电话说你在宾馆等我，我马上过去。

可是咪咪来到了宾馆，看到床铺就走不动了，跟王立说，你出去找点吃的回来给我，我饿坏了……

我带你出去吃点好的，王立说。

“不，你出去随便找点东西回来。”咪咪说，因为她太累，走不动了。

王立走了出去，可当他回到房间的时候，咪咪已经和衣躺在床上睡熟。

等咪咪醒来，王立正坐在床边的沙发看电视……

“看你这样子，像几个月没睡觉了，做什么都不要太玩命了啊！”王立心疼地说。

咪咪点头，王立兄长般的关切让她感到温暖。

每次王立来看咪咪，他都开间总统套间，咪咪很自然地住里间，王立住外间。晚上，咪咪从不锁门，但王立从不走进她的房间。

咪咪跟王立开玩笑，“你有没有想过跟我上床？”

王立也笑，“不想。我把你当男人了……”

咪咪难过起来，“我做女人真这么失败啊？居然半点女人的魅力都没有……”

王立认真起来，“唉，要说不想，当初怎么会打算娶你做老婆？不过那阶段过去了，现在不敢想了，怕得不偿失。你想想看，要是我们有那种关系，我们还能这么哥们儿吗？”

咪咪点头，不错，要真跟这男人有那种关系，肯定会像当初那样患得患失，也许，连朋友也做不成。

咪咪发誓在自己人生的路上，一定好好珍惜和加倍回报这份哥们儿的情意。

几年后，房地产开始冒出泡沫，王立当年买下的地皮还有一大片放空着。由于城市出台新的政策，原来买的地皮要重新审查办证，这需要一大笔费用，明的暗的，算起来几乎成了天文数字。而这时候由于房地产市场的低迷，王立的公司开始陷入困境。申请的贷款也没到位，他甚至连公司员工的工资都发不了，更不要说重新办理那些地皮的审查费用了。

咪咪这时候，生意刚刚有些起色，经过了几年的努力，投资的实业已经开始有些回报了。知道王立的困境后，咪咪倾其所有，帮助王立重新办理那片土地的相关手续，尽管房地产还低迷，但拥有土地就是这个市场的枭雄！咪咪相信王立会有重新站起来的那一天！

很快，现实就印证了咪咪的判断。半年之后，房产开始升温，土地和房价直线上升，王立的房产公司又开始风生水起了，王立更是加倍地回报着咪咪曾经对他的帮助。

此时的他们都各自有了自己的家庭。生活上极少来往，但关键时候，他们的哥们儿情谊却撼天动地。

有时咪咪跟老公吵架意见不一的时候，也会找王立诉诉苦。此时的王立就会从一个男人的立场劝她多为对方着想。而王立却瞒着老婆在外面又有一个家，情人帮他养了个儿子，他一边顾老婆一边顾情人。有时不堪重负，也向她诉苦。这时候，咪咪总是庆幸当初自己没嫁给他，于是一边骂他自找麻烦一边为他保守秘密，帮他排忧解难。

他们之间没有任何男女之间的暧昧关系，但他们的感情却很深，就像自己的亲人。咪咪经常想，她也许有一天会失去钱财，但她相信自己不会失去人生的这份友谊和温情，咪咪觉得这份情意比金钱更具价值，这何尝不是自己人生中最大的一笔财富！

男女之间，除了爱情还有真挚的友情。如果你遇上，一定要好好珍惜和回报。很多时候，真挚的友情和亲情比爱情走得更远……

第五章 / 让自己变得强大

游戏规则由你定

是啊，青春苦短，缘分稍纵即逝，该爱就爱，该结婚就结婚。至于男人，他怎么爱你，你就怎么爱他。就算一时鬼迷心窍嫁错了郎，哪里跌倒哪里爬起来，拍拍身上的灰尘，洗个热水澡，睡个美容觉，睁开眼睛又是美好的一天。明天新一轮的游戏规则依然由你来制定！

曾有句话在女同胞圈里非常流行：做得好不如嫁得好！

其实这话从古至今一直被很多女人当成游戏规则遵循着。女人之所以比男人更幸运，是可以通过嫁人来改变自己的命运。于是很多女人把自己一辈子的幸福当成赌注全押在男人身上。殊不知，人生的赌局常常出人意料，你百般依赖的那个男人突然就不要你了。所以，你还不如从小就立志流自己的汗，吃自己的饭，穿自己的衣，开自己的车，住自己的房，找自己真正喜欢的男人，所有的游戏规则由你自己来定，那才是你人生必赢的赌局。

婷婷从小生活在农村，在她还上小学的时候，村里那些比自己大的姐姐们一个个辍学到城里打工去了，而且她们一个个都嫁到了城里，至于嫁的什么人就不得而知了。总之那年代，在农村人的眼里，就是在城里嫁个残废人都比在农村生活好得多，更何况，有些女孩子嫁得也还真不错。

婷婷有个堂姐，在城里一家饭店打工，后来饭店的老板看上了她。老板居然把家里的老婆休了，娶她为正室。堂姐结婚那年，婷婷刚读初二。

堂姐为了光宗耀祖，回家大办婚宴。随后又拿着大笔的钱回来给父母和兄弟建造新居，让村里的人好不羡慕。其实当初堂姐出去打工时，连初中都没读完，只是堂姐人漂亮，而且天性聪颖，懂得如何讨人家男人欢心。于是婷婷的母亲不止一次跟婷婷说，你得好好学你堂姐，其实，女人的命好不好跟读多少书没关系的，主要是找个好男人嫁，那这辈子你就不用操心了。看看你堂姐，嫁得多好。我看你读完初中也可以出去打工见见世面，找个跟姐夫那样有本事的男人……

听母亲说这话婷婷心里很难受。觉得母亲目光短浅且很庸俗，但她知道母亲很羡慕堂姐有本事可以拿大把的钱回家给父母兄弟造新居。婷婷没生母亲的气，而是宽母亲的心，“妈，以后我长大了也会让你过上好日子的，不过，你先让我把书读好了。”

婷婷很小就知道，要真正能与城里人平起平坐，甚至超越他们，目前唯一的途径就是书山里那条通往全国各高校的羊肠小道。尽管不好走，但婷婷下定决心一定要走到底，不到目的绝不罢休！

因为婷婷乖巧懂事，很能哄自己的父母开心，婷婷坚持要读书，父母不可能不给她读，而且婷婷的勤奋和好成绩一直也是父母很骄傲的。

婷婷从初中开始就培养自己严谨的生活习惯，并有意识地锻炼自己的意志。初中的时候，婷婷是走读生，学校离家只有五百米，在家里就能听到学校上下课的钟声。

为了让一天劳作的父母能多睡会儿，婷婷每天六点起床，煮一锅够父母和弟妹吃一天的稀饭，同时照顾家里的两头猪和一大群鸡鸭吃早餐。婷婷会一边干活，一边朗朗上口背英语单词、历史地理和语文，每天换一科。

每天晚上，婷婷都会坚持让自己笔直地坐在小凳子上看书做练习题，直到凌晨才去睡，从不分节假日。特别到冬天的时候，天寒地冻的，一家人都围着暖乎乎的一大盆火取暖，而婷婷却坚持远离那盆火，在冰冷的角落里静静地看书。

很多次，家人心疼她，让她到火堆边来看书写作业，他们绝不吵她，但她从不为所动。因为婷婷觉得寒冷的天气更能刺激自己让自己头脑清醒，如果靠在火堆旁边，那种舒适感就会让人昏昏欲睡。所以，婷婷在整个寒冷的冬夜里从不靠近暖融融的火堆。

到周末的时候，婷婷依然坚持夜读的习惯，这时候母亲就干涉她，要她星期天不用看那么晚，早点休息。母亲还说以后早上不用起来干家务活了，又干家务又去学校的，太辛苦了……

但婷婷却对母亲说："不，我要磨炼自己的意志！这点苦算什么？老师说以前那些老红军爬雪山过草地比这不知辛苦多少倍呢！"

听了女儿的话，母亲是既心疼又欣慰。做母亲的，已隐隐觉得女儿这样是对的，她在为自己的一生打好基础呢！

初中毕业，婷婷考上了县里的重点高中。为了提高升学的名额，学校对学生实施的几乎是酷刑般的封闭式管理：早上六点起床，做操、跑步，然后吃早餐；六点四十分要准时到教室早读；中午和晚上各一个小时的吃饭休息，然后继续上课。双休日只能休息半天，节假日继续补课。很多同学为适应这样的生活连头发都白了。但婷婷却很习惯这样的生活，而且如鱼得水，非常的轻松自如。这源于她一贯对自己的磨炼。正因为她适应这样的生活，她的成绩也一直遥遥领先。

在如此繁重的学习任务和封闭式的管理制度中，婷婷还给自己增添了一个磨炼自己意志的项目——冬天洗冷水澡。

每到冬季，学校会向学生供应热水洗澡，但婷婷从来不洗热水澡。她从不去锅炉边的热水冲凉房排队，每天晚上她只在宿舍边的冷水房洗澡。很多同学看着都冷得浑身发抖，不解地问她：这么冷的天，你怎么不用热水洗澡？热水又不用钱，别说不用钱，就是用钱也非得洗热水啊！

婷婷朝同学扮鬼脸，"洗冷水澡好处多着呢：一，可以磨炼自己的意志；二、增强身体的免疫力，预防感冒和各种疾病的侵害；三、美容。洗冷水皮肤更细腻更有弹性，现在可能还看不出效果，但书本上说，再过二十年就很明显了，那时候，我的皮肤只有25岁，你们洗热水澡的就已经是三十八岁了……嘻嘻。"

高中毕业，婷婷如愿考入全国前十的名牌大学。上大学了，学习任务没那么重了，婷婷开始一边学习，一边寻找勤工俭学的渠道，利用课余的时间给自己挣学杂费和生活费。

第一个学期，婷婷只找到做家教的工作，于是常利用课余时间去做家教。暑假的时候，婷婷做三份工作：凌晨三点去发报纸；下午去商场帮厂家推销产品；傍晚还去做两个小时的家教。一个月下来婷婷挣了好几千元的工资，自己解决了下个学期所有的费用，还能给家里寄钱。

其实，读大学的时候婷婷的家庭经济条件已经让她读书无忧了，因为父亲在村里承包的大型水库每年的净利润都有十万以上了，根本就不用她自己筹钱读书，所以家里让她别再辛苦，放假回家好好休息。但婷婷说自己很快就走向社会了，不可能永远靠父母亲。她给自己挑战这种工作的极限，就是想培养自己吃苦耐劳的品格，磨炼自己坚强的意志。中国人太多了，竞争激烈，自己必须要有比别人更好的品格和胆识才可以过上有点档次的生活。

婷婷学的是装潢设计专业。由于学业和技术优秀，二年级的时候，婷婷终于找到一份薪水较高的广告设计的兼职，从这份广告的兼职开始，婷婷开始走进这个市场，于是她也开始涉足各种设计的领域……

那次，系里那位教她英语的教授跟她说准备装修房子，听说她的设计作业非常棒，问能不能为她做个室内设计的效果图。

在听了教授夫妻俩的喜好和愿望后，婷婷很快就为自己的教授做了一份效果图，教授非常喜欢，于是拿给装修公司按图施工。

三个月后，房子装修完工，效果让教授赞叹不已。入住新居那天，教授特意邀请了婷婷，在宾客面前不断赞扬婷婷的设计才华。

可是那天，婷婷看着古色古香的室内装修，再看看外面宽敞的阳台，似乎缺少了些什么东西。

回到宿舍，婷婷开始为教授设计她的阳台，她知道她喜欢田园风光，于是婷婷根据那个大阳台的面积帮教授设计了一个有鸟语花香，又有小桥流水世外桃源式的阳台，婷婷把效果图交给教授，说如果喜欢，都不用装修公司，她和几个同学就可以帮她做出来。

教授看到婷婷的效果图，高兴坏了，让她马上帮自己做，再高的费用她也给。

于是婷婷和几个同学到建材市场买来做假山的艺术石头，到花鸟市场买来喜欢的花草，还有抽水循环的小玩意……开始按设计布置，这些材料都是可以随时变换撤走的，哪天不喜欢了随时可以更换，非常方便实用。

婷婷和几个同学一起只用了五天的业余时间就把阳台给做好了，紧贴着护栏的扁形假山，占的空间很小却错落有致可以假乱真，清澈的泉水从山的深幽处咚咚地冒出来顺着蜿蜒的石头边角往下流淌。小桥流水边迂回的小沟里有小鱼在穿梭，而山水旁边又错落着四季常青的翠绿植物和正在盛开的各种鲜花……

在这都市的混凝土建筑物中，这么有特色的阳台教授还是第一次看到。于是惊奇、赞叹，忍不住就带很多的朋友来观赏。

婷婷也很兴奋，敏锐的触觉让她意识到这是个很有潜力的市场，于是婷婷把这个做好的阳台拍照贴在在自己的博客上，并写上特别的介绍文章。很快，真的就有好几个人给她留言让她帮自己设计自己的阳台。

大学毕业，同学们都忙着找工作，婷婷却凭着这几年勤工俭学的积蓄和对市场的考察，开始筹划着要自己开一家专门为高档住宅楼设计阳台的工作室。

工作室成立伊始，婷婷面临很多的困难：资金不够，客源不足。甚至一些刁钻的客户因为看她年轻，往往在工程完工之后寻找种种理由拒付原来定好的工程款项。好几次，婷婷几乎做不下去，但多年的性格磨炼形成的吃苦耐劳和坚定意志帮了她的忙。回想自己走过的路，只要坚持，总会有成果的。

善于思变的婷婷不断完善自己，克服遇上的重重困难。渐渐地，自己的工作室开始走上了正轨。婷婷招了几个出色的员工，他们工作室非常有特色的设计也渐渐招来了众多的顾客。于是，她的生意越做越大。年少时的磨炼和付出这时候已经变成婷婷人生的另一笔财富，取之不尽，用之不竭。

26岁那年，婷婷没靠任何男人就自己拥有了高档轿车和属于自己的豪宅。婷婷并不觉得自己是成功女人就很了不起，她妩媚又处处为别人着想，她要事业要工作也要爱情。于是围着她转的优秀男人可以编成一个连，痴情于她的成功男人甚至可以把自己的身家性命掏出来给她。

但婷婷最后却选了一个她非常爱的、没什么事业基础的男人走进了婚姻。很多亲朋好友都警告婷婷这样的男人不能嫁！这种男人是扶不上墙的烂泥，哪天你把他扶上墙了，说不定他就转身把你这梯子给踢飞了！

婷婷说，我又不把婚姻当成拯救自己的诺亚方舟，我怕他什么？像你们，嫁个有钱人又怕人家花心婚姻不稳定，嫁个没钱的又怕跟人家吃苦，前怕狼后怕虎的，这辈子都不用嫁了！我才不像你们呢，我想爱就爱，想嫁就嫁，我的幸福我做主！

是啊，青春苦短，缘分稍纵即逝，该爱就爱，该结婚就结婚。至于男人，他怎么爱你，你就怎么爱他。就算一时鬼迷心窍嫁错了郎，哪里跌倒哪里爬起来，拍拍身上的灰尘，洗个热水澡，睡个美容觉，睁开眼睛又是美好的一天。明天新一轮的游戏规则依然由你来制定！

生活垂青不计较之人

生活总会垂青不计较之人，只要你肯吃亏，你一定会收获连你自己都预想不到的惊喜。

小米师大毕业被分到城郊的一所学校。虽然这是一块育人的神圣之地，但小米还是很快领教到了这小小的天地里最世俗的一面。

学校有初中部和高中部，加起来三千多的学生和二十几位老师。没背景长相又一般的小米一到学校，就被校长分到初中部里最差的班，跟一个性格古怪的老头一起负责那个落后班级。因为学校分先进班和落后班。

已在这学校待了几年的一位年轻男教师告诉小米：那个怪老头在学校里一个朋友都没有，原因是太小气、太抠门。所有的集体活动他都不参加，而且他的脾气非常的古怪，一点面子都不给别人，连校长他都不买账，所以他也一直受大家的排挤，包括校长在内，谁都看他不顺眼。年轻的男教师以一种关心的口吻告诫小米跟那老头相处时要小心点。

听了这番话，小米有点怀疑自己是不是真在一所育人的学校里，就几个老师还有这么复杂的人际关系？

小米跟怪老头负责一个班，她是见习班主任，校长特意让怪老头带她。怪老头姓谢，是这个学校的元老，由于他古怪的脾气和用钱方面的吝啬，学校里的老师几乎都在孤立他。连校长也在背后恶狠狠地骂他，“这种人那么省，死了都不用装棺材了，盖张席子就够了！”

小米不喜欢校长的刻薄，她觉得人家怎么用钱那是人家的事情，是他的生活方式，纯属私人生活，跟他的工作毫无关系。相反，小米觉得这位老教师在教学上自有他的一套，而且他的正义感和工作的责任心都很强。只是，他动不动在课堂上骂学生确实不受学生的欢迎。

小米想做个好老师，做个真正合格的好教师。首先，她觉得学校把学生分先进班和落后班是非常错误的。两千多年前我们的教育鼻祖孔子就说过“有教无类”，现在的学校居然把学生分等级，真是文明社会的悲哀和教育史上的耻辱啊！

但小米知道以她目前的能力，她无力去改变这点，除非哪天她自己当了校长。目前她的任务是先做一个合格的好老师。而做个称职的好老师，她觉得先要跟比自己父亲年纪还大的老教师很好地相处，才能把自己的班级管理好。

跟老教师初次接触，老教师就对她有种天然的抗拒，这应该是他多年形成的习惯，他习惯了冷冰冰地对人。

小米不计较。这对她没什么，她从来不跟自己年龄大的人计较。小米虚心地向这位从教了几十年的老教师求教，同时，小米总是有意无意带一些小礼品和家乡捎来的特产给他。不是小米想讨好和贿赂他，而是小米想给他带去朋友亲人般的关怀和温暖。因为小米发现这个怪老头总是孤零零一个人待在学校里，节假日既不回家，也没亲人来看他。别人告诉她，他年轻时太抠门，脾气又不好，老婆离婚了，现在女儿又嫁到国外，所以他身边一个亲人都没有。他是个孤独的老人。

学校里有学生饭堂，不愿吃饭堂伙食的老师每天就把钱交给那个饭堂采购员帮买菜。大家都知道他帮买的菜都有些水分，但谁也不计较，当是给他的辛苦费。因为地处城郊的学校周边没有菜市场，买菜要到两三公里外的市区里。唯独怪老头从不让那个采购员帮买菜，每天都自己骑上几公里的自行车买菜，风雨无阻。这也是大家背后嘲笑和瞧不起怪老头的一个谈资，说怪老头怕自己的钱被那个采购员省了，攒着钱准备带进棺材。

小米在饭堂开饭，她从不自己煮东西。见怪老头每天这么辛苦，她心里其实也不认可他，一点点钱，干吗不放开点。但她却非常尊重他老人家，从不在他背后说他的半句坏话，还常常帮他说好话。说他每天坚持骑自行车对身体有益，值得大家学习。

开学不久，怪老头在一次骑自行车外出买菜途中摔伤了脚。这对他来说是个沉重的打击，从他忧郁和沮丧的脸上就可以看得出来。于是不少讨厌他的人在背后对他落井下石，说看他这下子怎么生活！只有小米不惧任何闲言亲自到他的房间照顾他、安慰他：没关系，班里的工作她会全权负责，他的生活她也会照顾他。

小米开始把自己每天跑步的时间拿来骑车帮老教师买菜。开始，小米总在老教师给那一丁点钱的基础上帮他多买几块钱的菜，给他买好的东西。脚伤的头几天，老教师行动不方便，小米还亲自给他煮饭菜，照顾他的饮食起居，当他是自己的父亲般照顾着。

也许多年来从没有人像小米那样待过自己，怪老头对小米生出一丝丝的关爱和感恩的情怀。于是，在教学上，把自己多年积累的教学经验传授给她。小米觉得这怪老头其实不怪，内心里非常热爱教育事业热爱自己的学生，只是别人不理解他。他是不赞同校长的一些做法才会与大家格格不入。小米发誓要在教学上做出一番成绩，一定做个让学生爱戴的好老师。

小米与大家公认的不可接触的怪老头能融洽相处，让她更加自信自己的处世能力了。

怪老头放手让她做班主任的工作，小米认真而负责。由于她管的是落后班，很多学生干脆破瓶子破摔。所以，班风非常差，课堂纪律就像菜市场，乱哄哄一片。每个任课老师都非常讨厌他们班，谁也不把他们班的同学放心上。

小米觉得，每个孩子的智力都是差不多的，学生学习成绩差不全在学生，更多的因素在老师身上。小米决定要从自身做起。首先，她给学生灌输：上大学不是唯一的人生之路，但目前，学好本领，是每个学生的首要任务。不管以后长大了做什么都离不开知识，能把书本的知识武装到自己的头脑，那就是你的本事。如果来学校不学习，那就白白浪费了自己人生中最宝贵的时间，是在浪费自己的生命！

小米鼓励他们：我相信你们一点不比先进班的同学智力差，只不过你们学习的方法不是很正确，或者你们自己还不够努力。只要方法得当，加上你们的努力，我相信：你们一定会超过先进班级的！

也不知什么缘故，每到小米的课，乱哄哄的教室就会变得特别安静。除了小米是他们的班主任外，他们还非常喜欢这位特别像他们亲姐姐般的年轻老师。小米教的是语文课，她负责整个年级的语文。

小米创出了自己的一套授课方法。刚开始，小米只是针对班里乱哄哄的课堂纪律，在她讲课的时候，学生总是在下面讲话。她于是改变了总是自己在讲台讲课的方法。上午的三节语文课，她做了调整：第一节，她在黑板上把需要学生弄清的课文重点写在黑板上让学生预习；第二节，她利用整整一节课的时间来提问。她明白，初一年级的学生正处于非常敏感和自尊的年龄阶段，除了调皮点，他们还是希望自己能给同学留个好的形象，谁也不愿意自己在课堂上出洋相。

于是，第一节课的预习每个同学都埋头自学，不懂的在她走过身边的时候，会主动问她。第二节课提问的时候，课堂上鸦雀无声，每个人都准备着回答老师的提问。因为他们每个人都认真去自习了，都希望能在课堂上展现一下自己。第三节课，小米才开始讲课，把课文该让学生掌握的内容浓缩在第三节课里。小米惊喜地发现，她的这种方法，不仅增加了学生学习的兴趣，而且，他们的课堂纪律也改变了。小米给他们鼓劲，她相信他们的学习成绩很快就会突飞猛进的！现在才初一年级，什么都刚刚开始，要考个好的学校，现在还来得及……小米对自己学生的好，学生都体会到了，班长对全班同学说：我们不要再给我们的班主任丢脸，至少，努力去学！

出乎大家意料，小米才来半年，她负责的全校最差的那个班（从小学上来他们的成绩是最差的），期终考试总成绩竟然在年级排上第一名，而在全市统一命题的语文考试中，小米负责的班级在全市排了第一名！

老师意外，学生振奋。小米很快在行业中脱颖而出，连校长也对她刮目相看，市教育局还多次组织很多同行的比她老很多的老师来听她的课，还有别的学校在假期请她去讲课。小米的努力开始得到回报。

而小米对怪老头的照顾和敬重，更是换来了让她意料不到的幸福。原来，性格孤僻的怪老头心里一直对小米怀着深深的感激，他非常希望小米这样善良的女孩能有个美好幸福的人生。怪老头有个侄儿，那是个阳光帅气的年轻人，毕业后直接进了政府部门，大好的前途就在眼前，只是一直寻不到自己想要的好姑娘做个伴。怪老头几次亲自登门找侄儿，说他身边有个女孩子，虽然不是绝世美女，但人很可爱、善良有才气，适合做他的妻子。侄儿开始听说不是很漂亮，不是很愿意见面。可是经不起做伯父的缠磨，终于答应见面。

没想到，两个年轻人竟然一见钟情。小米豁达的个性和温润沉静的气质很让对方着迷，两人从一见钟情到牵手婚姻用了不到一年的时间。在送走了自己几拨优秀的学生之后，小米也离开了这个偏僻的学校。因为有更大的学校、更大的发展空间在等着她：一家外资创办的名校高薪邀她加盟。她灿烂的人生又将翻开另一页。

小米始终坚持自己的信仰：自己想要什么，就先付出什么，因为人与人之间的关系，是相互的。如果你想得到对方的友谊，你就先付出真情；如果你想得到对方的尊重，你就先尊重人家；如果你想拥有甜美的爱情，你就先付出自己的真爱。

小米觉得哪怕自己想要的得不到，她也乐于付出。其实很多时候，小米不是刻意要图什么回报，因为在付出的过程中小米觉得心中的那份快乐已是对自己最好的奖赏了。

生活总会垂青不计较之人，只要你肯吃亏，你一定会收获连你自己都预想不到的惊喜。

人格魅力战无不胜

生活中你只管尽心做事、好好做人，上天自有安排，终归会给你满意的回报的。

职场如战场。在这没有硝烟的战场上如何运筹帷幄直接关系着我们手中的饭碗。除了你的学识、工作经验、人脉关系，有一样东西你是必不可少的，那就是你的人格魅力。

学企业管理并有一定工作经验的于贝贝看到那家大型纸业集团下属的一家分公司高薪招聘主管生产的副总经理，于是舍弃现有的工作使出浑身解数去应聘。最终力败群雄，拿到录取通知书。去报到的当天，于贝贝就感觉到来自身边的敌意。在办公室里老总给她介绍另外两位竞争对手的时候，两个年纪稍比她大的男女都是一脸的冷霜。

老总明确告诉她：头三个月是见习阶段，他们每人跟班管理，现在的职务是车间主任。三个月后，根据工作表现，工作突出的那位将被聘为副总。两位竞争不上的依然做车间主任。副总年薪二十万，车间主任年薪十五万。

跟于贝贝竞争副总职位的另外两人，男的叫黄新，女的叫李曼。他们都在这纸业公司工作了好几年，都在基层工作过。两人看上去都比于贝贝老道成熟得多。

黄新在工作上雷厉风行，作风严谨，对工人的管理他奉行“一个萝卜一个坑”的原则。职责明确，奖罚分明。用制度管人，不讲半分的人情。

李曼不仅人长得漂亮，而且头脑很精明，她知道竞争的潜规则：在竞争中取胜，不取决你的工作能力有多强，而取决于领导对你的赏识度。于是只要是老总在场，她总是很会抢镜头，变着法子炫耀自己的工作业绩。在没人的情况下，甚至不惜一切讨好老板，把工作中的过错全推到另外两个竞争对手的头上。

其实老总也不是真正的老板，老总的背后还有人，真正的老板是新加坡人。手下还有另外两个企业，所以在此管理工厂的老总也是老板高薪聘来的，但老总有权选定这个工厂的副总。

这家纸业公司是当地的纳税大户，利润很好，职工的待遇也很好。如果能竞争上副总的职位，年薪就比另外的两位竞争对手高出五万，干几年就可以在江边买一套属于自己的好房子。所以这副总职位明里暗里大家都憋足了劲儿去争。

这家纸业公司原是家国营纸厂，在企业改制中被现在的外资企业收购，车间里一部分是返聘原厂的年轻职工，其他全是重新招工进来的工人。员工队伍比较年轻化，拿老总的话说年轻的好管理。

于贝贝刚进公司的第二天就领教了竞争对手给她的下马威。

那天老总让李曼带于贝贝到车间转一圈，熟悉工厂的环境和工艺流程。李曼表面和气，带着于贝贝在车间走了一圈，用没有多少情感的声调给她简单介绍车间的情况。走到厂区的后门时，一件与工作无关的事情让于贝贝止住了脚步。

厂区的后门是一个很大的铁门，铁门边用油漆写着“职工宿舍”几个大字。很明显，墙的那一边就是原来旧厂的职工宿舍。这个铁门原来就是这家工厂的后门，直接方便职工上下班的。透过铁门可以看到铁门另一边的情况，那些宿舍区都是一排排的平房。低矮的平房里隐约可见那一帮弱势群体普遍的生活窘态。于贝贝想着当初为这国企奉献了整个青春甚至一辈子的那些职工真是非常可怜，让人心生怜悯。

于贝贝边走边在心里感慨着，突然，铁门后面有个五十岁左右的汉子朝她们喊话：“李主任，开一下铁门，让我从工厂里过行吗？我拉的东西太重了，你行行好，方便一下。”

那中年男人在叫李曼。估计后面住的工人都认识李曼，一门之隔的他们都知道公司里的情况，那里也有很多工人在这车间里上班。

于贝贝透过铁门的细缝看过去，那中年汉子用大板车拉着满满一车加工好的铁架子，站在门的那一边。铁门用铁棍闩着，在车间这边可以打开，但宿舍区那边是不可以开的。

中年汉子在那边叫了几声，李曼就是不理他。

于贝贝转身对李曼说：“他在叫你呢！”

李曼没有直接应于贝贝，而是转身朝铁门外的他不耐烦地说：“你不见铁门关着吗？这里不可以走，走你们那边！”

“我拉的东西重，我们这边走出街去太远了。如果我空身，或拉的东西不重，我就不会从这里走的，今天情况特殊，你行行好，照顾一下……”

李曼带着鄙视的神态转回身，对那男人的哀求视而不见、充耳不闻，不再理会那个男人。

于贝贝觉得李曼很过分，为什么不能方便一下别人呢？于贝贝走过去把门的栅栏铁棍拉开，给那汉子打开笨重的铁门，还帮那汉子顺道把车子拉了一下，让车子顺利过了铁门。中年汉子一边感谢于贝贝一边拉着一大板车的铁架子穿过生产区，走出工厂的大门，上街去了。

李曼对于贝贝的行为只是冷眼旁观，没有说什么。

下午准备下班时，于贝贝被叫进了老总的办公室。老总是个年近四十的男人，中等个微胖，神态有些不怒自威。

老总连招呼于贝贝坐下都没招呼，一看于贝贝走进办公室就皱着眉头问：“今天是你开的铁门，让铁门那边的人走进工厂？”

“是啊，我见他拉着很重的东西，我只是想方便一下他。这铁门难道是不可以开的吗？”

老总的脸黑了下来，“当然是不可以开的，这是工厂的管理章程里明文规定的。李曼比你进厂早得多，能开不能开她比你懂。我希望你以后不要再犯这样的错误！”

于贝贝终于明白一定是李曼给老总打自己的小报告了。当时，李曼并没有跟于贝贝说给后面的工人开这铁门有违工厂的规定，也没有阻止她。于贝贝觉得李曼有些卑鄙，但于贝贝也明白在当今的环境中这种恶性竞争也很正常。

“对不起，我不知道这门是不可以开的，能问一下这门为什么不可以开吗？”

“这是工厂管理的需要。后面住的，都是以前工厂的工人。现在公司购买了这家工厂后，没有用原来的工人，所以很多人觉得心里不平衡，很仇视工厂，工厂为了安全起见，严禁他们走进工厂。就算是后面的个别工人在这上下班，也要走远路从正门进入工厂。”

“既然如此，那铁门就应该锁起来。现在这样子谁都可以开，要是当时锁起来我也就开不了。”于贝贝心里有些不痛快，但她没有推说李曼当时没把情况告诉她。

“这门你不开没人会去开，就是住在那边的工人下班了也乖乖走正门回去。厂里的纪律严得很，没人会乱来。后门不锁是方便原材料进厂，有些原材料是从后门进来的。”

“我明白了。这种错误以后不会再犯了。”于贝贝从老总的办公室里走出来。虽有些郁闷，但想起当时开铁门的情景她也不怎么后悔。她相信那是很特殊的情况，特殊情况特殊处理一贯是她的作风。

于贝贝和黄新、李曼一天三班跟班负责车间的生产管理，处理生产中出现的问题。车间正常开机的情况下，一般都不会有什么问题让他们处理，于是班里的产量几乎是衡量这几个管理者工作业绩最重要的表现。但于贝贝觉得一个管理人员，不应该仅仅盯在那些提高产量的工作上。

可是那天就发生了一件很让于贝贝恼火的事情。她去接班的时候，车间里的一幅景象让她惊呆了：由于昨晚半夜一场突如其来的大风暴，暴雨从车间的大门漫进了车间，车间里刚生产出来的好几吨卷好的成品纸全被从门口漫进来和从窗口飘进来的雨水浸泡污染，成了废品。

工人们纷纷向于贝贝告状：这些产品都是上一班留下来的，不处理我们没地方放产品。上一班就是黄新带的班。

于贝贝给黄新打电话，“你怎么回事？昨晚下雨你不知道吗？你让工人把辛苦做出的产品全丢到雨水里？”

黄新喑哑的声音，“怎么丢进雨水？工人们正常生产，产品就放在车间，出来的成品有搬运工，不关他们的事！”

“可是昨晚搬运工没有人上班……”

黄新打断她，“那是另外的工序了，与我们班没关系，大家的职责都很分明的。一个萝卜一个坑，各自负责自己的事情。搬运工造成的错误，你找搬运工！”

于贝贝压住怒火，“不是搬运工的错误，是你的错！你不是当班工人，你是管理者！昨晚搬运工没上班，遇上下那么大的雨，你就不应该让工人继续造纸！应该组织他们把现成的产品运到仓库！现在那些产品全成纸浆了！不及时处理我看要停产半个月！因为清理纸浆会比搬运成品卷纸花上百倍的人力物力！而这些纸浆如果塞到机器里更是难以想象！”

这其实是很严重的生产事故，是因为黄新一贯的冷漠自私和墨守成规的思想造成的管理失误。昨晚那帮搬运工因为工资的问题集体罢工。而突遇暴雨，生产出来的产品堆在车间，当时工人曾问黄新是不是先把产品搬到仓库，但黄新却说那是搬运工的事情，产品被淋湿也是罚搬运工，不关他们的事，让他们继续造纸，然后不断地把崭新的成品纸堆在车间里。

那帮搬运工是临时工，当初就是李曼找来的，黄新恨不得他们出事，然后殃及李曼，那就让他少一个竞争对手。而且，平时李曼跟老总的献媚行为也特让他反感和有压力，觉得在此竞争中自己的性别明显处于劣势。于贝贝年轻又没什么经验，黄新觉得没什么威胁。所以他一心希望李曼出事，却忽视了昨晚那帮搬运工没来上班，正好他当班。他是个管理者，那个搬运的环节也属于他管理的范畴，黄新很快意识到自己工作上的重大失误。如果这件事于贝贝直接跟老总反映，别说他要继续竞争副总的职位，有可能他现在就立即被炒鱿鱼，甚至连工资都领不到，因为他给工厂造成的损失是很严重的！

刚下班的黄新急忙赶往工厂，他要趁着李曼还没来上班求于贝贝帮自己想办法处理好这件事情。

而对于于贝贝，如果现在她找的不是黄新，而是直接把老总叫来工厂，让他看车间里发生的这一切，她就轻而易举地消灭掉一个竞争的对手。但于贝贝不想这么做，她觉得这么做未免太不光明磊落了。工作中总是会有失误的，应该给别人一个机会。可以竞争，也可以成为朋友，朋友之间需要相互帮助相互提高。

对着满头大汗赶来的黄新，于贝贝说："我刚来这城市，对这里的一切都不熟悉。你比我熟，赶紧到外面请一帮搬运工来，把上面能要的搬到仓库，下面被水泡的，趁着还没融化搬到打浆机边回炉，尽可能地减少损失。多找些人来，我现在也让工人停产先搬产品。车间里的这些东西，要在李曼来接班之前清理干净了。"

黄新开始的时候根本不把于贝贝这小丫头放在眼里的，现在他几乎是跪下来要感谢于贝贝了。只要在李曼来上班之前清理掉这一切，只要于贝贝肯帮他，他就会没事。工人们也只会看到因为搬运工没来，两位管理人员合力处理被雨淋的产品，尽快恢复生产。再说，李曼来的时候，工人们也下班了，他们没有交汇点。而老总这几天都在应酬外地来的客户，没有紧急的事情他是不会主动来车间的。

黄新一边擦汗，一边有些不相信地看着于贝贝，"你为什么这么帮我？你没想过要跟老总反映这件事情？"

于贝贝面无表情，"谁工作中没有闪失的时候？错误如果还能自己挽回，就暂时不需要向上面报告。但这样的错误，你我都不要再犯了，再有第二次，谁也帮不了你！还不赶快去找人！"

“谢谢，谢谢你。我马上去找人……”黄新立即跑出去找人。

黄新找回了一帮搬运工，于贝贝对他说，你上了一个晚上的班，肯定很累了，回去休息吧，放心，我下班之前一定把这些东西处理好。

黄新哪能放心回去？他撑着跟工人们一起干活。

那一大堆被雨淋湿的纸，于贝贝在下午下班之前终于清理干净了。

这事之后，黄新很是佩服于贝贝，感觉这个小姑娘处理问题的能力比自己强多了。更重要的是她的人品好，没有落井下石，还给自己机会。这事让黄新深受触动，一种莫名的情愫也在心中萌芽，他打探到于贝贝还没男朋友，就开始在工作和生活上关心和照顾那个让他敬佩让他喜爱的竞争对手。

但李曼却对于贝贝有着明显的敌意。

不久轮到于贝贝当班的时候，锅炉出现了故障，整个生产线都停工了。于贝贝最害怕的就是出现这种生产故障，她焦急地找到当班的机修工，但机修工说，他不会修锅炉，得找专业的人来修。机修工告诉于贝贝，说几个月前这锅炉也坏过，那时候就是李曼找人来修的，让于贝贝找李曼。

于是于贝贝打电话给李曼。电话那边的李曼却冷冰冰地说：“不知道，你自己解决。没有这个能力就不要竞聘这个岗位！”说完啪地放了电话。

于贝贝没想到李曼的态度那么恶劣。其实她于贝贝不一定要做什么副总，当个车间主任也是可以的，不管是副总还是车间主任，都需要大家一条心才可以把这工厂经营好啊！

于贝贝不是全能，她学的是企业管理，也在别的单位做过几年的企管工作，所以她才来应聘这个行业的职位。但她还需要不断摸索不断实践，她需要别人的帮助。于贝贝只好打电话给老总，把情况跟老总汇报。

老总说他出差在外面，一时半会回不来，说上次李曼也遇上同样的事情，她自己都想办法解决了，你自己也想一下办法吧！

于贝贝不得不打电话给刚刚下早班走人的黄新，向他求教。

刚到家的黄新接到于贝贝的电话立即返回工厂。黄新安慰于贝贝，“放心，我一定和你一起解决这个难题。”

看着黄新熬了一夜血红的眼睛，于贝贝非常过意不去，“你不用来工厂，你告诉我去哪里找师傅就可以了。”

黄新怜爱地看着于贝贝，“没关系，有机会跟你一起干活我很开心呢。原来的旧工厂有个老师傅能解决这个难题，不过我们不一定能请得动他……

不过我跟你去试试看，不行再找别的，走吧……”

黄新说着带于贝贝来到那扇通往旧厂区宿舍的车间后门，打开大门领着于贝贝朝那一排低矮的宿舍区走去。

黄新一路告诉于贝贝，“其实这工厂原来有个很精通锅炉的师傅，锅炉出什么状况他很快就能修好。只是公司收购这个厂后，原来的工人凡是四十岁以上的都一律不要了，所以那帮老师傅都很仇视现在的公司，认为他们为工厂贡献了大半辈子，到头来几千块钱就打发他们了。所以现在去求他帮忙不知道他肯不肯帮，而且现在他还自己帮人家揽活，就算肯帮，他肯定也会借机敲诈一笔，而我们又不能自作主张给他太高的维修费。不过你放心，只要他愿意帮忙，超出的费用，我帮公司出。”

在这考验的关键时刻，每个管理者最棘手的就是遇到无法解决的机器故障，这是最考验管理者能力的，甚至直接挂钩那个竞争的副总职位。所以，如果有人能帮于贝贝排除这生产的故障，黄新甚至愿意私自出费用。因为如果按公司的程序要拿笔维修费用，估计要停产几天层层审批才可以找到相关的人来维修。那对于贝贝是非常不利的。

于贝贝感激地说：“怎么能让你出，你这么帮我，我已经很感谢你了。如果那个师傅真的借机抬价，公司又不买账，超出的维修费，我来付。”

一边聊着，他们就到了一间小小的店铺，门口堆着一些加工好的铁架子。

“到了，他就在里面。”黄新小声说着，领着于贝贝走进小店铺。说是小店铺，其实是用铁皮临时搭建的一间小房子。一个男人正举着铁脸罩焊接铁架子，眼前火花四射。

“李师傅早！”黄新大声喊着。

男人停止手上的活儿，转过身子。

于贝贝认出来了，那天李曼第一次带她到车间巡视的时候，她曾经为这男人违规开过那扇后门而被老总批评过，男人也认出了于贝贝。

黄新指着男人对于贝贝说：“这是李师傅，以前管工厂的锅炉，是这方面的专家，有证的，什么故障的锅炉都能修好。”

黄新向李师傅说明来意，李师傅盯着于贝贝问：“姑娘，是你找我，还是这小子找我？”李师傅用手指着黄新。

“是我找您。我现在当班，听黄新说您修锅炉的技术无人能比，所以让他陪我来找您。请您帮帮忙，维修费您要多少我给您。只是希望您能帮我排除我目前的故障，让我能正常生产。”

“好吧，我过去看看。”

李师傅拎着行李袋跟着黄新和于贝贝往车间走的时候，黄新不断地感谢李师傅，李师傅却对黄新说："如果是你找我，我肯定不帮这个忙。我现在是帮这姑娘的忙，这姑娘心好。”

回到锅炉房，看李师傅专心检查锅炉，黄新好奇地问于贝贝："奇怪，他怎么知道你心好？他也不认识你。”

于贝贝笑，“他会看面相。”

于贝贝知道今天李师傅肯帮自己的忙是那次自己给他行那个小方便结下的善果。

黄新突然情意绵绵地看着于贝贝，“你确实面善心慈，要是你不当副总，当我老婆就好了……”

于贝贝脸腾地红了。黄新没等她说话一溜烟跑了。

因为无法开机，于贝贝安排当班的工人在车间和厂区里搞卫生，而她和机修工则帮李师傅扶梯子递工具配合着修锅炉。锅炉房里如蒸笼，汗水和灰尘搞得于贝贝脏兮兮的，脸上也白一块黑一块，正站在锅炉顶上修机器的李师傅更是汗淋淋如落汤鸡。李师傅对于贝贝说，这里太热了，你去外面吧。于贝贝说，不用，我帮你递工具。你还干活呢，我只是站着，没关系的。

正说着话，门口突然走来一个人，来人戴着眼镜，一脸和蔼可亲的表情。一件灰色的绸上衣，一条浅白的裤子，随意却气度不凡。于贝贝想，可能是来要货的客商错走到车间了。

于贝贝热情地说："您是来要货的吧？办公室没人吗？”

男人上下瞧着于贝贝，脸上是温和的微笑，“我随便走走……我在办公室门口看到你的照片，你叫于贝贝吧？今天不开机吗？”

“机器出了点故障，正在赶修。”于贝贝当这男人是客户到车间走走的，于是没怎么理会他。客人却非常有兴趣地站在于贝贝身边，问这问那的。

于贝贝东一句西一句地应着陌生人，一边从袋子里掏钱差使身边的工人去买些点心和饮料给李师傅。

客人带着玩笑的口吻说："这么年轻的主任，很有群众基础嘛，不错！”

听客人这话，正在维修机器的李师傅转过头来对客人说："这姑娘心地好，要是别人去请我，给我多少钱我今天也不来帮他们修这烂机器。”

于贝贝笑着对李师傅说："这就是您的不对了，您干吗跟钱作对呀！”

李师傅坚持说："你不懂的，做人有时候不是仅仅因为钱。再说了，他们也给不了多少钱，钱也不是他们的。我不稀罕那几个钱，要是那个姓李的跟她老总去找我，我绝对不来。上次他们就去找我一次，我没来，后来他们去找别人了。看看，用不到三个月吧？看看，看看他的焊口，故意给你们留隐患呢。这次你看看我修好后能用多久！包你这地方不会再有问题！"

客人一直很有兴趣地站在门口听他们聊天，直到锅炉修好，自动安全检测表检测可以正常开机。

于贝贝问李师傅要多少维修费，李师傅说，我干了三个多钟头，按每个小时五十块钱算，总共一百五十吧。你开张条子我拿去财务领好了，这又不是你的机器，这钱得工厂出。

"我事先没请示领导，所以我开条子在财务是不能领钱的，这钱我给您。您帮人家焊铁架每个小时肯定不止这个钱，我给您三百块。"说着于贝贝从自己的钱包里拿出三百块钱给李师傅。

李师傅拿过钱交代于贝贝锅炉要定期检修，不能等出现问题才处理，更不能带病工作……看着于贝贝送走李师傅，交代工人开机生产，客人好奇地问于贝贝："你怎么自己掏钱给公司修机器呢？干吗不让那个师傅到财务去领呢？"

"原来公司里配有机修工，一般车间里的机器维修都有机修工，没有另外计费的。但锅炉坏了机修工不能修，属于特殊情况。我给经理打电话，他说在外面可能明天才能回来，要等他回来再处理。我想，停工这么长时间工厂损失一定很大，所以就自己找人来修了，我找的人，只能我先给钱啦，我开张白条没有经理签字财务也不给钱的。"

"那你不是很吃亏啊？"客人笑眯眯地瞧着于贝贝。

"不吃亏，工厂给我的待遇很好。想办法解决生产难题是我的职责，不完善的制度，以后慢慢完善。要等经理回来处理，可能要好几天不能生产呢，现在提前这么多时间可以开机生产，我才出三百块钱赚大了。"于贝贝笑着解释。

客人饶有兴趣地缠着于贝贝，"你觉得一个企业怎么管理才能管理好呢？你觉得管理者的文化资历重要还是实践资历重要？"

于贝贝觉得这个人很奇怪，但又不好得罪客户，于是笑道："这是个非常复杂的问题，怎能一两句话说得清？每个成功的企业都有其独到的管理之处。就像日本的管理之神松下幸之助——松下公司的创始人，只有小学三年级的文化程度，但他管理的公司，新产品的研发水准和市场竞争力都是世界一流的。你看他能把自己的企业发展到全世界，而那些哈佛出来的管理者未必有他那样的管理才能。所以成功的企业管理机制都是不可以复制的。不过我认为管理者与被管理者的关系不应该停留在利益关系之上，一个企业的文化核心是很重要的。每个企业都有自己的发展过程，我们的企业也正在往前发展，很多东西还需要不断地完善和健全……”

客人一边听于贝贝说着，一边不断地点头。眼里露出了赏识的神色。

看客人还想跟着自己，于贝贝笑着对客人说：“您到办公楼找销售部，现在应该有人在办公室了。我得忙去了。”

于贝贝说完，撇下客人走进车间爬上窄小的铁楼梯上到车间的二楼检查生产情况。

傍晚，下班回家的于贝贝刚洗完澡收拾好自己，突然就接到老总的电话，要她到和善馆的A包厢，说公司有重要事情要商讨。

等于贝贝来到包厢，老总、李曼、黄新还有刚才看她修锅炉的客人也在那里。于贝贝心里嘀咕，这客人估计是公司的大客户吧？吃个饭还如此兴师动众的。

可是老总却站起来指着客人对于贝贝介绍：“这是我们的沈董事长。他们都认识了，就你还没见过。”

董事长却笑呵呵地说：“见过了。今天我到办公室没见到你，我就到车间走走，认识了我们的于主任，呵呵……”

于贝贝愣住了，原来今天自己怠慢的这客人，竟是这公司的大老板。想起自己白天的态度，于贝贝不安起来，一时有些手足无措。

董事长却一脸温和的微笑，站起来退出位置亲自帮于贝贝挪凳子招呼她，“来，坐，今天你辛苦了……”

老总和李曼呆呆地看着这一切，脸上的表情错综复杂。只有黄新的表情是惊喜而欣慰的。

于贝贝很快镇定下来，大大方方坐下，“谢谢董事长。”坐下来的于贝贝不再说话。

董事长也没再谈工作上的事情，而是兴趣勃勃地谈起当地和新加坡饮食的异同。在吃饭过程中，董事长好几次带着父辈的亲切口吻边给身边的于贝贝介绍那些菜谱的营养价值，边劝她多吃点，还不时地用公用筷子帮她夹菜……

于贝贝觉得董事长这么明显地偏宠自己其他人心里一定很不是滋味，拘谨得头都不敢抬起来，巴不得这餐饭赶紧结束。

离开饭桌的时候，董事长对他们三个说道："你们三人回去后每人写一份关于这个企业在管理方面存在问题的报告，提出整改方案。这个星期之内传到我名片上的邮箱地址，我要亲自过目一下。"

董事长说完递给于贝贝一张名片，说，他们都有了，就你还没有。你有什么好的建议，平时也可以直接跟我沟通。打电话也行，写信也行。

于贝贝礼貌地点点头，"好的。"

和董事长的这次亲密接触，让于贝贝的心既兴奋又有些忐忑。兴奋的是在饭桌上董事长很明显地对自己显露出的关切，忐忑的是白天自己对他的怠慢和一些比较不得体的动作和语言。比如，她在锅炉房灰头灰脸亲自协助李师傅修锅炉，在一些先进的管理体制里，这种管理者对一线工作的亲力亲为并不被看好，而被认为是一种非常原始的管理模式，特别在一些大型的外资企业中更是忌讳。管理者就是决策者，统管着全局，只会动口动笔不动手的。于贝贝觉得自己在董事长的眼里一定是那种没多少魄力的管理者。

想了一个晚上，于贝贝也想通了。董事长对自己的亲切，是因为自己是新人也是这三个竞争管理人员中年龄最小的，又是第一次见面，是出于对自己的礼貌。至于他看好不看好自己，于贝贝不想去想，估计也不是他亲自决定的，更多的应该是老总对自己的评价。据说老总已在这公司多年，跟他的关系非常密切。其实，不管做副总还是做车间主任，于贝贝都觉得很不错，她爱上这家公司了。

日子又过了几天，那天黄新找到于贝贝，对她说："李曼跟老总搞到了一起，很过分，有次在办公室就被我撞见了，那个老总明明是有老婆的。李曼估计就想当那个副总所以不惜自己投怀送抱，我觉得他们作为上下级有这种暧昧关系很不正常，工作中他肯定偏袒李曼，这对我们太不公平了。我很想把这情况告诉董事长，但又怕他说我八卦，效果适得其反。"

于贝贝劝他，"这事情你千万别做，不像男人。其实，李曼也有一定的能力，就是她比较傲气，态度也不是很好，老实说我也不太喜欢她，但是我们不应该说她的坏话。我们都在一个公司，大家都应该同一条心，共同把这企业做好。公司给我们的待遇很不错了，别的不说，就算是对得起这份薪水吧，我们都应该团结一致把生产搞好，所以我觉得这副总谁做都一样的。"

黄新柔和的目光看着于贝贝，"我希望这副总是你做，我打心底里佩服你，我也相信你比谁都做得好。我愿意做你的下手，什么都听你的。”

“谁做副总都无所谓，目前，先把我们的分内工作做好了……”于贝贝把黄新劝走了。

于贝贝是一心想把工作做好的，可是很快她又遇到难题了。

这天刚一接班，锅炉工跑来找她，说要停工了，因为新拉回来的煤没法烧了。

于贝贝到锅炉房一看，锅炉房放煤的房子全堆满了次等的煤块，而且湿度很重。于贝贝知道，煤进厂的渠道都是李曼和老总直接负责的，他们负责这块肯定有回扣。但是这次做得过分啊，拉来的东西湿度这么重，根本没办法烧，竟然没有验收就给进厂了！

于贝贝给李曼打电话，“你要的煤没验收吗？现在整个车间都停工了，没有蒸气造纸。那煤没办法烧，这种煤湿度这么重杂质还这么多，你们竟然拉回来好几车，锅炉工说你们都没来检查验收啊？给钱了吗？”

自上次在饭桌上看着董事长对于贝贝的态度，李曼在于贝贝面前就不敢那样傲慢了。接到于贝贝的电话，李曼立即赶到工厂。李曼虽然负责煤的进场，但这黑乎乎的东西她从来不去碰，要了很多都没什么问题，现在竟然无法烧了，这是她没有想到的。而钱也给了人家，这是很严重的工作失职。如果于贝贝直接把这事跟董事长反映，别说她李曼，就是老总的饭碗都难保。

老总和李曼都有点惶然地来到于贝贝的身边，如果那天董事长没来，或来了不给于贝贝名片，或不对于贝贝显得那样的亲切，也许此刻老总就没有那样的不安和无措。那天董事长的举动，其实也就告诉老总和李曼，于贝贝也有权监督他们，因为他不常来工厂，只能通过他们相互监督来管理这个工厂。如果这煤没有事，老总和李曼是一直可以从里面直接拿厂里不少的原材料款回扣费的。可是现在他们做得太过分了，只要于贝贝跟董事长说一声，这两个人都得滚蛋！

老总第一次有些不自然地对于贝贝说：“对不起，这次真是失误了。这次原材料的钱我来补偿，希望你不要把这事跟董事长说……”

于贝贝觉得这个男人真够混账的，一个月拿公司那么多的工资奖金还贪这种小钱！

于贝贝不客气地说：“你对不起的不是我，是公司。这次的损失你要负责！你现在马上让另外的煤厂拉来质量好的煤，我要马上生产。还有，以后所有的原材料进厂的价格和样品，需要我们四个人商量决定，不能一个人说了算。材料进厂需要有关的技术人员检验合格才能给货款。这点我已经写到我拟的公司管理制度里了。这次的事情我不会告诉董事长，你自己处理好了，但是如果再有下一次，那就对不起了。我既然应聘这个位子，我也要对我的工作负责、对公司负责，皮与毛的关系，相信你也很清楚的。如果这公司办不下去，你我只能重新去找工作了。你不希望这样吧?"

老总不断地点头，站在旁边的李曼也一直低着头，一脸的愧色。

三个月之后，董事长再来工厂的时候，老总、李曼、黄新一致向董事长推荐让于贝贝当副总。他们都愿意愉快地与她配合做好公司的生产工作。

于贝贝在竞得副总的职位之时，也收获了黄新的甜美爱情。虽然黄新是自己的手下，但于贝贝不拒绝这份爱情。黄新在生活上关心和照顾她，工作上佩服她，那种心底里对她的敬重和爱护让于贝贝感到安逸和幸福。

所以生活中你只管尽心做事、好好做人，上天自有安排，终归会给你满意的回报的。

败犬的日子也精彩

好的姻缘除了缘分还需彼此个性的成全，一切随缘。把自己单身的日子过得精彩圆润才不枉来这世上走一遭。

日本女作家酒井顺子的散文集《败犬的远吠》中认定，年过30的未婚女性，无论事业上多么有成就，在职场上如何叱咤风云，只要是未婚，就是人生战场上的一只败犬。

李霞就是这么一只败犬。李霞一直都觉得如果不是自己想要的婚姻，做只败犬一定比那些为了结婚而结婚的胜犬活得更好。

其实没人天生喜欢孤独，渴望有个好的伴侣是每个女孩与生俱来的天性。李霞曾经也很渴望走进婚姻……

27岁那年，感情上兜兜转转的她遇上一个叫苏航的男子。两人一见钟情，疯狂相爱，花前月下，卿卿我我。才认识两个月，两人就不分彼此，相约要相守百年，准备要办个热闹的婚礼。苏航是刑侦队的一个小头目，人长得高大帅气，而他那种很男子汉又有些霸道的爱更是让李霞沉醉。可是这种沉醉还没等她走进婚礼就清醒了。

原来，李霞开了家贸易公司，整天要跟熟悉的和不熟悉的客户来往，有时还不得不违心去应酬客户。而苏航却非常讨厌李霞去跟那些男客人谈什么生意。自他跟李霞谈恋爱开始，他就要李霞转行或不干了，因为他完全有能力养她，现在自己有房有车，且每月除了工资还有创收。她李霞优哉游哉在家里做个小太太根本没问题。他实在太爱她了，他无法忍受她跟别的男人来往，而且，谁知道那些男人会不会动她的邪念?

李霞耐心地对苏航解释：她闲不住，能做份事业也是对自己能力的肯定，她喜欢做事情。李霞许诺：最多以后少去应酬那些男客户，有什么事情就让手下去做，她多点时间陪在他身边。在李霞的撒娇威逼下苏航勉强答应。于是两人继续恩爱甜蜜，不再为这事争吵。

然而，这种甜蜜伴有的异味却越来越浓。苏航总是监视她手机的来电和信息，有时会抢接她的电话，一听是男声立即沉着声说："李霞不在！"

李霞是又气又恼，要不是自己很爱这个男人，早就跟他一拍两散了。李霞再三警告苏航不要再有此举，这种举动会削弱她对他的感情。

苏航哪听得下，职业上习惯性的强悍和霸道他也用到恋爱上了。在他心里李霞是属于他的，也离不开他。他就是看不得她跟别的男人接触。

那天是个下着微雨的星期天，很久没有亲手接生意的李霞接到了一个大客户打来的电话，要她公司代理自己的产品出口，邀请李霞到工厂去参观产品。李霞很兴奋，立即整装待发。

然而，苏航却是一脸的不高兴，"我好不容易休息，你也不在家陪我?"

"正好，你有时间陪我去工厂考察考察，反正在家也是闲着。跟我去嘛，这是个大单子呢，我要亲自出马！"李霞缠着苏航。

禁不住李霞的磨缠，苏航同意跟李霞一起去工厂考察。因为人多，李霞没有开自己的车子，而是用公司里的七座小面包车去。

去的时候，李霞和苏航手牵着手坐在一起，一路上两人都很亲热。可是到了工厂，李霞就顾不上苏航了，因为她一直在跟那位年轻英俊的厂长谈产品的质量和出口的价格以及数量。

工厂在市郊，一切谈妥，李霞很高兴。为感谢厂长给自己这个单子李霞打算请厂长吃饭，所以很热情地拉着厂长上车一起回城。被冷落了大半天的苏航此刻黑着脸坐在车子的后座，等着李霞来安慰他。谁知李霞没跟他坐一起，而是跟厂长坐在前排，两人一路谈笑风生，当然话题都是围着产品转的。

车子直接开到饭店的停车场。下了车，李霞一边跟厂长说着话，一边就很自然地想去牵苏航的手，可她的手刚碰到苏航的手就被狠狠地甩开。李霞转头一看，才发觉苏航脸色不对。李霞正想问个究竟，苏航却独自转身要离开。李霞压着怒火，重新拉他的手，"你去哪儿？快吃饭了。"

没想苏航却狠狠地推了她一把，当时天上正飘着雨，路面很滑，李霞重重地摔到满是雨水的地面上，在场的人都很惊愕。看到她与自己的男友这种状态，厂长和公司的副总有些尴尬地匆匆离开了。

那天，李霞和厂长的饭没吃成，所幸生意还能继续。不幸的是，李霞发现自己在被摔倒的刹那间，几天来一心想要结婚的念头消失得无影无踪了。

再心软再有感情，李霞都很清醒地意识到这个男人不是自己想要的婚姻中的男主角。虽然一下子还无法走出情感的沼泽地，但李霞从此不再跟这男人提及婚姻。缠磨了一段日子，两人终于彻底分手。

其实李霞是不拒绝婚姻的，她只是不想要苏航那样的男人给的婚姻，那样的婚姻一定会把自己给埋葬了。

重归单身，李霞发现一个人的日子也很安逸。自己想干什么就干什么，不受任何人的约束，也不用再照顾任何人的情绪，这其实也是一种很安然的日子。

没有业务的时候，李霞把家收拾得干干净净，然后在自己舒适的家中坐着或躺着看自己喜欢看的书。阅读是李霞最喜欢的一种消遣方式，阅读不仅能充实自己，且能使自己烦乱的心境变得宁静而愉悦。很多时候，她也会自己照着书本上的菜谱烹调各种自己喜欢吃的粤菜，自己品尝。不想一个人的时候，她会约几个好朋友聚聚或者回家看父母。

尽管父母和身边的亲朋好友不断为她已过30依然单身焦急，四处为她张罗对象，可她却不焦急，她渴望恋爱却宁缺毋滥。她一边应酬着父母和亲朋好友的好意一边享受着自己精彩的败犬生活。

由于业务的关系，李霞接触了不少国外的客户，于是李霞要努力把不是自己母语的英语学好。为了学好自己的英文，李霞上网与国外的朋友语音聊天或邮件往来。一个人的日子里她几乎没有时间去孤独。

李霞的业务不断走出国门，她也有了全世界跑的机会。天生貌美而又聪明能干的李霞去到哪儿都会吸引着异性的目光。

那次在法国，一位才24岁的小伙子疯狂地迷上了她。那一年，她已经34岁，开始她觉得年纪相差太远了，不接受这种姐弟恋。她不断地跟那白皮肤灰眼睛的小伙子解释：我比你大很多，我只能做你姐姐。

小伙子却固执地说：不！在我眼里，你只有18岁。你永远只是18岁！

是啊，跟那个国家的同龄女性相比，她就是十几二十岁的人。那些白女人，超过30岁，普遍就发胖，而且皮肤松弛，那层皮好像要跟肉分开似的软塌塌地往下掉，特别是脸上脖子上密密麻麻的雀斑更显老气。相比之下，李霞白皙光滑有弹性的皮肤几乎找不到丝毫岁月的痕迹，窈窕的身段更是那些整天吃汉堡的白女人难以企及的。李霞随意扎着马尾，一身港台的流行装扮，看起来年轻时尚又活泼，在小伙子大卫的眼里，她真的就是十八岁的女孩子。

其实，女人不管在哪个年龄段，都会渴望男人疯狂和纯真的爱情。在大卫疯狂的攻势下，李霞终于妥协，跟大卫在一起。这是一个跟苏航那样的大男子主义完全不一样的男人。西方男子习惯女士优先，尊重别人个性的理念让李霞很享受，她开始喜欢这位浪漫而又热情奔放的西方男子并沉醉于这种别样的恋情之中了。

大卫非常非常爱中国过来的这位小女子，李霞回国后，他不顾一切跑来中国跟李霞一起生活。小伙子的爱如痴如狂，荷尔蒙正旺的大卫带给李霞前所未有的欢愉，李霞也想着要跟大卫结婚。可李霞很清楚自己正陷入热恋的激情之中，很多东西看不清楚，她要让这段恋情慢慢冷却下来再做决定。这岁数的李霞没以前那么容易冲动了，她要看看这西方的小伙子是否适合做自己真正的伴侣。

生活了几年，小伙子是越来越帅，但李霞已近不惑之年。彼此之间的矛盾也慢慢出来了，李霞虽然很喜欢浪漫，但过日子李霞还是喜欢相互彼此照顾着，但大卫似乎没有这种观念。经常地，李霞做好大卫喜欢吃的饭菜，自己来不及上座，业务电话一来，先忙着接电话。每每电话一结束，桌上的饭菜已经被很能吃的大卫一扫而空。李霞说大卫，我还没吃饭呢，你怎么不留点给我？大卫无谓地说：你做得太好吃了，我吃完了，你自己再煮点。当然李霞不是计较这点吃的，但这种西方男人不会体贴不会宠爱女人的习惯让李霞心里不快。

慢慢地，各种矛盾越来越凸显了。经常，李霞白天累了晚上想早点睡，可是精力旺盛的大卫却不顾她的感受，自己上网和看电视到两三点。而且动作和声音也不顾已经睡着的她，常把她吵醒……而平时有个感冒发烧的，大卫也不会嘘寒问暖体贴入微照顾自己，只是礼貌地问声要不要送她去医院，然后就继续玩自己的电脑去了。

李霞慢慢就意识到，如果自己年纪老了要找个伴，她是不能找大卫的。大卫只适合做年轻时候生理旺盛期的性伴侣，不能做生活上的伴侣。于是李霞跟大卫说，你该找个好姑娘成个家了，李霞送他回了自己的国家。开始大卫不愿意，说要跟她结婚。但李霞却很理智地拒绝，并平静地送走了大卫。

人总是有感情的，送走大卫，李霞也沉沦了一段时间，那段日子她总想起仓央嘉措的十诫诗——

第一最好不相见，如此便可不相恋。
第二最好不相知，如此便可不相思。
第三最好不相伴，如此便可不相欠。
第四最好不相惜，如此便可不相忆。

第五最好不相爱，如此便可不相弃。
第六最好不相对，如此便可不相会。
第七最好不相误，如此便可不相负。
第八最好不相许，如此便可不相续。
第九最好不相依，如此便可不相偎。
第十最好不相遇，如此便可不相聚。
但曾相见便相知，相见何如不见时。
安得与君相决绝，免教生死作相思。
……

有自己的事业又喜欢阅读的李霞很快就走过这片情感的沼泽地，恢复了阳光灿烂的心态。她不后悔跟大卫在一起的几年，跟大卫所有的快乐她都储存进了自己的人生银行……

走过这一切，李霞明白，好的姻缘除了缘分还需彼此个性的成全。她也知道很多东西单靠自己的主观愿望是不能实现的，一切随缘随性吧……美好的爱情她不会拒绝，遇上合适的男人她也会走进婚姻，但目前，她首先会把自己的单身日子过得精彩过得圆润，不枉来世上走这一遭。

下卷♡ 婚姻篇

第六章 / 营造和谐家庭

好妈妈，从受孕的那刻开始

亲爱的妈妈们，如果你们真爱自己的宝宝，就从受孕的那刻开始做起吧！

做个好妈妈，让宝宝健康成长，让自己的生命永远延续下去，几乎是每个走进婚姻的女人最基本的愿望。

小云很向往做个幸福又称职的年轻妈妈。还在恋爱的时候，小云就开始督促自己的老公戒烟戒酒，她自己也培养良好的生活习惯。保持心情愉快，该吃的吃该睡的睡，不再像姑娘时为了瘦身而刻意不吃早餐，这不吃那不吃的……决定要小孩的那刻起，小云就把自己养得健康红润。很快，小云如愿怀孕了。

小云和老公都只有二十四五岁，在父母的眼里他们都还是很小的孩子。但现在他们就要做父母亲了，老公也很配合小云，烟酒不沾，包揽所有的家务，精心呵护着小云。小云想做什么想吃什么，老公都会顺着她哄着她。

小云在一家外企公司做文员，公司里都是年轻人。怀孕三四个月的小云还没显山露水，加上是冬天，穿衣服多，谁也看不出。爱美的小云也希望自己多几个月保持漂亮迷人的风采。为了搭配靓丽的服饰，小云平时喜欢把自己的头发染成五颜六色的，小云想，等冬天过去，别人看出自己是大肚婆的时候，自己也快生了，想来怀个孩子不漂亮的时间也就那么几个月。这么一想，小云每天兴高采烈打扮着自己，听着公司里姐妹们的惊叹声，小云得意地在心里美着：她们哪知道自己已是大肚婆了呢？看着年纪比自己大的那些大姐一开始怀孕就变得很狼狈，小云为自己的美丽而自豪。

然而当小云脱去厚厚的冬装，准备向大家炫耀自己即将成为母亲的幸福和自豪时，噩耗却几乎把她击毙。已经有六个月的胎儿检出了畸形，必须马上做引产手术！小云惊呆了，她想不明白，她那么小心呵护的胎儿，怎么就畸形了？

医生告诉她，是她头上那五颜六色的染发水导致了胎儿的畸形。染发剂属一种特殊染料，不但含有一般染料中所具有的化学物质，还含有更复杂的化学成分，这些物质可引起细胞染色体的畸变，从而可诱发皮肤癌、乳腺癌和胎儿畸形。染发剂的某些成分还可使皮肤产生过敏反应。因此，在怀孕期间频繁染发是非常危险的，是绝对要禁止的。

小云听了伤心欲绝，开始怀孕，只知道不吸烟不喝酒，爱美的她从没想过染发也会把自己的孩子给染没了。

医生看小云哭得伤心，安慰她：没关系，你还很年轻，还有机会。做完手术，把身体养好，还可以要个健康的小孩的。下次注意点就行了。怀孕后不仅不可以接触染发剂，还有冷烫精、口红以及含有有害成分的洗涤剂等都是要避免的。

从医院回到家，小云消沉了一段时间。假期结束准备回单位上班的前一天，小云看着镜中自己那张憔悴的脸，突然觉得自己犯的错误自己要勇敢去承担。其实如果当时多些了解，多些孕期的保健知识，也就不会出这意外了。小云振作起来，这次小云发誓不管是否怀孕，都不再去染发和烫发了。原来生活中很多看似美丽的东西潜伏着致命的危险啊！

小云休整了一段时间，心里的阴影慢慢变淡，生个健康宝宝的欲望又变得强烈起来。于是，小云又开始做受孕的准备，每次爱爱，小云都让自己进入最佳的状态。据说在高潮中精子与卵子的结合生出的小孩一定天性快乐，不管如何，双方在高潮中孕育的孩子，一定是最优良最健康的开始。

很快，小云发现自己又怀孕了。这次，小云专门买了很多孕期保健的相关书籍，还专门到医院咨询专业的医生，严格按照医生的要求进行保健。孕期三个月内，禁止重工重活，禁止同房，避免流产。不再接触任何有害的化学物品，不吃药不打针……

这次，小云不再在乎别人怎么看自己。还没显山露水，小云就开始穿着宽松的衣裤、穿着平跟鞋去上班，向所有的人张扬着自己准备做母亲的自豪感。小云发现，身边的同事除了对自己表示祝福，其实对她的穿着打扮根本就不留意。小云这时才明白，过去自己那么在乎外表，其实都是自己太臭美的缘故。想来每个完整的女人都会经历这个阶段，每个男人也都会陪着自己的老婆经历这一阶段，只要是健康的就是最美的！

这次孕期的反应，比上次要强烈得多，情绪也来得很快。小云总觉得身边的老公越来越幼稚，好像什么事情都不会做、什么话都不会说，看着让人心烦。于是，小云对老公总是百看百不顺眼，动辄大发脾气。老公虽然尽力迁就着她，依然有些受不了她突然间变化无常的脾气。年轻的老公也有些受不了，于是总故意找各种借口推迟回家的时间，甚至回到家里也找借口自己太累尽量避免跟她多说话，怕说出的话莫名就会惹火她。

突然有一天，小云就醒悟了，怀个健康的孩子，不仅仅要避免接触有害的物质，保持良好的情绪对胎儿也非常重要，母亲的快乐，一定会遗传给胎儿的。于是小云调整自己的心态，多吃能让自己变得愉快的食物，比如香蕉和各种甜食，看喜剧片，听轻松愉快的音乐，让自己每天都快快乐乐的。这其实也是最好的胎教。

十月怀胎，儿子终于呱呱落地，是个健康红润的大胖小子，哭声洪亮悦耳，一家人都乐坏了。特别是小云，看着那个粉嘟嘟的小生命想居然是自己把他给带到这人世间的，小云觉得神奇而自豪。

当儿子第一次拱着嘴巴含住奶头吸取乳汁的那一刻，小云的心田更是盈满了母爱。那种快乐和自豪溢满了心间……

小云发现，自己一下子就变得懂事多了。原来很任性的她，心里突然就变平和变宽容了。父母亲和公婆都还在上班，爷爷奶奶老了，为了更好地照顾小孩，家人给小云请了一个保姆。小保姆从农村来，很多东西不会做或做得不合小云的意，小云只好自己动手，带孩子、做家务，小云乐此不疲。

很快，几个月的产假就结束了，小云得去上班了。公司离家几公里，中午不能回家，只能等到下晚班。一连几天，每天忍着乳房的胀痛，回家看着哭得眼睛红肿的儿子，小云都很揪心。

第三天开始，小云发现儿子哭闹不止、烦躁不安。换衣服时，发现儿子的皮肤红肿起麻疹，小云立即请假带儿子去医院看，医生说是皮肤过敏了，估计接触的衣服不干净。

回到家里，小云立即把儿子身上的衣服换下来。这几天洗衣机出了故障，还来不及换新的，所以小孩所有的衣服都得先用手洗。小云刚把儿子的衣服放进清水里，清澈的水里便冒出很多的泡泡。这几天，儿子的衣服都是小保姆给洗的，很显然，衣服上的洗衣粉没有冲干净。小云找来保姆，保姆向她承认，洗衣机坏掉后，她用手洗的衣服，泡过洗衣粉后，都是过一次水她就把衣服给晒起来了。而且她洗小孩的衣服都是用大人的洗衣粉，没有用她买回的婴儿专用的洗涤剂。

原来儿子的皮肤过敏就是这么来的，联想起平时小保姆种种让自己不满的表现，小云坚决地辞退了保姆。

可是请新的保姆却成了难题，通过各种渠道请了几个依然不如意，小云突然就想着，其实有谁会比自己照顾孩子更好呢？正在此时，在美国的同学给小云发来了一篇关于美国家庭和中国家庭育儿的文章，文章的大意是：美国人都有个信念，自己生的孩子一定要自己带。很多职业妇女，在孩子生下来后的最初几年，都基本完全“牺牲”自己的事业，全身心地投入带孩子的事务中。当然，留在家里带孩子绝不是完全出于信念，更多的母亲还是出于自愿，以此为乐，一天不和孩子在一起就过不去。在孩子最需要母爱的关键时刻给了孩子无微不至的爱，以此奠定了孩子快乐自信的天性。而中国的母亲一般把孩子生下来后就丢给老人或保姆带，在幼儿最需要母亲爱抚的关键时刻忽略了他们的精神需求，给幼儿埋下许多不健康的心理隐患。不同的环境成长的孩子有着本质上的区别，美国孩子见人就笑，充满灵气，而中国孩子（包括好多亚洲孩子）一般不但不爱和人有目光交流，更少有笑脸相迎的。

儿童心理学的研究早已证明了一个事实：儿童期的成长，是一个人的人生基础。一个在有足够的父母爱护（尤其是母爱）下长大的人，心理会比那些没有得到父爱母爱的人更健康。

这篇文章，很让小云触动，思量再三，小云决定辞职回家做全职太太，在孩子三岁入托之前，在其性格形成智力开发的最佳时段，自己亲自照顾和培养自己的儿子，让儿子真正健康快乐成长。只要儿子将来有个快乐的人生，就是自己一辈子最成功的事业。更重要的是，孩子会很快长大，需要母亲时刻陪在身边的时光并不是很多，以后儿子长大了，就不会在自己的身边了，所以小云觉得更要珍惜跟儿子在一起的这份快乐。

尽管照顾孩子有很多的艰辛，但小云乐此不疲……也许，在三年之后，自己再走进社会的时候，会遇上各种各样的问题，但小云不在乎，能养育一个健康快乐的儿子，是她快乐人生中最成功的事业。再说了，儿子三岁的时候，她才二十八岁。重新融入社会，对她来说绝不是难事。小云的决定得到了老公和家人的支持。

小云的选择是对的。心理学家弗洛姆在《爱的艺术》中阐述：婴儿在母胎中是一种“无知无觉”的、“混沌”的安全状态，而人被生下来脱离母体后，就产生了不可避免的孤独感。所以，如果在人的初期，有了（父）母亲的精心的看护，包括母亲的身体接触、抚摸，人的孤独无助感就会相对减弱，人的心态就会更健康。这就是为什么孩子最早的那几年和父母在一起非常重要的原因。

在“全职母亲”的照顾下长大的孩子，由于一生下来就得到了人最重要的东西——爱，他们在以后的成长中会有别人完全不具备的人格优势。首先，他们不会贪婪，因为他们的情感储存非常充分，不需要多余的身外之物来充实自我；其次，他们比别人更自信，因为他们一生下来就被母亲欣赏，从一开始就知道了自己的生命很有价值；再次，由于前面的两个优点：天然的满足感和自信，他们的心理会更健康，应付生活不测的能力就更强。

所以，亲爱的妈妈们，如果你们真爱自己的宝宝，就从受孕的那刻开始做起吧！

温暖的家就是天堂

是的，其实没什么天堂，如果有，那就是把自己的家经营好点，温暖的家，就是自己的天堂。

丽娟离开学校的第二个月便迫不及待地嫁给了大学的同班同学大明。那一年，她刚二十二岁。

婚后一年丽娟便怀孕。她怀孕四个月的时候，单位有个名额让她去上海学习两年，回来就可以在重要的岗位工作。刚从学校出来的她各方面都很优秀，是领导的重点培养对象。

怀孕四个月，还不怎么显山露水，丽娟想去把孩子打掉，这次学习对自己的前途实在太重要了。可回到家里，老公死活不同意，说你怎么忍心为了去学习而不要孩子？在他们争吵的时候，腹中的胎儿似乎有了感应，开始在肚子里表示抗议，第一次让丽娟感受到了生命的躁动，于是，丽娟也不舍了，怎么可以不要自己的孩子呢？

就这样，丽娟放弃了去学习的机会，一心一意地承担起将为人母的重任。几个月后，儿子呱呱落地。

分娩的阵痛过后，看着身边健康粉白的大胖儿子，李娟很是欣慰，初做母亲的她满心的喜悦和幸福。

可是很快，这种幸福感就被淹没在生活的辛酸洪流之中……

还在坐月子的时候，没有老人照顾的丽娟很希望老公能多照顾自己一点儿，可是老公居然也像个大孩子般需要她的照顾。睡觉要按时睡，小孩半夜哭闹，他也会心烦气躁，居然责怪丽娟不会带孩子，影响他的休息，好像儿子是丽娟一人的，跟他没关系。于是丽娟跟他大吵，跟着孩子又哭又闹。哭闹过后，老公又像哄小孩般哄她。好了几天又吵，不断地恶性循环。感情也在不断的争吵中被磨掉……

因为没有老人的照顾，丽娟在准备休完产假的时候找个保姆。本来这是应该老公为她操心的，可老公却显得束手无策。最后丽娟自己找人来了，老公却横挑眉毛竖挑眼的，竟然一连赶走了三个保姆，而且是趁着她不在的时候。理由只有一个，说人家小保姆没有知识。丽娟听了几乎要昏过去，丽娟朝男人吼："如果人家是大学生，会来你这个一穷二白的家里带小孩做保姆吗?"

可是老公却很固执，"带小孩的人没有知识会影响小孩的成长，我不一定要大学生，但至少有点文化吧，可是你请的都是贫困山区里没读过书的女孩子，连数字都不会看，怎么带小孩?"

"那你请个有知识的来啊！你干吗不给我找个有知识的来?"

丽娟一边哭喊着一边就想和老公大打出手。

由于请不到保姆，丽娟不得不向单位请长假，直至小孩一岁半能进单位的半托幼儿园为止。

等她重新去上班的时候，一切都不一样了。由于单位重组，加上失去去学习的好机会以及长时间的休假，丽娟被分流了，调到下属一个效益很不好的单位，每天的工作量很大，但到月底的时候却拿不到多少工资。丽娟觉得自己的青春、自己的事业都让婚姻给剥夺了。

因为老公的单位效益也不好，于是两人的日子过得紧巴巴的。养育儿子的各种开支，更是让丽娟过早地尝到生活的琐碎与艰辛，既要加班加点地工作，又要照顾好老公和孩子，本来娇嫩如水的她很快就变成了干瘪瘪的少妇。

面对整天哭闹的儿子和已经没有多少激情的丈夫，丽娟常常怨气冲天，看着自己的姐妹还如十八岁般地靓丽就悲叹自己的命苦。特别看着那些还未嫁人的小姐妹们得意幸福地在男人之间穿梭，享尽浪漫与时尚，就常常后悔自己走进家庭实在是走得太快了！丽娟常常感叹，婚姻是爱情的坟墓，还是单身好。自由自在，可以神游四方，可以随意跟哪个男人一起浪漫，一人吃饱全家不饿……

本来以为结了婚会很幸福，没想到，婚姻给她带来的是束缚、是苦恼、是两人个性差异带来的痛苦磨合。各种各样的矛盾总是一触即发。

最让丽娟痛恨的是老公很少帮她分担家务。这也罢了，他还常常独自一人跟一帮哥们儿在外面喝得醉醺醺地回家，回到家里有时还借酒拿丽娟撒气，好几次，丽娟都有离婚的念头了。可是酒醒后的老公不断道歉，于是，日子还得过下去。丽娟忙着工作，回到家里，除了照顾自己，还得照顾老公孩子，什么都得为他们考虑，于是丽娟常常就想着：以前一个人生活多好啊，干吗要结婚，干吗要找罪来受啊?

每天忙忙碌碌，为照顾这个家，丽娟还没怎么享受青春的浪漫，青春转眼就没了。于是丽娟的心里总是有种很不平衡的感觉，觉得这个婚姻除了给自己带来负担带来苦恼，没给自己带来什么幸福。

日子在磕磕碰碰中走过，一转眼，孩子要上学前班了，丽娟也三十岁了，过早的辛劳让她的眼角有了细碎的鱼尾纹。没有老人在身边的丽娟自己一把屎一把尿地把儿子拉扯大。尽管也有过做母亲的自豪和幸福感，可更多的是婚姻带来的琐碎、艰辛和烦恼。

这天，老公又跟一帮哥们儿出去喝酒，可是家里一大堆事情，小孩哭闹，而自己又没办法煮饭菜，于是，丽娟打电话要老公马上回来！

可是电话那头老公却说今天是一哥们儿的酒店开张，他不能扫大家的兴。丽娟气得不行，朝他吼着如果不马上回家今晚就不用回来了！

过了凌晨12点老公还不回来，丽娟一怒之下把门反锁了，老公回来时，她坚决不开门。

喝了很多酒的老公几乎把门踢烂，进门之后还动手打了丽娟，责问她什么不开门。忍了很久的丽娟在小孩恐惧的哭喊声中抡起拳头朝老公那张被酒精烧红的脸就是一拳！两人相互厮打，直打到双方都趴在地上。

这次，丽娟不哭。她除了愤怒，一点也不伤心了。因为她决定要离婚！

酒醒后的老公不断地忏悔、求和，但丽娟就是坚持要离婚。丽娟希望他们是协议离婚，可是老公就是死活不同意。丽娟又不忍心上法院，如果闹上法院，两人都撕破了脸皮而且还要花一笔钱。

那天极度苦闷的丽娟扔下老公孩子一个人离开了家，跑到一位一直没结婚的闺蜜小方身边诉苦。

丽娟很羡慕小方，小方一直都在谈恋爱，得到了众多男人的宠爱。想去哪儿玩，说一声就有男人带她去，可谓享尽了青春的浪漫和幸福，不像自己，早早就为人妻为人母，整天被束缚着。根本没有任何机会再享受这世界的精彩。

小方静静听着丽娟诉苦……

等丽娟倒完了满肚子的苦水，小方说："记得围城里的那句名言吗？城里的人想出来，城外的人想进去。是啊，结婚仿佛金漆的鸟笼，笼子外面的鸟想住进去，笼内的鸟想飞出来。其实，你看着我这么自由自在的，可是夜深人静的时候，你又如何能体会一个人的孤独和寂寞？也不是一个人独自待着就是不寂寞的，正因为没有可以走进婚姻的男人，才使我至今还单身着。

现在，跟我同龄的优秀男人几乎都已经结婚了，找到适合自己的就更难了，估计这样下去我就是剩女了。

你根本不知道，很多时候我是很羡慕你的，有老公有儿子，虽然不是很完美，但终归有个温暖的家，家里有两个男人爱着你。我呢？虽然有过很多爱我的男人，可现在他们都有自己的女人了，所有的情感都已经远去，剩下的只有无边的寂寞，心烦的时候，想找个人吵架都没有。我特别怕过节假日，特别害怕自己身体不舒服，感觉自己一个人特别的凄凉……"

整天为家庭琐事烦恼的丽娟倒是没想过这个问题。是啊，节假日那种热热闹闹的场景还是挺温馨的。带儿子虽然辛苦，但儿子还算是懂事的，平时看到她不高兴时会变得很乖，懂得哄她开心，还常常伸出胖乎乎的小手搂着她的头，"你是我的好妈妈，我爱你……"平时有个感冒发烧的，老公也还是很照顾和体贴自己的。特别这几天，老公处处讨好自己，不吃不喝不睡地担心着自己会离开他……想到这，丽娟觉得好像也没那么痛苦了。

聊到最后，小方说，我最近学会了一首歌，我唱给你听，非常有哲理，你慢慢品味：

是 Charlene 的歌，歌名叫《I've Never Been To Me》。（我不曾找到自我）

Hey lady, you, lady, cursing at your life
嘿，女郎，你啊女郎,你对生命充满怨恨
You're a discontented mother and a regimented wife
你是个不满现实的母亲，是个失去自由的妻子
I've no doubt you dream about the things you'll never do
我深信你梦想着那些你永远无法做的事
But I wish someone had talked to me like I wanna talk to you
但我真希望有人曾经对我说过现在我想告诉你的事
I've been to Georgia and California, anywhere I could run
啊，我曾到过乔治亚州、到过加州，还有任何我可以去到的地方
Took the hand of a preach man and we made love in the sun
我牵过一个神职男人的手，一起在阳光下缠绵
But I ran out of places and friendly faces
但如今我已无处可去，也没有朋友

Because I had to be free

只因为当初我非得自由

I've been to paradise, but I've never been to me

我曾经到过天堂，但我从未找到过自我

Please lady, please, lady, don't just walk away

求求你,女郎求求你，别就这样走开

Cause I have this need to tell you why I'm all alone today

因为我希望能告诉你，为什么今天我会如此孤独

I can see so much of me still living in your eyes

我可以在你的眼中看到太多过去的我

Won't you share a part of a weary heart that has lived a million lies

可否请你分享一些我这曾经活在千万谎言中的疲倦心情

Oh,I've been to Niece and the Isle of Greece

啊，我曾到过尼斯和希腊的岛屿

While I sipped champagne on a yacht

坐在游艇上啜饮着香槟

I've moved like Harlow in Monte Carlo and showed 'em what I've got

我曾像是珍哈露般的款摆在蒙地卡罗，秀着我的本钱

I've been undressed by kings

我曾被王侯宽衣解带

And I've seen some things that a woman ain't supposed to see

看过好些普通女人看不到的事情

I've been to paradise But I've never been to me

我曾经到过天堂但我从未找到过自我

(独白)：

Hey, you know what paradise is? It's a lie

嘿，你知道天堂是什么？那是个谎言

A fantasy we create about people and places as we'd like them to be

一种我们创造出来，所有人和所有地方都尽如我们期望的幻想

But you know what truth is?

但你知道真实是什么吗?

It's that little baby you're holding

那就是那个你怀抱中的小宝宝

And it's that man you fought with this morning

那就是那个今天早上你跟他吵架

the same one you're going to make love with tonight

而今晚又将与他缠绵的同一个男人

That's truth, that's love

那就是真实，那就是爱

Sometimes I've been to crying for unborn children

有时候我曾经为了那我从未生过

that might have made me complete

或许可以让我成为完整女人的孩子而哭泣

But I, I took the sweet life

但我选择了甜蜜的生活

I never knew I'd be bitter from the sweet

我从不知道有一天我会由甜转为苦

I spent my life exploring the subtle whoring that cost too much to be free

我曾浪费我的生命，探索着那种让我付出太高代价的、人尽可夫的自由生活

Hey lady, I've been to paradise But I've never been to me

嘿，女郎，我曾经到过天堂但我从未找到过自我

……

丽娟和小方学的都是英语专业，两人的英文都很棒。小方的英文歌唱得非常有味道，很入情。

歌唱完，小方看着丽娟，“你听懂了吧？这首歌讲的就是歌者在劝说一个对生活充满抱怨的女士。因为她从她身上看到了很多自己过去的影子，忍不住提出了一些忠告。她曾经有过放浪形骸的过往，走遍整个世界，凭着自己的青春美貌，享受着犹如天堂一般的快乐时光。王公贵族，甚至神职人员，都曾经是她的“入幕之宾”，但是到头来，她却只落得一场空，连个肯友善相待的人都没有。或许她到过天堂，但是她从未找到过自我，请不要重

蹈她的覆辙。

丽娟听得有些恍惚，原来，人生就这么简单。不管选择什么样的生活，都会付出相应的代价。想想也是，当初还没结婚的时候，总希望两人能相守一辈子，现在在一起，却因为生活的平淡琐碎而抱怨不已。丽娟突然就想：如果自己今天还没结婚，那又会怎样呢？会不会也有歌者的那惶然无依的凄楚心境？如果拿歌者所描述的那份经历来跟自己换丈夫和可爱的儿子，她突然就不愿换了，其实丈夫和孩子，已经深深融入她的生命之中了。

看着调了无声的手机显示的一连串未接电话，和一大堆的忏悔和思念她的信息，丽娟坐不住了。那些电话和信息都是老公给她的，其中有一条信息："亲爱的，我知道嫁给我你受了很多很多的委屈，都是我不好。我该打！可是我真的爱你，我不想跟你离婚。如果家庭生活让你太累了，我希望你能找个地方一个人好好休息，或出去玩玩。你放心，我会把我们的儿子带好的，我们爷俩都很爱你、想你。儿子总是问我，妈妈去哪了？我哄他说妈妈去帮宝宝买玩具去了……亲爱的，不要抛弃我们爷俩好吗？不管你在哪里，你只需给我回几个字，让我知道你平安就可以了……"

丽娟的泪水落了下来。现在，她是那样地思念起天真可爱的儿子，心疼起那个苦巴巴地盼着自己回家的那个男人。其实，自己已经离不开他们了，只有他们的存在，才能丰满自己的生命啊。

是的，其实没什么天堂，如果有，那就是把自己的家经营好点，温暖的家，就是自己的天堂。

夫妻间没有对与错

结婚证一拿到手，美灵就发觉原来那个把自己捧在手心的男人变了样，像换了个人，从男朋友荣升为正牌老公的他再也不那么在乎她的感受了。而且，美灵发现婚后的他们，观点和做法总是南辕北辙，谁也说服不了谁。不出几个月，两人就争吵不断。有时两人好好地依偎在沙发上看电视，可是看着看着，居然会因为电视画面中的某个情节吵起来，本来是虚构的故事竟让他们吵得面红耳赤，以至于上到床上两人也背靠背，互生闷气。

最让美灵受不了的是老公在外斯斯文文、唯唯诺诺的，可是回到家里便当自己是皇帝，总是喜欢对美灵发号施令，总希望美灵什么都听他的。美灵心里非常不服，于是两人经常因为鸡毛蒜皮的小事情吵个不停。有时候烦恼的美灵甚至想到要离婚，可是冷静下来一想，老公也并非一无是处。至少他顾家、情感专一，很多时候，他也是蛮照顾自己的，如果换成另外一个男人，也许也会有着这样那样的缺点，所以，离婚的念头就暂时被打消了。

可是两人的意见为什么总是那么不一致，而且谁也不愿意让谁呢？美灵真的很苦恼。

吵得最厉害的是那次——汶川地震后出现的范跑跑事件，老公居然觉得范跑跑的做法是对的。而美灵觉得在生死关头，一个连自己的母亲都不顾的人实在是太可恶了！而老公居然是站在他那边的！

美灵觉得这是大是大非的人生观问题。于是美灵问老公：如果现在发生地震，你是不是连我也不顾就自己跑了？

老公说，如果真发生地震，你马上往外跑，千万别想着顾我，生死的那一刻，顾不上别人的！

“就是说你不顾我了？原来你是这么自私的人，我才没你那么自私呢！真有那一刻，我是会先找到你然后跟你一起逃出去，我绝对不会只顾我自己的！”美灵说这话的时候很委屈而且还很气愤。

那时候，尽管他们离汶川很远，但他们那个地方却有着种种地震的传闻，因为离他们只有两百多公里的海边城市有一个干枯的水井突然间冒出浑浊的开水，还有很多青蛙迁移，一时间各种地震的传闻以各种形式传到人们的耳朵里，搞得人心惶惶的。所以他们觉得随时都会有地震发生。于是在谈论这个问题的时候，男人特别的认真，不断坚持：如果真有地震，要她一定不顾一切往外逃，千万别顾他，他也会不顾一切往外逃的，这时候自己照顾好自己就是最好地为对方着想。

两人吵到最后，美灵竟然伤心地哭起来，美灵想原来自己嫁的男人是这样的自私，居然在关键时刻会不顾自己。男人看到她哭就有些不耐烦：其实我们吵这个问题都非常的无聊，谁知道那一刻我们会怎样？我只是想让你明白，当灾难来临，我们都要第一时间保护自己的生命！这个问题的讨论也值得你哭？

其实美灵只想要老公一句：亲爱的，当灾难来临，我一定会跟你在一起，一起逃出去。如果逃不出去，我宁愿陪着你死也不会自己逃出去的。但老公一直没说，所以美灵越想就越绝望，心里突然就对这男人产生了非常反感的情绪。

之后，不管老公说什么，只要一说话，美灵就跟他唱反调，尽管有时候老公说的都是事实、都很在理，美灵也说到一边去。很多时候，老公交代她做的事情，她不仅不按他的方法去做，还故意对着干。于是，两人的矛盾不断升级，有时老公火了甚至会跟她动手。

那次动手，是因为很简单的一件事情。美灵跟老公在街边乱逛，看到卖烤红薯的，美灵买了两个烤红薯，一人一个，美灵就在街上边走边吃。

于是老公说她：“回家再吃吧，路上吃东西太不文雅，而且灰尘很大。”

美灵边吃边顶撞他，“我最讨厌你什么都管我！现在热乎乎的吃多好吃，回到家都凉了。我当街吃红薯怎么啦？这是浪漫！你以后别管我！不愿意跟你出来就这样，什么都管我！你太不是男人了！”

美灵最后一句话显然很伤男人的自尊，男人冒火地吼：“你怎么越来越像泼妇了？我不过建议一下，你就乱骂人了！这辈子遇上你够倒霉的！”

美灵一听这话，一把丢掉手上香喷喷的烤红薯，一心一意地跟身边的男人吵起来，“我嫁给你更加倒霉！倒八辈子的霉了！离婚！回家就离！”

两人一路吵着回家。男人是个非常要面子的人，一路憋着的那口气回到家里立即爆发，他一把卡住美灵的脖子，恶狠狠地说：“你为什么这么犟？你认不认输？”男人想用暴力征服美灵，被美灵用鞋跟狠狠地踩了一下脚，男人放开了她，于是两人大打出手……

平息下来后，男人主动求和了，但美灵却坚持要离婚。因为她觉得这日子实在是过不下去了！

那天早上，美灵红肿着眼睛去上班，因为她整整哭了一个晚上，哭得眼睛都变形了，差点睁不开。

美灵的办公室里有一位大她十几岁的男同事，男同事姓赵，美灵一直叫他赵大哥。美灵一直当这位大哥是自己很亲的兄长，因为他总是很和蔼很平和很安详，赵大哥也一直把她当成自己的亲妹妹。看她情绪不对，于是问她怎么回事，说已经注意她很久了，刚刚新婚怎么整天愁眉苦脸的？

委屈的美灵于是把自己的苦水倒给这位慈祥的大哥哥。赵大哥静静地听她的述说，等美灵说完，赵哥笑道："小夫妻，真是爱折腾，这么点小事情，也能让你们离婚啊？说实在的，你们吵的这些小事情都是非常无聊的东西。就拿你们讨论范跑跑这件事说吧，你们都没经历那种时刻，根本不知道自己是如何的反应，说不定那个时候你们谁都反应不过来，谁都有可能被埋在废墟下。你们吵这个有意思吗？而且你还因此对他全面否定了，并从此对他产生反感，这是根本没必要的。"

赵大哥跟美灵谈起自己的婚姻，"知道吗？我和我妻子吵架的时候，我们总是本着解决问题的心态去辩驳，都尽量不说气话，不提离婚。既然结婚了，双方就有责任把这婚姻经营好……"

美灵感慨道："我老公要有你三分之一的胸襟和境界，我们也不会有今天了。"

赵大哥摇头，"你错了，其实我当初比你老公更加差劲，脾气很差，缺乏冷静和忍耐。可是我老婆总是很忍让我，她说的一番话非常感动我，她说，爱一个人就是爱当前的他，爱他爱到在你自己身上培养出来针对他缺点的解药。譬如说，如果他缺乏冷静和忍耐，你就在自己身上培养这些品质。老婆对我的爱让我慢慢就收敛了自己，觉得自己很对不住老婆，所以就加倍地对她好起来……

小美，仅靠单纯的喜欢和爱，那份感情不会长久的。在婚姻生活中，信任、沟通、宽容和理解才是维护我们感情长久的纽带。人不难懂的，只要你主动去沟通，试着换位思考，所有的矛盾都是能解决的。

别怪大哥说你，其实你不了解男人，男人在外面接受种种挑战，很多时候为了保住饭碗不得不做孙子，有时是很压抑的，所以回到家里就免不了想显示一下自己男子汉的那一面。而你对这个很反感，觉得听他的自己就会很委屈很吃亏，所以你才故意跟自己的老公对着干。你们这样谁也不让谁，那是你们都还爱得不够。如果你们真正很爱对方，在一起甜蜜的时间都不够，哪还愿意这么折腾对方呢？

其实，夫妻之间是没有对错的，有时候，你顺从一下他，说不定你会得到更多的回报呢！说白了，家就是一个取暖的地方，如果连温暖都没有，家的定义是不存在的。既然有缘在一起，为什么不好好珍惜呢？"

本来铁着心要离婚的美灵，听了赵大哥的一番劝说，突然就动摇了。她检讨起自己，结婚以后，自己确实是从来不愿意顺从自己的老公的。美灵记得谈恋爱的时候，自己很听他话、很顺从他的观点的时候，他是很高兴很宠自己的。可是结婚后，两人似乎都在暗中较劲着要做家中的霸主，谁都希望对方顺着自己，特别是美灵，她简直不能容忍老公的观点跟自己不一致。甚至有时老公主动让自己，自己也不依不饶的。其实，夫妻之间，有必要这么较真吗？美灵开始认真思考这个问题……

一路想着，美灵突然就意识到，相对于那位赵大哥的妻子，自己就差远了，她何时容忍过自己的老公啊？

回到家里，看老公主动煮饭菜、哄她开心，美灵开始有些过意不去，于是第一次主动抱住老公流泪道："对不起，我脾气不好，以后，我们不吵架了好不好？有时候，你违心地哄我两句好话，我就会听你的话了，好不好啊？"

这是婚后吵架美灵第一次跟男人道歉，男人也激动得泪花闪烁，男人紧紧地抱住美灵，"是我的错，我居然动手打你，我简直不是人。以后，我一定好好对你，以后我再也不那样什么都管你了。你说的没错，我是越来越讨厌了，不就在街上吃东西吗？有什么大不了的？都是我的不对……"

这次过后，美灵一遇到男人跟自己的观点不一致，就会违心地顺应着男人。美灵的顺从居然让男人变得很快乐，什么家务都抢着做，越来越宠她。美灵感慨：原来，夫妻之间真的没有对与错，其实顺从一下自己的男人并没损失什么尊严，相反，你会得到更多的东西。

世上没有完全相同的两片树叶，每个人都有自己独立的个性。朝夕相处的夫妻如果太过于计较，很难把生活过好，还不如糊涂点、随意点、轻松点。其实那个把自己的一辈子都交给你的男人，你让他一点又如何？

如果你不小心做了后妈

这一刻，晓妍突然就觉得，其实后妈也没自己当初想象中那么难做，如果你真的当对方是亲生的话。

晓妍和秦成都是二婚。晓妍认识秦成的时候，秦成已经离婚了，她不是他们的第三者。所以当秦成的女儿妮子带着怨恨的目光看着她时，她有些委屈。

晓妍有过短暂的婚姻，没有孩子。前夫性格粗暴，让她吃尽了苦头。遇上秦成的时候，她才真正体会到原来做女人是多么的优越和幸福。因为，秦成是那样宠她爱她。她从秦成那里得到了情感的愉悦和肉体的极致快乐。她爱秦成。尽管她知道秦成自己带着一个女儿，尽管她很不愿意做别人的后妈，但为了自己爱的那个男人，她还是接受这个现实，决定嫁给秦成。

结婚的时候，刚好放暑假，秦成把女儿带回乡下的父母家。那两个月的假期，两人充分享受着新婚的甜蜜和浪漫。

可是要开学了，女儿妮子回到他们的身边。妮子十二岁，小学六年级，正值青春发育期的她性格敏感而有些乖戾。

妮子回来之前，晓妍是做了很多功课的，给她准备了很多她爱吃的东西。还给她买了不少的礼物，比如洋娃娃啊、漂亮的裙子啊。

可是那个有着一头天然卷发、嘴唇翘翘、眼睛幽怨的小妮子似乎不是很买晓妍的账。在父亲的敦促下除了一声冷漠的“谢谢”外，再也没有任何的表示。尽管晓妍很喜欢这个看起来像洋娃娃一样漂亮的小女孩，可她却明显地感觉到这小女孩对自己那股强烈的排斥感。

晚上躺在床上，晓妍有些担忧地跟自己的男人发牢骚，“我对她那么好，她一点都不领情。好像很讨厌我……”

“慢慢来，耐心点……”男人说着就抱住晓妍，“我知道很委屈你，不过我知道你是不会跟一个小孩子计较的。”

晓妍当然不会跟一个小孩计较了，晓妍总是想尽一切办法主动亲近妮子。这不，临近中秋，晓妍的公司发给员工每人500块钱的超市购物卡。晓妍为了讨好妮子，说要带她去超市选一双运动鞋。因为昨天吃饭的时候，她在饭桌上听到妮子跟她父亲说她要买一双运动鞋，她的鞋子变形了。父亲答应星期天带她上街买鞋子。

其实，晓妍觉得妮子有好几双鞋子，并没有烂，还可以穿的。但为了妮子高兴，她还是热情地跟妮子套近乎，说，妮子，我们不用等你老爸，今天我就带你去买鞋子。

妮子听说带她去买鞋子，冷漠的小脸蛋并没多大的表情变化，但还是乖乖地跟着去了。两人一路走去，晓妍问妮子学校的情况，妮子总是不太搭理她，但晓妍并没有计较。她想，尽自己的好对她，她长大了自会明白的。

进到商场，妮子就直奔体育服饰的专柜。那些牌子的鞋子，打完折的也要三四百块钱。晓妍想，就算是四百多的，她也会给妮子买双好鞋子。尽管她自己的鞋子，从来没有一双超过三百块钱的，但现在她舍得给自己爱人的女儿买，只要她高兴。

然而，妮子在逛了所有的鞋柜之后，突然对她说道："这里的鞋子都不合适我，不买了。"

晓妍愣住了，简直不相信自己的耳朵，"这么多的鞋子，怎么可能没有一双合适你？怎么可能呢？"

妮子非常不耐烦，"这些鞋子都是土不拉唧的！你以后不要带我来这种地方买东西。你的品位实在太差了！"

晓妍那个气啊，心想，这个女儿如果是自己亲生的，她一定狠狠地给她甩一巴掌！可是，她不仅不能打她，她甚至连骂也不能骂。她强忍着自己的怒火劝道："几百块钱的一双运动鞋已经很不错了，我自己都没舍得买这么贵的呢！你真该看看那个伊朗电影《小鞋子》……"

妮子不耐烦地打断她，"那你干吗不自己买？带我来干吗？"说完很不屑地转身就走。

晓妍气愤地跟在妮子身边，控制不住地说："你也真过分，几百块一双的鞋子还嫌土气，人家农村的穷孩子连几块钱一双的凉鞋都没有穿呢！"

"你别跟我说这种弱智的问题！我现在不用你买了，你省点吧！"妮子撇下她跑掉了。

晚上躺在床上的时候，晓妍跟自己的男人诉苦，让男人适当地说说女儿。她觉得女儿真是过分了。她不仅不感激她，居然对几百块钱的鞋子都不满意，她到底想怎样啊？

可是男人却淡淡地安慰她，“现在的孩子，跟我们那时候不一样了。你也不要太放在心上。可能是她不太习惯让你为她买东西吧，明天我亲自带她去买。”

“但愿如此吧。”晓妍轻叹。渐渐感觉后妈这个身份的沉重和烦恼。

第二天晚上，晓妍跟着老公带着女儿妮子上街去买鞋子。晓妍本来不想去，但为了显示自己不跟妮子计较，表示自己关心她，一家人亲密无间，于是一起陪着他们去了。可是这次陪伴，却让晓妍几乎吐血。

妮子并没有拉着她父亲去那间城里最大的鞋城，而是去了那条最贵的专卖一条街，选了一双一千四百八十块钱的鞋子。不可思议的是，秦成也掏钱给她买。晓妍觉得一个还在读小学的女孩子根本不用这么奢侈，他们也不是什么富裕之家啊，秦成一个月的工资也就是两千多块钱，女儿的一双鞋就要了他一千四百八！他居然如此毫无原则地任由女儿的奢侈！晓妍一路黑着脸回家，女儿却显得兴高采烈的。

回到自己的房间，晓妍控制不住自己的愤怒，“一个12岁的女孩子，你用得着给她买一千四百多块钱的一双鞋子？你以为你是富翁啊？如果她明天要你再给她买一件衣服，你是不是要去抢银行来满足她?!”

秦成对晓妍如此强烈的反应非常的不快，闷声闷气地说：“你不用这么生气，这钱就算我的。她今年就找我买一次鞋，我买双好的给她又怎么样呢?”

晓妍真是气坏了。男人不仅没有悔意，居然口气还这么大。可是她很快明白自己这口气跟他吵下去势必带来更坏的结果。她知道自己老公的倔脾气和对她女儿的娇宠。

她忍了忍说道：“我不是心疼你那个钱，如果我很在乎这个钱，我就选择那些有钱的男人了。我是觉得你这样无原则宠她会害了她。如果她习惯了这样子，以后她出社会，想要什么东西得不到满足的时候，她会不会以极端的手段去获取？你任由她这种性格的发展，我看你以后有的是后悔药吃！等她大了也会怪你对她管教不当的。我觉得小孩是需要教育的，她性格的形成和价值观的定位很多时候取决于父母亲对他们的教育。我知道你爱女儿，可是你这样毫无原则地宠她会害了她的！”

也许是觉得晓妍说得有道理。没错，晓妍也是真心实意爱孩子的，如果不爱，她也不会自己舍不得也要先满足自己的女儿，就是女儿的亲生母亲都没这样真正关心女儿呢。男人的口气缓了下来，“她的脾性像她母亲，比较任性。我之所以这么迁就她是总觉得我跟她母亲离婚有些对不住孩子，总想在物质上给她弥补和满足。也许你说的是对的。我以后不会这样宠着她了。”

男人的许诺，让晓妍平静了下来。她真的希望秦成能慢慢改变妮子一些非常任性的东西，希望这小女孩慢慢地懂事起来。然而，晓妍很快就发现自己的想法过于天真了。

晓妍发现妮子每次洗完澡后总喜欢把换下来的短裤啊、袜子啊、衣服啊随便就扔在卫生间的地板上。这个习惯让晓妍非常的不舒服，她帮着收拾了好几次，也说了妮子几次，可是妮子依旧如故。

这晚晓妍刚好是女人的非常时期，情绪比较低落，看到卫生间里乱七八糟的东西，一股怒气就冲上来了。她唤来了妮子，忍不住指责道：“你怎么老这样？我帮你捡多少次了？”

妮子不甘示弱地顶撞她，“谁让你收拾了？你看不惯你可以走。这是我父亲的家，我是在我家里，我想怎么样放我的东西我就怎样放！用不着你管我！”

晓妍这才明白，原来在这个小女孩的眼里，她永远都是一个外来的入侵者。她根本就容不下她。忍了很久的晓妍终于爆发，“我知道你恨我！可是，不是我死皮赖脸要跟着你父亲！当初就是你父亲死命追求我的！你以为我愿意做你的后妈啊？现在既然我做了你的后妈，我就有权管你！这个家我也有份，你马上给我把地上的东西收拾干净了！我看着恶心！”晓妍失控地咆哮起来。

妮子倔强地昂着头说：“我就是不捡了，你能拿我怎样?!”

晓妍觉得这女孩子实在太过分了。忍了很久的委屈和怨气让她不顾一切地扯住妮子的肩膀，一把把她给推进卫生间。“你给我捡起来！我今天代你父亲好好管教你！”

就在她们推搡之间，秦成下班回来了。女儿一见父亲回来，突然号啕大哭，边哭边指着晓妍恶狠狠地告状：“这个女人打我！这个女人打我！”

秦成不问青红皂白对着晓妍吼道：“你怎么可以打小孩？什么大不了的事情让你动手打人?!”

晓妍委屈又气愤，“我没打她！我什么时候打她了?!”

秦成满脸怒气地，“你别争了！我可是亲眼看到的！她亲生母亲都没动手打过她呢！小孩子有什么大不了的错误让你动手打她?!”

晓妍这才明白，在这个家里，她永远都是第三者，是外来人。他和他的女儿永远都不会接纳她。和这个男人曾经有过的欢爱和甜蜜瞬间化作了苦水，此刻这父女俩让她厌恶至极。当初为了爱这个男人不顾一切的冲动现在变得非常的可笑。晓妍哭着转身收拾自己的衣服，这个家让她透不过气来，她要离开！

晓妍拣了几件自己的衣服，流着泪对秦成说道："我实在受够了！明天我在民政局等你。我们离婚！"晓妍说罢，拿着自己的东西出了门。

秦成愣了一会儿，撇开妮子追着晓妍出来。一个是深爱的女人，一个是自己的亲骨肉，手心手背都是肉，男人显得疲惫又伤心，不断地扯着执意要走的晓妍，"你别这样。是我不对，让你受委屈了。"

最后，男人扯着晓妍在楼下的草坪坐下来，非常无奈地说："小孩现在是逆反期，就是亲生父母她都不听，更何况你不是她亲妈。加上小时候我和她母亲老是吵架，她心里已经有了阴影，性格变得很古怪，我心里对她充满了愧疚。所以我不想她再受到任何的伤害。再过几年，她长大了到外面读书也就离开我们了，我就想这几年多给她点爱。你就委屈一下吧，有什么事慢慢说，她很小的时候我就知道她很倔，软硬不吃。你以为我不恨她不懂事啊？可她是我的女儿啊，所以我自己也不知道该怎么做，我是打不得骂不得啊，她还是三年级的时候就因为我对她大声呵斥离家出走过一次。我很害怕这个时候她会因为家庭的问题自暴自弃，离家出走跟上坏人，如果那样，我这辈子都不得安生的……"

晓妍慢慢就安静下来。这个男人依然牵扯着自己心底里那根最柔软的神经，她还是爱他心疼他。不就是一个小孩子吗？一个小孩子都相处不来，还是自己爱人的孩子呢，自己也未免太失败了。

事情往往就这样：当你换一个角度思考问题的时候，很棘手的问题就会迎刃而解。

晓妍跟着男人回家。回到家里，妮子已经把卫生间捡干净了。看着晓妍说要跟父亲离婚，看着自己的父亲不顾一切追着晓妍出门，妮子也隐约觉得自己闯了祸。

妮子等着回家的大人对自己的惩罚。可是，晓妍却笑着对妮子道歉："妮子，刚才是我的方法不对，我不应该那么大声跟你说话。"晓妍道完歉，转身就回自己的房间了。

留下了秦成跟他的妮子在客厅里。也不知道他们父女俩在聊什么了，晓妍不再管。她调整好自己的心态，她决定好好跟男人过日子，以自己的真心对待那个女孩子，问心无愧地对她。既然选择了这种生活，就要好好过下去，如果再无端折腾，美好的人生就慢慢消耗掉了。

首先，晓妍跟女儿面对面心平气和地沟通，“妮子，我知道你不喜欢我。但我跟你爸爸相亲相爱。因为我爱你爸爸，所以我也爱你。你可以不喜欢我，但请允许我爱你。再过十年，你就会知道感情是怎么回事。现在我不想跟你解释那么多，我只想告诉你，我和你的亲生母亲一样爱你，希望你好，希望你长大了是个人人都喜欢的姑娘。现在，我嫁给了你父亲，我就要担当起做你母亲的责任。你的生母现在也有了自己新的生活了，以前的生活我们都回不去了。我们要过好现在的生活，好好珍惜眼前的一切。你想想看，如果你父亲不跟我结婚，他也会跟别的人结婚。你敢担保别人比我更爱你吗？”

小女孩也许觉得晓妍说得在理，低着头不出声。

之后，晓妍还硬着头皮去找过妮子的生母，尽管那个已经重新嫁人的女人非常不合作，但晓妍还是态度明确地跟她摊牌：女儿正是性格塑型的关键时刻，希望她为了女儿能抛开对前夫的怨恨，共同把女儿给教育好了。不要在背后说三道四、挑拨离间。那样只会害了她的亲生女儿！

妮子没有以前那么任性了，但依然对晓妍疏远和冷淡。但晓妍不再计较，反而常常以开玩笑的口吻跟妮子说话，每每看到她写完作业，她就会妮子长妮子短地唤着妮子帮自己干活。如果妮子听她的话帮她干点家务，她就会很开心地表扬她。如果妮子没听她的召唤，不理睬她，她也不生气。渐渐地，妮子慢慢地变得开朗起来，有时候还会主动跟晓妍说话。有时会叫她阿姨，有时直接就来一声“喂！”这些都让晓妍感到高兴。

妮子已经开始读初中了。

晓妍一直都希望能辅导一下妮子的学习。可是妮子一直不愿意给她机会，想着妮子的成绩还不错，晓妍也不强求。

这天，妮子上学去了，公休在家的她在清洁妮子房间的时候无意看到妮子的作文作业本。她翻开那本作业，她惊讶地发现刚读初一的妮子不仅字写得好，文笔也非常的优美。可是，她发现妮子一篇构思非常独特的作文，语文老师只给了她很低的分数，晓妍看了心里很是郁闷。

等妮子回家的时候，晓妍黏着妮子，“妮子，我偷看了你的作文……”

“看就看呗，又不是什么秘密。”妮子态度平和。这些日子，妮子不知不觉地变得很平和。

“天啊，我发现你真是写作的天才呢，你只要继续努力，以后一定是个很出色的作家。”晓妍很兴奋地赞美妮子。

妮子的脸上露出喜悦的表情。

晓妍接着说道：“你那个故事续写的那篇作文构思非常的巧妙，结局很出人意料，又在情理之中，这是作文构思的最高境界，但你的老师却给你了很低的分数。我觉得你老师很没水准。你别受他的影响，他都没你有水平。”

这番话说到了妮子的心里去，于是妮子跟晓妍发牢骚，“那真是个很讨厌的老师，讲课一点吸引力都没有，听他讲课真是受罪。”

晓妍好奇地说：“喂，你那老师什么样的？男的女的？”

“男的，虽然课讲得不好，但长得非常有特色，他那个头简直就是个艺术品，圆溜溜的头上一根头发也不长，金光闪闪的。有一次，我跟他站在一楼的屋檐下面，我看到有一滴雨水滴到他光溜溜的头上，那颗圆溜溜的水滴‘啪’的一声在他光溜溜的头顶炸开了……”

“哈哈哈哈……”晓妍笑得前俯后仰，原来这刁蛮的小妮子有着非常幽默的另一面啊，而且她发现她在文字表达上非常有天赋。

看到自己能把大人逗得这么开心，妮子脸上露出了成就感，她开始陆陆续续地跟晓妍讲起学校的老师同学和自己觉得有趣的事情。

晓妍也开始有意识地给妮子找很多励志的课外读物看，鼓励她在学好课本知识的同时，多看多写。晓妍看到妮子写的一篇心情文字文笔和观点都很不错，帮妮子投到了中学生报，不久，那篇文章刊登了出来。妮子非常高兴，可晓妍却跟她说，写作只是业余爱好，现在最重要的还是把基础知识学好，争取以后有机会去更好的学校深造。

妮子很赞同地点着头。

晓妍当妮子是自己亲生的女儿，看到妮子一些不良习惯，她还是会说她。妮子也慢慢地改变了很多。知道妮子已经开始初潮，晓妍给妮子最贴心的关怀。还把学生时代她们流传的关于每月月经来潮日期所预示好事坏事的手抄本拿出来给妮子看，妮子觉得非常有意思，渐渐也跟晓妍亲近起来。

那个周六，秦成出差了。妮子突然对着正在晒衣服的晓妍喊道：“妈妈，你英语好不好？辅导一下我吧，我觉得语法很难学。你还记得英语吗？”

听着“妈妈”这个称呼很自然地从妮子的口中喊出，晓妍忍不住地热泪盈眶……她一边掩饰自己一边不屑地说：“切！我过了英语六级呢，教你这小毛孩太小儿科了！放心，我的英语水准可以教到你大学毕业。”

那天在晓妍教妮子语法的时候，妮子突然又对晓妍说道：“妈妈，你给我生个弟弟或者妹妹吧。我觉得太孤单了。”

这是她一直都想的，哪个女人不想要自己的孩子啊，但秦成说妮子还小，再等几年等妮子再大点。她也觉得自己跟妮子的关系太紧张的时候要孩子不适合，所以一直不敢要小孩。现在听到妮子居然主动让她要小孩，滚烫的泪水又冒了出来，但晓妍故意发牢骚，“现在我们养你都难呢，再养一个？你以为是布娃娃啊？”

“怕什么，以后我工作了，我供他读书……”妮子说道。

晓妍边流泪边笑道：“这可是你说的！你这臭妮子要是说话不算数看我不灭了你……”

这一刻，晓妍突然就觉得，其实后妈也没自己当初想象中那么难做，如果你真的当对方是亲生的话。

感恩婆婆给你养育了个好丈夫

如果你爱自己的丈夫，那就当婆婆是自己的亲妈吧，就凭她给你养育了那么优秀的老公，也应该对她感恩。

青青大学毕业，应聘到郊外一家国营厂工作。报到的第三天，同在一间办公室的小康就开始追求她。当时青青只知道小康家在城里，至于父母都是做什么的，青青并不知道。

随着恋爱的深入，青青了解到小康的父母都是城里有职位的干部，但青青并不觉得自己这样的农村姑娘有什么配不上他们儿子的。其实当时的青青还拿不定主意跟不跟小康结婚，因为小康的工作能力还不如自己呢。可小康却对她穷追不舍，经不住小康的缠磨，青青终于答应嫁给小康。

订婚之前，小康带青青回城见父母，回去之前青青特意去给未来的公公婆婆买礼物。可她没想到，小康的母亲并不同意他们的婚事。小康的母亲正准备调小康回城里，她希望小康娶的是城里的公务员，而不是一个连干部都不是的应聘工。所以，见到青青，她冷脸相对，希望青青自动离开自己的儿子，这让青青很尴尬。尽管这年代不兴父母包办婚姻了，但未来的婆婆不接纳自己，毕竟不是件令人舒服的事儿，而且青青明白，小康是很爱自己的父母亲的。

青青说："要不你找别人吧。你母亲不高兴，你也过得不好。"

小康却坚定地说："我就是非你莫娶，谁也干涉不了！"

青青为小康的痴情感动，只要他爱自己，其他的，又算得了什么？于是小康和青青登记结婚。登记后，趁着厂里分房，两人连婚礼、迁新居一起办。原以为生米煮成熟饭父母会原谅小康，谁知道，婚礼和乔迁大喜这天，小康的父母和兄弟姐妹没一个人来。

青青的姐妹愤愤不平，"他们家太过分了，婚都结了，结婚搬新居，人生这么大的事情竟然都不来看看！以后你也别认他们！"

青青虽然很失落，但很快就释然。青青觉得跟自己过一辈子的是自己的丈夫，只要丈夫爱她，其他人对自己怎么样青青并不是很在乎。

他们开始用心经营自己的小家，当初结婚时不够的家具他们赚钱一件件慢慢添置，不用父母的一分钱，日子虽不宽裕但很温馨。然而，青青发觉小康经常神思恍惚，她明白，他是想自己的父母了。

顶住家庭的压力，那么痴心地坚持跟自己在一起，青青对小康是很感恩的，她多么希望小康能跟父母冰释前嫌，大家都快快乐乐地生活。

春节来临，工厂开始放假，但小康并不打算回去看父母。

青青说："春节我们回去看看你父母，虽然他们不欢迎我，但你毕竟是他们的儿子，他们在赌气你不听他们的话。他们的出发点也是为了你好，他们不来看我们自有他们的理由，但如果我们不回去看老人，就是我们不孝了。春节我们去买些礼物，回去跟老人团圆团圆。只要我们过得幸福，他们终归都会理解你的。"

小康抱住青青哽咽，"你真好，我是很想回去看他们，可是，我怕他们为难你啊！"

"不会的，我们又不是天天跟他们生活在一起，就回去几天。如果他们为难我，我就当到陌生的地方玩。没关系的。再说了，大过年的，他们都是有知识的人，不会做得太过分的。"

青青的想法是对的，看到小康回来，父母非常开心，虽然对青青有些冷淡，但并没有为难他们。

春节回来，小康变得非常开心，不再有那种恍惚的神态，青青知道，是父母原谅了他的不听话。父母在小康的心目中是无与伦比的，只是在爱情面前他不愿跟父母妥协而已。现在一切成定局，他是多么的在乎自己的父母啊。

其实，谁不爱自己的父母？将心比心，青青很能理解自己的丈夫，青青也明白，只有自己把对方的父母当成自己的父母来爱，对方才会更加爱自己。青青经常让小康主动给父母亲打电话问候。别人送的海产品啊，家里带来的土特产啊，青青都舍不得吃，留着给小康带回家去给他的父母。

青青的大义，更让小康对她依恋和敬重。

当然，青青也不是十全十美的那种女人，她也任性也有脾气，也经常跟小康吵架，任性起来还离家出走。但在对待小康的父母问题上，青青却始终如一地敬重他们，跟小康吵架从不提他们的半句不是。

小康的姐姐渐渐就非常喜欢青青，也经常来看他们。嘴快的姐姐有次当小康和青青的面说，父母就是偏心，大哥结婚的时候，母亲不仅操办大型的婚礼，还给大嫂买了金戒指金项链。可是你们结婚她一分钱不出，真是过分！

小康有个哥哥和一个姐姐，最小的他本该是父母最宠爱的，但现在却成了弃儿，这让小康心里很是难过。姐姐走后，小康充满怨气地数落自己的父母，“他们真是有眼无珠，当年他们什么都给大嫂买，但一直以来大嫂除了在他们那拿东西，回家一个水果都舍不得掏钱买给他们。帮他们带女儿还经常挨大嫂骂。真是活该！你对他们这么好，他们却什么东西都没有给你……”

青青抱住他安慰，“别这样说！别把姐姐的话放心上，父母亲把我们养育成人不容易，我们长大了想的是该怎样报答父母，而不是在他们身上要什么东西。说真的，你父母亲要是对我太好了，我还不愿意呢。他们对我太好，我就会时刻想着怎么样才能报答他们，怕自己做得不好做得不够。总觉得欠他们的情。现在他们不在意我，我觉得很好，那样我就算在某些地方做得不够，他们也不在意，我自己也会心理平衡，用不着忐忑不安。”

小康感慨地说：“要是他们知道你这么好，他们一定会为自己的儿子能娶到这么好的老婆而感到欣慰和自豪的。”

“其实他们已经给了我很多了，你看，他们把你养育得这么优秀，让你做了我的老公，这就是他们给我的最大的礼物啊！就凭这点，我就会永远感恩他们，放心吧，不管你母亲怎么对我，我都会当她是自己的亲娘。”青青说。

小康抱着青青，难抑自己的感动，“谢谢你，我相信他们终有一天会明白你这颗金子般的心的。”

然而，青青那颗金子般的心，两位老人似乎并不怎么在乎。手中有点权利的父亲把自己的儿子给调回了城里，却把青青留在了工厂。手续办清楚了，父母亲才通知他们。

能调回城里一直是小康梦寐以求的，他知道凭借自己的力量是有些艰难，他一直希望父母能把他们调回去。可是，现在父母却只调自己不调青青回去，这不是生生要把他们分开吗?

小康赌气地说：“他们这不明摆着让我们分开吗？我不回去！”

青青知道这件事情的一刹那，心里也很难过。不管她做得多好，他的父母还是不接纳她。一年前，青青凭自己出色的工作能力，已经在单位里转成正式编制的干部，以他父母亲的实力，把他们夫妻一起调回城是很容易的事情。可现在他们只调自己的儿子，于她却不顾。想着结婚才一年就要跟丈夫两地分居，青青心里顿感悲凉。

可青青还是一边流泪一边劝小康："回城是你的梦想，而且这次进的是机关单位，非常难得，你怎么可以不走呢？别任性了，你先回去，等你有能力了再把我调回去，我不靠你父母，我就靠你。你可千万别放过这机会……"

小康回城了。小康回去的时候，青青已怀孕五个月，于是青青只能一个人孤独艰难地度过女人一生中最艰难的日子。青青每一刻都希望着丈夫能把自己调回城里。然而，直到孩子三岁，小康还不能把青青给调回去。

青青生下一个胖嘟嘟的儿子后，婆婆对她的态度来了个一百八十度的改变，青青知道这是因为儿子的关系，因为自己的儿子成了他们家的唯一男孩。青青也因子贵母荣起来，然而，这并非什么好事情。儿子三岁时婆婆退休了，于是婆婆跟她说她要把自己的孙子带回城，理由非常充分：城里的幼儿园比工厂的好。

婆婆在家里一向都比较强势。但这次青青不买她的账，这几年自己请保姆带儿子，她一分钱也不愿意给，现如今儿子已经要入幼儿园，她就来抢了！想着她让自己跟丈夫分开她还没跟她计较呢，现在自己辛苦养育的儿子她也要抢走？这不欺人太甚了吗？

那天面对婆婆的请求青青坚决地说："我儿子就跟着我，哪儿也不去！"

婆婆没辙，只好灰溜溜回去，但隔三差五的，老人家就跑来看孙子。老人不断忏悔当初没有把她跟小康一起调回去，现在想帮她都帮不上了，因为老爷子已经不在岗，别人已经不给他们面子了。

青青听了也有些怨恨，如果不是他们那样对自己，就没这几年自己生养儿子那样的艰难和孤独。而且跟小康的分开两人的感情也变得疏远，当初因为爱小康而宽恕他父母的情感也变淡了……

好几次，青青自己默默流着委屈的泪水，没怎么搭理婆婆。

可是，老人却坚持不懈地跑来看孙子，每次来都给他们母子买很多的东西。

看老人那样子，青青又有些不忍。想着，城里的幼儿园条件确实比这里的好，儿子的教育问题，那可是真影响着他的成长的。

于是，青青妥协了。让儿子跟着婆婆回去，回到城里，孩子也可以跟父亲团聚。

然而，儿子被婆婆带走后，青青却像丢了魂魄，想儿子的那种痛苦让她不堪忍受。于是，在商调无门的情况下，青青只好辞职，回城里筹资开了家鲜花店。

小康调回城还没买房，一直跟父母住在一起。青青这次回来，是真正的大团圆了。

婆婆什么心思都放在孙子身上了，倒没什么心思在意青青。而青青一进门就什么都抢着做，而且什么都不计较的性格也没给婆婆留什么把柄抓着，两人的关系虽不是很亲密，但还算过得去。

然而矛盾很快就凸显，婆婆因为溺爱孙子，对孙子无原则的娇宠已经到了非正常的程度。孙子想要什么，就买什么，回到家里，小孩子的霸道就像小皇帝，想怎么样就怎么样。因为奶奶的宠爱，儿子已经开始不听青青的话，而且变得非常的骄横。过去在工厂，青青生活拮据，每餐的饭菜都很简单，儿子却脸色红润，非常的健康。现在回到经济宽裕的奶奶身边，却变得面黄肌瘦起来。由于营养的失衡，儿子的身体素质越来越差，动不动就感冒发烧，三天两头上医院。

青青发现，每次正餐吃饭的时候，儿子都不愿意吃东西。想起过去在工厂自己带孩子时，儿子每次放学回来都自己抢着吃满满的一大碗饭。而如今，奶奶是拿着饭碗满屋子的追着喂他，他也不肯吃一口。

青青后来明白了原因：每次婆婆去学校接孩子的时候，都会给孩子买冰淇淋吃，空着肚子的儿子吃了大大的冰淇淋，回到家自然不想吃别的东西了。而且，青青还发现婆婆非常喜欢早上起来给空着肚子的儿子先喝一杯牛奶，喝完牛奶儿子就什么也不吃了。而在家里对自己的儿子，青青往往都插不上手。早上青青特意买包子蛋糕之类让儿子送牛奶，但儿子已经习惯奶奶给他空腹喝甜牛奶的习惯，根本不听她的，一不顺从儿子就哭闹不止。这时婆婆就会出面，“孩子喜欢这样，你就顺着他嘛！”

在这点上青青跟老人有了严重的分歧，青青忍不住说婆婆：“空肚子喝牛奶不但身体吸收不了营养，而且还对身体有害，这都是大家都共知的常识！再说你每天去接他先是给他吃一大堆冰冷的东西，回家他怎么还肯吃饭？这样下去他怎么可能正常发育？”

婆婆不高兴了，在家里，老公子女从不敢说自己半句的不是，现在她一外人居然敢指责自己?!

“你这么说，好像是我故意要害我的孙子似的！好像我没养过儿子，就你会养儿子似的！”

婆婆说着伤心地哭起来，小康看到青青居然把自己的母亲给骂哭了，心里不愿意了。他把青青拉进房间，“你怎么可以跟老人吵架?”

“我不是吵架，我在跟她沟通，是她自己激动。你不觉得现在儿子已经不成人样了吗?”

“她每天接送儿子，那么辛苦，你没半句好话，反倒指责她的不是。你说她不会带小孩，可她也把我们三个养了这么大，也不见我们死！你不是说，不管我母亲怎么对你，你都会把她当成自己的母亲吗？要是你母亲这样，你会这么说她吗？你真是说一套做一套！你说她带儿子不好，也不见你自己带！”

小康骂完青青上班去了。青青也是满肚子的委屈，要不是看在是他母亲的份上，她青青也不会忍到今天。要是自己的母亲这样，她早就说她了！一想起他们家过去对自己的态度心里更是不平衡，可是青青提醒自己不能老想过去的恩怨，于是走出客厅。

婆婆已经赌气回自己的房间关起门。看到大人吵架，小孩子变得胆怯和乖巧起来，这回是青青让他吃什么，他就老老实实吃什么了。青青明白，小孩子还没有分辨是非的能力，这正是好好给孩子的性格塑形的时候。青青突然决定：就是找地方住，自己也要搬出去跟老人分开住，她要自己管教儿子。

送完儿子上学，青青开始忙自己的店面，想起过去不管婆婆怎么对自己，自己都不会跟她计较，曾发誓无论如何也不会跟她拌嘴，现在才明白，那是因为她们不生活在一起，没有任何原则上的利害冲突，但现在有了儿子。婆婆不是不爱孙子，只是爱的方式不对头，而自己指责她的方式也不能让她接受。

青青想了很多解决的方法，首先想到的是找个地方，和老公带儿子搬出去住，自己照顾儿子。可是这样，婆婆更是受不了，一生强势，现在已经退休的她生活中除了孙子就没有什么希望和兴趣了。再说那样估计小康也不愿意，这几年回到父母身边生活的他，已经习惯每天陪父亲下棋，跟母亲和自己的儿子一起玩。一家人其乐融融，要不是老人太溺爱这小孙子，生活本来也没什么缺憾的。

其实，婆婆肯改变一下这种方式，这矛盾就会解决了啊！可是，怎么才能让自己的婆婆不要那么溺爱她的小孙子呢?

中午，青青估计正在生气的婆婆不会去接儿子了，于是关店门自己去接儿子。然后到市场买一袋新上市的妃子笑，这是平时婆婆最爱吃的水果。

青青明白，婆婆再强势，也是有知识的人，应该也会讲道理的。

回到家里，婆婆黑着脸，连孙子都不理。青青把荔枝递给婆婆，“妈，早上我说话的口气有些重了，你大人有大量，不要跟我计较。来，吃荔枝，新上市的……”

年轻人肯这么道歉，已经很不错了。更何况，小孙子确实是没有以前刚回来的时候身体结实。也许，自己真的方法比不上她，可老人家嘴上就是不服软，“以后你自己管你的儿子吧。我老了，不中用了。”老人赌气着不肯接青青递过来的荔枝。

青青把荔枝给自己的儿子，教他，“给奶奶，奶奶最爱你了……”

儿子把荔枝递给奶奶，“奶奶，今天你怎么不去接我呢？我可想你了！”老人一听孙子这么说，忍不住就流泪抱住了孙子，“乖，奶奶下午送你去学校，不过不许叫奶奶买冰淇淋吃了，回家要好好吃饭，不然，以后奶奶就不去接你了……”

青青一听，知道老人已经认可了自己的观点。她很高兴，心想，老人家总归是心软的，只要肯哄哄她，也是不难沟通的。

下来的相处，就简单多了。青青发现一辈子强势的婆婆其实退休后就觉得很落寞，很是怀念以前年轻时的活力。

回到家了，青青就越来越像小孩，什么都征求婆婆的意见，然后夸婆婆：妈，您年轻的时候，一定比很多男同志都能干！婆婆一听，高兴起来，于是自豪地跟青青讲起自己年轻时的光辉历程……青青发现，要让婆婆高兴很简单：就是要承认她的能力，要说些赞扬她的话，要让她感觉到她还是一家之主！

“妈，我觉得你真的很能干，你平时要是有时间，就到店里帮我插插花，好不好？我觉得你做事情肯定比我还做得好。”那天青青对婆婆说。

“好啊，明天送小朋友去学校后，我去看看……”

于是，第二天，老人家送孙子去学校后，就去青青的鲜花店。从此，老人家就开始上瘾了。插花卖花，很快就上手。很多时候，喜欢上花草的老人都让青青自己去接小孩、回家干家务，她来看店。

人们常常看到这鲜花店里一老一少有说有笑，来买花的，或走过店门的，都以为是一对亲母女。青青渐渐就真的觉得婆婆是自己的亲娘了，很多时候都毫无顾忌地跟自己的婆婆撒娇，老人也经常带着疼爱的口吻笑骂她一些做得不对的地方。

后来很多顾客和街坊都知道她们不是亲母女，而是婆婆和媳妇。很多的顾客都觉得这对婆媳真的可爱又可亲，隔着好几条街，也一定要到他们的店里来买花和盆景。有婆婆帮自己的忙，店里的生意越来越好。老人家插花的手艺也越来越娴熟。在一次市里举办的老人手艺比赛活动中，婆婆的插花技术还得了一等奖，上了电视节目。

回到家里，婆婆非常的高兴，于是亲自下厨房弄她的招牌好菜五柳鱼。这是全家都爱吃的一道菜，青青跟在婆婆的身边，“妈，今天你辛苦了，我来做菜……”

“你做哪有我做得好吃？这可是我的招牌菜，等着我，做好了我让你吃得耳朵都动起来！”

青青撒娇，“那你教我做嘛，哪天我也回娘家弄一手，就说是我婆婆教我的秘方！”

婆婆边笑边骂：“傻女，多会一样就多辛苦一样！不过我还是得教你，不然以后我老了动不了谁煮给我的儿子跟孙子吃啊，你乖乖跟我学吧！其实很简单，先把鱼煎成金黄色，然后把配料卤水往上一淋就可以。当然，最重要的就是配料了……”

于是婆婆教她怎么调火怎么煎鱼怎么调配料……婆婆边说边给她演绎。菜上碟子，婆婆拿起筷子夹了一口送到她的嘴里，“看看味道……”

这亲昵的动作让青青想起小时候母亲在厨房做好菜后总夹一口让她解馋。这让青青恍惚着，眼前的婆婆就是自己的亲娘。

青青内心里涌动着感动和温馨，嘴里不停地赞美婆婆，“很鲜美的味道，妈，你真能干，真正是出得厅堂入得厨房！你看今天那么多人去参加比赛，就你拿了一等奖，而且你学的时间还不长呢！你真是太能干了，做什么都比别人好！”

婆婆也很自豪，觉得自己又是一个有用的人了，每天都很高兴，跟青青有什么意见不一样的时候，也都听青青的了。

现在，回到家里一看到青青吃完饭还洗碗、拖地的，婆婆就干涉了，“放着，让小康去做。”

于是婆婆就会唤小康，“你一天坐办公室，也不动一下筋骨，以后洗碗拖地的活，你要负责，青青在店里挺辛苦的，你得学会体谅老婆……”

好几次，小康回到房间对青青嘟囔：“也不知道你给老妈下了什么迷药，现在好像你是她女儿我才是她姑爷似的……”

青青笑骂："这你也吃醋啊?"

不过青青真的感到很满足，婆婆宠，丈夫爱，生意也很不错。青青真正尝到了家和万事兴的那种幸福和美满。

当然很多的婆媳关系不好，总有各种各样的原因，性格差异、文化背景，还有莫名的妒忌。婆婆妒忌儿子对自己的爱转移了，老婆妒忌老公的爱分给他母亲的太多，于是就有那个"假如我和你母亲同时掉到河里，你先救哪个"的故事。总之是老的看不惯小的，小的看不惯老的。可是，你如果换位思考一下：如果那个老的是你的亲生母亲，她有再多的不是，你还不一样爱她、敬她？如果你爱自己的丈夫，那你就当她是自己的亲娘吧，就凭她给你养育了身边那么优秀的老公，你也该对她感恩。因为，当你老的时候，你一定也想自己的儿媳或姑爷把自己当亲娘。

如果您是那个老的，您就想着如果她是您的女儿，她再不懂事也还不是您的女儿？要是她做得不对，您就当是自己的女儿去教育好了。如果她已经做得不错，记得鼓励和表扬她再接再厉。就凭她死心塌地代替您照顾您儿子的一生，还给您儿子延续了生命，为你们家生儿育女的，您也该好好待她。把她当自己的亲闺女吧！

第七章 / 交流沟通，爱是基础

性趣盎然时最易触暗礁

当你遭遇不快，请先冷静下自己，不要让自己一时的任性毁掉一生的幸福。

波波是名小学教师，工作稳定，生活有规律，已有婚龄一年多。老公琅琅是一家公司的销售代表，又帅又能干，两人恩爱有加。波波刚结婚时，对性生活还不是很渴求，渐渐地，学会了享受鱼水之欢的她性趣越来越高。老公琅琅更是不知疲倦，几乎每次回到家里都先爱爱才弄吃的，于是两人的夫妻生活如鱼得水非常的惬意和谐。两人都约定，三年内不要小孩，先疯狂地、好好地享受夫妻之间的这份甜蜜和疯狂。

可波波没想到才一年多的时间，他们惬意和谐的夫妻生活差点就触了暗礁。

这天中午，波波听琅琅在电话里说中午就到家。琅琅出差已经一个多星期；一日不见，如隔三秋，更何况已经多日不见了。时刻渴望着与爱人缠绵的波波急忙打的回到离学校两公里远的家里。

波波赤条条地躺在舒适的皮沙发里火急火燎地等着琅琅。都说小别胜新婚，琅琅在外面出差次数不是很多，记得上几次从外面回来的琅琅每次一进门就饿虎扑食般朝她扑过来，把她折腾得天昏地暗，让她的高潮如傍晚的海浪潮起潮又落，一波接着一波永不停息，一连折腾了她一两个小时连饭也不吃……

回忆往事，想着那个生龙活虎的男人很快就要到家，幸福销魂的时刻就要来临，波波不禁心旌摇曳，皮肤也开始像着了火，急切地盼着琅琅快点回家帮自己扑灭身上那股熊熊燃烧的邪火……

终于，客厅的大门传来开锁的声音。琅琅刚一进门，身体滚烫的波波赤条条从沙发上一跃而起，朝刚刚放下行李的琅琅扑过去，双手吊住琅琅的脖子，顾不上琅琅满脸的灰尘，火热的双唇就往上磨。没想琅琅却慢慢把她推开。

琅琅边逃开波波的纠缠边说："我很累，我去放水洗澡，你给我弄点吃的……"

琅琅的逃避虽让波波很不高兴，但想想，琅琅确实也需要洗个澡，那样缠绵起来才会芳香甜蜜。于是，波波压抑住自己的不快，温柔地说："我已经帮你买了份快餐，我放进微波热一下，你先吃饭，我去放水，我们一起泡个澡，好不好……"

"不用泡澡，淋浴就可以了。"琅琅说。

"好的。"波波边应边拿着饭菜进厨房去热，心想，简单洗个澡也行，泡澡就没多少时间爱爱了，下午还要上课呢！

波波已经简单吃过一些东西，于是在卫生间帮琅琅调好水温，等着琅琅。

琅琅进来了，波波试着帮琅琅搓洗身子，被琅琅拒绝，"亲爱的，今天我很累，你下午不是还有课吗？你自己休息一会儿，我洗完澡也要好好休息……"

琅琅冷冰冰的拒绝让波波很是受伤，心里突然就很委屈，不由地胡思乱想起来：这男人为什么突然对我的身子不感兴趣了？出了一趟差对我的身体居然就不感兴趣了！想起以往这男人对自己的身子是那样的狂热啊！他这次出差，是不是跟别的女人在一起？肯定是！肯定是在外面被榨干了，他才提不起对自己的兴趣了！这么一想，波波的心突然就像跌进了冰窟窿里，但波波没有证据，不好乱发作，然而这股委屈的怒火压在心里让她感到憋屈！

波波朝着琅琅吼："我离学校很远的！你以后回来别叫我回家！你在外面玩够了想起回家当大爷了?！我不是你的丫鬟！"

琅琅也是非常不满的声音，"我没叫你回来！是你不断给我电话，我只是告诉你：我中午就到家。我本来就不希望你回来，学校离家这么远，你回来干吗?"

一听这话，波波更是火起，忍不住边哭边叫起来："你当然不希望看到我了！你在外面风流快活够了！你干吗还回家?!"

“你这是什么话？你怎么这样？无中生有的！还是人民教师呢！你的素质有待提高！”琅琅愤然说完撇下她走进客房啪地把门关了起来。

波波愣了愣，想想自己的话确实也没根据，但这男人的行为太反常。波波边流泪边出门，心里狠狠地想着：要让我抓到把柄，非把他给扫地出门不可，尽管买这房子的钱大半是他的。但如果被抓到证据，她一定会让他净身出户！

琅琅的这次表现，让波波对他的感觉完全改变，她觉得怎么这个男人离开自己一个多星期回家对自己的身体居然不感兴趣！怎么也解释不通的！要不，就是他这几天在外面玩那些肮脏的女人，要不就是跟情人出差去了……波波越想就越觉得自己的猜测不会有错。

这份纠结的情绪让波波整个下午都精神恍惚。放了学，波波也没像以往那样急匆匆往家里赶了，心想，那个人已经不在乎自己了，回去也没意思……这么一想着，波波便给自己最好的闺蜜打电话，“今晚无聊，有没有地方可玩？”

“老公还没回来？”

“是啊！无聊死了！”波波撒谎。就是在闺蜜面前，她这次也不好袒露心声，一是没证据，二是面子上过不去，因为平时她总在闺蜜面前炫耀老公对自己的好。

闺蜜还没结婚，朋友多，玩的花样千姿百态。听她说无聊，于是叫来两个男人，他们到郊外吃农家饭，然后驱车到离城里几十公里的灵水渠游泳。

这是一个神奇的地方，一年四季清澈的泉水不断地从地下冒出来，冬暖夏凉，很多外地游客慕名而来。清丽的月光下，泉水潭里很多的游客，闺蜜和两个男人下了水，可波波犹豫着……

从放学到现在，已经快三个小时了，她不回家也没有给琅琅打电话，可他居然也没给自己来个电话。波波这才想起，在他出差期间，几乎都是自己给他打电话，有时他会很久才接自己的电话，当时问及为什么这么久不接电话时，他说工作很忙。现在波波才明白，这男人肯定有问题的，现在自己不回家，他也不管了。想想过去，如果超过放学时间半个小时，他一定就会给她打电话了。波波越想心里越难过。本来，如果现在老公一个电话催自己回家，她就不打算跟陌生人下水去游泳了，可他没有。

在闺蜜和那两个男人的催促声中，波波带着放纵的心情走进更衣室，换上了游泳衣，扭着阿娜的身姿走到水潭边跳了下去。闺蜜跟一个男人一起游，另一个男人被闺蜜督促着要保护波波而跟在波波的身边。

清澈的泉水下，波波雪白的肌肤、凹凸有致的火爆身子让身边的男人看得眼睛和身体都冒起火来。陌生的男人忍不住把手伸向她的腰身，故意不断地触碰她……

开始波波还有意识地躲避，但一想起自己的男人对待自己的态度，心里的怨气便越烧越旺，于是不再逃避那只陌生的手。男人见她不再回避，一把拉起波波朝没人的角落里游去，在稍远的地方，陌生的男人突然一把抱住她，一边疯狂地吻她，一边就把手伸进她丰满的胸脯肆意妄为起来……

已经被老公闲置了一个多星期的身体突然地被这陌生的男人撩起了熊熊的欲火，波波带着报复老公的快感任由男人在自己身上疯狂动作着……正当男人失控地要拉着她到岸边的草地上时，远处传来闺蜜的喊声："波波……回来！你们去得太远了……"

两人都吓了一跳。波波清醒过来，意识到自己的行为实在是轻浮放肆。而且，至今她也还没找到老公背叛自己的证据，如果是自己搞错了呢？这么一想，波波挣脱陌生男人的怀抱，朝闺蜜游去……

波波上岸的时候，发现自己存放在柜子里的手机一大串的未接电话，都是老公琅琅打来的。还有一条信息：亲爱的，怎么还不回家？对不起，今天我太累了，一觉醒来已经很晚了。见你未归，以为你在学校开会，我立即赶去学校接你，可门卫说你放学就走了，你去哪了？怎么不回家啊？原谅我中午的态度，回家吧，我想跟你爱爱了……"

看到这信息，波波的眼泪流了出来，原来自己还是很在乎很爱自己的男人，她要马上回家，她要问问他有没有背叛过自己?!

回到家里，已是凌晨十二点多，琅琅正躺在沙发上等她。见她回来，琅琅站起来紧紧抱住她，"宝贝，去哪了？你要急死我啊……"

波波想起中午被拒绝的情形，委屈的泪水冒了出来，"回来干什么呀？你已经厌烦我，你已经不愿意跟我在一起了，所以我不想回来……"

"傻瓜，我这么爱你，怎么可能不要你呢？你不知道，我在外面多想你……"

"你骗我！"波波一把推开琅琅，想起中午琅琅的态度，波波觉得肯定琅琅在找借口稳住自己，好在外面继续风流快活。

"你是不是在外面有了别的女人？"波波直逼琅琅的眼睛。

"没有。是你自己胡思乱想了……"琅琅突然满脸沮丧地低头跌坐在沙发上。

"这几天你在外面肯定有别的女人，所以回到家里才对我的身体不感兴趣的。你从来不这样的，你肯定在外面有人了！呜呜……”波波委屈地哭起来。她爱这个男人，她藏不住自己心中的委屈。

琅琅抱住她，“你想多了……是我突然失业了，心情不好……你别再胡思乱想了。”

一听这话，波波止住了哭声。她简直不相信自己的耳朵，以为自己听错了。琅琅的工作一向都那样的出色，他销售的消防器材遍布全国各地，前不久，她跟着琅琅参加他们公司的庆典，在宴会上公司领导还对他的销售业绩赞不绝口啊！

“没理由的，你做得这么好，公司是不会辞退你的，如果是你自己跳槽，你应该心情好才对，为什么心情不好了？”

“唉，公司的那一片江山几乎是我打下来的，我怎么可能主动跳槽？”琅琅叹气。

“那是为什么啊？”波波的委屈早已烟云消散，她抱住了琅琅，突然就心疼起来。原来不是男人背叛自己，而是失业了！

“这次出差，我以为公司只派我一个人去开拓市场，到目的地才发现，原来董事长也在那里。董事长是个中年女人，以前我在公司只见过她几次，是个风韵犹存、看起来也挺有魅力的女人，我是很敬仰她的。她手下有几家公司，我们公司只是其中之一，我没想到董事长会亲自接待我，而且要跟我一起开拓市场，这很让我意外。可是，很快我就发现不对劲，她老是找各种借口把我叫到她的房间，后来她干脆挑明了：要我陪她睡觉！我拒绝了，再也不愿到她的房间。

于是她电话暗示我：如果我听话，公司经理的位置让我来做；如果我不听话，我就得离开公司。我选择了后者，所以自己一个人跑回来了……”

波波流着泪吻着自己怀抱中的男人，“没关系，那样变态的女人办的公司你离开了也好。没事，你这么能干，一定会找到更好的工作的……”原来自己的男人为了捍卫家庭捍卫爱情，甚至连自己高薪的工作都宁肯丢弃！而自己却误会了他，差点就做出对不起他的事情啊！

原来年轻又能干的男人在这世界上混也很不容易啊，要提防很多的陷阱，面临很多的诱惑。对很多男人来说，失去事业，就等于失去一切，所以很多男人在面临类似的考验时，宁愿要事业哪怕背叛一切。更何况，那还是一个很有魅力的女人！

想起刚刚在水里跟陌生男人的场景，波波背脊冒出了冷汗。如果刚刚放任自己，此刻又该如何面对如此珍爱自己的男人？想起自己的荒唐，波波心里充满了内疚。

琅琅抱住她，边吻她边说：“要是我找不到工作怎么办?”

“就算暂时找不到，我也还有份工资，我们饿不死的。”波波心痛地抚慰自己的男人。

男人一把把波波抱到床上，边扯她的衣服边狠狠地说：“不管了，我已经饿了很久了，今晚，我不给你睡了，我要把你折腾到天亮，谁让你这么晚才回来……”

波波的温柔体贴让琅琅又自信和生猛起来，波波享受着琅琅的疯狂，一边嬉笑呻吟一边挑逗着琅琅，“叫你中午不理我，这回我不给你了……”说着故意不断扭动着身体逃避琅琅，琅琅压着波波，“这回由不得你了，给不给不是你说了算了……看，她说她需要我呢……”说着嘴巴就往波波的胸脯上拱……

波波又找回了那种销魂的感觉，只有跟自己相爱的人抵死缠绵，这种灵肉的快感才如此的强烈……

当两人疲惫地躺在床上的时候，琅琅说，亲爱的，我自己想通了，我不再去找工作了，帮人家打工终究不是长久之计，我想自己做点事情，自己做自己的老板。

波波知道，这对自己的男人是个机遇也是个挑战，有可能成功，也有可能一败涂地。波波笑道：“不行，你做老板发财后把小蜜带回家，把我休掉了怎么办？不给你做老板！”

其实，波波以这种口吻鼓励着自己的男人，目前，他最需要的就是给他打气啊！

琅琅狠狠地揉搓着波波的身子，“如果我没钱，估计你迟早都会休掉我。我要是有钱了，你怕什么呀？如果我有小蜜，你就拿我的钱去养小白脸……你看看，你的身子，总是不想让男人消停，哪个男人沾上了你都不想离开的……我还担心着呢！所以我一定要想办法找很多的钱好好养着你，不给别的男人有接触你的机会……”

波波紧紧地搂着自己的男人，心底里有种安稳的宁静，这感觉是那样的美好和温馨。波波暗暗发誓一定要好好珍惜身边的男人，不管以后的生活发生什么变化，曾经拥有的幸福，总是实实在在的。

当你遭遇不快，请先冷静下自己。不要让自己一时的任性毁掉一生的幸福。

互动是性趣的保鲜剂

是的，性爱的快乐不单是男人的责任，女人也要学会承担责任。学会主动，学会给别人、给自己创造快乐。这种快乐是相互给予的。如果当初自己只会生闷气、发牢骚，甚至背叛自己的男人红杏出墙，那么，自己的人生不但尝不到这种灵肉相依的缠绵和快乐，甚至好不容易经营起来的小家庭也会走向毁灭……记住了：夫妻间的性趣也需要更新和发展，发展才是硬道理！

爱情一旦过了保鲜期，醉人的情感就会消失变淡，甚至变味。性趣也如此。冰冰刚跟老公结婚的时候，性趣高涨。只要一进家门，两人就会除掉身上所有的束缚，再饿再累也要在对方的身体上取悦满足一番，然后两人赤身裸体做饭菜，吃饱了又继续抱在一起……那时候两人都如饥似渴，似乎永远也吃不饱玩不腻，一天至少两三次，最多的时候一天能来五六次。可是这种盛况，只维持了一年半。接着生孩子带孩子，似乎两人的兴趣慢慢就消退了。

准备过七年之痒时，冰冰发现自己的身体越来越熟，欲望也越来越强，特别在每月来事之前的那段日子，她总感觉周身燥热难耐，她希望老公能像刚结婚时那样永不停歇地折腾自己。然而老公似乎对她总是应付了事。有时干脆对她的暗示也故意回避，只看他的电视上他的网，然后上床不一会儿便呼呼大睡。

冰冰很是郁闷，心中对自己的男人怨气渐浓。去到单位，忍不住跟办公室里的一位大姐说起自己的苦恼。大姐满脸诡秘的微笑，“傻妹妹，你自己想想，让你餐餐吃猪肉你也厌烦吧？得换换口味啊……”

冰冰瞪大眼睛，“你是说让我换别的男人试试?”

大姐一巴掌打到她的肩膀上，“欠抽呢你！是叫你变点戏法，挑起他的兴趣，这东西也需要经营的……”

冰冰一把抱住大姐，“大姐，我的好大姐，看你整天滋滋润润的，晚上肯定过得很充实。给我点经验吧！”

“那是自然。”大姐得意地把嘴巴凑到她耳边如此这般地嘀咕起来……冰冰听着听着，脸上露出了会心的微笑……

回到家里，冰冰一改往日主动缠男人的习惯，自己做自己的事情，看书上网，寻找周日外出游玩的好去处……整天地呆坐在电脑边真的影响性功能，她得主动地去改变一下自己和老公的生活方式。

冰冰想起谈恋爱的时候，男人经常带着她去海边玩，因为游泳是他的强项。可是结婚以后，男人却已很少游泳，说游泳池什么人都去，太脏，去海边玩太远，成本也高。

冰冰突然想起城郊有个风景区，树林环抱着数十亩的水库，水质清澈，没有污染，是游泳的好去处。

周五傍晚，冰冰就把女儿送去她外婆家，回到家里，她拉起自己的男人，“走，我们到外面过个周末！”

“去哪儿啊？”男人很困惑。这些年，除了电脑，他似乎已经没有任何的业余爱好了，白天在单位搞程序，回到家里玩游戏、看网络电影……

冰冰说要在外面过周末的时候，他似乎才想起，很久很久，都没到外面玩过了。

冰冰温柔地抱着男人撒娇，“老公，整天坐在电脑前会成废人的，我们到郊外去游泳。”

男人看自己的女人如此的温柔娇媚，自不好拒绝。做男人的，还更应该主动带自己的妻子出去旅游呢，男人有些愧疚地说：“好，我们出去好好玩玩……”

其实，冰冰说的那个水库，没结婚的时候，他是经常跟几个哥们去那野餐游泳的，只是，这些年懒了。

很快，冰冰和自己的男人来到了离城里六十多公里的那个水库。那是个水面很宽的水库，支流四通八达，大水库水质清澈，周围是一片片的成林松木，水库边有一排排干净稳固的木屋，给到此歇息的游客过夜。冰冰他们到的时候，木屋旁边已经泊着好几辆车。周末的夜晚，总会有游客到此游泳过夜。

他们来到水库边的时候，圆圆的月儿已经爬上了树梢。碧波粼粼的水面上有几条游船在荡漾，水面上的男女游客成双入对，似鸳鸯在水中嬉戏。水库边的松树林不时传来沙沙的松涛声……

冰冰深深呼吸着清新带着松香的空气，顿感心旷神怡，她也感觉到自己男人的兴奋和激动，毕竟很久都没有在水里尽情畅游了……

男人揽着冰冰的细腰朝水面走去，边走边感叹："很久都不出来透透气了。刚才我们应该来这吃野鱼，以前我来吃过，很鲜美，因为这里的鱼都是自然生长，不吃饲料，也没有污染，非常的美味！"

"傻瓜，游泳前不能饱食的。野鱼我们明后天有的是时间吃……"

"你要打算住多久啊？"男人惊奇道。

"住两天，每晚才80块钱，这地方适合我们。明天我们钓鱼游泳，山上还有骑马射箭，很好玩的。"

冰冰拉着自己的男人双双跃入水中，两人在水中欢快地畅游。冰冰身边推着一个大大的救生圈，两人游累了就爬在上面休息，然后躺在水上看着深邃的空际中游走的月亮，愉快地聊着天……

冰冰抱着男人，边摸他的肚子边说："以后，你要经常来游泳，你看，你肚子都大了。"

"是啊是啊，好像你的肚子没怎么大，是这里大了……"男人嘻嘻哈哈地摸摸冰冰的肚子又摸摸她的胸部……

冰冰在水中摸着男人的身子，摸着摸着，她发现男人的身子在发生化学反应，高弹丝绵游泳裤被小二哥高高地顶了起来……冰冰趴在男人耳边吹气，"你说，我们要在水里爱爱，那会是什么样的感觉呢？"

"试试看……"男人激动起来，这感觉真是要试试，他还没试过呢！

冰冰看着周围，游泳的游客和游船都离他们很远，谁也不会注意到他们。冰冰今晚特意穿着分开的泳衣裤，泳裤是裙式的，里面穿着小小的裤衩，把裤衩扯开，张开的裙子浮在水面盖着屁股，但两腿之间没了束缚，冰冰张开双腿，趴在救生圈上挑逗着自己的男人，"你进得去，算你厉害……"

男人往水里看，冰冰雪白的两腿之间黑嗷嗷的丛林隐隐约约，很是性感……男人扑过来把冰冰的一条腿架在自己的腰间，拿出自己的宝贝摸索着往那神奇的洞穴探去，可是，水的浮力和阻力让他试了几次还是进不去……冰冰咯咯笑着，这更刺激着男人的斗志，男人换了个姿势，终于在阻力中进入冰冰的身体……冰冰感觉到男人的吃力，但男人的兴趣很高，新奇的感觉，高涨的欲望，让两人都不愿停止……

从水中回到干净的木屋中，冰冰从袋子里拿出备好的各种小吃、饮料，还有一瓶小小的药酒。这药酒是白天大姐打电话让一位朋友帮她要的，那是专门给男人补肾壮阳的药酒。冰冰决定从今天开始一定好好帮自己的男人补补身子，爱惜他的身子就等于爱惜自己啊！

冰冰把酒瓶里暗红色的沉淀物摇匀，倒了一小杯给自己的男人，“泡了一个晚上的水，喝点酒，调一下血脉，我用饮料陪你。”

两人就着小吃边喝边聊。喝了小杯酒的男人，脸色红润，眼神温柔，他把冰冰从椅子上抱起来放到床铺上，男人的这种动作，很久很久就不曾有了。冰冰突然就有些委屈，不禁哽咽着埋怨：“你很久都没这样抱我了……你是不是不爱我了？不在乎我了？”

“不是，亲爱的。这几年也不知怎么搞的，天天在家，好像自己都习惯麻木了。今晚在水里发现你原来依然这么美，这么吸引我……”男人抱着冰冰不断吻她安抚她，“你这么关心体贴我，我怎么可能不爱啊？”

躺在床上，两人互相依偎着，相亲相爱的感觉让冰冰的心里充满了甜蜜。屋子外面是一阵阵的松涛夹杂着夏夜里的各种虫鸣鸟叫的田园交响曲……

“听，这种天籁的声音真是让人回到了快乐的童年。以后，我们经常出来走走。这感觉真好。”男人拥着冰冰，怀抱里这女人对自己的关心体谅和依赖让他很有男人的自豪感。他发誓以后要主动带自己的女人多出去感受外面的世界。他在心里暗自感慨：整天一成不变的生活真是催人老，让人激情不再、心在碳化啊！

冰冰吻着男人，情欲依然高涨，“亲爱的……抱抱我……”男人紧紧地抱着冰冰，突然男人又蠢蠢欲动，“宝贝，我又想了……”男人边说边伸手往冰冰的两腿之中探去，不禁惊叹，“天，你怎么又湿淋淋的了……你这小妖精……”这一晚，男人又来了两次，每次都让冰冰几次到达快乐的巅峰……

第二天醒来，男人拉着冰冰去爬山，男人精力充沛、兴趣盎然。

男人问冰冰：“你昨晚给我喝的什么酒？我连续作战，早上起来还精力充沛，还想要呢，怕你受不了才忍住了。这酒是好东西啊，以后给我多找点……”

冰冰笑而不答。这是那位大姐介绍的。有经验的大姐教她如何爱护自己的男人，如何保养好自己，让男人更迷恋自己。

回到家里，冰冰开始在饮食上调理自己的男人，每天煲滋补的靓汤，喝保养身体的药酒。男人体察到了冰冰对自己的关爱，也更加体贴和依恋冰冰，身体也变得生龙活虎起来，几乎每天都兴趣高昂地折腾冰冰。

其实冰冰也挺担心男人过于透支自己，常开玩笑道："你太猛了我受不了，我要分床睡……"

男人不等冰冰说完就把她给紧紧搂住，"分什么床，趁着年轻多折腾点，以后老了就折腾不起了……"

这天晚上，男人一边折腾冰冰一边忍不住发出惊呼："宝贝，好舒服，你里面在咬人啊……啊……"

激情之后，男人抚摸着冰冰的下体，"宝贝，我发现自从那次我们去游泳回来之后，你这地方好像会什么功夫，里面收缩得很紧，有时候还会咬人，舒服死我了……你怎么搞的啊？"

冰冰得意地偷笑。那也是那位大姐教她的，每天有意识地不停地练收缩会阴部，在跟自己男人爱爱的过程中紧紧地收缩着自己，同时让男人找准自己的G点，让男人打开自己的快感之门，既让自己感觉充实刺激，提高快感的前奏又能让男人更加的销魂……

男人拧着冰冰的大腿，"说啊，告诉我，你对我用了什么法术？让我越来越迷恋你了……"男人说着又开始在她身上动作。

冰冰吻着男人，暧昧地说："我学会了与你互动……嘻嘻……是互动。"

是的，性爱的快乐不单是男人的责任，女人也要学会承担责任。学会主动，学会给别人、给自己创造快乐。这种快乐是相互给予的。如果当初自己只会生闷气、发牢骚，甚至背叛自己的男人红杏出墙，那么，自己的人生不但尝不到这种灵肉相依的缠绵和快乐，甚至好不容易经营起来的小家庭也会走向毁灭……记住了：夫妻间的性趣也需要更新和发展，发展才是硬道理！

性福，源于爱

其实，性爱的愉悦不仅仅是床上的功夫，更是日常生活对情感的呵护和培养。日常生活的每件事情都会影响着夫妻的情感，而彼此之间的情感又决定着性爱的质量。只有深爱着对方，才能尽享性爱的欢愉。

高潮如海浪般慢慢在体内退去，疲倦的何灵转身欲离开男人的怀抱，男人却贴过来从后面抱住她，何灵转回身吻他，“亲爱的，你这样抱我睡手臂会麻的，别抱了，我怕你睡不好呢……”

“不，宝贝，我要抱着你，你转哪边舒服就转哪边，贴着你的身体，我才睡得安稳，每次醒来发现你不在我怀里我心里就发慌……”

听着男人带着浓浓爱意的诉说，何灵刚退却的激情又慢慢复苏，他们赤身相拥，彼此感觉着对方的温度……何灵又开始在男人的怀抱里不安分起来，男人用他老道的调情技巧再次把她推向高潮……躺在男人的怀里，何灵心里汹涌澎湃着幸福和温馨……作为女人，她庆幸自己还能遇上这么懂爱、懂得珍惜自己的男人。其实，何灵和自己的男人能彼此相亲相爱，床第之欢如此和谐幸福也来之不易。

何灵和男人都是再婚，男人今年43岁，何灵35岁。结婚时，他离婚七年，何灵离婚三年。

那年，在现实生活中寂寞而痛苦的他们都上了同城的交友网站，开始何灵只是想在儿子不在身边（有时前夫或老人会带走）或儿子在身边睡着之后的深夜寻点无聊的安慰，找个说话的人。刚被丈夫抛弃的何灵没把自己的照片贴在网上，但她看上了网上贴着照片的一个男人。那是一个带着温和笑容的男人，微胖，显得很敦厚，何灵觉得这样的男人应该可以跟他聊聊天。

于是何灵给这个男人发了一条信息：想跟你聊聊，只想聊聊，没别的奢望。如果你愿意加我为好友，我再发照片给你看；如果觉得不对你的眼，你可以把我删除。何灵给对方留了QQ号。

何灵虽不是妙龄美女了，但她相信自己的照片如果贴在网上，一定还会有很多人找自己的麻烦，她不想应酬自己不喜欢的人，她只想找个自己喜欢的陌生人交个朋友，说说心里话。

男人很快加了她。加她的时候，没有马上要求看照片。何灵问他：你要先看我的照片吗？对方道：不用。当你完全信任我再给我发吧。交朋友也不在乎朋友长什么样，心诚就可以。陌生男人的这番话，让何灵第一天就把他当成了朋友。于是，轻松愉快地跟对方聊起来。

没想，他们竟一聊而无法收拾。很长的时间，他们在网上无话不谈，男人告诉她，自从跟她聊了以后，他拒绝了其他网友的加入，他不再接受别人。何灵也告诉他，自己也没有别的网友，他是唯一的。其实，不用表白，他们都相信自己是对方的唯一，因为只要一上网，他们就离不开对方，哪有时间再跟别的人聊天？

虽然聊得火热，但他们都没提出见面，似乎大家都怕见了面破坏了他们之间的那种神秘和甜蜜，他们都害怕见光死。可是一年之后，男人开始在网上央求她，“我想你想得难受。我们见见面，如果你看不上我，我绝不纠缠你。只要你看上我，不管你是怎么样的，我都爱你……”

其实，何灵也想见这个男人。她发现这个网上的男人已经在现实生活中占据着自己心中很大的位置，自己也深深地爱上了那个从未谋面的男人。于是，何灵同意跟男人见面。

他们选择在何灵居所附近的一家餐厅见面。见面那天寒气逼人，一见面男人腼腆地把一大袋反季节的新鲜龙眼果递给何灵，“你说最爱吃这种水果，我走了很多地方才买得到。”何灵被男人对自己的重视和体贴感动得一塌糊涂。

点菜的时候，男人清楚地说出他们平时聊天她说过的喜欢吃的菜肴，全依着她的口味点。何灵非常过意不去，说你别顾我，你只管点你喜欢的，我什么都可以吃。

男人却温情脉脉地看着她，眼里是难以压抑的喜爱之情，“这些都是我喜欢的，只要你喜欢，我就很喜欢。”

这次见面，何灵就不可救药地爱上了这个男人。不是他长得帅也不是他有什么特别优厚的经济条件，而是他温和的个性，他那爱她娇她宠她的情怀让何灵痴迷。何灵离婚前一直被另有新欢的前夫冷落，离婚后一直孤独生活，从未感受到男人对自己的疼爱。现在有个如此疼爱自己的男人出现，何灵不想错过。

男人也表示深爱着何灵，爱她的温柔文静和体贴。两人一拍即合，见面的次数多起来。

单身的他们很自然地有着肌肤相亲的欲望。何灵第一次跟男人抱在一起，他是那样的激动，皮肤烧得几乎要把她灼伤，何灵也渴望着那销魂的一刻到来，可是，男人只在她身上动两下便瘫软了。

男人有些无地自容地说："我很多年不过这种生活了……"接着男人给何灵讲起他的前妻。前妻性格强悍、霸道。结婚的头几年，他的性欲很强，可妻子在日常生活中稍有不如意就经常以拒绝同房来惩罚他，每每都让他觉得跟她同房非常耻辱，于是便经常压抑自己的欲望，受不了的时候，就自己手淫。久而久之，自己几乎处于阳痿的状态。

何灵听了心疼不已，抱着男人，"我们结婚，一切都会好起来的……"她真的爱这个男人，何灵相信他也爱自己，何灵想他们都经历过不幸，更加懂爱惜爱。性爱上小小的缺陷何灵相信一定有办法去弥补。

他们领了结婚证，走到了一起。何灵开始以为生活在一起了，过上有规律的生活男人早泄的毛病会好起来，可一两个月，却不见起色，每次男人一进入何灵的身体坚持不了半分钟。为此男人觉得很过意不去，甚至自卑起来。

尽管得不到满足的何灵心里难免有些不爽，可她知道此时对男人的谅解和体贴是何等之重要，何灵安慰夫君，"亲爱的，没关系，我知道你爱我，我也爱你，只要我们彼此相爱，就是不进入，相互拥抱在一起我也感觉很舒服很幸福……"何灵真的很爱这个男人，他不仅博学多才气质高雅，而且非常懂得欣赏和珍惜她。她一定要和自己的夫君一起渡过这个难关，让自己的夫妻生活真正甜蜜无憾。但何灵知道，男人的生活里有着太多让他烦恼的事情，何灵想，这肯定影响到他的情绪，影响着他们的性爱的质量。

首先还影响着男人的就是他的前妻，离婚后儿子跟他。何灵跟男人结婚时，男人应该说是双喜临门的。因为在他进入洞房不久，他的儿子也考上了大学。儿子的分数很不错，进了名校。这本是值得高兴的事情，可男人却一脸的忧愁，晚上在床上男人心事重重，难以跟何灵一起真正进入男欢女爱的境界。

看男人心里有事，何灵抚慰他，"亲爱的，无论遇上什么困难，我都愿意和你一起分担，你不要自己扛着……"

男人这才开口跟何灵诉说自己的烦恼——原来，男人的前妻说好儿子上大学一人出一半的费用。可是一见男人跟别的女人结婚她就不愿意再出钱。当初离婚时，强势的前妻几乎卷走了所有的存款。男人只是个普通的公务员，一个月也就三千多块钱的工资。去年母亲的一次住院用光了积蓄，还欠了一笔债，现在儿子上大学他希望做生意生活宽裕的前妻也分担一部分的费用。离婚后前妻跟了几个男人都过不好，又想回来和他复婚，他坚持不从。这次看到他同何灵结婚，前妻不顾儿子的感受坚决不给一分钱让儿子上学，要他自己一人负担。

男人说起自己的前妻就很激动，“她就是不让我好过！她这样实在太伤儿子了！她知道我爱儿子，他就喜欢折磨我！”

每每一提起前妻，男人更是无法再提起任何的性趣，满腔的愤怒和不平让他整夜都睡不好。

何灵知道，像他们这种半路夫妻，最难处理的就是如何对待对方的子女和婚前的财产问题。结婚以后，男人要何灵搬来他的房子，何灵原来住的房子已经拿来出租。但平时的生活费用，男人都主动出着，因为男人喜欢买菜做饭，日常的开支，都是男人出，从不开口向她要钱，也不让她做家务，男人像宠娇小姐一样宠着她，把何灵的儿子当自己的亲儿子。何灵明白，要男人永远这么待自己，自己也要付出同样的爱才可以让这种幸福持之以恒。

第二天，何灵把婚前自己存的九万多块钱拿出来给夫君，对他说：“这钱先支持你儿子读大学，这费用够你儿子读完四年的大学了。你别再为这事情烦恼了。”

离婚时儿子跟了何灵。她只是个小学教师，工资并不高，前夫每月给何灵一笔小孩的抚养费，这钱何灵本来是存着给儿子以后上大学用的。

“不行，这钱是你存给你儿子的，我们不能用。”

何灵抱住男人，“你的就是我的，我的也是你的。我儿子现在还小，还有七八年才读大学，到时你儿子都出来工作了，他也会挣钱供弟弟读书的。而且在这七八年间，我们一定会想办法的，我不计较这个钱，我们是夫妻有什么困难我们共同承担，别再让你的前妻影响我们的情绪。”

男人紧紧地抱住何灵嘘唏不已，“遇上你是我上辈子的造化……”

男人视何灵如珍宝。当然，何灵也不是十全十美的，何灵有时也会小心眼儿、发脾气，还经常丢三落四的。但男人都让她宠她。何灵也很珍惜男人，男人的儿子知道何灵拿钱供自己上大学也把何灵当成亲妈，把何灵带过来的儿子当亲弟弟，家庭生活其乐融融。

放松了身心，床上的男人虽没完全改变早泄的毛病，可他变得从容，情况已经稍有改观。加上他是那样爱自己的女人，用嘴唇用手和绵绵情话，让何灵满足身体和心灵上的愉悦。其实男人的早泄已经成了生理上的疾病，这时候已是意志力无法控制了。可是有了何灵的关爱和体贴，男人不再自卑，有时还无奈地自嘲一下。

这晚何灵问男人："亲爱的，你以前有把早泄当病治疗过吗?"

"没有。第一是觉得不好意思，第二是烦心事太多，没心思理这个事。可是现在跟你在一起，我就想把这病治好——我多么想给你幸福，给你快乐。亲爱的你帮帮我……"男人紧紧地抱着何灵，像个无助的孩子。

是的，卸下了生活的压力，该想办法彻底把这毛病治好了。何灵开始给夫君辅以药物治疗。她找到做医生的同学朋友，希望能通过药补帮夫君治好这方面的毛病。

多方咨询，何灵知道了这种病用西医治疗副作用大，还是中医和食补为主较好。

后来，一位朋友告诉她：他父亲有祖传的滋补壮阳的药酒，专门治此病的，于是，何灵让他帮帮忙。

朋友很快帮何灵找来几瓶药酒。何灵让自己的夫君每天服三次。渐渐地，男人明显感到身体不一样了。

过去男人的睡眠总是不好，喝了药酒，不仅睡得好，而且不到三个月的时间，男人的床上功夫便得到明显的改观。渐渐地，男人就变得生猛起来。这种内外兼治的方法彻底把男人的早泄给治好了。

病好了的男人体会到了妻子对自己的关爱和珍惜，便加倍回报自己的妻子，对何灵的爱也更加的浓郁。回到家里，男人抢着帮何灵做家务，跟着电视学做各种新鲜口味的饭菜给何灵吃。每天饭后，四十多岁的他喜欢拉着何灵的手去散步，给何灵买最爱吃的零食。何灵心情不好时总爱耍小性子，而男人总是哄着她、让着她。男人常常对何灵说："遇上你晚了点，觉得怎么爱你都爱不够。我要好好珍惜你，让你每天都开开心心……"

曾经历过不幸婚姻的何灵更是懂得珍惜这来之不易的幸福。只要孩子不在身边，她就紧紧地抱着夫君在他怀里撒娇撒赖，索要男人对自己的娇宠。男人常常把何灵紧紧地抱在怀里感叹："你是最纯粹的女人，我怎么爱你都爱不够，爱你一辈子也不够啊!"

现在，男人每天都很自信和快乐。不仅治好了早泄，还能控制自己射精的时间，每每让何灵高潮迭起、销魂蚀骨……每天晚上躺在男人充满着浓浓爱意的怀抱里都会让何灵感到眩晕的幸福和满足，那种灵肉相融的欢爱让他们更加离不开对方……

其实，性爱的愉悦不仅仅是床上的功夫，更是日常生活对情感的呵护和培养。日常生活的每件事情都会影响着夫妻的情感，而彼此之间的情感又决定着性爱的质量。只有深爱着对方，才能尽享性爱的欢愉。

沟通，让你性福

原来，沟通是如此之重要啊！文清终于明白沟通这两个字的深切含义。夫妻之间，如果缺乏沟通，就绝对找不到性福！

文清被男友抛弃的时候，男友非常恶毒地扔给她一句话：你是个性冷淡的女人！你再漂亮也没男人要你！

男友的狠话让文清受伤了很长时间，都不愿再接受异性的求爱示好。她确实害怕过那种生活，一点也没有想象中的美好和舒服。男友第一次强行进入她身体时撕裂般的疼痛让她记忆犹新，在以后的日子里她都不太愿意跟男友做那事情。可是，她爱男友，在一起，男友自然不会老实待着。于是，男友总是带有强迫性地要她，虽然没了第一次撕裂般的痛，但她却没什么快感可言，甚至她很反感，每次过后，下体都火辣辣地刺痛，很难受的感觉。于是她总是有意地逃避男友。

男友渐渐就对她不满起来，说人家女孩子都很喜欢过这种生活，说她不正常。这让文清很伤心，也自卑。她觉得自己的男友应该更加体谅和爱护自己才对，为什么总是指责自己，两人的矛盾不断激化。但想着这男人已经要了自己的身子，加上情感上还是对男友有一定的依赖，文清总拿不出勇气主动离开自己的男友。当男友抛弃她的时候，她几乎崩溃，男友说出那样的话更是让她感到非常的挫败和自卑。

本来就不算开朗的文清变得更加自闭起来，男友离开她很长时间她都不敢再接受异性的追求。

小峰进文清公司时，文清已经失恋了好几年，依然没有男朋友。小峰一下子就被文清的文静和美貌所吸引，打探到文清还没男朋友后，就开始追求她。

随着时间的推移，文清失恋的伤痛也慢慢愈合。想着自己终究还是要嫁人，这次她没有拒绝小峰的追求，因为小峰对她的好和小峰本身的好，让文清也心动起来。但情浓时小峰对她身体的欲求文清仍坚决地拒绝，文清想起前男友玩弄了自己的身子最后还那样伤害自己，有了第一次，她不想有第二次了。除非把自己娶回家，不然，文清再也不愿把自己的身子交给任何的男人。

文清的拒绝并没让小峰气馁，他更加爱这女孩，这年代，这样守身的女孩子已经不多了，于是他加快了跟文清结婚的步伐。紧张的婚礼过后是两人宁静温馨的生活。唯一遗憾的是文清依然尝不到性爱的快乐，而且有些害怕。小峰那种心急和有些粗鲁的动作让她想起了前男友，而每每想起前男友对自己的一切文清的心里就有障碍。于是总找身体不舒服的理由拒绝自己的男人。

小峰没像前男友那样强迫自己，虽有些不高兴，但依然在生活上体贴和照顾她。可是，渐渐地，小峰没有像往常一样跟她一起上床。尽管不想做爱，但文清还是希望小峰跟自己躺在床上聊聊天、抱抱自己，没有他在身边，她自己也睡不着。但文清不断地找借口拒绝身体的亲密接触后，小峰就常常一个人待在书房很晚也不上床，有时甚至等她睡着了才悄悄上床。

这天晚上，文清等着等着，心里就有些不舒服起来，于是想到书房叫小峰回床。书房的门是关的，但没上锁。文清不声不响悄悄拧开书房的门，书房里的情形，让她呆住了：柔媚的灯光下，小峰正在自慰，而他面前的电脑画面上正放着美国大片，不过里面并没有色情的场面。

正在自慰的小峰看到文清突然进来，很是尴尬，文清自己却很震撼。想到自己那样无视他的生理需求，可这男人对自己还是那样的好，生活上照顾自己体贴自己，如果换成别的男人，也许早就提出跟自己离婚，或到外面找别的女人去了。想到小峰平时对自己的好，文清扑到小峰的怀抱里泣不成声，“对……对……不起……都是……我不好……”

小峰抱着她，也是满腹的委屈，“你是不是……不爱我?”

“不是……其实，我是很爱你的……很爱……”文清边流泪边吻着小峰表白……

“那你为什么不愿意跟我一起爱爱呢?”小峰抚摸着她，“人家新婚的夫妻是很性福的，这时候就是最好的享受啊，可是，我却在煎熬呢。很多时候我都受不了……”

文清边流泪边吻着小峰，“亲爱的，我不是不愿意，只是有时你太生猛了，我有些痛，于是有些害怕……”

小峰一听这话，很是诧异，“女人不是都喜欢生猛的男人吗? 你不知道，我们男人在一起，大家都吹着自己有多生猛，都说那样女人才喜欢呢，所以我以为你喜欢我粗暴一点呢。我看书上都写着女人在这方面特别喜欢霸道的男人，甚至喜欢被男人强奸呢！”

“不是每个女人都这样，反正我就不喜欢这样的。呜，我喜欢你跟我说些甜蜜的话，喜欢你抚摸我，喜欢你抱我……我觉得有一次你慢慢亲吻我身体，进去的动作轻缓，那一次我很舒服呢……”文清第一次说出了自己的感受。文清是个很内向的女子，男人对她的好让她真诚敞开了自己的心扉。

“傻瓜，那你干吗不早说啊？”小峰抱着纤细柔润的文清回床。两人赤条条拥抱着，彼此感觉着对方的温度，这种拥抱让文清感觉非常美好，这种美好的感觉让文清的身体更加的柔软和温润。小峰一边抚摸着她的全身一边吻着文清的耳朵，喃喃地说：“宝贝，你的身体真美，皮肤像蜜一样，我的手摸到哪儿都有种甜美的感觉……”

小峰的抚摸和赞美让文清身心欢畅，接着欲望也随着小峰的动作越来越高涨起来，她第一次放任和享受这种美好的感觉……

“不行，太甜美了，我要用嘴巴狠狠地吃你……”

小峰说着开始用嘴代替他的手，从她的耳根开始吻遍她的全身。特别小峰含着她乳头吮吸的时候，文清的欲望开始泛滥成灾，她第一次感觉到自己下体的空虚，第一次那样强烈渴望着自己的男人给自己填补空虚的那种充实感……当小峰用嘴巴吻她的下体时，文清终于忍不住叫了起来：“宝贝，可以进去了，受不了……”

尽管小峰恨不得马上狠狠地蹂躏眼前的这具粉色尤物，但他忍住了。他没有急着进去，而是用自己的宝贝在文清的玉门前庭不断地摩擦，小峰惊喜地发现那真是个富饶的地方，因为那地方不断地冒出喷泉，而这么富饶的地方终于被自己开发出来了，小峰非常有成就感，而此时的文清突然忍不住不断欢叫了起来，冒出的泉水也成了喷状，小峰开始挺进，进去的刹那间，两人都忍不住喊了出来，真是太舒服了啊……

原来，这爱爱是这么幸福啊！第一次结束，文清抱着小峰不断吻他，“一会儿我还要一次，行吗？”

“行，亲爱的……以后我们天天晚上都这样好吗？你喜欢吗？”

“喜欢，太喜欢了……”这一晚，文清哭了，那是性福的哭泣。原来，沟通是如此之重要啊！文清终于明白沟通这两个字的深切含义。夫妻之间，如果缺乏沟通，就绝对找不到性福！

第八章 / 与丈夫相处技巧

学会必要的自私

丽红有智慧的自私不仅拯救了她自己，也拯救了这个家。其实，丽红的这种自私，换种说法，那是学会爱自己。所以，做女人的你，一定要学会先爱自己，再去爱别人。

丽红从娇娇女变成少妇已经好几年。也许是得了妈妈的真传，传统而又非常顾家的丽红自结婚的那天始她就忘记她自己姓什么了，一心扑在了老公和孩子的身上。

丽红和老公都是公务员。然而两人的家境都不是很好，父母不能帮他们，于是买房装修全靠他们一点一滴的工资积攒起来。交了首付，每个月要还贷。丽红就是这样陪着老公走过来的。

公务员工资改革后日子是好过点了。但平时手头有点闲钱的丽红总舍不得给自己买件好衣服，而是把钱留下来买最好的衣服鞋子给老公。好东西也舍不得吃，什么都留给老公和儿子，等他们吃剩了，自己才动口。才32岁的她就变成了黄脸婆，像个保姆。老公在他的照顾下每天光鲜地出门，在外面尽情地施展自己的魅力，因为在家他已经不屑施展魅力了，家里的那个黄脸婆怎么样都会死心塌地爱自己的了。

老公总是有各种各样的借口晚归。很多次，老公单位组织去外地旅游，丽红无意知道是可以带家属的，于是想带着孩子跟去，但老公却一口拒绝，说单位不许带家属去，让丽红在家好好带孩子。后来丽红从蛛丝马迹中得知，老公不愿带她在身边是想多点机会接近单位里那位新来的美女，尽管他们不一定是情人关系，但丽红已经感觉到老公越来越不把自己放在心上了。她存在的价值，对于他，只是一个不用付费而且还能倒贴给他费用的高级佣人而已。

而六七岁的儿子在她无微不至的照顾下也变得骄横跋扈，半点不念她做母亲的辛苦。甚至去学校接儿子，儿子还嫌她穿的衣服没同桌同学的妈妈漂亮而拒绝跟她走回家。

毕业后首次大学同学聚会，一男同学看到她忍不住发出惊叹："天，你变化可真大！"

是啊，那时候她曾是他可望而不可即的梦中情人、娇艳无比的美丽天使。不到十年的工夫，她判若两人的变化实在太让他感慨了：原来那样让人神魂颠倒的美女的青春是如此的短暂啊！

其实，惊愕她变化的，不仅仅是那位男同学，只是别人不好意思说出口。那天丽红回家在镜子前仔细瞧着自己，确实被自己的相貌吓了一大跳。本来细小的腰身不知什么时候已经开始变形，有了明显的赘肉。曾经可以掐出水的嫩白皮肤变得粗糙蜡黄，丽红越看就越觉得自己不堪入目！

想想平时自己省吃俭用地顾这个家，但老公还嫌弃自己小气，不舍得用钱装扮自己，儿子嫌自己穿的衣服没别的同学的妈妈漂亮，不愿意她去接自己。她才32岁啊，她把自己整个青春都奉献给了这个家，可换来的竟是这样的结局！

躺在老公的身边，听着老公惬意的鼾声，丽红一个晚上辗转反侧，终于想明白：自己今天的下场，终究还是自己造成的。老公对自己的漠视和儿子对自己的任性还不是自己给惯出来的啊？

早晨起床，丽红煮完三个人的早餐后，就专心坐在梳妆台前修饰自己。老公起床习惯性地拿口盅牙刷，等放牙刷进口才发现了异样，原来，牙刷里没有牙膏，以往，丽红总是帮老公挤好了牙膏放着。今天，似乎变化的还不仅仅这些，吃饭台上虽然摆着一锅肉粥，但没有像以前那样盛好三碗、放好筷子。

闹钟响后儿子起床了，等着她来帮找衣服穿。她对儿子说，好孩子要学会独立，你从今天开始要学会自己照顾自己，起床后要自己找衣服穿，想穿什么就穿什么。

儿子穿好衣服嚷嚷着要她帮绑鞋带。她说，自己绑，还要自己去找早餐吃。

丈夫回到房间看到她只顾自己打扮自己，还没帮他找好衣服，于是非常不满地说:“我今天要穿什么衣服？你还没帮我找呢!”

丽红连看都不看他，“干吗要我帮你找？你自己不会找吗？你又不残废。”

老公有些气恼的声音，“平时不是你帮我找的吗?”

丽红依然没动，“平时是平时。现在开始，你自己找。从今天开始，家里的家务，一人一半。买菜做饭，一人管一个星期。反正上下班的时间我跟你是一样的。”

老公叫了起来，“那如果我有特殊情况呢?”

“那你就得付钱给我跟儿子到外面去吃!”

看着突然变得陌生的老婆，做老公的他以为她发疯了。可这才刚刚开始。

从这天开始，丽红就逼着老公买菜、煮饭、做家务，自己照顾自己，还照顾老婆和孩子。如果老公不做，她真的就在他的钱包拿钱带着儿子到街上去吃。她一点儿不愿意跟老公妥协。

丽红也不再每天晚上陪儿子看书写作业，而是要求儿子自己学习，她定期检查。她把自己关在客房里自编健美舞蹈，进行塑身运动。一个月后，丽红的腰身明显变小，赘肉也掉了很多，该凹的凹、该凸的凸。曾经婀娜的身姿逐渐还原。在校的时候，丽红本来就是舞后，她自创的舞蹈多次拿过奖，只是结婚后，一心扑在老公儿子身上，属于自己的很多东西都丢掉了。

丽红非常明白，练舞是最能塑身的，要保持身材，坚持自己的舞蹈爱好实在太重要了!

丽红发现跳肚皮舞能最快消掉腰部的赘肉，而自编的瘦身舞最能塑造少女的曲线。于是，丽红每天坚持练习两个小时以上，在音乐声中挥汗如雨。三个月的工夫，丽红竟然减去了十斤的赘肉，腰身变得细小紧致。

除了运动，丽红也从饮食上调理自己，由内而外，让自己的心情舒畅起来，每餐吃少而精，喝滋补的汤，特别注意吸取那些美容养身的食品。丽红还发现苹果、莲藕、黄瓜、木瓜、苦瓜这些食品特别能美白自己的肌肤，除了经常吃，丽红还拿这些食品自制了面膜。而香蕉和蜂蜜又特别能滋润自己的皮肤，于是，丽红省掉很多钱买那些昂贵的护肤品，而自己的肌肤却越来越鲜嫩白皙。

丽红还抽了一整天的时间跑到远在几十公里外的舅舅家，向舅母讨要保持青春的秘诀。因为做中医的舅母五十多岁了，还有一头乌黑铮亮的头发。而且脸色体态皮肤看起来就像只有三十多岁。而自己才三十出头却头发枯黄干燥、脸色憔悴，看起来比自己的舅母还要老。

那天，关于护理头发，舅母教她两招。一是外用。每星期至少做一次头发护理，以她的头发量和长度，每次三个新鲜鸡蛋黄，掺一两左右的糯米粉和黑芝麻粉，舅母解释：黑芝麻和糯米粉炒熟后碾成粉，最好一次做多点，磨成粉后拿来晒露水，然后压成一小块一小块放冰箱，每星期拿一小块兑点水跟蛋黄调和，抹在洗干净的头发上保留半个钟头以上让发根吸收营养。二是内服。舅母教她做一道小吃，主要成分是：赤砂糖500克，黑芝麻250克，核桃仁250克。具体做法：将黑芝麻核桃仁炒熟待用。赤砂糖放锅内，以小火煎熬较稠厚时，加入黑芝麻、核桃仁调匀，即停火。趁热将糖倒在表面涂过食用油的搪瓷盒中，待稍冷，将糖压平，用刀切成一小块一小块，冷却后就变成黑色砂板糖，可随身带着，当零食吃。这道零食，不但能让头发变得乌黑有光泽，而且还能排毒养颜和健脑。

最后，舅母还教她一招保持青春的秘诀：每天揉按三阴交穴20分钟以上（三阴交穴在小腿内侧，脚踝骨的最高点往上三寸处）。让自己气血畅通，面色红润白里透红，皮肤紧致，让自己永远年轻。

丽红按舅母说的做，很快就旧貌换新颜了，她那一头枯黄的头发变得乌黑柔软铮亮，皮肤也开始紧绷，变得白里透红，每天几个小时的塑身舞蹈也让她原本臃肿的身子变得曼妙。

当然，丽红的生活习惯也在改变着。过去每天等老公小孩吃完饭后她拣碗洗豌，饭桌上剩的东西，她总觉得浪费，于是都放进自己的嘴巴。现在，她彻底改掉这一毛病，该倒的她就倒，管住自己的嘴巴也是保持身材最关键的一点。现如今，她甚至不再收拾饭桌上的碗筷，她现在吃完饭把碗一放，让老公去收拾。丽红说这些年她做够了，现在该轮到他做了。因为洗碗实在太伤自己那双芊芊玉手了。而老公的皮肤本来就粗，经磨，再说了，男子汉粗糙点又有什么？谁让他讨老婆？爱惜老婆是他的天职，做女人的一定得有这份心态。平时太宠男人不会有什么好处的。要遇上一个不会感恩的男人，女人无条件的惯男人更是自讨苦吃的根源！丽红现在终于明白这点了，所以，她是绝对不再惯老公了。

除了生活习惯的改变，丽红的心态也在改变，过去丽红一上街首先想着帮丈夫和儿子买这买那的，从不舍得为自己买漂亮衣服。现在，丽红一有钱就给自己买时尚的衣服，钱不够就跟老公要。当然，丽红也是很讲策略的，每次让老公干家务或伸手跟老公要钱，她总是带着撒娇的口吻和小小的无赖表情。她太了解自己的老公，老公从来吃软不吃硬，把他哄高兴了，他恨不得搭梯子爬上天去给自己摘月亮呢，更何况给她点钱，为她干点家务活?

当然丽红也不是什么都不管这个家，该做的她还是做，该关心的她还是很关心的，比如儿子的教育。教育好自己的儿子是做母亲的天职，有个懂事的儿子才是自己做女人最幸福的根本。让儿子有个好的习惯也就为他以后的好人生打好基础，而性格的培养最是关键。

优良的后代不仅是这个家，也是这个社会的希望。丽红培养儿子也是从自己的“自私”开始的 。

培养儿子对日常生活的自理能力丽红总是动口不动手。她会教小孩洗自己的衣服鞋子，教他煮美味的饭菜，教他护理他养的小动物，而这些，丽红总是让儿子自己动手。儿子尽管做得磕磕碰碰的，但丽红只是鼓励他继续做，从不动手帮他。儿子从不会到会，每做成一件事情，儿子都很有成就感，很自豪地在她面前炫耀：妈妈，你小时候做得比我好吗?

这时候，做母亲的她总是夸张地惊叹，“天啊！你做得比我好多了啊！”

在学习上，丽红则是表现出非常的无知，总是问这问那。上小学一年级的儿子天资极好，数学语文难不倒他，她担心的是他的英语。由于没有很好的环境他学不下，或感到难学不愿意学。

好几次，丽红对自己的儿子说，妈妈几个很好的女同学现在都到国外工作了，自己因为在学校的时候没学好英语，所以不能出国。但妈妈的同学总是想让妈妈到国外去玩，妈妈也想出去，可是，妈妈不懂英语，怎么办呢?一上飞机人家说的都是英语，我又听不懂。如果不小心上错了飞机，妈妈在陌生的国度，语言不通的，那妈妈就没办法回家了。

一听妈妈不懂英语居然会面临这么多的危险，甚至有可能见不到自己的妈妈，儿子开始紧张起来。几天之后，儿子突然兴冲冲地跑回来跟丽红说：“妈妈，我要去参加英语兴趣班，很多高年级的同学才学一年多就能说很流利的英语了，那个老师是从美国来的呢！等我学好了，我就教你，那样，你出国就不怕走错路回不来了！”

丽红一听乐坏了，儿子只有带着目标去学，才会把这门功课学好。因为他先要学好才能教他的妈妈啊！

当丽红被外派学习三个月回来的时候，儿子居然可以教他英语了。儿子很老成地说，妈妈，我发现英语并不难学，我发现学什么都需要窍门的，英语也一样。只要你会读，你就能写出这个单词，你先学好音标，而且要记住哪个字母发什么音，有些字母的组合发音是固定的，你一定要记得住。

于是儿子开始教她音标和单词，虽然有些读得不是很准，但丽红总是很虚心地跟儿子学英语。等儿子读到三年级的时候，她就可以用英语跟儿子对话了。儿子参加的各种英语考试总是拿满分，特别是对英语感兴趣后，儿子喜欢接触原版的英文读物和说英语的影视剧，这大大开拓了儿子的视野。

有一天，儿子突然猛醒过来，“妈妈，我发现你在骗我。一开始跟我说你不懂英语，还说因为不懂英语有可能哪天出门就回不来了，害得我为你担心了很久，还那么努力想法子去教你英语。现在我才明白，你是大学生呢，你学了那么多年的英语，你怎么可能不懂得英语呢？你骗得我好惨！”

丽红笑眯眯地说：“儿子，妈妈离开学校多年，因为没有那种语言环境真的忘记了很多，是因为你教我英语我才把丢掉的英语学回来的呢！”

儿子笑嘻嘻地说：“不过，你骗得很有方法，我还是谢谢你。现在我可喜欢学这门功课了，能说流利的英语，以后我就可以全世界去玩了……”

丽红在儿子读小学以后，还养成一个非常“自私”的习惯，就是有什么好吃好玩的，她都要跟儿子抢着要。有好吃的，她让儿子先让给她吃，她的理由冠冕堂皇：我是你妈妈，你得孝敬我，好东西得先让给我吃。

渐渐地，不管吃什么东西，儿子总是习惯性地先给她留一份，什么东西都先为她考虑着。丽红明白这是培养儿子学会感恩，学会孝顺，学会心里有别人，学会照顾别人。这样的孩子长大了才可能给周围的人带来快乐，给别人带来快乐的人才有可能收获别人给予的快乐。而唯有快乐的人生才是真正幸福的人生。

丽红的做法是对的，才10岁的儿子已经非常懂事，一到母亲节或她生日，儿子总会用自己的零用钱给她买礼物。甚至平时看到她心情不好，还会买点小玩意或陪她聊天讲故事哄她开心。

丽红看着满世界的家教书都是以鼓励的方式让孩子充满自信，她也觉得这样的家教方法确实是很科学的。但丽红觉得每个孩子都不是同一个体，家教的方式方法也是不可以复制的，得因材施教。他发现自己的儿子有分辨是非的能力但自控能力非常差，而且很多时候也很任性。所以丽红对儿子并没有一个劲说好话，她还是依着自己比较自私的方法管束孩子，儿子有成绩他鼓励，看到孩子犯错了，她一样要责骂，甚至惩罚孩子。对孩子惩罚是要让孩子明白要承担自己所犯的错误，责骂孩子也是培养孩子的挫折感，培养孩子的心理承受力。毕竟儿子以后出社会不可能人人都会鼓励他，都会跟他说好话，所以得从小让他习惯听好话也要听坏话，要有基本的心理承受能力，让他明白有错必改、无则加勉。

渐渐地，孩子越来越懂事。小小年纪的他便有了男子汉的气概。看孩子健康成长，丽红心情愉快，人也变得更加的年轻漂亮了。

同事朋友看到丽红明显的变化，纷纷讨要方法，知道丽红是跳舞跳出这么棒的身材，纷纷要求丽红办班。

丽红开始忙乎起来。每天简练地忙完该自己干的家务活，丽红便出门教别人跳舞。而现在的丽红每天都把自己打扮得漂漂亮亮的，才一年多，丽红像变了个人，一下子年轻了十岁，像个未成家的小姑娘。

看到妻子的变化，丈夫紧张起来，原来这几年不在意，妻子还这么年轻这么漂亮啊！

她为什么突然有那么大的动力改变自己？是不是在焕发第二春啊？是有人喜欢上了她吗？老公心里疑惑着，却不敢说出声，因为他在外面也有自己的红颜知己和情人，心里有鬼。但看老婆变得漂亮又开始对他爱理不理，总是忙自己的事情，他开始觉得恐慌起来，怎么说，要那些什么红颜知己和情人来代替老婆他是死活也不愿意的。那可是他身体的一部分，要他割舍那等于要他的命呢！于是做丈夫的他不得不小心翼翼，已经多年不用的讨好丽红的本领现在不得不重新拿出来了。

老公不再总找借口出差（其实，过去出差都是找机会去约会），也没时间总上网聊天，因为他要辅导儿子学习，跟儿子玩，老婆没时间管儿子呢。每晚陪着儿子，到十点钟的时候他还要到丽红办班的地方接老婆回家。他要守住自己的老婆，要亲眼看着老婆在身边他才放心。看住老婆比看到情人重要得多，情人不过露水鸳鸯，知暖知热的老婆才是自己生命中真正的伴侣，这点，做老公的他是越来越强烈感觉到了。

丽红有智慧的自私不仅拯救了她自己，也拯救了这个家。其实，丽红的这种自私，换种说法，那是学会爱自己。所以，做女人的你，一定要学会先爱自己，再去爱别人。

善良和容忍，不一定是好品德

记住：当你与狼共舞，你的善良和宽容就是纵容罪恶。如果你遇上李成那样的男人，你的善良和容忍就绝不是什么好品德！

善良和宽容，本是我们传承了几千年的传统美德，但这种美德，得有一定品质的人才有能力去欣赏你。而偏偏这种品质，很多时候跟一个人的知识并不画等号。

秀秀的老公李成是某大学的副教授。一副很斯文的样子，连走路的姿势都让人觉得气度不凡。然而，就是这样的一个男人，却是家庭暴力的主角，比安嘉和还安嘉和。

最初看到李成的时候，打死秀秀都不会把那风度翩翩的男人跟《不要跟陌生人说话》里的安嘉和联系到一块的。

那时候，坐在讲台下听李成的课，秀秀总是听得思绪飘飞、脸色绯红。在秀秀眼里，讲台上那个学识渊博、气质高雅的男人是那样的可望而不可即，心里对他充满着渴望和想入非非。让她没想到的是，这个让她非常敬仰的年轻教师居然也对她格外的关心，平时总是嘘寒问暖的，甚至他负责的科目，她考得不怎么样他也会给她高分。

不傻的秀秀终于明白：这个老师爱上自己了。但秀秀明白现在很多的大学教授以感情为借口玩弄自己的女学生，所以，秀秀尽管心里很渴望很敬仰那个风度翩翩的科任老师，但依然非常理智而有意识地回避他那双看自己时火辣辣的眼睛。

李成时不时就找借口让秀秀到自己的公寓里去，说有事情跟她聊聊，而秀秀总是找借口拒绝，实在拒绝不了，就跟同学一起去。

秀秀的不买账似乎更让李成走火入魔，不应该搞师生恋的他竟然偷偷写信给秀秀表达自己的爱意。当然秀秀心里也很激动、很幸福。但是秀秀却理智地给他回信：你要真爱我，等我毕业后，你娶我吧。不过现在我不想谈恋爱，毕业了再谈。

秀秀说的是真话，看着宿舍里那几个女伴，自己怀孕了男朋友连陪去医院都不陪，自己受苦受难后只能回宿舍里哭。此刻的秀秀除了害怕跟她们有一样下场之外，还有个更让她害怕的原因：如果在校就跟他，要有什么闪失，值得自己仰慕的教师形象没有了不说，肯定还会连累自己的毕业考试。但是如果离开了学校再跟他，就算他伤害了自己，不愿跟自己结婚，那时候也有那份心理承受力了。

出乎秀秀的意料，李成对她关爱比她自己想象的还要多。一直让她担心的工作问题，李成早早就通过关系帮她安排好了。

秀秀一毕业，就进了一家大型的上市公司工作。她的老总，跟李成是哥们儿。

带着感激和爱戴，秀秀终于跟李成走到了一起……

热恋的时候，秀秀也看得出这男人有些急躁，妒忌心也很强。凡是比他好的人他都妒忌，连开车在路上，看到别人开的车比他好，他也会愤愤不平，无端咒骂人家。秀秀虽觉得做大学教授的他不应该这样，但秀秀也没怎么往心里去，总觉得每个人或多或少都会有一些自己的个性和习惯。秀秀依然那样敬仰和爱戴他。

结婚初始，秀秀听得最多的是李成跟她说这社会如何如何的黑暗，人心如何如何的不可测，要她如何留一手，要防着自己的老总，说像她那样青春貌美的，哪个男人见了都会想入非非的。

秀秀有时听烦了会顶撞他，“以前听你讲课你不是这样说的。你说，生活是美好的，要我们什么事情都往好的方面看、要朝前看。再说了，这份工作还是你帮我介绍的，老总是你的朋友呢！你怎么可以有这种想法?”

李成非常不屑的口吻，“你现在是我的老婆，不是我的学生，我没必要跟你讲那些虚伪的政治课！看你蠢蠢的样子，人家说什么话你都信，你迟早要吃大亏的！”

听自己敬仰的男人开口骂自己蠢，秀秀感到屈辱。可她把自己的屈辱吞到肚子里去了，因为她知道这男人脾气急躁，骂起人来口不择言。秀秀容忍了他。

可是，这才开始。秀秀发觉，自己的善良温柔和容忍大度，李成并不认为是优点，在他的嘴里和眼里，她甚至成了弱智儿。

渐渐发展成李成每每一说什么话，就马上要秀秀去照做或赞同，稍有迟疑，李成便会大发雷霆，甚至动手打她！第一次动手打她的时候，他们结婚还没到三个月。秀秀感到绝望，不明白在讲台上那样受人尊敬的男人会是这样让人感到心寒、感到可怕！

秀秀发觉自己嫁错人了，她嫁给了一个跟自己没有交汇点的男人。伤心欲绝的秀秀冒出了离婚的念头。

可是动手打他的男人过后一跟她道歉，秀秀又容忍了他。秀秀从小生活在农村，好不容易考上了大学，好不容易有了一份过得去的工作，而且还嫁了一个大学的教授。亲朋好友都以她为荣，姐妹们也很羡慕她，加上从小就接受传统教育，她觉得离了婚的女人总是不好的。正是秀秀的这种心态让她一步错，就步步错下去了。

当然，李成并非十恶不赦，他还是学生眼里的好老师，工作勤勤恳恳。心情好的时候，他对秀秀也还不错。可是李成的好心情似乎很少，因为一点点的小事情就可以让他变脸，六月的天都没有他的脸色善变。特别是在原本可以升为教导主任而最后又没提升之后，回到家里的他脾气说来就来。秀秀发觉他似乎对自己什么都看不惯，看不惯她的善良，甚至她的容忍也是他欺负她的理由。

一年后，秀秀有了个女儿，女儿的到来并没有给这个家带来多少的快乐。李成本来想要个儿子的，但秀秀却给他生了个女儿，加上李成仕途上的不顺心让他的脾气更加的暴虐。回到家里，拿秀秀出气的次数越来越多，而秀秀怕吓着孩子，总是不愿意跟这个不可理喻的男人吵架。可是秀秀并不知道，她的不出声，让心里有障碍的李成更加不平衡，因为他憋在心里的气没地方可出，对秀秀更是变本加厉地折磨，于是家庭的战争越发的升级。在别人眼里斯斯文文的李成，在妻女的眼里跟恶魔差不多。

而秀秀的宽容和懦弱，更是助长了李成的气焰，人前是恩爱夫妻，人后却是炼狱中生活的仇偶。秀秀对李成的积怨也渐渐变成一座膨胀的火山。

那天秀秀忙着照顾女儿，李成回家看到秀秀放在台边的杯子，想象着很容易就把玻璃杯碰掉到地板，满地的玻璃一定很恐怖，于是一边指责秀秀一边限令秀秀马上把杯子摆好。

此时，秀秀正在给女儿喂饭，秀秀说："你顺手放一下不就行了吗？"

李成骂秀秀："你一天在家干什么？连一个杯子都放不好！你是女人人家也是女人，为什么你连个杯子都放不好？"

那段日子，因为孩子小，秀秀干脆辞职在家带孩子，这似乎也成了李成看不起秀秀的又一导火线。也许是经济的重担都压在自己身上，李成的心理承受力就更加不堪了。

这时候的秀秀也是忍无可忍，"人家是男人你也是男人，你看人家男人在外面给自己的老婆撑起一片蓝天，回到家里还那么宠爱自己的老婆孩子。你呢？整天在家里拿老婆出气！你这算什么本事啊?！你这是变态行为，你应该去看心理医生了！”

秀秀的顶嘴让李成暴跳如雷，他伸手就给了秀秀一巴掌，“我要你马上把杯子摆好！你摆不摆?！不摆好我今天打死你！”男人边说边转身去开音响。

秀秀知道这男人又开始折磨自己了。他每次都会在轰轰响的音乐声中打她，这样她的哭声和小孩的哭声都被那高分贝的音乐声盖掉了，以免他在左邻右舍面前落下安嘉和那样的恶魔形象。秀秀现在明白原来男人打自己的老婆是有习惯性的，而且会成瘾。

秀秀把吓得哇哇哭的小孩抱回房间放在床上，转身从门角拿出那根上午跑出去跟别人要的打桌球的木棍子。秀秀趁着男人还在调音响，从房间冲出来，拿着沉甸甸的木棍子朝那个刚好转过身来的男人劈头盖脸打下去。因为毫无防备，李成没有还手的余地，只能双手抱着头滚到地上号叫起来。其实秀秀从小干农活，平时又喜欢锻炼身体，要真动手起来那个文弱的男人根本不是他的对手，只是，平时善良的她不忍心动手打他，一直忍着。

今天，秀秀在音乐的伴奏下一边狠狠地朝李成舞着棍子一边哭着，“你他妈的以为我父母亲养我是拿来给你欺负的吗？我也是有父母生父母养父母宠的！你凭什么欺负我?！”秀秀把这几年来的憋屈和愤怒全爆发在棍子上，直把平时在家里作威作福的男人打趴在地上，鼻子嘴巴流出血来，秀秀才作罢。

秀秀知道这男人还没死，因为她没往要命处打。只是他爬不起来了，肋骨肯定也被自己打断了。她没打电话给120，她根本不理他。这一刻她硬起心肠，这个男人不值得自己心软，不值得自己给他柔情和关爱。他不配！

秀秀收好自己的棍子，然后心情平静地抱着小孩出去玩了。她把男人银行卡上的钱全转到自己的卡上来。现在，除了害怕自己照顾不好女儿，她什么都不怕！

李成自己打的120，他被秀秀打断了两条肋骨，鼻梁也被打断了。医生见他的伤势严重，而且因暴力所致，问他要不要报警，他摇头。

李成躺在医院里，一直不敢相信真是秀秀把他给打成这样了。而秀秀却对他不闻不问，他忍不住给秀秀打电话，想要她给自己送点吃的，因为，他不习惯吃医院的饭菜，而秀秀煮的饭菜非常合他的口味。

秀秀一看电话是他打的，连接也不接。秀秀已经下定决心，她要跟他离婚，而且这房子她要一大半。现在躺在医院里的那个男人已经激不起她任何的情感，连伤心都没有了。她觉得一辈子很长，干吗要忍受那样一个变态的男人?!

在医院躺了两个星期，李成出院了。回到家里，看到乖巧的女儿和秀秀，这个男人竟然变了个人，他对秀秀说，他很想女儿、很想她，说着就掉了眼泪。

秀秀却无动于衷，对他说："我要跟你离婚。如果你还有点男人的样子，你就把房子留给我们母女俩，你自己搬出去。如果不搬，我们搬出去，但这房子要按市场价折算，你要给我们母女三分之二的钱。"秀秀说，这房子分三份，女儿一份他们夫妻各一份。

在医院待了半个月，李成反倒冷静了。他领教了秀秀的厉害，如果离婚，这房子秀秀就算起诉到法院，也要拿回属于她们母女的那一份。那么离婚后，三十多岁的自己就得重新挣钱买房子讨老婆，现在的老婆那么容易讨吗？好点的，谁会嫁他这种没钱又二婚的？差点的，自己也不想要，虽然想要个儿子，但重新讨老婆也不一定能生出儿子来。更何况，很漂亮的女儿已经会叫他爸爸了，想着那么漂亮可爱的女儿以后随着秀秀嫁给别的人，如果也遇上自己这么变态打老婆的男人，自己的女儿不是很凄凉？一想到这，李成突然为自己的暴力行为感到厌恶和内疚。

从此李成像换了个人，对秀秀小心翼翼侍候着，努力改变着自己。秀秀想想女儿还小，也需要一个完整的家庭。但这次秀秀变得强硬：不愿意离婚也可以，但回到家里就不许发脾气动粗!如果再犯，她就是上法院也要离婚。离婚的时候，他就要净身出户了！秀秀说如果他胆敢再欺负自己，她说不准哪天趁他熟睡的时候就把他给杀掉了！李成听着就觉得一股寒气直灌心底，尽管他经常失手打她出气，但他从来就没起过杀心，也没想着要离开他们母女。现在，他终于知道，自己不可以为所欲为了。

李成开始改变自己。也渐渐学会了看淡仕途的东西，回家跟女儿玩，享受天伦之乐，对秀秀的态度也好了起来。还经常主动帮秀秀干家务。

秀秀很是感慨：这男人还真是贱，居然对自己的老婆也欺软怕硬！好好的日子不好好过，非得这样伤痕累累后才能平静过日子。

其实很多女人都像秀秀最初的那样，有着嫁鸡随鸡嫁狗随狗的奴性，遇上家庭暴力，不敢声张，怕丢面子，怕失去家庭。殊不知，你的纵容只会让你饱受这种合法的欺凌和暴力。他永远不会因为你的善良和容忍而感恩于你。相反，你的善良正是他欺负你的软肋！

记住：当你与狼共舞，你的善良和宽容就是纵容罪恶。如果你遇上李成那样的男人，你的善良和容忍就绝不是什么好品德！

给男人宠爱你的机会

太强大的女人，也许永远都过不好自己的生活。在幸福的温泉中浸泡的何萍用自己的切身体会告诉自己的姐妹：上帝造人的时候，女人不过是男人身上的一根肋骨，这个天，还是让男人去顶着，女人才会活得轻松自如，学一学我吧！

时代的发展给我们女人施展才智的空间越来越大，现如今，各行各业的女精英女强人一点也不逊色于身边的男人。非常讽刺的是，那些在社会生活中纵横千里无敌手的女精英女强人往往难在个人生活中称心如意。常听很多优秀的女人感叹：遇不上相匹配的男人，找不到自己想要的归属……于是年华老去，朱颜辞镜花辞树，美人迟暮，英雄末路，晚景凄凉。

其实并非没有与你相配的男人，而是你太强大了，让平凡的男人望而却步。人生虚无，再辉煌的事业转头成空，唯有爱情和亲情能永远浇灌我们生命的常青树。聪明的女人在经营自己事业的同时，也会知道很好地经营自己的爱情——那就是给男人宠爱自己的机会。

三十多岁的何萍已是三家连锁饭店的老总，风情万种的她在公众场合也会跟自己的老公撒娇撒赖。拿何萍的话说：女人生来就是给男人宠的。

有一份属于自己的事业，那是必需的。那是自己人格自由和生活惬意的基础。何萍也是红红火火干自己事业的时候认识现在的老公的。

那时候，一心忙着自己事业的何萍刚刚遭遇初恋男友的抛弃，何萍整天跑到同城住的一位大学女同学家找她聊天解闷。同学有个哥哥，当中学老师的，也刚好没女朋友，于是，一来二去的，他们就好上了。那一年，何萍才26岁，可她已是一家规模不小的饭店老总。

开始，何萍心里有些失衡，“跟你认识一点都不浪漫。”何萍对男人说出这句话，其实她心里还有另外的想法：你一个小教师，我却是饭店的老总，我们根本不配。但她换了个说法。

男人却非常的男子汉，“谁说不浪漫？你没听说最浪漫的事情是慢慢看着你老去吗？我就是打算慢慢看着你老去。”

何萍一拳捶过去，“看你没文化的样子，还是教书的呢！是慢慢陪着你老去。看着我老去，难道你自己不老啊？”

“切！那句话是别的男人说给别的女人听的，慢慢看着你老去，是我专门说给你听的。你肯定比我先老，因为你喜欢打我，喜欢动怒，看看……又想动手了。你肯定比我老得快，我看着呢……”男人像小孩一样开始跟她嬉闹耍赖，他一贯如此。

何萍不得不承认，跟这男人在一起，她总是喜欢打打闹闹的，这感觉让她很过瘾。当自己情不自禁和这男人搏击在一起的时候，总是那样的欢畅淋漓，那是人生的快意。可是，她的本意是想找个也在商场上跟自己平起平坐的男人，至少那样才可以门当户对啊！

男人似乎看穿她的心思，抱着她说：“我跟你在一起还有个理由：如果哪天你的饭店倒闭了，我还能养你。除了做老师，我还有两个绝活可以找外快：知道吗？我用一个星期就可以让我的学生纠正难看的钢笔字；我用两个钟头就可以教会我的学生快速记住英语单词和语法。很多家长在课外高薪聘请我做家庭教师呢！我保证能让你和我们未来的儿子或女儿过上很温馨的生活。如果我的钱不够，我就用我对你的宠爱来弥补，好不好？有吃的我先让你吃，有穿的我先给你穿。”

“至于吗？我怎么可能连吃穿都没有？”何萍又一拳给男人！可是紧紧抱住自己的男人确实让她感到难舍难分，这男人不算很出色，但却是最爱自己和最让自己感到踏实和安全的男人。

“那你以后要听我的。”何萍嘟着嘴。

“不。是你要听我的！因为我是男人！”

何萍虽然做起事情来风风火火的，但生活中却喜欢小鸟依人、柔情依依，她喜欢自己被男人宠的感觉，男人这种霸道的口吻她喜欢。听他就听他的，省得自己什么都操心，那真会老得很快的。有个男人什么都帮自己拿主意，何乐而不为？

于是，两人张罗着结婚。

男人在自己的学校有一套三居室，比不上何萍还没认识他时自己买的房子阔气，但男人说，他们结婚要住他的房子，因为他是男人，她要嫁鸡随鸡嫁狗随狗。

何萍说，那我的房子呢？

留给我们的儿子或女儿。反正现在要住我的。

何萍一边笑一边跟男人搏击，“你能制服我，我就住你的房子。”平时跟男人打闹何萍总是用不是很光明的暗招或耍赖占上风。可是这次，无论何萍怎么使招怎么耍赖，双手都无法挣脱男人对她的控制。

男人得意地笑，“你以为以前我真输给你啊？那是我让你，但这次我不让你了，因为我想你住我的房子。”

被压在男人身下的何萍嚷着：“你不让我，我不住……”

男人把手伸进何萍的胳肢窝，“你住不住？啊？住不住啊？”男人边说边开始挠她。

这是何萍的软肋，何萍笑着求饶，“住住住，哈哈哈，你饶了我吧……”

跟男人打闹缠绵的日子总是很快乐，那种快乐的感觉就算让他们住帐篷何萍都觉得幸福，只要能跟宠爱自己的男人在一起，住哪儿都是天堂。

于是他们就住在男人学校里的那栋没有电梯的宿舍楼里。每天，男人放学了就去接何萍回家。

他们的家住在五楼。每次，何萍回到楼梯下，就会撒娇让男人背自己上楼。

每次男人背到第四楼的时候，就开始嚷嚷：“你要减肥了，你太重了……明天早上起床罚你到操场跑100圈……”

何萍一圈都没跑，但男人还是每天都背着她上楼。这栋宿舍楼的人都知道五楼的这对恩爱小夫妻，就是谁也想不到男人背上那个娇气任性的小女子竟然是某饭店雷厉风行的女老总。

新婚的生活很惬意很幸福。然而，何萍的饭店却开始陷入困境，貌美的何萍没结婚的时候，很多熟客都是冲着她来，这些客人，很多都是公款消费的。带客人来的男人都是为了能在这饭店里见她一面，甚至很多熟客心底里对风情万种的何萍有着不可告人的私念。可新婚的何萍不再买他们的账，一到下班时间就跑回家把饭店丢给了员工。

于是，那些喜欢来饭店公款消费的男人们都不愿再来了。新婚不到半年，饭店出现了明显的亏损。

何萍有许多商场上的朋友，如果她找他们讨主意，要他们帮忙，也许就能很轻易解决目前的难题，但她没有。她已经是有老公的人了，她觉得最应该依赖的是自己的老公。

何萍把自己饭店的情况跟男人说了。

“老公，你要帮我，你说过要宠我的。”何萍缠着正在给学生批改作业的男人。

男人放下手上的工作，抱着她到沙发上，两人一起想对策。

“亲爱的，你做饭店的，不能单纯靠关系，你还得有自己的特色，有能吸引客人的招牌菜，有些别人没有的东西，能让陌生人打听着也要找到你的饭店，那才是功夫呢！不是有句话说“酒香不怕巷子深”吗?”

“谁不知道啊？你说了也白说！一点实际的东西都没有！就知道讲空洞的大道理！哼！”何萍没好气地说。

“对了，我老家有个叔叔，做全鱼菜做得非常棒，他现在在一家五星级酒楼做主厨，我们把他给挖过来。然后我们找到最好的鱼源，我有个同学在郊外的风景区当负责人，他那里有个几十亩的大水库，水系有几十公里呢。每年他们都往里面放鱼苗，但很少喂东西，水是流动的，非常干净，那些鱼，几乎都是野鱼，味道非常鲜美。你可以去那里要鱼，你的饭店，专门作有特色的全鱼菜。那些干净的鱼最适合做生鱼片了，而这个城市很多人都喜欢吃鱼生但他们都找不到好的鱼源。亲爱的，这绝对是个很好的卖点！看，师傅有了，材料有了。只要你采纳我的建议，这两件事情，我帮你搞定。”

“好啊！那你马上帮我把叔叔给挖来。”何萍高兴得跳起来。男人的这个提议真的很棒。只要找到好的鱼源，加上五星级饭店的主厨给自己撑门面，这个饭店她就不会担心没有客人了。

“不过，你得分点股份给叔叔，那样他就会很用心跟你一起经营饭店了，而不是亏盈都要那么多的工资。他要负起饭店亏盈的任务，这对你也有好处，也让他放心离开现在的酒店。谁不愿意做自己的事业呢?”

“那好，我给他百分之三十的股份，你明天就去找他谈。”何萍爽脆地应道。

主厨很快被老公挖过来了。说干就干，何萍的饭店开始向外推广全鱼菜。不到一个月，饭店天天爆满，很多人会从很远的地方开车来她的饭店吃很有特色的生鱼片、鱼骨和鱼皮，还有各种做法不一的全鱼菜。

何萍原来只是想跟男人撒撒娇，在她原来的概念里，书呆子的老公肯定帮不了自己事业上的事情。没想到，自己的老公居然有着点石成金的本领。最终自己生意做得风生水起，还得靠老公的智慧和能力。把五星级的主厨挖过来，到水库订要又肥又鲜的大鱼，都是老公的功劳。这更让何萍依赖自己的老公了。

老公在这城市里有一帮哥们同学，过不久就会聚一聚。有时候是几个男人自己喝酒聊天，这时候她就会知趣地让老公自己一个人自由自在前往。可是，途中何萍总是找点借口跟自己的老公撒撒娇，比如，她想吃这个、想吃那个了，可是家里没有，回来的时候顺便带回来……于是老公一边应付哥们一边骂她：就你那么贪吃，吃胖了我可不要你！

我就想吃嘛，呜呜……

好好好……一会儿我就买回去给你啊……老公妥协。

这时候，老公身边的哥们疑惑地问：小三这么麻烦啊？

什么小三？是家里的那个。还找小三？家里的那个都应付不过来呢！

是啊，何萍无时无刻不在向自己的老公索爱，几乎让他没有多余的空间想别的事情。饭店里的大小事情，她要老公帮着出点子拿主意。生活中她要老公娇她宠她。每天一进家门，何萍就像个调皮的孩子跟老公练习格斗或擒拿的游戏，两个成年人就像两只撒欢的小狗，尽情嬉戏着，这是他们每天繁忙工作后最能放松身心的娱乐方式。当两人都闹累了，何萍就会像小孩般拉着自己的老公躺在沙发或躺在床上撒娇，“老公先陪我一会儿，先宠我一会儿再做饭去……”

于是，心里盈满柔情蜜意的男人会很温柔很缠绵地吻她，“亲爱的，我饿了，你要煮东西给我吃了。吃饱了，我们就爱爱，造一个小孩出来玩，那时候我们玩三个人的游戏好不好？”

何萍会嘟着嘴，“不好，有了小孩，你就不会宠我了。我先好好让你宠我几年再说。”

这问题一直是他们意见分歧的焦点。老公想趁早要个小孩，何萍想趁着年轻多玩几年，两人总为此互不相让。

“傻瓜，怎么会不宠呢？到时候，有两个人宠你呢，我还有我们的孩子都宠着你，多好啊！”老公耐心劝她。

“不嘛，反正我还年轻，就养一个，等过几年再说。”

“我的笨女孩，年轻的时候生小孩最好了，就辛苦一年，小孩一出生就没你的事了，我来带。再说，年轻的时候，生小孩恢复得很快，身材很快就还原了。等你过了三十岁，生完小孩，身材一变形，就很难还原了。到时候，你变丑了，可不许赖我。”

“那我变丑了你就不理我啊？”这回何萍真生气了。

“你要是现在生小孩变丑了，我还要你；要是再过几年才生变丑了，我就不要了。”老公也一脸的认真样。

“那我永远都不生了……呜……”何萍一想到男人真的因为自己变丑了就不要自己，一委屈，就真哭了起来。

“喂，你怎么一说下雨就下雨啊？下雨也要先打一下雷嘛……”老公一边帮她擦眼泪一边吻着她，“说你傻，你真就傻啊？要我不要你，除非我死了。只要我还活着，我能离得开你吗？”

一听这话，何萍立即不哭了，害怕地用手捂住老公的嘴巴，“以后不许说死字，我宁愿你抛弃我也不愿你死。”

老公紧紧拥着她，“我的好宝宝，我们要趁着年轻让我们的生命得到延续。知道吗？趁着年轻生小孩好处可多了，孩子会遗传我们身上最好的健康基因。而且，你想想，以后我们还很年轻，但我们的孩子已经长大了，那是多么美好的事情……”

本来结婚前，何萍是说过结婚几年内不要小孩先做事业的。现在她开始妥协了，“你开始违约，说话不算数，你欺负我……”

老公吻着她，“最多我跟你一起怀孕，一起生小孩了，好不好？”

何萍又一拳给自己的老公，“你怎么怀孕啊？你净瞎哄人！”

不过此时的何萍已经决定趁早生个小孩，想想身边多个小家伙一定也很快乐的。

放弃了避孕，何萍很快就怀上了。老公每天恨不得把她捧在手心上宠着，何萍也被那种慢慢饱满起来的母爱情怀滋润着幸福着，老公对她的宠爱更是让她祈祷着自己下辈子还要做女人。

小家伙终于带着嘹亮的哭声来到了人间。是个很英俊的小男子汉，长得虎头虎脑。因为营养充足，头发黑乎乎、屁股圆嘟嘟的，何萍完全被这陌生的小东西给吸引住，于是，所有的精力全放在了小家伙的身上，甚至连老公在她眼里都不重要了，这真是很奇怪的感觉。当初，是她死活不愿生，现在，她却那样喜欢这种做母亲的感觉，儿子这块心头肉成了她的全部。

这下子反倒老公不干了。

因为每天晚上老公要批改作业，还要备课，所以何萍让老公自己睡一个房间，免得小孩老吵他。开始老公还担心何萍自己带不来孩子，谁知道，现在孩子都不用他担心了，何萍自己把儿子养得白白胖胖的。可是，很明显，何萍现在只要儿子不要他了。不再跟他撒娇，不再关心他的喜怒哀乐。甚至很久很久都没有爱爱她也不像以前那样缠住他了。

好几天晚上，他跟他们母子在床上玩，老公缠着她，等儿子睡着了，你要来我房间，我们很久不爱爱了，我想你了。

“好的，你先备好你的课，等儿子睡着了，我就过去。”何萍应许着老公。可是，当他改完作业，到她的房间一看，儿子没睡着，老婆已经睡着了。这已经不是第一次了，男人就有些不明白，怎么一个小人儿就这么轻易把老婆变成另外一个人了？

第二天晚上，男人一边跟儿子玩，一边缠着何萍，“老婆，你很久都不理我了，你现在心里只有儿子了。你也理一下我嘛……”男人说着抱住她。

“去去去！你跟儿子吃什么醋啊？”何萍有些不耐烦地，“我还没叫你带儿子呢，现在我都自己带了，你还有意见啊？儿子我都顾不过来，哪有那么多心思顾你啊！”

何萍不耐烦的声音让男人静默了，男人有些无趣地逗了小孩一会儿就落寞地回自己的房间了。

何萍看着男人落寞的背影，心里突然有些不安，仔细一想，小孩快一岁了，好像跟老公爱爱都不到十次呢。何萍突然想，如果再这样冷落老公，老公感到苦闷了到外面找什么红颜知己倾诉烦恼，或者找什么人代替自己，那就惨了。一想很多女人一旦变成母亲，女儿家的矫情就被母爱所代替，冷落丈夫觉得是理所当然的事情，殊不知，男人的感情不会因为你为他后代的牺牲而更加爱你。爱是一种非常自私的情感且脆如玻璃，一不小心碰碎，就再也没有愈合的机会。

这一晚，何萍钻到老公的怀抱撒娇，“呜……都是你，我都说先不要小孩，你还说生下小孩是你带呢，现在都是我带着，我都没机会享受你的宠爱了，你要补回来给我……”何萍跟老公撒娇耍赖，是想把自己冷落老公的过失推到他自己身上，暗地里警告老公：就算我冷落你，也是因为你的宝贝儿子，你不能怪我，更不能以此为借口到外面乱来。

老公拥着她，“我的好老婆，辛苦你了，等儿子大了，我们父子都宠你，那时候你就知道你比我幸福了。”

“那你不许因为这段时间我冷落你而出去找别的女人。”何萍不怕把这种事情说出口，因为她见很多身边女伴的老公就有这样的情况。

“怎么会……”男人拥着她，嘴里虽然这么说着，但心里却有些愧疚。确实，这段时间有些撑不住他真想出轨了，还好老婆醒悟得及时，知道体谅他。

何萍开始有意识让自己的老公也学着带孩子，除了工作，让他也没精力想别的事情。而她也要把精力放在饭店上，这段时间饭店疏于管理，已经出现了问题，叔叔除了掌厨，在管理上是一窍不通的。

聪明的何萍知道，自己如果要做个幸福的女人，那就必须有爱自己的老公，有健康的儿子，有一份属于自己的事业，这些哪一样都是必不可少的。所以她要平衡，要经营好。

最难经营的是自己跟老公的关系。她应该是幸福的，她当初选的是一个很宠她很爱她的老公。但世上没有永远不变的爱情，特别是彼此都没有了神秘感的夫妻，那种温馨缠绵的情感要两人很用心地去经营去呵护。

当然，他们也有不高兴也有吵架的时候。虽然何萍有时候很依赖自己的丈夫，但毕竟她自己经营着一个大饭店，很多大事的决策能力也有的，在某些方面，相对显得比较强势。而只是一个普通老师的老公骨子里却也非常的大男子主义，于是两人难免有意见分歧，有不高兴，甚至吵架的时候。

婚前何萍跟老公就有个约定：结婚后如果吵架，不管吵得多激烈，双方都不许说“离婚”这两个字，因为那两个字说多了就变成事实了。何萍结婚可不是为了离婚，这婚既然结了，就要经营一辈子的。

很多次两人意见不统一，任性的何萍总要老公顺着自己。老公不从，她就会非常委屈地哭哭啼啼，直闹到男人妥协，因为她知道，她的男人从心底里宠她。只要她在他面前永远都是女人的样子，他就会心疼她。跟他撒娇耍赖，永远比任何指责都更能让他依顺着自己。

孩子慢慢长大，饭店的经营也步入正轨，而每年老公都有两次长假，每每此时，何萍就会跟自己的老公孩子出门旅游，尽享天伦之乐。

每每躺在丈夫温暖的怀抱，想起那些还在商场中博弈、怎么也不肯下嫁平民百姓家的铁娘子姐妹们向自己诉说孤独和人间没有爱情的时候，何萍总是很感慨：其实，爱情就在身边，你相信就有，不相信就真的没有。太强大的女人，也许永远都过不好自己的生活，在幸福的温泉中浸泡的何萍用自己的切身体会告诉自己的姐妹：上帝造人的时候，女人不过是男人身上的一根肋骨，这个天，还是让男人去顶着，女人才会活得轻松自如，学一学我吧！

男人永远是长不大的孩子

在旧时代，鲁迅就给我们破译了关于爱情的奥秘：爱情必须时时更新、生长、创造……

要让自己的爱情之树长青丰茂，你必须具备更新、生长和创造的能力。

尼采说过一段非常精辟的话：男人是战士和孩子。作为战士的他渴望冒险，作为孩子，他渴求游戏。因此男人喜欢女人，犹如喜欢一种最冒险的玩具。世界上最危险的游戏就是爱情。女人能让男人得到双重的快乐。

在男人得到快乐的时候，聪明的你，一定也要在这游戏中其乐无穷。不然男人就感到兴趣索然，感到自己找不到对手，于是寻找新游戏对手的念头就会让他蠢蠢欲动，你们的情感也随之危机四伏……

伊娜和健有着四年的同窗情。开始，伊娜怎么也想不到自己会跟健有什么故事，更想不到有一天他们会成为生命中的彼此。

健是那种非常张扬的男生。在公众场合，一点也不收敛自己，一看到有点姿色的女生就死皮赖脸往前靠。才到校几个月，同年级的不同年级的很多女生都认识了他，还奖给他一个头衔：大流氓！

那时，他们不在一个系。他学法律，她学计算机。但她还是常常听到女伴对他指指点点，说他的坏话。

一次年级的联欢晚会上，大家围着舞厅坐着，舞曲一开始，健越过很多人从对面径直朝她走来，非常绅士地朝她做了个很优美的邀请姿势。如果她拒绝，那是非常没有礼貌和没有涵养的。

伊娜站了起来……

出乎意料，伊娜跟他的舞步是那样的默契，伊娜是个舞迷，她第一次遇上跟自己这么合拍的舞伴，这让她非常兴奋，舞跳得有滋有味、色彩斑斓。

健一曲一曲地邀她，他们成了那个舞厅最耀眼的一对。特别是跳国标的时候，没几个人会跳，全舞厅的人几乎都坐在旁边看他们表演，他们就像一对参赛的最佳选手，人们忍不住爆出一阵阵的掌声。但仅此而已，伊娜并不打算跟这大众情人的公子哥有什么后续的故事。

舞会结束，准备散场时，健看着头顶只到自己肩膀高的伊娜，偷偷问她："你有多高啊?"看着眼前身段窈窕、有着一张妩媚笑脸的伊娜，健心里遗憾这小女子长得不够高，高度达不到自己想要追求的那一类，于是就问出声了。他就这德性，在漂亮的女生面前总是肆无忌惮。

伊娜看着他，"你管我多高？反正我比你高！"

健摊手笑笑，正欲转身弃她而去。伊娜却踮起脚尖凑近他的耳边，"因为我是正数，你是负数。所以我永远都比你高！"

健一愣，没等他回过神来，那小女子已翩翩离去。

就伊娜这句话，彻底勾起了健对这女孩的征服欲。那一刻，健发现这个个子不高的小女子智商超乎常人，甚至超过自己。这真应了潘长江那句经典名言：浓缩的，都是精华啊！

健开始打听这小女子的班级，很快健知道了依娜的班级，知道了她的宿舍，于是开始邀约依娜一起看电影，但被依娜毫不留情地拒绝。这可是空前绝后的，他还没被女孩子拒绝过呢！

恋爱也要找对手的，健非常兴奋地发现自己找到对手了！他就喜欢这种挑战，这种高难度的挑战让他感到其乐无穷。

渐渐地同学们才知道，健原来是个含着金钥匙出生的主儿。他可不仅仅是家世了得，人也长得帅，更重要的，他的学习成绩不错，组织能力和口才都不错。知道他是富家子弟后，所有对他说过坏话的女生这时候都认为他是富有魅力的大流氓了，那大流氓从她们口中说出的时候，甚至带着一股甜蜜的味道。很多女孩开始主动向他进攻，谁不想嫁入豪门呀？自从灰姑娘问世后，平民百姓家的草根女都天天梦想着自己就是那个童话故事里穿水晶鞋的女孩呢！

在别的女孩子挖空心思要缠着健的时候，健却对伊娜发起猛攻，伊娜对自以为是的健不理不睬。说真的，伊娜对这种花花公子不感兴趣。因为她不是灰姑娘，她是公主。这更刺激不可一世的健，他发誓一定要把这傲慢的小妞追到手，哪怕是暂时的！

几次碰壁之后，健问伊娜："真是想不明白，我到底什么地方让你那么讨厌我?"

伊娜有些不屑，"你的专业让我讨厌，我最讨厌律师了！翻手为云，覆手为雨，法就在你们嘴里，黑白全由你们说了算！你以后肯定也是一个只认钱不认理的主儿，你将为钱活、为钱死。鄙视……”

健有些恼，“你咋这么武断？我当律师就是要维护法律的公正！是不是因为我家有钱你也讨厌？你不会也有仇富的心理吧？”

伊娜还是一脸的不屑。

健盯着伊娜，“也只有像我们这种有物质基础的人才更有条件去维护法律的公正！也只有像我们这样不愁吃不愁穿的人才不会去为了钱做昧良心的事情！如果我连吃饭的钱都没有，那就很难保证我不会是个认钱不认理的主儿了！”

渐渐伊娜也习惯跟这男人斗嘴皮子了。在这过程中伊娜感觉到从没有过的乐趣和惬意，因为她发现这男人的思想境界是很多同龄人所没有的，而且越看就越觉得这男人还是挺赏心悦目的。再说了，这个被众女神穷追猛打的帅哥肯舍群花而独赏自己，也让她的虚荣心得到了从没有过的满足。哪个女孩子没点虚荣心啊？更何况，这男人确实也不错啊！

毕业两年后，健和伊娜组建了家庭。

他们是那批同学中唯一牵手走进红地毯的金童玉女、才子佳人。健先是在法院工作，后自己开了家律师事务所。伊娜却进了一家很有实力的网络公司做高管。健一毕业家里就给房给车，健的母亲甚至想劝服伊娜放弃工作，在家先给她生个孙子或者生个孙女。

伊娜撒娇，“生孩子也不用整天在家啊，我一边做事情一边给你们造小孩。”

再有钱也是他们家的事情，伊娜可不愿做庭院深深的未来怨妇。有份自己的事业，有份自己的收入永远都是自己有尊严的活着的本钱。花了十几二十年去读书，怎么可以就待在家里做人家的少奶奶呢！

当然，为了哄老人家高兴，伊娜还是趁着花样年华给健生了一个儿子。所有的一切都是那么美满，有房有车有自己的事业，有老公有儿子有幸福的家。伊娜渐渐变得温和宁静，没了谈恋爱时的尖锐和调皮，做女孩时的傲气和棱角全被幸福的生活所磨平。每天打理好自己的事业就一心扑到儿子身上，原来有了小孩的女人是如此的幸福，看着像条虫子一样的小人儿慢慢长大，自己居然那样的有成就感！

作为战士的健，打了一场胜战的他开始倦怠。两人在一起的激情渐渐被生活中的琐碎牵绊着、消磨着 。作为孩子的健在平淡的婚姻生活中又开始被外面精彩的世界所吸引，因为他的律师事务所里来了位靓丽又才华横溢的女律师。知道吃窝边草就有可能连自己的窝都没有，但健还是抑制不住心底里那股永远都想征服漂亮女孩的欲望。

健总是寻找机会跟那女孩子在一起，当然不能明目张胆追求了，毕竟他已是已婚之人。于是健总情不自禁在伊娜面前提起那女孩子，说她很聪明业务能力不得了而且人也长得那么美。从大学到现在，跟健厮磨已经有十年了，伊娜就像这男人肚子里的虫子，他在想什么伊娜还不知道?

伊娜噙着泪问健:“你是不是开始嫌弃我了?”

健有些烦伊娜的眼泪，也不知以什么时候开始，自己爱着的这女人变得一点个性都没有了。爱情消逝，难道是他一方的责任吗？动不动就用眼泪来压人，好像受了天大的委屈一样，烦不烦啊?

渐渐地，健不再跟她提起那个女孩子，只是伊娜发觉健回家的次数越来越少。

这次健说他要出差到外地接个案子，而小孩那几天都在发烧，婆婆天生对医院过敏，说在家怎么看小孩都行，但要带孩子到医院看病，她是死活不愿去的。

伊娜只好自己请假带孩子去了。打完点滴，从医院出来已近中午，依娜开车带孩子回家。半路上，伊娜居然看到健的车子就在自己的前面，伊娜有些奇怪:他不是说开车到四百公里外的桂林出差吗？怎么车子在这呢？难道借给别人了？于是伊娜一直跟着，健的车子开进市里那栋最豪华的宾馆停车场。远远的，伊娜看到健走出来开车门，然后，车子里走出一位年轻貌美的女子，健跟那女子朝宾馆走去。

伊娜气得浑身哆嗦，自己一天顾着小孩都顾不过来，他居然如此色胆包天，骗她出差，在这跟别人鬼混?!

这次伊娜没有哭，她也不打算沉默，凭什么她要忍受他?

伊娜加大油门，车子冲过去，“唰”地擦在他的身边在他面前停下。身边的女孩尖叫起来，因为那车子差点撞到健的身上。被惊吓的健正想骂人，突然看清楚了是伊娜。

女孩的尖叫和突然的刹车把孩子吓得哇哇直哭，没等健回过神来，伊娜把怀抱中哇哇直哭的小孩一把塞到他的怀里，“你爱跟谁鬼混确实是你的自由，我也是的。这地球谁没有谁一样转着，但这孩子你也有份，他发烧了，我已经带了他两天，现在轮到你带他了！”

孩子已经两岁，平时喜欢跟妈妈。已经在爸爸怀抱中的他一边踢打爸爸一边大声哭喊着："我不要爸爸！ 我要妈妈！ 我要妈妈！ "

孩子的哭声像针一样往伊娜的心里猛扎，伊娜忍不住泪如泉涌，但伊娜硬着心肠转身而去。孩子他也有份，他一定会想办法看好儿子的。这个时候要让他明白：一个女人如果连孩子都舍得，就没什么舍不得的了。尽管她很舍不得，但很多时候，生活是不按常理出牌的，你必须随时理性应对不同的牌局！

回到家里，婆婆早已等得焦心，说心里话，婆婆待自己还是不错的。伊娜没给婆婆脸色看，而是擦干眼泪，笑着对婆婆说："儿子跟他老爸在后面呢。"

果然才过一会儿，健就抱着已经哭得筋疲力尽的儿子回来了。这时候，伊娜已经在自己的房间收拾好了行李，伊娜拉着行李箱走出来。

"你要去哪儿?"健焦急地拉住伊娜，伊娜一把甩掉他的手，冲着婆婆说道："妈，小孩就拜托您了，我要跟我老板出差到外地一段时间。"

说完不等他们出声，伊娜走出了大门。健追出来的时候，伊娜已经开车走了。伊娜的公司刚刚跟一大公司合并，公司大股东是一位网络才子，才二十多岁。刚到公司的时候，以为伊娜还没结婚，憋足劲要追她，说她身上有种现在的女孩子缺乏的东西。后来知道她已经结婚，虽然遗憾，却依然把她当红颜知己。一直以来，伊娜为了不引起健的误会，从未提起。当然现在伊娜不是想投奔自己的老板，而是想起这些让伊娜明白，原来自己参与社会活动是如此的重要。一个未婚的优秀男孩都对自己这么看好，她没有理由因为老公的抛弃而自己抛弃自己！从别人对自己的欣赏中伊娜得到了自信：身边的那个男人不爱我了，依然还有别的男人爱着我！谁怕谁啊?!

这次伊娜真的有事出差，但不是跟自己的老板去，是她自己的业务。小孩虽然让她牵挂，但她相信爱孙心切的奶奶一定会照顾好孩子。健虽然像孩子一样好玩，但他也很爱儿子，他是个有很深的传宗接代观念的男人，他才不会怠慢自己的儿子呢。伊娜让自己静下心来做自己的事情，从出门的那一刻起，健的来电就不断，但她一个也没接。伊娜办完自己的事情，也顺便一个人旅游去了，她要好好梳理自己的情感和生活。

在如画的风景胜地中游走的伊娜冷静地反省自己，结了婚，自己的棱角已经磨平，不再有恋爱时锋芒毕露，对健也是百依百顺了。这些日子，她总是一边照顾着儿子，一边照顾身边的大男人，怕委屈了他，有时候很累了，依然帮他煮夜餐，帮他分析案情。当了母亲的她，甚至把老公当成自己的大儿子……

她终于想明白了：他已经征服了她，已经习惯了她。没有了当初征服带来的快感了！原来男人就是那么贱，好好的生活就是不愿好好过，非得折腾才舒服。

其实伊娜也明白，感情不可能永远一成不变的。尽管自己还爱着这个男人，但她突然就想着：如果没有他，自己应该怎么办呢？于是她给自己最坏的打算：如果没有这个男人，自己虽然痛苦，但自己也一样可以带着儿子过下去，只要自己够出色，也一样还会有男人欣赏自己。她终于下定决心：无论这感情、这家庭怎么变故，自己一定要好好活着，因为我们会活得很久！

回到家里，健对她讨好着，焦急地跟她解释：他那天真的刚从桂林回来，来不及跟她联系就要忙着跟公司的同事去应酬。说他跟那女孩是清白的。

伊娜想对健破口大骂：那几天小孩生病，她整天地顾着小孩，没在意，现在想来那几天健居然连个电话和信息都没有！他身边要没别的女人，会连个电话都不打给她吗?！

可是伊娜强忍住了自己的怒火。她冷冷地说："其实呢，感情这东西总是不断发生变化的，变化才是永恒。你爱不爱上别人我就不知道了，但我发现我好像爱上别人了。"

"谁？你爱上谁了?" 一听这话健像被人狠狠敲了一棍。平时在一起没什么，但伊娜一说爱上别人，他的心还是感到恐慌。尽管他的情感有些变化，但他不想离开她，她可是难得的贤妻良母和好儿媳。

"我爱上了我们公司的老总，他也爱我。"伊娜平静地说。

健暴跳起来，"怎么可能？他比你还小啊！你想养小白脸啊?"

伊娜愤怒地，"什么小白脸？他是我们公司的老总，他需要女人养吗？他比我小怎么样？比我小的男人爱上我，那才叫真爱，感情还浓着呢！像他那样身份的，会随便爱上别人吗？他爱上我，那是我的福分！他等着我离婚跟他呢！他说我比那些年轻的女孩还纯情！还纯粹！只要我愿意，他就带着我离开这里，到我愿意去的任何地方生活！"

健扯着嗓子朝伊娜吼："你明天马上给我辞职！"他想起来了，上次陪伊娜参加他们公司的庆典酒宴时，那个年轻老板总是含情脉脉地看着伊娜，原来他们有一腿啊！

伊娜也跳起来，“我凭什么要辞职？你可以在外面风流快活，就不允许别的男人爱我？”

看伊娜铁了心，健开始慌了，一把抱住伊娜，“亲爱的，别这样好不好？我回到公司马上辞掉那个女孩子，你也要马上辞职好不好？”

“你的心要是对爱情对家庭不专，你辞掉了这个，还会有下一个！我可不想跟你耗完青春了再离婚，那时候就没有别人要我了！”

“你傻啊？难道我们没谈过恋爱啊？那时候我们还不一样爱得要死要活啊？我敢担保时间久了他的激情也会退去的。”

“我跟你的激情也维持了十年吧？我再跟他维持十年也够了。反正到时候青春也没了，有没有爱情都无所谓了！再说，他比你会欣赏我，谁能说得准他不跟我一辈子呢?!”

健知道心无城府的伊娜心里有什么就说什么，伊娜能说出这样的话，肯定是不想跟自己过了，一定是自己太让她伤心了。其实他这段时间真是跟了公司那女孩的。他不得不承认，那女孩子除了比伊娜年轻，其他的什么也比不上伊娜，而容貌有一天也会消失。再说了，他跟伊娜还有个儿子呢！健一想到以后身边再也没有这个知冷知暖的女人，想到儿子要忍受父母的分离，健开始感到从没有过的恐惧。

健知道，在小孩生病的情况下伊娜也那样无牵无挂出差这么久，肯定已经下决心不要这个家了，这是从没有过的。健想着，一个女人连孩子都不顾的情况下，心肯定死了。

健跑到客厅，从母亲怀抱中抱来儿子，儿子一见妈妈就哇哇大哭，伊娜也心如刀绞，忍不住边哭边紧紧抱着孩子。哪个女人希望跟自己的骨肉分离啊？

看着母子痛哭，健也抱住他们泪流满脸，“亲爱的，如果我伤害了你，请原谅我。我一定好好爱你和孩子……”

为了证明自己的决心，健当伊娜的面打电话给财务，给那女孩子多一个月的工资，然后让财务出面通知辞退那女孩。

伊娜没有辞职。健也不好干预她，但现在每天健都要亲自接送伊娜上下班。她要去哪儿应酬，他也跟着去，他只能以此方式看好自己的老婆。

现在，一到休息天，健连案子也不接。专心陪着妻儿在家或出门休闲娱乐。健也渐渐悟出来了，亲情和爱情，真是需要牺牲一些东西去经营。而学会享受这些东西确实也是自己生命中最不可缺的，这也是伊娜教会他的。

伊娜终于明白，不管多能干多成熟的男人，心智也还有孩子的一面，也还有玩游戏的心理。伊娜也摸出了自己男人的脾性，不就爱玩游戏吗？我就陪你玩。其实这也是捍卫爱情的一种智慧。

在旧时代，鲁迅就给我们破译了关于爱情的奥秘：爱情必须时时更新、生长、创造……

要让自己的爱情之树长青丰茂，你必须具备更新、生长和创造的能力。

鼓励和赞美让他龙腾虎跃

莛对自己男人的赞赏和鼓励，给她自己带来的是男人回报她的性福和极致的快乐。因为女人对男人的赞美和肯定就是男人的伟哥。

房间里橘黄的灯光暧昧朦胧，暗香浮动，宽大席梦思床上莛缠着自己健壮的男人呢哝撒娇。莛边吻着男人边充满性福地说：“宝贝，亲爱的，我想不明白，人家都说男人过了35岁就越来越不行了，你怎么越来越厉害了呢？你害我白天坐在办公室里也心猿意马。老想着跟你干这活呢！我恨不得分分秒秒跟你黏在一起呢……”

男人抱着她，不断吻她，“你真是个小妖精……”宽大的床上两人卿卿我我、郎情妾意。莛纠缠着自己的男人，不断赞叹着男人的雄姿和爱爱的技巧高超。被赞美的男人情不自禁，激情如被油浇的烈火……于是两人又开始演奏那激情四溢的华美乐章……男人不断变着法子让自己的女人快乐得直哼哼。两人尽享着彼此肉体带给对方的快乐，男人在女人的惊叹和赞美声中扬鞭策马、纵横驰骋……

这些日子，几乎每晚莛都能享受着丈夫江给自己的极致快乐，而这一切，完全归功于莛给自己男人注入的兴奋剂。那是来自精神领域的一股兴奋剂，其催情的药方就是她对自己男人的欣赏和由衷的赞美。

然而，莛的性福生活也是一波三折，来之不易。

那段日子，莛发现自己的男人江回到家里总是很慵懒而且情绪低落，更没性趣跟她在床上行夫妻之欢。

莛和江是大学的校友。江是莛的师兄，他们热恋了很多年才结婚。新婚激情过后两人都有了相濡以沫的情怀，亲人朋友爱人情人都集于一身。莛一直很庆幸自己在对的时间里遇上对的人，两人的爱情之花尽情开放，最后结成硕果。尽管江身上也有很多的缺点，但莛的心里却对江心存感激，感激江对自己的那份珍爱，感恩生活赋予自己的幸福生活。

莛和江都在北京读书，那是多少年轻人去寻梦的天堂城市。江学的是IT

业，毕业的时候，江凭着精湛的技艺进了中关村一家外企做高管。小两届的莛毕业后，江也很快帮她在京找到一份白领的工作。江本打算带着莛在北京闯出自己的一片新天地。江那时候很自信也充满了斗志，总是情不自禁地跟莛说公司的领导很器重他，他说北京是个做事业的好城市，就算他哪天不满意公司的待遇他可以随时跳槽，在这个国际化的都市里他随时都能找到自己满意而且待遇很好的工作。

然而，莛毕业后却想回自己那个南方的小城市。她是父母的独女，母亲身体不是很好，她想回母亲的身边生活。她希望在母亲的有生之年自己能多尽点孝心。而那个南方的小城市，离北京好几千公里的路程。坐一趟飞机到北京，单程的票价也要两千多块钱。于是，江的面前摆着两条路：留在北京，意味着放弃莛；如果不想失去莛，就意味着放弃北京这个能成就他梦想的城市。

最后，江放弃了北京，跟着莛来到一个他非常陌生的小城市。在这里除了莛的爱情，他一切都要从头开始，甚至很难找份满意的工作。还好，当初江上的是京城的名牌大学，这小城市里江这样的名牌大学生没几个，于是在招公务员时把他们俩双双招进了机关单位。开始的生活是稳定和甜蜜的，但渐渐地，江就觉得自己并不适合在官场上混，精于业务的他，仕途上总是不得宠。反倒莛，才三十出头已经做到了某局的副局长了，但江依然只是某个科的科员。这让本来处处以大哥身份呵护莛的江多少有些不自在起来，特别是有时跟莛出去应酬，别人只把他当陪衬的眼光更让他受不了。想想如果自己当初在北京，现在也是有房有车一族，自己的圈子也绝不是庸俗之辈，不用整天地跟那些势利没素质、没见过世面的这群人在一起遭他们的白眼。

郁闷的心情在心里发酵形成的废气让江变得颓废起来。莛体察到了江的情绪，她总是尽量顺从着江，儿子已经五岁，一直由退休的父母照看着。本来可以尽享夫妻鱼水之欢的他们却开始遭遇着前所未有的性爱低潮期，男人似乎变得百无聊赖。除了接儿子回来跟着儿子玩能提起他的兴趣，他似乎对什么都没兴趣了。

这天晚上，莛主动缠着江，用嘴巴和自己的双手向江传递着要欢爱的信息，江缓缓地把她的手拿开，并把背部转给了她。

莛心里有些恼怒，这样的情形已经好几次了。且不说他要主动给她性福，现在连自己的主动要求他都不顾了。莛想起身边姐妹们说的话：现在已婚的中国男人都患了不举症，一回到家，面对自己的老婆就不举了。

一想起自己才三十出头，正当年，老公就失去了性趣，以后自己的漫漫人生路该如何是好？身体涌起的那股火无法扑灭，荭感觉浑身的不适。

可是，荭知道此时跟自己的老公生明气或生闷气都无济于事。想起老公放弃北京的优越条件跟自己回到这个边远的小城市，完完全全是因为爱自己啊！想起老公曾经为自己为爱情作出的牺牲，荭所有的怨气都消了。

荭贴着江的背后，故作轻松跟他开玩笑，“亲爱的，你是不是在准备第二春啊？听说男人在第二春之前情绪都很反常……”

江没好气，“准备第二春的应该是你啊，看你多春风得意呀，年纪轻轻都做上副局长了，我这样的小科员有什么怀春的资本！”

荭听了江的话，心里好笑，他怎么对自己还有这种醋意呢？

荭把老公的身子扳过来，“亲爱的，你现在是不是特后悔跟我回这个小城市？”荭打算跟自己的男人深聊一次，把心结解开。

“是有些后悔。同一瓶饮料，在小卖部只卖两块钱，但在五星级饭店就能卖到六十块。人也跟物品一样，他的价值完全取决于他所在的位置。我觉得这小地方根本没有我存在的价值。”江的语调里充满了失落。

“我知道委屈了你，你精通高科技的应用，但却不适应官场上的明争暗斗。其实我们不能让环境来适应我们，只能我们去适应环境。你在我心里一直都是顶天立地的男子汉，就是这小地方的人很多都是井底蛙，特别是你的领导，他们不会欣赏你。但你也不能因为别人没能力欣赏你，你就自己瞧不起你自己了吧？你知道吗？上次你帮我朋友的公司开发的那款管理软件，他说非常好用，昨天请你去吃饭你不去后，今天他找到我，不断称赞你的才华。当时我听他说起你非常佩服和羡慕的口吻，我可自豪了，虚荣心也大大地满足呢。我觉得你是难得的人才，很有潜力，在这小城里也没多少人可以跟你竞争。你完全可以一边上班，一边利用业余的时间做自己喜欢做的事情，而且把它当成自己的事业来做。那你不是比我更有焕发第二春第三春的资本吗？”

男人听了荭的话，突然抱住她，“你觉得我行吗？”

荭紧紧拥抱着自己的男人，“你比很多人都强，怎么不行呢？只要你想做，没人可以跟你比。嘻嘻……其实，你在很多方面都比别的男人强……”

江喜欢荭跟自己说这种赞美的、肯定自己的话。江的心情变好起来，他抱着荭笑问：“哪方面强啊？说说看……”

“知道吗？我们科室的姐妹们经常说起自己和老公晚上爱爱的情景，很多姐妹都说自己的老公坚持不了几分钟，有一个大姐最自豪地说他的老公有时能坚持差不多十分钟，她非常满足呢……我听了都不出声，如果我告诉他们，我老公你每次都能坚持半个小时以上，一定吓死她们、羡慕死她们……哈哈……”

男人已经被荭挑起了欲望，开始情不自禁揉捏荭的身体，嘴里狠狠嗔骂：“看你得意的……”

荭双手搂着男人的脖子，开始纠缠他，“当然得意了，我除了你，没跟过别的男人，所以没有比较，听身边的姐妹说起自己的老公床上的表现，我才知道自己嫁了这么能干的老公，我太幸福了……很多时候，我都非常感激月老对我的偏爱，把你许配给我，我这辈子一定好好爱你，让月老下辈子还把我许配给你……”

“什么下辈子，先好好享受这辈子吧！”男人的欲望被荭带着挑逗的赞美给完全撩起，他想着自己爱的女人如此的赏识和依赖自己，还有什么理由不让她幸福和高兴呢？

江一边在荭的身上动作，一边好奇地说：“原来你们女人在一起也谈论男人的啊？你们也好流氓啊！”

“嘻嘻……还有更流氓的呢……那天我听那个大姐说她老公那天晚上特别行，做了十二分钟，让她来了两次高潮……我就忍不住说，那有什么，我老公能做两个钟头，让我流出的水把床上的被子全搞湿了……她们嗷嗷叫着说我吹牛，然后她们关起门一拥而上，把我剥光了，说看看我衣服里面的东东有什么特别的，让你那样发挥异常，她们把我剥光后，嘻嘻哈哈捏着我的咪咪说我发育超常，所以我的男人才发挥超常……”

“天，原来你们女人也这么流氓啊……”荭的话让男人变得更加的兴奋，“不过你的咪咪确实勾人啊，还好你们科室都是女人啊，要有男人，我怎么办啊？”男人说着就把头移到荭丰满的胸前……

男人温热的嘴唇又开始卷起荭体内的欲望风暴，荭扭捏着身体，“哪个男人也无法跟你比，你才是我生命中真正的男人……我只给你，只跟你……只有你才会给我这份快乐和性福……你不知道，每次你一进入我的身体，我都有种灵魂出窍的感觉……亲爱的，抱抱我，我需要你，我需要你帮我打通全身的脉络，医学书上说，女人满足一次，等于打通全身经脉一次，我想要你经常打通我的脉络，我想永远年轻、永远漂亮……我要你……”

荭情意绵绵的话语让男人的欲望如决堤的洪水一发不可收拾，男人轻吼一声，翻身压到了莛的身上……

这一晚，是他们真正第二春的开始。在此之前，她们的性生活已经沉寂了一段日子。莛发现原来自己的男人需要自己对他的肯定、对他情意绵绵的勾引……

莛终于明白，性福的生活，来自于彼此身心的舒畅。莛明白自己的男人有时候会迷失自己，也会有些懒散和惰性，所以需要自己不断给他鼓气，让他真正实现自身的价值，他才能更加彰显自己男子汉的本质。于是莛不断鼓励江发挥自己的专长，并把开发的软件卖给一些公司。渐渐地，很多人都主动找上门来。

江干脆辞职开办起自己的公司来，开发一些特殊的管理软件和帮别人维护网站……江是越来越自信。江不是那种特别能聊的人，平时显得很沉稳，但在床上却很自如。莛发现江很容易被自己的一些语言所激动，于是投其所好，男人哪怕是给自己小小的惊喜，她也无限度地扩大这份惊喜，并赞叹不已。

当然，爱护好自己的男人就是爱护自己，莛虽然到了欲望最旺的年龄时段，但她也没有无休止地纠缠自己的男人。她要求男人平时注重以养身为主，莛在日常生活中处处关心爱护自己的男人，给他煲靓汤，吃滋补的美食，用自己的体贴爱护滋润着自己的男人。有时候男人工作太累又想哄她高兴的时候，莛总是体贴地依在他的怀抱里抚慰男人，告诉他她只需要个拥抱就可以，让他好好休息等精力充沛了再一起纠缠……其实莛觉得相互拥抱、说说心里话，也是一种精神上的满足，很多时候，精神的满足比生理上的满足更加重要，在温馨和宁静中拥抱着入眠也是他们追求的一种幸福。这种温馨和宁静，往往在酝酿着更高质量的缠绵和搏击……

那个星期，他们已经好几天没在一起爱爱。那晚莛加班开会很晚才回来，进到房间见江一边看着三级片一边等她……莛上床后跟江一起看，两人都很激动，莛说片子里的男人估计是吃药了，但他就是吃了药也比不上你呢，看那机械的动作，一点都调动不了女人的激情，只是一种动物的本能……跟你比他差得太远了……

听着莛挑逗的话语，江突然把莛扯了起来拉到床边，江站在床边，把莛放在床上，激动的江蹲下，开始用嘴巴吻着莛雪白细腻的大腿渐渐往里面探，温热湿漉的嘴唇带给莛的是撩人的舒畅和欲望……

莛惊喜地说："天，你又有新招了？你总是让我惊喜啊！"莛边呻吟，边惊叹着……想着自己的男人又开始让自己腾云驾雾，体内的爱液便汹涌而至……

男人于是把她的一条腿架到自己的脖子上，一条腿放在床下开始挺进她的身体，同时宽大的手掌在莛的小腹和乳房之间揉搓，这是他们没有尝试过的动作，莛知道他肯定是看片子学来的，但莛不管，因为这姿势这动作实在是让她喜欢让她发狂，她开始嗷嗷叫起来，一边笑骂着男人的凶猛一边享受男人暴风骤雨般的侵袭，于是就忍不住地边呻吟边带着溢满骚味的赞许表示自己的销魂……

男人听到她的这种声音变得更加的凶猛，边带着蹂躏的狠劲边笑骂她："你也是吃人的妖精！整天说好话诱惑我……看你里面像有吸盘，在用力地吸着我不让我出来呢……噢，宝贝，太舒服了，我爱死你了……"男人也喊了起来，因为莛的高潮来了，全身战栗，下身也不断地收缩，每每这时候两人都达到了共振……男人虽然忍住不射，但也一起享受着女人传给他快感的电波，现在的他已经能非常自如地控制着自己射精的时间，他坚持要给会欣赏自己的女人一连来几次高潮才肯罢休，听着身下女人对自己的赞美和带着赞叹享受的呻吟声，他自己也很享受很自豪……

莛对自己男人的赞赏和鼓励，给她自己带来的是男人回报她的性福和极致的快乐。因为女人对男人的赞美和肯定就是男人的伟哥。

过去只属于你自己

其实，不管男人还是女人，你的过去只属于你自己，是任何时候都不应该拿出来与自己的伴侣分享的，特别是与过去恋人的性经验，有时不说，生活会更加美好和幸福。

佋和炜的相遇，就像电影里的情节。不过，佋觉得人生就是一部情景喜剧片，很多时候比电影还要精彩得多。

那天佋跟散团到广西一个叫三娘湾的海边景点观浪和戏水。海边是一片高耸云天的古松，海浪声伴着松涛声让人心旷神怡，树与树之间吊着网织的摇床……导游让游客自由活动，大家都各自寻找着最适合自己休息的位置和观浪的最佳角度。

在这陌生的人群之中，佋跟那个和自己年龄相仿的年轻男人非常聊得来，于是两人逃开其他游客的视线跑到一个很远的礁石边去玩。他们一边看海景，一边天南地北地聊着天，很少来看海的他们并不知道海上起浪的时候是非常凶猛和危险的。开始起浪了，可他们觉得好玩，并没有撤离那个礁石滩。

不知不觉，海水已经淹没他们脚下的礁石，可他们还坐在礁石上谈笑风生。渐渐地，海水漫到了他们脚上，这时候他们才注意到，礁石的周围已经全是海水。原来礁石是连着沙滩的，现在那些沙滩已经被海水淹没，不过，看起来海水还不算深，于是，他们急忙走下礁石，打算朝岸上走去，可是他们刚走下礁石，一波海浪迎面扑来，几乎把他们淹没。他们全身都被海水打湿，水也漫过了他们的腰际，佋不会游泳，她慌了起来。因为她发现从海里涌上来的海水有种可怕的力量，随时都会把自己给拉到海里。她不敢走了，只好紧紧抱着身边的礁石。这时候，炜是可以自己走的，因为他会游泳，而且水还不算深。如果再不走，他们随时都会被海浪卷走，更糟糕的是他们远离了别人的视线，礁石在非常隐蔽的一个角落，别人根本看不到他们。

炜对佋说，我们得马上回到岸边，这里很危险。现在我们的手机都泡在水里了，求救都没工具呢。因为他们的背袋已经被海水浸泡。

可是佋根本不敢走，也不敢离开礁石，因为她怕一松手，自己就被海浪卷走了，佋几乎是带着哭腔说："我害怕，我不会游泳……"

就在他们说话和犹豫之间，海浪已经越来越凶猛，炜一把抱住佋：不怕，有我呢！可是，炜刚刚抱着佋离开礁石，一个海浪扑过来，把他们卷到礁石以外很远的地方。佋呛了几口水，恐惧得哭起来。

炜紧紧抱住她安慰，"别怕！我一定会把你带回安全的地方。"

这次炜一边手抱着佋，一边手扶着礁石，顶着巨浪，慢慢朝岸边游过去。这其间，海浪好几次把他们给冲散。当抵挡不住海浪的冲击力时，炜宁愿松开攀扶礁石的那只手，却绝不松开抱住佋的这只手，他宁愿抱着陌生的她一起被海浪吞没，也不会放弃她。等海浪退去，他又继续抱着她朝岸边拼命游……

终于，他们回到了岸上，脱离了危险的地带，两人同时喜极而泣……

回到人群中的他们被导游狠狠地骂了一顿，其他游客也纷纷指责他们没按约定的时间回来集中，因为他们已经等了他们很久了，而且导游到处找也找不到他们。

在一片指责声中，佋和炜相视而笑，这些骂声相较于刚才的惊魂之历，已不算什么了。

接着他们启程去北海，两人一路相依相偎，俨然一对热恋中的情人。劫后余生的他们没半点的后怕，炜一路嘲笑佋的胆小。佋却不断回忆着刚刚在险境中炜死抱住自己不放弃自己的情景，不禁心旌摇曳起来，对这陌生的男人，佋一路都激情澎湃着……

傍晚的时候，他们到了北海的银滩。游客都下海游泳，这次他们再也不敢离开别人的视线了，再说这地方也跟刚才的不一样，没有礁石了，风浪也很平和，很适合游泳。

这次炜给佋租了一个救生圈，带着佋在很安全的地带游泳。佋不会游泳，架在救生圈上玩水。炜却在她的身边游泳，游累了就回来趴在佋的救生圈上休息。中午在三娘湾死死地抱着佋朝岸边游的时候，他没有别的心思，当时的身体接触是没感觉的。因为那时候处境危险，容不得他心猿意马。现在，看着穿比基尼的佋，炜就有些不好意思起来。这女子的身材真是好啊，丰满的胸，浑圆的小屁股，细小结实的腰，长长的大腿，还有那一头黑瀑布般的秀发，白里透红的圆脸……原来中午自己拥抱的是身材这么棒的美女！

现在，炜是不能再碰这个身子了，因为现在风平浪静，一点危险的迹象都没有了，他们只是萍水相逢的一对男女、一对偶尔遇到的旅伴。

佋似乎读懂了炜的眼神，她带着撒娇的口吻道："我不会游泳，你教我好不好?"说着，离开了救生圈尽情在炜面前舒展自己的身姿。

好啊，炜求之不得呢，因为他正找不到接触她身体的借口呢。

"你平躺身体，我扶着你……"说着炜揽过佋的腰身。他不是流氓，也不是圣人，他只是一个很普通的男人，他渴望爱情，渴望女人的身体。这个萍水相逢的女子让他的心里生出莫名的情感，一种想呵护她想占有她的情感和欲望。

而已经跟男友分手将近一年的佋也非常喜欢这个阳光而身体强壮的陌生男人，特别是他眼里看她时那灼热的目光更是燃起了她的某种情感和欲望。佋甚至想着，如果这男人没有女朋友多好啊！她很快就给这男人下定论：他一定也没女朋友的，不然，他怎么会单身一人出来旅游呢?

佋借着炜托住她身体的力量，不断展现着自己柔美的身姿，有意无意地碰着他的身子，终于炜把持不住紧紧抱住了她，"你真美……像条美人鱼，你想勾人犯罪啊?"

佋妖媚地咯咯笑着，从他的怀抱里逃了出来，真的像条美人鱼在水里婉转着自己窈窕的身姿……惹得炜心里痒痒的，却不敢怎么放肆。

他们一路的表现，让导游误以为是一对恋人，晚上住宾馆的时候，导游给他们开了一间房。他们要在北海住一个晚上，第二天到涠洲岛玩。

看领队的导游给他们开了一间房，两人都有些错愕，但谁也不出声反对，都觉得这是最好的安排，是上天有意撮合他们。

一进入房间，两人就疯狂地抱在一起。有了白天的热身，他们就像干柴烈火，一下子便熊熊燃烧起来。那种感觉，似乎他们已经认识一百年了！

佋在此之前已经跟前男友同居过三年，已经是个性熟女，而炜的表现更是让佋惊奇，这男人的床上功夫不仅技巧老道，而且战斗力超常，竟能连战几个小时不停歇，这让佋一下子就疯狂地爱上了这个陌生的男人……

佋在炜疯狂动作的时候就忍不住问他："你有女朋友吗?"

炜一边狠狠动作一边温柔地说："傻瓜，我有女朋友现在怎么能这样跟你在一起疯狂呢……你呢？你有男朋友吗?"

佋惊喜而欣慰，"没有……我们以后在一起好不好？我要嫁给你，我一辈子都想这样要你，你要我吗?"

“要!”佋的话更是让炜的情欲达到了极致。这女人太让他喜爱了，还能要她做老婆，还有什么比这个更加幸福?

这一晚，他们几乎不眠，彼此交身交心，两人都有种相见恨晚之感。他们是那样的志趣相投，尽管之前两人都各自有过自己的男女朋友，但现在遇见了，两人都表示：只有对方才最合适自己，也是自己的最爱。最让两人难舍难分的就是两人身体交融时能同时到达快乐之巅的愉悦和销魂……这让他们很快就难舍难分起来。他们相信这次相遇一定是前生他们就结下的善缘。

旅游回来，两个人的城市隔着四百多公里，但每至周末，两人都会坐车到对方的身边享受这种鱼水之欢。奔波了半年，两人都不愿再忍受这种奔波之苦，于是他们打算结婚，佋辞掉了自己的工作，来到炜的身边。两人很快牵手。伟也帮佋在自己的城市找了份工作，两人尽享着新婚的快乐和性福……

身体强壮的炜几乎每晚都和佋共享云雨之欢，而每次都让佋达到数次高潮……这是佋在前男友那从未得到过的。这让佋对炜更是痴迷和缠绵。

有了温暖的家，有了男人的宠爱，佋变得安逸而幸福，渐渐也变得有些忘形。因为炜很宠她很娇她，佋总是喜欢在炜面前炫耀以前有多少的男人追求自己。看着炜流露出的小小妒意，佋的心里就会有种说不出的满足和兴奋。

因为佋总喜欢提过去，从不提自己过去的炜这天晚上突然问佋：你第一次的时候什么感觉?

佋于是想起自己的第一次，那时几乎是被男朋友连哄带骗有点强迫着进去的，除了痛没什么感觉，于是佋说，很痛。你呢? 你第一次什么感觉?

于是炜充满向往的声音在佋的耳边回荡，“那时候，我竟然都不懂放进哪里，她也是第一次，都不知道怎么开腿。我很急，后来我掰开她的双腿才进得去，我很激动很快就射了。过了一会儿我又想要了，第二次才久了点。那晚，我们搞得床单和被子全是血……”

炜也许是触景生情，可佋刚刚被炜挑起的情欲却被炜的话浇了盆冷水，突然熄灭了，想着自己这么爱的男人第一次并不是自己的，想着会体贴女人的炜也曾让别的女子享受过无尽的性福和销魂，一想到别的女人也曾经在炜的身上有过那么多的快乐，佋心里醋意顿生，她第一次感到锥心的疼和难忍的妒意。原来听自己的爱人谈起过去并不是什么痛快的事情。

这个晚上，佋没拒绝炜的欢爱，但炜跟她提起初夜的情景却成了魔幻的景象，越来越侵蚀着她那颗原来一直沐浴着新婚幸福的心。

从那一晚开始，佋的脑子里全是炜跟初恋女友在一起的情景，想着他的女朋友和他做爱时还是处女，他一定很爱她，现在虽然分手了，可他依然忘不了她，她永远是他心中最圣洁的公主，是他最爱的人、他这辈子都不会忘记的人。看，跟自己结婚了，他依然忍不住地提起她，他只把自己当成她的替身……佋越想越难受，往日里对炜的爱意和欲望都变成了浓浓的醋意和愤怒……那种本来很快乐的感觉突然就再也找不到了。

因为太爱这个男人，曾经也跟男友同居了几年的佋依然那样地嫉妒着炜的那位初恋女友，常常不由自主地想象着他们当初在一起的种种情景，其实，如果炜没有跟佋提起那个细节，佋就不会有那么多的想象。可是佋忘记了自己也是经常跟炜提起自己的前男友的。

佋变得多疑、焦躁且易怒，常莫名其妙就生闷气。炜以为她身体不好，所以心情不好，开始还挺照顾和体贴她的，渐渐地就受不了她的怪脾气了，他开始跟佋赌气、争吵……佋有时觉得自己过分，又主动向炜示好，性格变得反复无常，常让炜无所适从，不知如何是好。

佋心里的芥蒂越来越深，以至于每当炜一碰她的身体，佋的耳边就会响起他说起第一次跟女朋友同房的话，于是不由自主地想象他们在一起的情形……那样的想象让佋顿感气闷胸堵。佋想着：这个男人那么会宠女人，当初该是如何的珍爱和娇宠他的女朋友啊！越想佋的心里就越难受……

那晚，在炜的抚摸当中佋又在痛苦的想象中煎熬，终于，佋狠狠地推开炜的手，忍不住哭了起来。炜吓坏了，不断问佋怎么回事。佋充满怨恨地对炜说："你那么爱你的初恋女友，你为什么不跟她在一起？你为什么把我骗到你的身边来？"

炜非常惶恐地说："亲爱的，自从跟你在一起，我就没跟她有过瓜葛。你这话是从何说起啊？"

"可是，她是你的第一个，你永远都不会忘记她，你爱的是她不是我……呜呜……"佋非常委屈地说。

"如果我不爱你，我是不会拿我的一辈子来开这种玩笑的。你是我的最爱，不然我怎么肯把我的一辈子交给你啊？"

听了这话，佋的心里舒服点了，但还是觉得委屈，"可是，你忘不了她……你还爱她……"

炜抱住佋，“傻瓜，怎么会呢？你不提，我都记不起她了，她虽然是我的初恋，但她不适合我。我们那时候都很年轻，不懂事，不知道自己真正需要什么。后来在一起，性格志趣完全不一样，说不到两句就吵，分开的时候，我们甚至连恨都没有了，因为我们的感情已经消失殆尽。”

“可是，你跟我说起你跟她爱爱的情节时，那么幸福，那么向往，你一定嫌弃我不是你的第一个……”佋终于把自己积压多时的心里话说了出来。

“你原来是因为这个生气啊？”炜不断抚慰着怀抱中的女人，“亲爱的，你不知道，在北海的那天晚上，你把我的魂都勾走了啊！知道吗？我以前是从没有过这份快乐的。我的女朋友根本不喜欢跟我做爱，她身体弱，受不了我，我们在一起的时候，我常常禁欲，跟你在一起，我才感到自己是个男人呢，才有了这份快乐和自豪呢……我其实不愿意提起过去的，是你老是提，是你问我我才说的呢，你不是也有过去吗？都说女孩子忘不了自己的第一个男人，你是不是也忘不了你的初恋男友呢？说起这个，我比你还吃醋呢！”

佋这才明白，原来自己的烦恼和痛苦都是自找的。过去的事情都已经过去了，干吗拿逝去的往事来稀释现在的幸福呢？这不是很蠢的事情吗？

佋紧紧地抱着自己的男人，“不。这辈子你是我的最爱，我们以后再也不许提过去的事情，我只爱你，你也不许再爱别人，你是我的……”

其实，不管男人还是女人，你的过去只属于你自己，是任何时候都不应该拿出来与自己的伴侣分享的，特别是与过去恋人的性经验，有时不说，生活会更加美好和幸福。

女神和怨妇只一墙之隔

人的一生都在成长。犯过错误没关系，只要能看清楚自己的缺点，能真正认识自己，并有勇气去克服自身的不足，幸福之门会随时向你敞开……

在如歌的青春岁月里，美丽的倩倩让遭遇她的男子都恍如遇上了传说中的仙女下凡，那么曼妙的体型，纯净得似不食人间烟火的漂亮脸蛋，勾人魂魄的一双媚眼……在学校，她是花魁，是所有男同学的梦中天使。

最终把她追到手的是她的班长李林。那是位人不怎么帅、却很能投她所好、具有坚韧不拔精神的普通男子。

毕业后，李林追到了倩倩所在的城市。李林多次在倩倩面前发誓，她就是他的女神、他的生命，没有她他在这世上活着就没任何意义了。

那时候的李林虽然一穷二白的，但其诚心打动了倩倩的父母，于是把倩倩许配给了李林。那时候倩倩还不太甘心，因为她觉得李林人长得不是很帅气，也没多少事业基础，谈谈恋爱可以，嫁他，她还真没想过呢。

可父母是从不把帅哥作为选女婿的首要条件的。至于没有事业基础，父母自有自己的眼光，李林看起来虽不怎么起眼，但他那种韧劲却是成就事业的基础。再说了，自己的女儿太任性，得找个老实人才可以不欺负自己的女儿、而李林这样的农村娃，老实本分又勤劳，倩倩下嫁给他，他是应该会感恩戴德一辈子的。在父母的思想灌输之下，倩倩终于点头嫁给李林。

曾经不敢奢望讨到倩倩的李林，终于如愿以偿牵着倩倩的手走进了婚姻的殿堂。新婚的日子，李林都有些不敢相信这份幸福是真的。

可是镜头很快就转到七八年后。这时候的李林，已是个小有成就的男人，凭着自己的努力，他已混到一家外企公司的中方副经理。有了点身份也有了点钱，当初岳父母没有看错他的能力。然而，倩倩并不满意他目前的状况，倩倩觉得虽然他赚到一点钱，但还不够多。而且倩倩看不惯他从农村带来的一些生活习惯，不满他婚后对她的态度，倩倩总是不断抱怨自己瞎了眼，居然跟他结婚。

李林也没了当初追到倩倩的那份幸福和满足了。他实在是想不明白：当年那么让男人神魂颠倒的女神才几年的工夫为何变得如此的庸俗不堪且如母老虎般的让人受不了？不是他不想爱她一辈子，而是他已经无法再爱她。

当初那位让他魂牵梦绕的女神，现如今已变成让他无法面对的十足的怨妇，整天对他抱怨不止，不是唠叨他这个做得不够那个做得不够，就是嫌弃他生活上的一些坏习惯。好像她嫁给他吃了十八辈子的亏一样，动不动就指桑骂槐，让李林越来越无法忍受。眼睁睁看着那么漂亮美如天仙般的女孩子变成了今天这个令他厌恶的怨妇，李林感到生活的残忍和不堪。他越来越不想回这个家。面对容貌依然美丽的倩倩，他却没了半点当初的那份欲望与激情，那感觉就如同看到一洼污浊的脏水，你再渴也不想去喝它半口。

而倩倩对待自己父母的态度，更是让李林无法忍受。

李林从农村来到这城市，付出了比同龄人更多的努力才可以在这城市里过上像点人样的生活。当年他读大学的时候，父母借债，甚至卖血给他筹学费。两个姐姐未成年就开始外出打工送他读初中读高中读大学。因为没什么文化，她们嫁的都是很下层的工人，日子并不好过，无法再接济父母，于是他把父母接到城里来。因为他觉得该是自己报答父母的时候了，再说了，他是父母的独子，他不管他们谁管啊?

两位老人家看到儿子娶了城里的大美女喜得合不拢嘴，感觉媳妇珍贵得不得了。来到城里看到媳妇生了一个孙女，虽有点失望，但也没怎么表露，依然很喜欢孙女，处处讨好着媳妇。他们都看得出自己的儿子怕媳妇。

可是，倩倩却非常的不喜欢他的父母亲，甚至不愿意让爷爷和奶奶抱自己的孙女，嫌弃他们不卫生。也不愿意跟他们一起吃饭，总是给他们脸色看，让两位老人在她面前诚惶诚恐的。最后，两位老人怕自己的儿子为难，不顾儿子的反对，坚持回乡下去了。

这时候的李林想起自己为了追求倩倩曾经发过的誓言和耗尽了整个的青春和激情就非常的鄙视自己，感觉自己真是瞎了眼了！居然让这种中看不中用的女人断送了华美的青春岁月。

李林开始夜不归宿，除了时不时丢一点女儿的伙食费在家，他把自己挣的钱大部分寄回给农村的父母，小部分拿来消费在别的女人身上。现在他这样的身份，主动找他的美女太多了，而且比倩倩当年还美的美女数不胜数。可他已没当年追求倩倩的那份激情了。他已经看透了那些外表漂亮女孩的本质。现在的他已经有了离婚的决心，只想找个对自己好、对家人好的农村姑娘做自己的终身伴侣。

镜头转到倩倩这边。倩倩依然美丽，身材依然很好。但倩倩身上不再有那种让人喜欢的东西，连办公室的同事都讨厌她、烦她。因为她一开口说话除了抱怨她自己的老公小孩，骂自己从农村来的公公和婆婆，就没别的内容。

倩倩确实心里非常的不平衡。在自己最美丽的时候嫁给了那个很普通的男人，以为他会永远把自己捧在心尖上当宝贝，可嫁给他之后，他只顾整天在外拼命工作，每天很晚才回家，家里的家务都是自己干，怀孕生小孩都是自己的父母照顾自己。生完小孩，他不顾她的感受，居然把脏兮兮的父母从农村接来家里住。尽管这房子的房款是他挣钱买的，但现在是他们的夫妻财产，可他做什么事情总是独断专横，不问她的意见。看着他父母亲连手都不洗就要抱小孩，她就忍不住要骂人。

她觉得老公应该对自己更加好一点的，应该什么都要听自己的，可是，把自己追到手后就不把自己当回事了，这让她感到不平、感到愤怒！她有着满腔的怨气和怒火。最让她受不了的是，现在的老公，日子刚刚好过一点居然也学着人家养小的。种种迹象说明他在外面肯定有女人，尽管她抓不到铁的证据，但她肯定他有别的女人！于是她上他公司闹，不让他进家门！倩倩觉得自己当初是很委屈地下嫁了他那样的农村人，今天他居然还敢这么对自己啊！这天底下真是没一个好男人啊！倩倩每天都生活在不平和愤怒之中。更让她想不到的是，那个在她眼里比狗屎还可恶的男人，居然敢跟她提出离婚！她坚决不离！在她最美的时候他剥夺了自己的青春，现在有点钱了居然想像扔抹布一样扔掉我？想都别想！

可是不管倩倩签不签字，李林都坚决离婚。协议离婚不成以后，李林起诉到了法院，当初费了九牛二虎之力才追到手的女神，现在他也要比一般人付出更高的代价才能休掉她。心里非常不平衡的倩倩在法庭上提出要李林赔偿她青春损失费一百万，李林一听，也提出要向倩倩索赔两百万的青春损失费，他说他付出的青春比她多一百倍，所以他的索赔应该要更多！倩倩一听，气得差点当庭晕倒。

当然法庭没有受理他们那些所谓的青春损失费，最后判决双方离婚，房子一人一半。孩子归女方，男方每月付给抚养费。因为要女儿是倩倩坚持的，如果她不要，女儿就会被送回乡下他父母家，她才不让自己的女儿在农村里长大呢！

房子倩倩住着，她才不会给李林一半的钱！李林说那一半的房款就当是给女儿未成年之前的抚养费了，他算是净身出户。对他来说，钱可以再挣，最重要的是能尽早结束这个错误的婚姻。

李林离开了很久，倩倩还无法平衡自己。女儿放在父母那里，每次回去看女儿向父母诉说李林的不是时，开始母亲还安慰她，骂李林忘恩负义抛妻弃女！可是渐渐地，看着女儿过了很久还在骂李林，母亲就忍不住说她了：你其实也很任性，如果你对他好点，今天也不会这样子，既然都离了，你还骂他干什么呢？重新安排自己的生活吧！

倩倩无法重新安排自己的生活。不是没人找她，也不是她还爱着李林，她对李林恨之入骨，她觉得是李林毁了她的一切！她想不明白：当初那么狂热地追求自己的那个一点儿都不起眼的男人，那个从农村来应该把她当成千金小姐一样珍贵的男人，现在居然把自己给抛弃了！她那样不把他放在眼里的一个男人，才一起生活了几年就抛弃了自己，那这世上还有什么男人是可以托付终身呢？她怎么还能安排自己的生活？她的挫败感实在是太强烈了！

种种的愁绪终日纠缠着倩倩，那种愤恨和纠结的心情慢慢就被日子浸染到她的脸庞，才三十出头的她眼角和脖子都开始长皱纹了。

那天晚上，心情很糟糕的倩倩没去母亲那看女儿。自从离了婚，她甚至不太愿意看到女儿，因为女儿的长相很像她的父亲，连说话的表情都像，看到女儿有时她都情绪失控拿女儿来出气，女儿经常被她吓得哇哇大哭。所以，很多时候她宁愿一个人自己折磨自己，而不愿意女儿在自己的身边。此刻，孤独烦闷的她打开电视，央视的《艺术人生》节目刚刚开始。

开始，倩倩并没怎么留意，很快，倩倩的糟糕情绪就被转移了。因为画面里走出的一个人深深吸引住了倩倩，那个人是赵雅芝，是她儿时的偶像，是今天做客朱军《艺术人生》的女主角。

非常让倩倩惊讶，那个她童年就看的“冯程程”，几十年过去了依然那么美丽，甚至比小她二十多岁的倩倩还显年轻。倩倩很久不看电视，不看时尚资讯，竟然很多东西都不知道，五十多岁的赵雅芝居然还这么美丽让倩倩吃惊、让倩倩不解。

倩倩完全被赵雅芝的风采给迷住了，就非常专注地看这一档节目。赵雅芝说的每一句话都深深震撼着她，原来她也曾经历过婚姻的失败，可是她的心态是那样的好。在朱军问到她演过的影片和往事时，赵雅芝说：我其实是个不怎么记住过去的人，因为过去的事情已经过去，除非那件事情很失败。

如果很失败，我就会记得很清楚，因为失败就是经验。吸取了经验，我就不会再犯同样的错误……

很奇怪，倩倩觉得自己不是在看电视节目，而是在接受一位非常仁慈非常有爱心的心理医生给自己已经有些扭曲的心灵疗伤。赵雅芝如少女般带些腼腆的笑容和动作，那渗透着生活哲理的每一句经典话语，让倩倩感到灵魂的震撼。

彻底改变倩倩的是朱军读的赵雅芝写的那两首诗：

生　活

生活多美好
每天早晨我急急地睁开眼睛
注视外边灿烂的阳光
我总是很激动
想着又可以高高兴兴迎接新的一天、新的生活

过去的生活也好
现在的生活也好
未来的生活也好
我都用澄明的心喜爱着、憧憬着

在岁月悠悠的河流里
我们是荡着生命之舟的一条船
点点滴滴的生活都那样美好
岁月教我们成长
使我们有足够的智慧面向人生的风暴和险滩

为什么我们要鄙弃生活
为什么我们要悲苦着脸
老成而世故的人
会说生活是一连串痛苦的累积
我却始终不以为然

曾经有过很多日子
我在生活的阴影里走着
但是我还是扬起脸来笑
享受着生活中的酸甜苦辣

活着已经够奇妙了
活着迎接各种各样的体验，难道不是一桩更美妙的事吗？

“享受着生活中的酸甜苦辣”，原来赵雅芝这么的从容、淡定、美丽。完全是她的心态决定的啊！生活中的酸甜苦辣，她不认为是在忍受甚至不是品赏，而居然是“享受”！这样的心态，她倩倩该是多么需要修炼啊！赵雅芝说得不错啊，生活是如此的美好，我为什么整天如此悲苦着脸呢？想起来自己比她还年轻二十几岁，为什么不能和她一样美丽啊？

接着，朱军读赵雅芝的另一首诗：

孩 子

小时候我每天回家看见妈妈
心里就觉得好温暖好亲切
现在我做了三个孩子的妈妈
我终于感悟到
小孩子长大的时间只有短短的十几年
他们成长的过程看也看不够
我要用更多的时间来陪着小孩
因此无论是在国外还是在祖国大陆拍片
我总是每个月回一次家
至于打长途电话和孩子们聊聊天更是家常便饭
我只是希望孩子们能拥有快乐的童年
至于他们今后的发展全看他们自己的兴趣和能力
好在他们都像普通的孩子一样天真可爱
并没有因为他们的妈妈是赵雅芝而有什么不同

祝愿孩子们健康成长！

祝愿普天下的小朋友快快活活！

当听到："小孩子长大的时间只有短短的十几年/他们成长的过程看也看不够/我要用更多的时间来陪着小孩"这几句话的时候，倩倩开始流泪。想着女儿每次看到自己又渴望又害怕的目光她就感到自责和颤抖……

节目一结束，倩倩不顾一切跑到母亲那儿把已经熟睡的女儿接回自己的身边。她发誓，她再也不会拿女儿出气，她从此要好好经营自己的人生。

调整好自己的心态，倩倩像换了一个人，变得活泼开朗起来。到单位，倩倩不再发牢骚。其实，自己过得再不好，说出来除了给别人笑话和看不起，谁也帮不了自己。不管遇到什么困难和挫折，只有自己才可以真正帮自己。

多年不看书的倩倩开始有意识地看一些有质量的时尚杂志，看一些写女人的书。看朱军采访赵雅芝的节目太让她震撼，原来，女人的魅力可以这么的迷人。

随着时间的推移，李林曾经的好，慢慢就不断在倩倩脑海中浮现。刚在一起，每次有个小病小闹的，李林总是焦急得不行，背她上车去医院。平时好吃的好穿的都让着她，回到家里哄她和女儿开心。可她总是不知足，总是莫名其妙发脾气，每次她乱发脾气，李林总是让着她……她甚至回忆不起自己曾经在哪方面对他好过。

她终于想明白了：其实自己婚姻的失败，完完全全是自己的责任。一开始总把自己凌驾于别人之上，总是以一种施舍的、居高临下的姿态对待自己的另一半，这样的婚姻迟早都是悲剧。婚姻中的男女都是平等的，感情也是相互给予的。女人要看不清这点，永远都不会过得好。

想清楚了这点，倩倩慢慢就从各种纠结的情绪中解脱出来。人也变得年轻和漂亮了很多。不久，一位暗恋她多年的男人牵着她的手再次走进婚姻。倩倩吸取上次婚姻失败的经验和教训，让自己不再犯同样的错误。心态的改变，让倩倩真正品尝到生活的多彩和爱情婚姻的美好。经过了风雨的倩倩更加懂得珍惜自己珍惜身边的人。倩倩发誓：下半生，一定让自己的爱人只看到自己美丽的一面，绝不能再让他看到只有一墙之隔的怨妇形象。

人的一生都在成长。犯过错误没关系，只要能看清楚自己的缺点，能真正认识自己，并有勇气去克服自身的不足，幸福之门随时向你敞开……

第九章 / 智应生活

错误的婚姻要果断了结

这时候，青荷才明白，当初发现自己婚姻错误后能坚决地走出来，并调整好心态是多么重要的事情。那才是一切幸福生活的开始啊！

青荷是个优秀的女孩，在一家外企公司做骨干，她精通英语，业务精湛，收入丰厚。她不是那种专要事业不要爱情的女强人，她一边经营自己的事情一边寻觅属于自己的另一半，但总是有很多的无奈，终是无法牵手。看着身边的姐妹一个个做了母亲，32岁的她也渴望拥有一个温馨的港湾、一份甜蜜而平常的爱情和亲情。在亲朋好友的敦促声中，他跟一个文化不高、但却承包了大片森林的伟见面了。

以她平时的择偶要求，她是不屑于跟这种文化程度配不上自己的男人见面谈恋爱的。可是，眼看着同龄的男人都已走向了婚姻的殿堂，青荷也就降低自己的要求了，至少，那男的也是个有事业的年轻人。虽是个农民，但现在还分城里跟乡下吗？这社会现在也只分有钱人跟没钱人。伟也算有钱人了，虽然事业在乡下，但他在城里也是有别墅的。至于文化，多少婚姻证明着：那些很有文化的男人，也不见得就是好丈夫。

初次见面，还没深聊的时候，青荷还是对那魁梧的男人很有好感的，外形上就很吸引她。可是，多聊两句，青荷就感觉有些不舒服了，毕竟有文化跟没文化区别是很大的。还好，伟在她面前表现得非常的谦虚，说自己没多少文化，希望她不要嫌弃自己。而且伟处处对她的体贴照顾让她没有马上下决心要转身。

约会回来，早已为人母的姐姐问她情况。青荷说，不是很理想。感觉没多少文化素养，也没多大见识，谈不到一块。

“你就别再浪漫了！他能看上你，已经是你的幸运了，像他这么有钱的，找什么女孩子不行啊？什么文化不文化的，那些教授级的流氓我见多了！过日子，要看这男人对你好不好、会不会体贴你。文化再高如果他对你不好，又有什么用啊？再说了，现在跟你同龄的，不是别人的老公就是别人的未婚夫了。那些离了婚的，或者死了老婆的，你愿意嫁吗？”

“如果有好的，为什么不愿意呢？”青荷没好气地说。

“有什么好的？告诉你：死了老婆的，你永远都争不过死人。那些离了婚的也是有问题的。被老婆抛弃的，心理肯定有障碍；抛弃老婆的，道德肯定有问题，以后也可能抛弃你，更糟糕的是，这些人一般都有别的女人留下来的小孩，你以为后妈那么容易做的啊？那会让你哭都没眼泪的！现在你还有机会遇上伟这样单身还有事业的男人已经是烧高香了！”

姐姐的唠叨让青荷越发觉得自己真是等着别人来捡的剩菜了。她也自卑起来，想着如果嫁给姐姐说的那类离婚男人，她还是不愿意的。凭什么她要捡那些别的女人扔下的男人呢？特别一想到要去做人家的后妈，她就感到害怕。

于是，青荷继续跟伟约会，两人年纪都不小，都带着结婚的目的。伟不断向青荷炫耀有多少女人追求自己，自己都看不上，言下之意，现在他愿意跟她在一起，他是多么看得起她！青荷虽觉得有些不舒服，但想想自己确实也不是妙龄美女，脖子已经开始出现皱纹了，有那么个同龄的单身有钱男人看得起自己也算不错了，尽管他没多少文化。甚至很多时候她的幽默她的风情他都没能力读得懂，这是让青荷非常郁闷和遗憾的，可是，跟谁没有遗憾呢？如果不跟他，怕是以后连他这样的人也遇不上了。

青荷在家人和伟的催促声中匆忙登记结婚。可是青荷刚拿到结婚证还没回到家就后悔了。

那天车子刚出民政局，后面有辆的士从旁边超车，超车的时候差点擦到伟的后视镜，伟勃然大怒，一边大声骂娘一边朝前赶。青荷劝他可能人家有急事才这么超车，反正也还没碰到你的车子，算了，你这样追人家很危险的。

可伟根本不听，直追到人家身边，逼迫人家停下车子，指着人家的鼻子要打架。的士司机是个很斯文的年轻人，不断地向他道歉说自己的母亲出车祸正在医院抢救，现在急着赶往医院，希望他能让自己走……可伟还在不依不饶。

青荷气愤不过，吼他："你走不走?！不走你调头回去离婚！"

伟骂骂咧咧一边把车开走，一边诅咒那个人赶着去跟他母亲一起死！青荷看着身边的男人突然感到恐惧，越看这个男人就越感到陌生。这么点儿小事，就恨不得让人家去死，这样的男人可以相处一辈子吗？这个念头的冒出让青荷心寒彻骨。

结婚证拿到手了，伟似乎对青荷也没当初的那么体贴了。加上突然官司缠身，伟的脾气变得出奇的暴戾，订婚才几天，还没摆婚宴，青荷就变成伟的出气筒了。

青荷的文雅青荷的内敛和丰富的学识，在伟的口中不仅一文不值，还成了罪过。曾被多少男人爱怜的吃相现在却让伟看不顺眼，"看你吃东西像猫吃食，每餐就吃一丁点，妈的，以后怎么帮我生养儿子?！你可别学人家减肥，他妈的抱上去一点肉感都没有！"

听到这种粗俗骂声青荷几乎昏厥过去，开始悔恨自己草率嫁人，所以青荷说婚宴暂时不办。

伟气哼哼地说："不办就不办。办了还浪费钱！反正你也不是大家想看的美女了！"

一天，青荷在打扫卫生的时候，不小心碰翻了一个玻璃瓶子，伟居然对他破口大骂："你他妈的就是瘟神一个！你肯定命中克夫，他妈的，一跟你在一起就惹官司，倒霉透了！"

青荷气得吐血，他那烂官司是在他们没认识的时候就惹下来的。他那片山林都经营好几年了，欠人家农民的租地钱都不给人家，惹官司居然也赖到自己的头上！而且伟口气里对青荷的轻贱让青荷明白自己绝对是嫁错人了！

想想没嫁人的时候虽有些寂寞，但还是可以随心所欲。现在自己居然成了别人的奴隶和出气筒！

青荷拣东西回自己的家，出门前扔给伟一句话："我和你不是同类，把婚给离了！"

然而这婚结了，说要离却不会像买把青菜那么简单了。青荷刚回到自己的房子，伟就追过来了。这时候的伟像变了个人，又是道歉又是给她买菜煮饭，似乎刚刚那个凶神恶煞的男人根本不是他。看他卑躬屈膝为自己忙前忙后的，青荷又心软了。心想，也许他因为烦心事太多，心情不好才那样的，过去了就好了。青荷原谅了他，打算给他也给自己一个机会。

刚领证的时候，他们就约定一年之内先不要小孩。因为伟官司缠身，资金周转困难，青荷的那份收入，都先帮他还着债。开始伟说等来年资金宽裕点再要小孩，因为那时候他的树林也可以砍伐了。现在看到伟那恶劣的一面，青荷更加觉得不能要小孩了。伟的态度虽然有些改变，但青荷心里依然对他心存畏惧，青荷下定决心这时候是千万不能有小孩的。她觉得自己的婚姻太草率，青荷可不想自己的孩子跟着自己倒霉。因为吃避孕药副作用太大，开始是青荷希望伟能戴避孕套，但伟说他不愿戴，那样不舒服，不过他可以体外排精。于是他们一直采取体外排精的方法避孕。

看到伟真心为自己的态度悔过，忙前忙后照顾着自己，青荷的心有了些暖意。晚上伟抱住她的时候，青荷没有拒绝。青荷说现在正是危险期，千万不可以放在里面……

伟不出声，只是一个劲地动作，青荷刚刚进入状态，伟突然狠狠地说："我就给你种个儿子，看你还跑不跑?"伟说着就哆嗦着身子在青荷体内一泄千里了……

本来很惬意的青荷有些不悦，"不是说好一年内不要小孩的吗?"

"我现在想要了!"伟仰躺着，口气霸道。

"不行。现在我们什么都还不稳定呢，经济不稳定，情感也不稳定。你看你现在这么多事情，我们连伙食费都很勉强，怎么养小孩? 再说了，你这个看我不顺眼那个看我不顺眼的，我们能走多远也不知道呢!"

伟气呼呼地说："你当然不想要了! 你看到我目前没钱想离开我嘛! 我看有了小孩你还走不走? 你走也得帮我养小孩，反正是我的种，谁养我都是他的亲爹!"

青荷听罢既恶心又气愤，"你什么思维? 你明明把我骂得一文不值的，怎么说是我嫌弃你目前没钱呢? 嫌弃你我还帮你还债?!"

"哼，帮我还债? 你还不是看上我将来的钱?"

青荷忍无可忍，"你这样认为最好! 明天就去离婚，那你将来是亿万富豪跟我也没关系了! 你现在马上走! 离开我房间!"

伟突然恶狠狠地，"想赶我走? 没那么容易! 要不是当初你跟我结婚，大把的18岁姑娘抢着嫁我。你以为你是谁? 想结就结，想离就离? 你当我是什么?"

青荷气愤地说："你什么意思？你的意思是我现在卖给你了？过得不好也得做你的奴隶受你的气？你也太把自己当一回事了吧？"

不善跟人吵架的青荷只觉胸堵得几乎要爆炸！想想当初真是把自己给贱卖了，而且还卖给了这么个混账的劣等男人！早知今日，还不如当初把自己放烂了也不能便宜这个混账男人！

"想离婚也行，你赔我一百万的结婚损失费！"伟恶狠狠地说。

青荷几乎不相信自己的耳朵。这男人野蛮她早就感觉到，但无赖到这种地步是青荷万万没想到的！

青荷强忍着怒火，"你马上离开我的房间，这是我的家，你回你自己的家去！"

"我看你真是读书脑子给读坏了！夫妻财产是共同拥有的，你的房子也有我的一半！也就是说，这个家有我的一半，你要看不惯我，你可以离家出走啊！"

"你真是十足的流氓！你想得美！这是婚前我自己的房子，是我自己的财产！"

"婚前你做财产公证了吗？没做吧？没做就是你的房子分给我一半，我的债务你要承担一半！而且只要我一口咬定你有第三者，上诉到法院你就是过错方。你别把我给逼急了，逼急了我找个男人把你给脱光了强奸了再给你们拍照，这些证据就可以让你净身出户，连这房子也是我的！"

青荷还真被吓住了，整天只跟数字打交道的她不是很精通法律。不过她也知道新《婚姻法》好像很保护婚姻，是有过错方要承担一切责任的说法。虽然自己没什么过错，但这强盗男人要想害自己还不容易？

青荷不再跟这男人吵，而是拿着被褥到客房去睡，她辗转一夜无法入眠，想的全是如何摆脱这个男人。现在的青荷为自己的草率结婚悔得肠子都青了。当然，这男人再无赖也不可能强迫自己跟他在一起！

一大早，青荷就找到自己的姐姐和姐夫。在这城市里自己只有姐姐姐夫两位亲人，青荷向他们求助。姐姐姐夫听青荷的哭诉，连班也不上，跟着青荷回家。伟睡眼惺忪地从房间里出来，正当他们要兴师问罪的时候，伟却非常热情地给姐姐姐夫倒水、递水果，一个劲儿怪青荷起床不叫他。

姐姐毫不客气地说："听说你们刚结婚就要离婚？我妹妹虽然善良，但也不是可以随便让别人欺负的！"

伟满脸轻松的笑容，"姐姐看你说的，我也是想好好过日子的人。青荷就是小孩子脾气，在我那儿过得好好的，一耍脾气就跑回来了。这不，我跟过来了。我承认，我这段日子经济不是很好，我向你们保证，只要我资金周转得过来，我就买一台保时捷给青荷。我要让我的老婆变成世界上最幸福的人！”

伟的变脸让青荷惊愕，更是让她感到气愤，她指着伟，“你别装了，我不想要你什么保时捷，你现在马上离开我的房子！这房子是我的！”

“看，有什么话不能好好说？不要动不动就要发火嘛，姐姐还在这里呢……”伟微笑着看青荷，带着嗔怪的口吻。

“你别装了，昨天你还威胁我要我帮你还债，要霸占我的房子呢！”青荷指着伟的鼻子，她想不明白这男人这么无赖，居然还扮得自己是受害者似的。

“亲爱的，不管我说什么，都是因为我爱你，我不想离开你。你可千万别往心里去……”伟显得非常的诚恳。

青荷太了解这个男人了，她是非要离开他不可的，她可不想一辈子贱卖给这个男人！

“可是我想离开你。我们不合适，你总不能强迫我跟你在一起吧？你马上离开我的房子！”

青荷的姐夫也对伟说：“你先离开，你们先分开一段日子，大家好好冷静一下。”

伟可怜巴巴地看着青荷的姐姐，“姐姐，我昨晚拉了一个晚上的肚子，今天吃药刚缓解一下，我想好好休息一下再走。我又不是自己没房子住，我只是想好好珍惜这来之不易的缘分，免得草率把婚给离了大家都后悔。”

伟这番话，让青荷的姐姐站了起来，她拉着自己的老公，“我们走。”然后转头对青荷说：“你也先上班去吧。”

说着，姐姐姐夫拉着青荷出了门。

姐姐劝青荷，“两人刚刚在一起总是有很多摩擦的，以前我跟你姐夫也不是经常吵架？现在不是很好了吗？我看伟人还不错，专情、顾家又有事业心，没有什么不良的嗜好，别动不动就离婚。只要你想要婚姻生活，都得让着对方一点的，哪个男人没缺点呢？”

姐夫也附和，“青荷，你姐姐说得对，有事好好说，先适应一段时间，看看大家能不能磨合，别急着离婚……”

其实青荷不用试也知道自己与那个男人永远都没有交汇点了，只是，现在她明白这婚结着容易，要离就没那么简单了。最恐怖的是，这男人还赖在自己的家里。而这个很会演戏的男人，居然连自己唯一的亲人也拉拢过去帮他说话了！

冷静了一天，青荷决定好好跟这男人沟通，希望做不了夫妻也可以做朋友。互相伤害实在太让人难过了。晚上青荷回到家，张罗着给伟煮饭菜，希望能在饭桌上好好谈谈。

可是青荷并不明白，有些男人，是既不能做夫妻，也不可以做朋友的。

饭菜上桌，青荷回房叫男人。刚一开门，男人从床上一跃而起，把青荷推在床上，随手就扇了她一巴掌。然后扯烂她的裙子，一边强暴她一边用最下流的语言辱骂她，以发泄她早上带姐姐姐夫回家羞辱自己的怨恨。

此刻的青荷如果有力量，一定会把压在自己身上的男人给杀了！但青荷没有这个力量，被凌辱的青荷还同时被男人用一只手卡住脖子，差点背过气去。当然男人不会让她死，杀人偿命他还是非常清楚的。

可怜青荷用整个青春辛苦挣下的房子自己也不能待着，半夜里只能在街上徘徊。青荷找姐姐，姐姐根本不相信她的话，只当她任性。在姐姐的眼里，她一贯都是很任性的。姐姐劝青荷，“想想你以前都难嫁出去，这次你要真离了婚，就更难找男人了！”

姐姐愿意相信别人也不相信自己让青荷感到心寒。但她没有怪姐姐，谁让自己当初那样草率成婚？

青荷找朋友求助，朋友都知道她是新婚，不想介入他们夫妻之间的矛盾。走投无路的青荷想着自己有家不能回实在屈辱和愤懑，于是走进了派出所，向值班民警讲述自己的遭遇，希望警察能出面帮自己赶走家里那个恶魔一样的男人！

值班民警听完摇头，这种家庭矛盾不归我们管，我们没权利去赶人家，你应该找妇联或找律师。

什么年代了，还找妇联？找律师才是当务之急啊！目前最关键的是离婚才能明正言顺把那男人从自己身边赶走，尽管非常麻烦。但青荷必须要去做，谁让自己惹下这麻烦？自己惹下的麻烦，自己承担吧。

一连两天，青荷都不敢回家，一边在朋友那儿住着一边找律师帮自己起诉离婚。等找好律师，再找几位朋友欲回家把那男人赶走。可是等青荷进家门的时候，她却愣住了，家里一片狼藉，男人却不知去向。

青荷突然有股不祥的预感，一个箭步冲向书架，她有十六万元的存折夹在书本里，那是她多年做高管的全部积蓄。她拿出角落里那本不起眼的书，存折还在，但里面的存款已于头天下午被取走了！青荷再查看家里的物品，手提电脑、价值几万的高档摄像机等贵重物品已经被席卷一空，连放在来不及带出去的袋子里的身份证也不见了！

等她去银行查，原来是伟拿着他的存折，还有他们俩的身份证、结婚证到银行把她的钱给取走了，因为她设立的密码刚好是自己的生日。银行有规定，如果是夫妻，只要有双方的身份证，还知道密码，夫妻任何一方都可以把钱给领走。

最后起诉到法院，婚是离了，但当初急着结婚却付出了惨痛的代价。离了婚的青荷用了一年多的时间才慢慢调整好了自己的心态。

尽管那十几万元和那些贵重物品是自己多年心血的积蓄，但想想钱财有去还会有来，拿这十几万来换取自己的人身自由还是划得来的，谁让自己当初惹上这么无赖的男人？如果自己不能摆脱他，人生的损失又何止十几万？这么想着，青荷渐渐平静了下来，心里也找到了平衡点。

有了这次经历，青荷彻底明白，如果不是非常如意的婚姻，宁肯独身也比结婚好。走过炼狱般的生活，青荷有些想不明白自己当初怎么就把自己当卖剩的小白菜给贱卖了？自己一个人优哉游哉地活着，那是多么惬意的事情啊！

心态的平和，也是青荷从容生活的开始。

其实青荷有着全国各地的客户，平时由于忙于业务，就算上网青荷都很少跟别人聊天。现在，青荷学会了调节自己的生活，不再一心扑在业务上了。一到晚上，青荷就在网上闲逛，也开心地跟自己的客户甚至跟不认识的人聊天。这是经过伤痛后青荷必须做的功课。忘记过去、开心生活那才是真正幸福的人生。

在聊天中青荷结识了很多文化素养很高的网友。其实用文字交谈，文如其人，尽管网络虚幻，但青荷还是能从一个人的文字表述中识辨出各种类型的人，青荷挑几个素质好的经常聊。其中一位新加坡华裔曾经因业务关系跟青荷见过面，那是一位与她年纪相当的单身男子。华裔男子的绅士风度留给青荷很深的印象，青荷喜欢那种彬彬有礼的男子，只是以前都没深聊。现在两人都在网络上熟络了，于是什么话都可以说了。

这是跟伟完全不同类型的男人，男人不仅学识渊博、儒雅有礼，而且很会欣赏她，网聊的这段时间，尽管没确立恋爱关系，但这华商就已经快递了好几次礼物给她。青荷这才明白，会欣赏她的男人是如此的宝贝她。

一次那位华商说，在新加坡像他这样的小人物要买个舒适的大房子不容易。他问青荷，拿一百五十万到青荷的那座城市买套房子，讨个像她这样的好女人过平静的日子，不知道行不行？

“来吧，我免费给你提供场所让你先适应这里的气候和生活……”

在机场见面的一刹那，青荷就忍不住跟男人紧紧地拥抱在一起。青荷的感觉非常好，两人总是那样的默契。男人对她的宠爱让青荷第一次饱尝了爱情的幸福和做女人的骄傲。

男人没拿那一百多万买房子，而是给了青荷。让她不再为老板打工，鼓励她开自己的公司，因为他和青荷都有了过硬的业务本领和一大批固定的客户了。

两人很快结婚，公司也初成规模。夫妻俩恩恩爱爱，过着甜蜜的生活，一年后他们有了一个可爱的女儿，生活更是充满了欢声笑语。

这时候，青荷才明白，当初发现自己婚姻错误后能坚决地走出来，并调整好自己的心态是多么重要的事情。那才是一切幸福生活的开始啊！

当爱在婚姻之外

如果真正要爱情跟婚姻相结合，她这次一定会先离婚，然后找个单身的、没有任何牵挂的男人来爱、来付出。那才有可能得到自己想要的归属。

如今的社会也不知怎的了，很多年轻的单身女孩不相信爱情，不愿谈恋爱，只愿选个条件好的男人结婚。偏偏不少结了婚的女人，却把婚外恋谈得天昏地暗，信誓旦旦要离婚跟对方过。王晓就是这样的女人之一。

王晓今年35岁，结婚十二年，儿子也11岁了。但跟老公的感情非常不好，总觉得自己嫁错了人。

王晓的婚姻确实是不幸的，年轻的她不知道自己真正想要什么样的男人，凭着激情嫁给了现在的老公，结了婚才发现两人的性格差异实在太大了。王晓原在文工团创作小品和戏剧，后调到文化局。外表文静秀丽的她有着细腻的情感和一颗渴望男人娇宠和溺爱的心。可是结婚这些年，她对老公的渴望从未得到过满足。老公是机关单位某部门的小领导，官不大，架子却不小。

每天，老公除了在单位工作，回到家还经常加班加点到深夜，然后上床粗暴地要她的身体。老公从不跟她聊天，不关心她的任何想法，有时他好不容易有空，想跟他聊点事情，他总是两三句就堵住她想要说话的欲望。他宁愿自己坐在电视机前看电视也不愿听她唠叨那些他认为没意思的话题。

好几次王晓委屈地问自己的老公，“为什么结婚后就这么对我？是不是对我一点感情都没有了?”

每每这时候老公就很不耐烦，“都老夫老妻的了，别跟我磨磨叽叽的，让我清净一会儿。”

渐渐地，王晓不再指望自己的老公会关心自己，对老公的行为也由反感到憎恶，最后是性冷淡。

曾几何时，王晓一心想离婚，但一想到身边那些比自己年轻漂亮的姐妹都还嫁不出去，自己离了婚又找谁嫁？再说了丈夫再不关心自己，但儿子还是能给自己很多快乐的，于是她把所有的感情和时间都放在儿子的身上。因为对儿子的爱，她还能勉强跟老公维持夫妻的关系。

然而，当向阳在她生活中出现的时候，王晓甚至连自己的儿子都不想要了。

那是四年前的某天，为迎接卫生城的检查，所有机关事业单位职工都到管辖区域搞卫生。她们单位跟政协同一片区域，接近下班的时候，他们负责的那片区域基本扫完了，大家纷纷往回走。但王晓扫的那个角落还剩一点点，这时候不跟她一个单位的那个中年男人朝她走去。

王晓朝他挥手，“你先回去吧，我很快扫完了。不用过来。”

但男人还是过来了，“没关系，扫完再一起走。”男人边说边和王晓一起清扫那个角落。

王晓知道他是政协的，但不知道名字。都在一个大院上班，打过照面，但并不熟悉。王晓边扫边开玩笑，“我见过你，不过你不够英俊，所以我没打听你的名字，不知道你叫什么。”

男人也笑，“我叫向阳。你这样的大美女当然不知道我的名字了，我可是很多年前就知道你叫王晓了。”

其实他们经常同来这片地方扫地，很多人都互相熟悉，大家在一起也经常开玩笑，只是，王晓不是很在意他们。她确实不太愿意去记别人的名字和模样。或许以前也跟这男人说过话，但她忘记了，这个男人实在太普通了。高矮胖瘦和脸孔都没什么很特别的地方。他跟很多中年男人一样身体开始发胖，一米七左右的身高，一张很普通的脸。就是这个时候，王晓也没抬起头来多看他一眼。

很快，那个地方扫完了。两人开始往回走，在走一小段下坡路的时候，穿高跟鞋的王晓一不小心崴了脚，王晓“哎哟”一声坐了下来。

走在身边的向阳急忙蹲下，焦急地问：“怎么了？”

“我的脚好像崴了，好痛……”

向阳急忙帮她把鞋子脱掉，一边帮着把脚扶正同时小心揉搓，一边轻声责备道：“你个子这么高，平时怎么还欢喜欢穿高跟鞋呢？穿平底鞋多舒服……”

“我不知道今天劳动嘛……”王晓痛得龇牙咧嘴，看着眼前陌生男人焦急的神态，感受着他轻柔而温情的按摩，心里不禁涌起一股别样的感觉。跟老公十几年了，老公从没对自己这么好过。王晓想起刚结婚时给老公削苹果，不小心被尖利的刀割到手，鲜血淋漓的，她以为老公会为她包扎，没想老公却不耐烦地骂她:你怎么一点小事都做不好呢?自己处理去，我看到血头晕!

想着那个剥夺了自己整个青春的男人那样对自己，再看着身边这陌生男人对自己的关心和温情，王晓居然忍不住就热泪盈眶!

向阳抬起头看到她的眼泪不禁一愣，“很痛吧?”

王晓借着疼痛的掩盖，让自己的眼泪肆意横流，甚至忍不住抽泣起来。向阳哪知道她的哭泣并非因为疼痛，而是因为想到为什么自己嫁的不是眼前这样会疼自己的男人，她在哭自己的命苦……

王晓的哭泣让向阳无措起来。他一边摸她的脚，一边安慰她，“好像就是岔了一下，很快会好的，坚强点……”

王晓终于控制住了自己，她有些不好意思地抽回脚，“谢谢你，没事了。”说着王晓欲坐起来。

“你坐着别动，我帮你叫车。”向阳扶住她说道。

王晓连忙阻止，“不用不用，几步路叫什么车?”

向阳果断地，“叫你别动你就别动，你现在如果再走动，明天你就走不了路了……”向阳边说边走出马路为她叫来的士。

穿着裙子的王晓红着脸，“我袋子放在办公室，我身上没钱呢。”

“放心吧，我有。”向阳说着，车子也来到了身边。向阳扶着王晓上车，自己也跟着上，然后对王晓说:“我家有家乡拿来的很好的医伤的药酒，先到我家楼下，我上去拿药给你，再让司机送你回家。”

王晓非常感动。这么多年，从没哪个男人这么对自己，王晓那颗荒芜了很久的心，突然像被滂沱的春雨浇灌，霎时焕发出勃勃的生机。王晓感动地点头，此刻她喜欢这个男人什么都帮自己安排，在很短的时间里，王晓突然就很依赖这个陌生的男人。

回到向阳的那个小区，向阳从家里拿药下来给她，又上车专程把她给送到楼下，王晓没让他送上楼，怕别人说自己的闲话。

回到家，王晓一边搽着向阳给的药酒，一边回想着刚刚那男人对自己的一切，心里便涌起满满的感动和温暖。

晚上躺在丈夫的身边，王晓脑海里全是白天那个关爱自己、样子非常敦厚的男人。王晓想着想着，突然就幻想着假如自己跟那样的男人在一起，做女人的她一定很得宠。想到这，王晓的心怦怦跳起来。那么普通的一个男人，那么小的一件事情，居然让自己动了心……

好几天上下班，王晓都特别留意有没有迎面遇上那个男人，但一直都没有，王晓多少有些失落。

自己的脚好利索了，但还是没遇上那个叫向阳的男人。这天，王晓耐不住了，专程到他办公室去找他。开着空调的办公室门关着，王晓敲门进去，刚好办公室就向阳一个人，同办公室的同事出差了。

单独跟向阳在一起，王晓既紧张又激动。王晓从袋子里掏出五十块钱递给向阳，说是那天的出租车钱和药钱。

向阳推回来，“几块钱的车费，那药不用钱，朋友互相帮忙，你这么客气啊?”

王晓红着脸，“你对我太好了，好像不还你钱我都过意不去!”

“有机会帮你我真高兴，可惜，不能经常看到你，你真美!”男人由衷的赞美让王晓更加脸红了。

“谁嫁给你，一定很幸福!”王晓也由衷地羡慕那个陌生的女人来，说这话的时候，心底里甚至有些莫名的妒忌。

向阳的笑容里有些苦涩，但没应她的话，而是问她:“你，过得好吗?你这么好的女人，老公一定很宠你吧?”

“不。我过得…… 一点都不好。很早之前就想跟老公离婚了……”王晓第一次毫不忌讳，像孩子般跟这个陌生的男人敞开自己的心扉，把憋闷了多年的委屈全发泄出来。

本来向阳的办公室平时来办事的人来来往往的，可那天王晓进去后，就再也没人来找向阳，好像上天故意安排似的。于是，王晓就一直跟向阳聊了一个下午。

眼看快下班了，王晓站起来，说该走了，于是向阳送她到门边。王晓正欲开门，向阳突然从后面紧紧抱住她，贴着她的耳边喃喃地说:“你真叫我心疼，真的，一想起那天你哭泣的情景，我有种非常心痛的感觉。我也不知为什么……”

王晓突然泪流满脸，她转身紧紧拥抱着男人，“那你以后就心疼我，你以后爱我疼我，好不好?”

向阳吻着她，“知道吗? 我早就注意你了，只是，你没注意到我而已。你还在文工团的时候我就注意你暗恋你了。只是我害怕配不上你所以一直不敢靠近你……要知道你过得不好，我早就鼓起勇气接近你了，你真的，让我特别心疼……”

激动的王晓突然理智地推开向阳，“以后我不来你这里了，我们到外面去……”

王晓调文化局后依然兼文工团的编导工作，于是有各种培训学习开会加班的种种借口。加上老公不关心她不管她，她把儿子交给自己的母亲看管后，借口回母亲家便经常出去跟向阳约会。

而向阳这边，妻子则带着儿子在家乡的小城生活，他自己一个人在这城市里生活非常的自由而且寂寞。开始，他们借出差到外地旅游，或到宾馆开房。后来，两人干脆在城里比较偏僻的地方租了一套小居室，一有机会两人就在那小居室过起了真正的夫妻生活。

王晓第一次品尝到被男人宠爱的滋味，她像一支经受了许多风霜的蓓蕾终于迎来了妩媚的阳光和雨露，在向阳的面前尽情开放和舒展自己。

向阳总是一次次惊叹，“你真是难得的极品女人，哪个男人得到你，真不知道是多少次轮回才修来的福分啊！”

王晓告诉向阳，她对自己的老公有性冷淡，从不是这样子的。她的身子只对他一个人开放。王晓说，一开始跟老公应该是有感情的。那时候他对她花言巧语的，她在失身后没结婚就已经感觉到那个男人脾气不是很好，也不关心自己，但自己已经有身孕了，怕没人再要自己，这个男人怎么样自己都要嫁了。结了婚才明白，原来自己的不幸都是自己那传统的垃圾观念祸害了自己。这些年自己也想过要离婚，但丈夫是那种传宗接代观念很强烈的男人，几次闹离婚丈夫都明确强调，离婚可以，但儿子归他，只要她敢离开自己就绝不让她来探望儿子！当然他在威胁她，她通过法律手段还是可以探望儿子的，但她明白，自己一天都不能离开儿子的。想到跟儿子分离，她就没勇气了，于是只有继续维持这种没有爱情的婚姻了。

向阳听了她的倾诉，不禁苦笑：人家说好锅配烂盖，烂锅配好盖，真是一点儿不错啊。不过，我们也不是指腹为婚的年代了，我们都是自由恋爱，今天的结局还不是我们自己挑的啊。其实我的婚姻跟你一样，我当初是贪她漂亮，真是一失足成千古恨啊！因为她人长得漂亮，所以一向很强势，性格很厉害，每次我们在一起我都被她责骂唠叨，在她面前我都阳痿起来……这时候一点也不觉得她漂亮了，甚至越看就越难看，一听到她的声音就反感、就难受。本来我是可以把她给调到城里来的，但我害怕天天面对她，所以她越骂我，我就越不调她来。反正在她眼里我都是很无能的，干脆就继续无能了。但我爱儿子，我不想让儿子忍受父母的分离，所以时不时忍受她的坏脾气也就觉得没什么了。很多时候，我都当她是病人容忍她。但是，这种靠孩子维持的婚姻确实也很不幸的。还好，我遇上了你，不然，这辈子我都没机会做堂堂正正的男人了。

两人越聊越投机，两人都决定等对方的小孩再大点就离婚在一起。于是，这个信念激励着王晓。她不再觉得忍受自己的老公是一种苦了，一想到几年后就可以跟自己心爱的人在一起，什么样的苦她都可以忍受了。她的生活中突然之间就充满了希望。

向阳说儿子已经开始读高中，只要他考上大学，他就可以离婚跟她过了。王晓就想着，只要他能离婚，她就是上法院也要离，孩子终究都会长大，她整个青春都给牺牲掉了，她可不能再把下半辈子给赔出去！因为她感到自己只有跟向阳在一起的时候，才真正体会到做一个女人的幸福。无论在床上还是在生活中，向阳对他的宠爱和体贴让王晓觉得能跟这样的男人在一起自己就是少活十年也够了。

在等待离婚的日子里，他们从不放过任何在一起的机会，有时就是上班他们也要跑出来约会。每次在一起，向阳总会给她买些小的礼物，很多时候都是她爱吃的水果。有时单位发奖金，向阳留了一部分之后，会把大部分给她，“我想帮你买一两件漂亮的衣服，但我怕买回来不合适你。想带你一起去买，又怕熟人看到对你不利，只能把钱给你自己买，当是我送给你的礼物……”

每次王晓都很感动，这个男人跟自己没有婚姻关系，但比婚姻内的那个男人更加疼爱自己。每每想到生活中还有一个男人那样爱自己，她就觉得欣慰，生活有了盼头。她也更加爱着那个婚姻以外的男人。

不知不觉，他们已经相处了两年，这两年他们已经彼此融进了对方的身体和灵魂里。当然，因为亲密的相处，王晓也看到了男人身上的一些让她不是很舒服的缺点，就是男人非常的胆小。有时候无意在路上遇上，他都有意回避，好像很怕人知道他们的关系。他跟她解释，说是怕别人知道传到她老公耳朵里，她老公在单位是有名的臭脾气牛脾气，他怕她受到伤害。他这么一解释，王晓就原谅了他。心想，现在自己还没离婚，公然在一起是违背传统道德的。尽管他们很相爱，尽管王晓也想在大白天里跟他手拉手去散步去买菜，想星期天的时候赖在床上撒娇让他做家务让他宠自己，但也只能等他小孩考上大学了。

可是渐渐地，男人表现出的怯懦却越来越让王晓生气。王晓发现向阳特别害怕他的老婆，只要那女人一给他打电话，他都跑到一边背着她说话，然后，不管他正在做什么，他都马上赶回自己的家，他说怕她会突然来找他不见她会闹事！

有次，他们还在床上欢爱，还没进入高潮，电话一响，他就蔫了，一看是老婆的电话，他立即穿衣服要回家。王晓忍了多时的火气霎时就喷了，“你这么怕她，是不是还很爱她?!”

向阳安慰她，“不是，我只是不想跟她吵架……”

王晓突然就哭得不行，“你这么怕她，要真有一天她不同意跟你离婚，你怎么可能为了我离婚?!”

“放心吧，等小孩高中毕业我就离。”男人安慰她，“我对你怎么样你还不明白啊?”

是啊，现在男人省吃俭用的，很多小钱都愿意花在自己身上，经常给她买礼物。虽然不多，几十几百的，但王晓还是很感动。这些也很能证明这个男人很爱自己的。这么想着，王晓又释然了。

当然，王晓也很关心和体贴他，给他买衣服、买补酒。在这世界上，除了儿子，目前他是她最关心最挂念的，甚至比关心挂念自己的父母更甚。

向阳的儿子开始读高二了。这天，向阳突然对她说：“儿子高中毕业想去美国留学，他的成绩很好，家人都同意他出去，我也希望儿子能出去，可钱是个问题啊！”

向阳变得愁眉苦脸起来。王晓也为这男人心痛起来。其实，自爱这个男人开始，她也把他的孩子当成自己的孩子了，男人的喜怒哀乐也在牵扯着她。她安慰男人，“能出去是好事，办法我们慢慢想。美国那边好找工作，他可以边读书边工作，成绩好还可以申请奖学金，也可以先贷款。”王晓也很高兴他的儿子能出国，只要他儿子去到那样开明的美国社会，他肯定就不会反对他离婚了，他的阻力就会少了一层，哪个做父母的，离婚时不是有来自孩子的阻力？再说他儿子到了美国，回来的机会就少了，她也不用做别人的后娘了。这么想着，王晓高兴起来。

“可是签证的时候，需要提供父母账户的存款资料，这笔存款必须要两年以上，数量要能提供孩子在外面学习的费用呢！而每年的费用大概二十五万左右。现在，我这边几乎没有积蓄，老婆她做生意的妹妹已经借给我们二十万，剩下的，要我想办法呢！”向阳的眉头锁得更紧了。

“没关系，我们慢慢想办法。这样吧，我这几年给时尚杂志写稿子，自己存了十八万的私房钱。本来这笔钱我是想等我们离婚后拿来买我们的房子用的，你先拿去存吧！”王晓对向阳说。

向阳当即拒绝，“不行，我怎么能用你的钱？我做男人的应该给你找钱用，我怎么能用你的钱呢?”

“这钱不是给你的，你不是说签证的时候当材料用吗？你先存在你的账户上，跟老婆说这钱是跟人家借的。等签完证，小孩到了那边，这钱你就领出来还我，我们结婚用。”

“那好，这钱算是先借你的。”向阳让王晓把钱转到自己的户头。

剩下的一年多时间，向阳和王晓相聚的机会明显地少了。因为小孩准备出国，想多见小孩的向阳一有机会就跑回家乡的小镇看小孩。而因为准备学费的事情，向阳的妻子也经常来城里找他，他也没什么机会再见王晓。

王晓也不计较，心想再有一年多就可以永远跟向阳在一起，都等了好几年了，也不在乎这一年多了。于是放平心态等待美好明天的到来。

向阳的儿子终于去了美国读书。王晓非常高兴，心想，自己终于盼到头了。见到向阳，她紧紧抱住了他狂吻，“我们终于盼到头了，我准备跟老公摊牌离婚，你也尽早离了，小孩不在身边了，离婚应该是很容易的了。”

向阳慢慢推开她，“现在还不行，小孩刚出去，因为小孩出国，这两年跟她家人借了大笔的钱，如果现在离婚，债务就全落在我头上了，我现在住的房子都会被卖掉拿来还债。如果现在还维持关系，她的几兄弟姐妹都是做生意的，有点钱，可以先资助小孩读书，我也还可以过现在的日子。如果现在我们离婚，境况一定很惨，你主动提出离婚，肯定会被丈夫赶出家门，而我也会一无所有，连住的地方都没有。我们都这个岁数的人了，可能就折腾不起了……”

王晓愣住了。她万万没想到自己等来的是这个结局。但向阳后面的话，给了她少许的安慰：我们再等一年，看这一年小孩在外面的情况。小孩很懂事的，只要他在外面一边干活一边读书，或申请到奖学金。那他这边的压力就没那么大，自己就可以离婚了！

可是接下来发生的一件事情，却将王晓的这段婚外情打入了炼狱！

王晓的母亲刚刚六十岁，却查出患了肺癌。母亲自下岗后就为她接送孩子上学，母亲身体一直很好，性格也很开朗，王晓也一直很少在母亲身上花钱。可是，现在母亲突然病急，需要一大笔的费用救命，王晓第一次觉得自己的母亲是生活中最不能缺失的亲人，这时候，母亲比任何人对她都更重要！她要筹钱拯救她的生命。

丈夫虽然平时不关心她，但在这紧要关头，还是把家里所有的积蓄全拿出来给她母亲治病。可这远远不够。

王晓第一个就想到要跟向阳拿回一年前借给他的十八万块钱。当时说好就是给他做签证材料用的，签完证，这钱要还给她的。现在她要拿这钱来救命啊！

向阳听说后也很焦急，心急火燎赶回家乡，因为存折由老婆拿着。

可王晓等来的是让她心碎的消息。

向阳说：老婆不愿意把这钱给他领出来，说是备着给儿子当学费用的。老婆说他们家几兄弟姐妹都出了不少钱，这钱他出是天经地义的，她不相信那钱是他借别人的，老婆一口咬定就是他自己的私房钱。这笔钱他就别想从她的手里拿出来了！

王晓听了几乎崩溃，“你他妈的做什么男人？你自己的存折你怎么给老婆拿？信不信我直接去找她！”

向阳一听她这么说，吓得把电话给挂掉了。一连几天，在医院的王晓都没打通向阳的电话，打通了向阳也不接。那个她曾经用生命去爱的男人，让王晓突然彻骨地恨起来。其实说去找她老婆，她不过说的气话。相处几年，王晓不知道他老婆所在的单位，甚至什么地方的她都没记住，他好像说过，但她没往脑子里装，平时只在乎他关心他，从没想过要去骚扰他老婆小孩。现在，就算真要去找他老婆，她还真没办法去找。但是找他，她还是能找得到的！

王晓直奔他的办公室，看到她，向阳给她塞了几千块钱后，求她不要找他老婆。他说找了也要不到钱，以后他再慢慢还她，现在他只有这么多了。

王晓悲痛欲绝。除了那笔钱，更让他伤心的是他对她在这节骨眼上的态度！

王晓哭着责问他：“你为什么不接我的电话？我现在拿钱救命你都不还，你以后还我？你拿什么还?！你当我白痴呢！”王晓恶狠狠地说，“如果你老婆不认这笔账，你把你的房子给卖了，还我钱，不然我跟你拼命！”

“你给我点时间，我一定想办法……”向阳许诺。

但向阳开始躲她了。当初拿钱给他的时候，她没有让他写借条，那时候他们好得一个人似的，她怎么可能让他给自己写借条？那钱是她的私房钱，连她老公都不知道她有这笔钱，只要他不承认，她要翻脸追要那笔钱，是什么证据也没有的。面对慈母苍白的脸，面对情人对自己的背叛，王晓第一次有了杀人的念头。她甚至找到了地下的催债公司，公司老板对她说，虽然他们是做黑的，但催债也还得要借条的。

没辙的王晓打算找街上的烂仔以非常手段逼那个躲避她的男人把房子卖掉，既然他想赖账，她只能以黑对黑了。可是，一想到那样对他，她的心是那样疼痛、那样的绝望。他们曾经有过那么多的欢爱，今天怎变成这个样子？王晓在伤心和绝望中犹豫着，在这犹豫中，母亲的病情突然恶化，癌细胞迅速扩散，两个月后撒手人寰。这期间向阳给她的账户里汇了两次款，但每次也就两千来块钱，估计是自己的工资。

随着母亲的离去，王晓的一切想法也就搁浅了。这几年，有向阳的相陪，她一直觉得自己的生活是有爱的，是有希望有奔头的。然而今天才明白，这种婚外恋竟是如此的不堪一击，由于没有共同的孩子维系，再深的感情也会因为经济、因为自家孩子的问题随时发生质的变化。想起向阳这几个月的变化，王晓就伤痛得不行。

如果想得再深点，曾经那样爱自己宠自己的男人，最后都这样，那这个世上还有好男人、还有真正的爱情吗？生活还有希望吗？

沉沦了一段日子，从失去母亲的伤痛中走出来的王晓也渐渐开导自己：向阳天性软弱，他是个怕事的人。王晓对自己说：不管他自己是怎么想的，但王晓愿意相信向阳不是故意赖她的账，他是真的没办法。她相信，他们在一起的时候，他是真的很爱自己的，也是真希望能跟自己在一起的。那种拼命向对方索取爱情索取缠绵，那种双方都控制不住的妒忌都不是装得出来的。只是，他们有着太多条件的限制了，他也是很无奈的。如果他是单身，他肯定会娶自己为妻，永远那么疼自己爱自己……

这么想着，王晓舒服多了。婚外恋，有多少的无奈，王晓是深有体会了。王晓渐渐就在心里原谅了向阳，她在心底里感谢向阳在那段日子里给她带来的快乐和幸福，如果没有向阳，她也许一辈子都过着这么沉闷的婚姻生活，永远尝不到那种男女欢爱的灵魂之悦。

向阳还是每个月把自己工资的三分之二汇到王晓的账户上，同时在她母亲过世后不断信息电话要求跟她见面。但王晓却不回应，虽然在心底里原谅向阳，但她并不打算跟他重修旧好。之所以原谅他，是原谅自己行为的一个借口。就在向阳不顾她母亲死活而逃避她的时候，他们的关系就再也没有回头的任何理由！

在向阳不断发信息向王晓忏悔的时候，王晓什么也没说，只送给他一首诗，那是一首莎士比亚的诗：

再好的东西都有失去的一天，
再深的记忆也有淡忘的一天，
再爱的人也有远走的一天，
再美的梦也有苏醒的一天。
该放弃的绝不挽留，
该珍惜的绝不放弃。
分手后不可以做朋友，
因为彼此伤害过；
也不可做敌人，
因为彼此相爱过。

经过情感和失去亲人双重浩劫后的王晓变得非常平静，她默默在家照顾儿子和老公。

很快，王晓便在没有爱情的家庭生活中找到了平衡点并且找到了快乐。母亲去世后，儿子回到了自己的身边。现在，她跟儿子一起学习，两人一起打打闹闹，一起成长。老公还是对她漠不关心的，但多数时候王晓就当他不存在。因为没有爱，也就没了计较，更谈不上有什么伤害了。原来，没有爱情的日子也是一种很正常的生活。

也许有一天，王晓还会萌生离婚的念头，但王晓已经明白，如果真正要爱情跟婚姻相结合，她这次一定会先离婚，然后找个单身的、没有任何牵挂的男人来爱、来付出。那才有可能得到自己想要的归属。

第四者让她找到了平衡点

第四者的概念还没流行，甚至还没被人提出来的时候，冬梅已经是典型的第四者了。

“第四者”，指的是兴趣相近或相互欣赏的男女，以不破坏对方婚姻和家庭为前提，以不干涉对方工作、生活为基础，不以金钱交易为条件，不谋合法的家庭地位，仅以精神和肉体享受为目的的婚外性行为。因不同于一般的嫖娼卖淫和谋求取而代之的第三者，故称第四者。

冬梅不是生来就想当第四者的。哪个女人不渴望着自己拥有一个对彼此忠诚的伴侣？再优秀的女人也渴望自己能过上幸福的婚姻生活。然而渴望归渴望，现实归现实。

冬梅才把女儿生下不到半年就发现自己的丈夫背叛了自己。那个时候，她想死的心都有了。但看着可爱的女儿，她的痛苦就慢慢地减弱了。因为丈夫很是悔恨的样子，求她原谅自己，他说他还爱着她、爱女儿、爱这个家。

尽管冬梅很恨丈夫背叛自己，但她很爱女儿，不想女儿没有父亲，女儿很黏自己的父亲。冬梅看在女儿的份上原谅了丈夫，继续维持着家庭的完整。

风波过后不久冬梅又觉察到丈夫身边又有了新的女人，但冬梅不再去关心这个。她也想通了：丈夫丈夫，一丈以内是自己的夫君，一丈之外是谁的男人她又怎么管得了？干脆就不管了。只要他愿意维持这表面的夫妻关系，她也不反对。她想给女儿一个健全的家庭。他们都受过很好的教育，都是那种高素质的人，表面的功夫都做得很好。

虽然婚姻里没有了爱情。但冬梅心里那颗渴望爱情的种子还没死，一旦遇到适宜的阳光和土壤就会生根发芽，焕发出勃勃的生机。

那是个很慢长的冬季，街上萧瑟的景色让冬梅渴望着春天早些来临。

那天早上，在报社做编辑的冬梅收到一位作者发给她的一篇心情文字，字里行间流淌出的是浓浓的春意，那么的清新、温暖，充满了阳光和雨露。冬梅一下子就喜欢上这种文字风格，一看作者的资料竟然是本市的。她很兴奋，想让这位作者永远给她提供这样的文字，于是冬梅约作者出来喝茶。

那是一个和他的文字一样充满着阳光的小伙子。面貌俊朗，还有着一双多情的眼眸。第一次见面，冬梅就非常喜欢这个作者。那种喜欢，居然让她觉得自己还是个小姑娘。

每逢社里搞活动或组织作者到外地采风，冬梅都特意邀请他。后来，他们就渐渐地避开众人的目光，私下里单独会面，他们一起到郊外的湖泊游泳，一起去登高望远……小伙子给她写很多很多对她爱慕的散文和诗歌，那些文字让她心头发热。可她依然很理智地跟他表明自己已婚，还有个女儿。然而小伙子很明显已深陷情感的泥潭不可自拔，不断地向她表白他不在乎这些。他只想爱她，全心全意地爱她！

冬梅再也控制不住自己的感情，她是多么渴望跟那个充满着青春活力的小伙子在一起。终于，两人都逾越了那个禁区。于是两人一发不可收拾！冬梅常常借着自己出差的机会跟着小伙子游山玩水去了。

两人越来越难舍难分，情感和肉体的完美统一，让他们既幸福又痛苦。幸福的是，这种肉体与灵魂一起战栗的愉悦，是很多饮食男女一辈子都尝不到的，可现在他们却幸福地拥有着。痛苦的是，他们一个是未婚一个是已婚。

小伙子没有结婚，甚至没有女朋友。可他却深深地爱上了已为人妻母的冬梅，他要求冬梅离婚跟自己结婚。那些日子，冬梅也第一次有了离婚的念头。她觉得没有了爱情的婚姻是非常痛苦而且是不道德的。

她回家开始跟老公摊牌离婚。冬梅想老公一直都在外面有女人，现在自己主动提出离婚，他一定会同意的。

没想一贯花心的丈夫却死活不同意跟她离婚。说他在外面的那些女人他只是玩玩，他从来没想过要跟她离婚。可是冬梅却忍不住朝他咆哮："但我想跟你离！我不想跟你在一起了！我另有所爱了！"

一听她这么说，丈夫开始慌了，纵观那些离婚的哥们儿，没一个是过得好的。再说了，他很爱很爱女儿，他可不希望女儿跟父母分开。丈夫知道她把女儿看得比自己的命还重要，丈夫说如果她执意要离婚，他要自己带着女儿，不能让她把女儿带走。于是，不断地跟那个才两岁多把妈妈看成整个世界的女儿说："宝宝，妈妈要走了。妈妈不要你了。"

女儿总是被吓得撕心裂肺地哭喊着："妈妈不要走！妈妈不要走！我要妈妈！"

女儿的哭声让冬梅心碎。这种心碎的感觉慢慢就掩盖了跟小伙子在一起的那份激情和愉悦。于是她流着泪跟小伙子说，我不能离婚，你找可以给你婚姻的姑娘去吧。

小伙子不舍，不断地缠磨她，不断地劝她，“孩子终有长大的一天，时代发展到今天，你怎么还可以为了小孩而牺牲你一辈子的幸福?”

她又开始矛盾，开始动摇。又痛苦又矛盾的她找到做心理咨询师的闺蜜诉苦，然后说要离婚，她希望闺蜜能支持自己。

闺蜜却把头摇得拨浪鼓般劝她，“想想当初你跟你老公热恋的时候，不是比现在还疯狂吗？那时候他还在外地当兵，一听说你病了不顾一切从部队跑出来坐飞机回来看你。想想那时候你们也是多么相爱啊！可现在结婚了怎么样？如果你现在冲破重重的阻力而离婚，你跟那个一穷二白的小伙子重新过日子。挣钱买房子，再生个小孩，到时候你都老了，他还很年轻。如果那时候他也像你现在的老公一样。你怎么办？又要离婚吗？还亏你是记者编辑呢，记住：没有永远不变的爱情。变化是这个宇宙永远不变的永恒！再疯狂相爱的人，也有情感变淡变平静的那一天……”

闺蜜的话，让冬梅彻底清醒起来。想着自己那么辛苦才跟丈夫买到一套属于自己的房子，装修房子，省吃俭用一件一件添置家具，付出了多少的血汗才换来这么舒适的家，她不能把自己用青春换来的这一切和自己怀了十个月才痛苦分娩的女儿拱手让给别的女人。因为如果她执意要离婚，就得净身出户。再说了，她怎么能保证几年之后，那个小伙子对她的情感不会改变呢?

冬梅主动离开了小伙子。她不能给她婚姻，而小伙子却又一心想要婚姻。所以他们的关系就不能再继续了。

冬梅默默地自己给自己疗伤。值得欣慰的是，丈夫并不计较她曾提出离婚，依然像什么都没发生过，该对她好的时候还会对她好。

生活恢复了平静，但平淡的的生活又让冬梅觉得心里空荡荡的，感到难受和寂寞。

不久，办公室里新来了一位男同事叫文彪，他刚从外地调到他们单位。

文彪三十五六岁，有着一头乌黑的头发、闪闪发亮的眼睛和魁梧的身子。

每天，冬梅都要处理大量的稿件。她常常忙得晕头转向的，可她还是注意到文彪那双很不安分的眼睛老在她的身上溜来溜去……

还好，办公室里除了即将退休的主任就是冬梅和那个文彪，所以文彪的放肆不会引起别人的注意。文彪刚来不久，老主任因为身体不好请了很长的病假。关好了门窗的空调办公室就剩下冬梅和文彪两人了。于是文彪除了那双多情的眼睛，嘴巴也变得不安分起来。

文彪很放肆地勾引她，“喂，你说领导怎么可以把我安排在这么勾人魂魄的美女身边工作呢？这不明摆着要害我吗？”

冬梅很享受这位帅男人对自己的放肆，可她故意装傻，“你说谁呢？”

这时候文彪就会突然趴到冬梅的桌子前含情脉脉地盯着她，“你说还有谁呢？”

冬梅脸红了，这个男人让她心旌摇曳。

她渐渐就预感到自己跟这男人一定会有故事发生。

一旦有这想法，故事就会顺理成章地发生了。

那天中午，两人一起吃完午餐回到办公室，门一关上，强壮的男人突然把她紧紧搂住……冬梅没有拒绝，两人疯狂地热吻起来。冬梅的呼应让文彪几乎失控地就想在办公室剥她的衣服，冬梅想起几年前跟小伙子的情感纠葛，她清醒了，一把推开了文彪。

冬梅整理好自己的头发和衣服，跟文彪说道：“我结婚了，还有个女儿，我不能给你婚姻。”其实冬梅并不觉得婚外性行为有什么罪恶，但如果耽误了别人的婚姻那她就有罪恶感了。

文彪斜着眼瞧着满脸通红的冬梅调皮地说：“和有情人，做快乐事，别问是劫还是缘。随缘不变，不变随缘……”说着，文彪重新抱住冬梅，不过这次从他身体中传给她的只是安抚，没了欲望。

文彪缓缓地说：“我也结婚了，妻子在外地。我们除了情感和身体，不会涉及婚姻，不会干预对方的生活。生活沉重，工作压力大，我们没有必要给自己增加负担。我们顺其自然，情感和身体，都顺其自然，彼此尊重对方的意愿好吗？”

文彪的话让冬梅彻底地放开了自己。其实自从这男人走进办公室的那一刻起，冬梅就看到了当初自己和那个小伙子的某些影子。如果文彪也有自己的婚姻，他们只是情感和肉体的碰撞，冬梅是不会拒绝的。冬梅觉得婚姻这东西多少有些宿命，有时候很难跟命运抗争，但情感跟肉体很多时候是可以自己去控制和掌握的。如果婚姻不是那么如意，在外面有个男人弥补一下心灵和肉体的空虚又如何？这种不干预不改变对方生活的情人关系也是冬梅所向往的。

冬梅吻着文彪，把滚烫的热气喷在文彪的耳朵，“这段日子工作太累了，压得人喘不过气来，我们放松一下。在这里不行，我们得找个地方放松去……”

于是文彪出去了。一会儿，文彪把宾馆的房号发信息给她。

在宾馆那张大床上，冬梅尽情舒展着自己。文彪一连要了她三次，两人都很疯狂，把积压多日的情感和欲望尽情宣泄……

有了第一次，便有了第二次第三第四第N次。他们成了一对隐蔽而又非常甜美的办公室恋人。当然，他们的行为是不会让自己的配偶知道的。

主任退休之后，办公室里又新进来一个人。他们不能在办公室表现太亲热，于是常常地跑到外面幽会。

每到节假日，文彪会回老家看自己的妻子。冬梅没有妒忌，本来就不属于自己的东西意外得到已经是奢侈，她只有珍惜不会妒忌。她还给他打点行装，给他的妻子和家人买很多的礼物，送他去车站。他的离开她也不会太过于牵挂。他们都说好了不干预对方，不破坏对方的家庭，只会在合适的机会合适的场合才相互融在一起。

冬梅觉得一个女人如果自己的婚姻生活不如意，做个跟自己过不去的怨妇还不如主动去给自己寻找些快乐更加有价值。这种婚外的性和情虽然违背了几千年来所颂扬的传统美德，但冬梅并不觉得所有的传统都真的是美德。

回到家里，冬梅快乐地与女儿嬉戏，尽心地照顾着自己的丈夫，扮演着贤妻良母的角色。但她不会因为自己跟文彪的那种关系而对丈夫感到愧疚。当她还没背叛丈夫的时候，丈夫就开始背叛自己了，所以在丈夫面前她没有内疚。

冬梅想，如果哪天自己真有对不起自己丈夫的感觉，她就会乖乖地回到丈夫的身边。但那也只能是丈夫让她有那种感觉的时候再说，现在她没有，她只有快乐的感觉，她只有平衡的感觉。

当然，现在的冬梅不管跟谁有婚外恋，只要丈夫不主动跟她离婚，她是不会再提出离婚那样的傻问题了。

给自己的生活开扇后门

每次出门回来，旅途的一切便成为恩恩一篇又一篇优美的旅游散文，很多刊物都向她约稿。而恩恩无意给自己开的这扇后门，成了自己35岁以后的一份事业。她的人生也因此变得更丰满。

从单纯的女孩变成内忧外患的少妇，恩恩几乎经历着从天使到魔鬼般的蜕变。

新婚的幸福是那样的短暂，怀孕初期的反应让恩恩措手不及。喉咙里永远像塞满了东西，怎么也咽不下去，那感觉真是难受。只要往下吞东西，就开始吐，情绪也变得敏感易怒。然而还像大孩子一样的老公李江却不懂体贴和照顾她，有好东西依然只顾着自己吃，因为恩恩平时有什么好东西都先让着他，他总是来者不拒，习惯了。

下班后，以往都是恩恩买菜煮饭，怀孕后恩恩说，她不想动，让他做。李江说，他不会做，于是就出去买现成的。

有时候，买回来恩恩也吃不下，李江就会责怪她，说她浪费，说她不体谅自己的辛苦，不想吃还让他去买，故意折腾他。

有一次，已经晚上九点钟了，恩恩很想吃酸的李子果，但下面的水果店没有卖，要到较远点的水果摊才有。恩恩让李江去帮自己买，可李江不愿去，说太晚了，说不吃那东西又死不了。

其实九点钟怎么算晚？就是李江懒!他就坐在那看电视，不想动。恩恩想起恋爱的时候李江曾发誓只要她愿意，天上的月亮他都想办法帮她摘。现在，她只想吃几个水果，他竟然都不愿去买给自己，况且，她肚子里可是怀有他的后代啊！恩恩越想越委屈，泪水就忍不住滴滴答答掉下来……

恩恩觉得老公一点儿不会体贴自己，看着别的同龄少妇在这种时候总是得到老公千般的娇宠和体贴，恩恩就怨恨起李江来，于是总是生闷气，跟老公吵架。

恩恩性情的变化也让李江受不了。他说恩恩："女人哪个不怀孕？我都不见人家像你那么娇气。人家还两地分居的，还不是自己怀孕自己生！哪有你这么脾气古怪这么难侍候的?”

恩恩一听火更大，“你还说我？你看看隔壁的阿苏，你看人家的老公是怎么做的？半夜也起来煮东西给老婆吃，天天给老婆买喜欢吃的东西，千方百计哄自己的老婆高兴。你呢？别说半夜里让你爬起来给我煮东西！大白天你也不煮，你每天就只顾你自己，你有顾过我吗？别说让你主动关心我，我开口让你给我煮东西，让你去买几个水果，你都不愿意，你还拿我跟人家比，你怎么不拿你自己跟人家比一比？我这辈子嫁给你，我白做女人了！呜……”恩恩说罢又委屈地哭起来。

“整天哭！你烦不烦？现在小孩没生就这样烦人，以后生了小孩不更加烦？不要了！明天去做手术！”李江朝恩恩吼着，然后气鼓鼓地摔门而去！

恩恩愣住了。这可是他的亲骨肉，他竟然说不要了！这男人多么的恐怖！恩恩做梦也没想到谈恋爱的时候要生要死的，那样的缠绵那样的美好，现在才结婚一年多就变成这样子了。这女人的幸福也太短暂，这爱情的变化也太快了。这样自私的男人怎么可能跟他过一辈子?！不跟他过，这孩子要来干什么?!

摔门出去的李江很晚才回来，回来看到恩恩还在哭也不理她，倒头就自己呼呼大睡。

恩恩的心彻底冷却，自己哭了一夜后，第二天打算自己去把孩子处理掉，然后离婚！

恩恩跟单位请了假，自己坐车去医院。可是刚到医院门口，腹中的胎儿动了，四个多月了，这是恩恩第一次感到胎动，那感觉很奇妙。母爱的天性油然而生，之前一心跟李江怄气，竟忽略了自己做母亲的那种幸福和自豪。此刻，恩恩用手摸着微微颤动的腹部，心里突然悲喜交加，一定是腹中的他（她）感知到自己将遭遇不测，拼命反抗，向她求饶求救。想到自己居然打算要杀掉自己的亲骨肉，恩恩一阵阵的恐惧和寒心，她忍不住在医院的门口就泪流满脸，急忙跑出医院的大门。

回到小区门口，刚好碰到婆婆来看她，婆婆听说恩恩已经怀孕，给恩恩买来很多的营养品。虽然老公不是很体贴自己，但婆婆一贯对自己还是不错的。恩恩看到婆婆，委屈的眼泪水又忍不住像喷泉般涌出来。

婆婆看到泪涟涟的恩恩被吓坏了，“你怎么了？出什么事了？是不是哪儿不舒服了?”

“李江说不想养孩子，要我去医院把孩子做掉。我去到了医院门口，但我舍不得……呜呜……”恩恩说着忍不住放声大哭。

婆婆一听放下手中的东西就跑到门卫那儿打电话让李江马上赶回家！

李江一进门，婆婆拿着鸡毛掸子就劈头盖脸朝李江打去，“我真是白养你了！你竟然连自己的孩子都不想要……你到底想干什么?!”

李江一边用手挡，一边辩解，“我不过说气话，谁跟她当真了?”

“这种气话能随便说吗？嗯？你以后给我悠着点，好好照顾恩恩，孩子要有什么闪失，祖宗十八代都饶不了你！”

这次婆婆把李江狠狠教训了一番，为恩恩出了口恶气。

往后的日子，虽然李江是被逼着照顾恩恩，但恩恩的日子好过多了，也不再跟李江计较。首先是恩恩的孕期反应已经过去，不再一闻到油味就想吐，她开始有食欲，也不觉得身体特别累了。最重要的是有胎动以后，恩恩的母性就开始泛滥起来，那种准备做母亲的幸福充盈心间。这让她不再跟李江斤斤计较了。这时，她想吃什么，想买什么，她都自己亲自动手，这时候的她，一切都为了腹中的胎儿。

十月怀胎终于分娩，恩恩为李家生了一个白白胖胖的儿子，一家人高兴得不行，特别是婆婆，整天地往恩恩家里跑。可是婆婆还没退休，不能照顾恩恩，只能在下班的时候过来抱抱孙子过过瘾。而恩恩从小没有母亲，也没有姐妹，这非常时期自是没人照顾她。还好，恩恩身体素质不错，出院不久，身体就恢复得很好。恩恩自己照顾自己照顾孩子，连保姆都不请。初为人母的她幸福而自豪，为了孩子她再苦再累都毫无怨言。

然而，李江却开始有怨言了。因为恩恩一心顾孩子，李江觉得恩恩冷落了他，于是李江常莫名其妙借故生气，跟恩恩吵架。恩恩只得想办法平衡，一边照顾孩子，一边照顾着老公，避免吵架对孩子的不良影响。但心里对李江的失望是越来越深。她一个女人，正是需要别人照顾的时候，可谁来照顾她?！身为丈夫的他白白得了个大胖儿子，对她没有半点的感恩和怜惜，反而整天找她的麻烦，对她是百看百不顺眼。恩恩对李江由失望变成绝望，觉得自己绝对是嫁错人了！

儿子慢慢长大，但恩恩对李江的积怨却原来越深，甚至一看到他的影子听到他的声音都让她反感。李江的自私和恶劣的脾气让恩恩几乎无法再容忍他。儿子三岁的时候，恩恩提出了离婚，这种男人不能跟他生活一辈子！

李江做梦也没想到恩恩会跟自己离婚，死活不同意。于是离婚就像拉锯战，你扯这头，我扯那头，谁也没有胜出。最受伤害的是儿子，看着儿子惊惧的目光恩恩突然感到害怕。既然把他带到这个世界，自己就有责任给他一个健全的家啊！

恩恩不再提离婚，李江也开始有意识地改变自己的自私行为。但此时的恩恩心里已经打了死结，对李江的感情已经难以回暖。但是，因为有儿子，日子还能勉强过下去。

情感的空乏让恩恩内心很荒芜。她还年轻，渴望男人的爱如春天的小草渴望阳光。这时候一个男同事对她的关心渐渐让她的心里溢满温馨。那时候恩恩是公司出纳，男人是公司的会计。

在一个加班做报表的晚上，男人主动拥抱了她。这一晚开始，恩恩和男人开始了地下恋情，他们不久就会寻找机会抵死缠绵一次。

恩恩除了爱自己的儿子，把余下的爱全给了这个男人。偷偷给他买名贵的手表做生日礼物，买很多好衣服和他爱吃的东西。对方也是有家庭之人，恩恩想，只要双方真心爱着对方，为对方着想，相互关心彼此牵挂，两人好好维护这份感情，这也是弥补自己婚姻不足的一个缺口。

可是很快，恩恩就发现男人还有别的情人。恩恩愤怒，责问男人为何玩弄自己的感情？对方却带着无谓的口气说道：大家都有家庭的，怎么说是玩弄感情？不就在一起玩玩吗？你那么认真干什么？你自己也可以多交几个男人的，我没意见……

这次的情伤让恩恩大彻大悟：自己根本没条件也没能力做别人的情人，她太在乎感情了！她的性是跟感情连在一起的。她不能像动物一样没有感情也可以跟别人乱来！她是个非常容易受伤的女人，要避免这种伤害，就要远离这种感情的投入！

恩恩花了很大的力气调离了那个单位，远离了那个男人。她重新回归沉寂的家庭生活。在享受跟儿子的天伦之乐之余依然感到心里的空乏，但恩恩发誓再也不做别人的情人，除非有一天自己离了婚再找个适合自己的伴侣。

嫁到大洋彼岸的闺蜜回国时专程来探望恩恩，见恩恩的生活如一潭死水，于是说她："青春一转即逝，生命也如此。如果上帝对自己不是很公正，你一定要懂得自己善待自己。有些快乐的东西别人给不起你的时候，你自己要学会自己给自己创造快乐。比如，你就可以经常出去旅行，经常出去走走，开阔自己的视野，在旅途中寻找快乐，给自己的生活开扇后门。"

"给自己的生活开扇后门"这话点醒了恩恩。是啊！为什么不自己为自己寻找点快乐?

恩恩除了每年的公休假，她平时加班加点时还可以累积假日，算起来，除了双休日，她平均每两个月还有累积的十天假日。

恩恩开始一个人出门旅游。

原来，一个人旅行的心境是那样的奇妙，恩恩迷恋上了那种人在旅途的感觉：暂时脱离了按部就班的生活模式，摆脱了日常俗事的缠绕，在陌生的地方，遇到陌生的人，一切都是那么新鲜，一切都是那么未知，一切都充满了刺激和好奇，整个人就像放飞的鸟儿一样，自由自在地在天际间飞翔……

恩恩希冀自己的思想在大自然的怀抱里得到片刻的歇息，什么都不用去想。不用考虑今天的工作做得好不好什么时候才完成，也不用盘算今天该买什么菜该几点开饭该带孩子学什么......

每一次出门，恩恩就关掉手机，让尘世的一切与自己隔绝，完全沉浸在自己与大自然的世界里。置身于大自然的美景当中，恩恩被现实生活拖累得疲惫不堪的心灵很快就得到修复，重新焕发出青春的活力！

开始，老公李江对恩恩独自出门去旅行心里很不痛快。可是，渐渐地，看到恩恩那文笔优美的旅游日记在很多刊物中发表，于是很为自己的老婆自豪和高兴。最重要的是，自从恩恩独自出门旅游后，对他的态度好多了，每次出门回来都专程给他带礼物。这让李江更加支持恩恩，平时省吃俭用地把钱省下来给恩恩去旅游，李江为此还特意戒了烟。

恩恩自从走出生活的这扇后门，她的视野和心境都发生了质的变化。随着视野的不断开阔，她也渐渐明白了，其实人的一生，生活的艰苦、事业的成败、感情的多变和复杂都算不上什么难事，这世上最难的事是：甘于平淡，保持浪漫，不再言说。

恩恩的心境越来越平和。恩恩在不断地行走和思考中慢慢地认识了自己，认识了自己的浮躁和任性。想起李江虽然年轻时不懂事，不懂得体贴自己，脾气也不是很好，但有一点，李江一心专情待自己，不像别的男人在外面拈花惹草，这点也是很可贵的品质。于是回到家的恩恩也开始善待李江，过去的芥蒂不再存在，两人之间的亲情逐渐升温。

每次出门回来，旅途的一切便成为恩恩一篇又一篇优美的旅游散文，很多刊物都向她约稿。而恩恩无意给自己开的这扇后门，成了自己35岁以后的一份事业。她的人生也因此变得更丰满。

智应人生的意外牌局

原来这世界这么大，所有生活的苦难都是上帝对自己的恩泽，都可以变成自己人生的财富和经验。

米朵遇上朱博的时候只有16岁。他们是同校的中专生，米朵漂亮温柔文静，朱博聪明俊朗，两颗少男少女的心从羞涩朦胧的情窦初开到热烈相恋，他们是一对让人羡慕的金童玉女。毕业后，他们都按分配回原地工作。米朵在省城，而朱博却在一个比较偏的县级小城市。

米朵因为父亲的关系进了国家一级企业做一名出纳员。19岁的她如一朵刚刚盛开的鲜花，周身散发着醉人的芳香，欲前往采蜜的男人围着她一圈又一圈。这其中就有身份显赫的官商之子，也有凭着自己的努力从农村考进大学如今已在政府机关工作前途无量的公务员……然而米朵不为所动，心里只有那个在偏僻小镇上的朱博。米朵不顾父母的反对，一意孤行要跟朱博结婚。

父母极力反对，说如果她一意孤行就不认她这女儿。米朵干脆辞职跑到朱博的身边。那是2000年的初期，各城市的建设正如火如荼进行着。朱博干脆也辞职，带着米朵到了邻近的城里筹资开了个水泥店。水泥店的生意很是红火，夫妻置房买车，有了个活泼可爱的女儿，日子开始走向正轨。

渐渐地，朱博想扩展自己的事业，于是跟米朵商量，水泥店她管，他要跟朋友一起承包一家水泥厂，把事业做大。米朵同意了。

于是，朱博把开店挣下的一百多万都投进了水泥厂，开始整天早出晚归，整天忙着应酬。有时十天半个月都没见女儿一面，因为他回来的时候，女儿已睡，早上他走的时候，女儿还没醒。

很多时候，看着同龄的少妇都很幸福地跟在丈夫的身边出入各种场合应酬，米朵就有些羡慕。其实朱博也几乎每天晚上都会在酒楼里跟别人大吃大喝，但从不带她们母女在身边，米朵就问朱博："为什么不肯带我们出去？是不是身边有小的了？"

朱博抱着她，"怎么可能？世上哪个女人能有资格跟你争我？就算有，我也不会给她机会的!”

米朵有些委屈，“现在我们整天都看不到你的人影，白天你工作忙还可以理解，晚上出去吃饭的时候，为什么不带我们出去？我们就想待在你身边的时间能多点，难道现在嫌我老了吗?”

“亲爱的，不带你们出去，是为你和女儿的成长考虑。你知道，现在工厂刚开始，我要应酬很多的人，要巴结主管领导，要巴结客户，所以得请他们吃喝玩乐。别看那些男人有权有钱，但素质相当低，在饭桌谈论的全是低级下流的东西。很多男人还一边吃饭一边狎妓，连我都觉得恶心，就别说你了。如果带女儿在身边，势必对她的成长有害，所以我才不让你们跟在身边看到这些丑恶的东西，我应酬他们，是迫不得已。等工厂走上正轨，我就不再应酬他们，那时候，我自己带你们出去，想去哪儿就去哪儿……”

“那你整天跟他们在一起，会不会也跟他们一样啊?”米朵担心道。

“不会。应酬他们是迫不得已，整天应酬他们我也烦，看到他们就倒胃口！我怎么可能跟他们一样？每天晚上，我的角色就是等他们吃饱喝足玩够了，帮他们埋单。你都不知道我有多恶心那群男女……”

听朱博这么说，米朵就很难过，为自己的丈夫不得不去应酬自己讨厌的人难过，她也更加相信和体贴自己的丈夫了。从此，她不再过问丈夫的事情，她想，工厂刚刚起步，等过一些日子就好了。

米朵在店里请了个工人帮自己进货出货，米朵一边忙着照顾女儿一边忙着店里的生意，再苦再累也没半句怨言。她想，夫妻俩趁着年轻多做点，多积累点财富，四五十岁的时候就可以退休，慢慢享受人生了。

然而生活却不按常理出牌，没等米朵开始享受生活，生活就跟她开了一个令她无法接受的冷玩笑。

那几天，米朵发现丈夫脸色不是很好，早上起来有些咳嗽，米朵以为丈夫感冒了就找些感冒药给他吃。吃了几天依然不见好转，而且傍晚还不时发烧，但白天朱博依然早早去上班。米朵说你的感冒都不见好你得去医院看看，可能要打点消炎针才行。

朱博安慰她，没事，过几天就好了。

可是一个星期后，朱博的脸色不但没有好转，人还急剧消瘦，也觉得浑身无力。这回米朵放下手上的活儿，说什么也要拉朱博到医院检查。

当天医院就帮他拍片，在等结果的时候，朱博说你在这等，我回工厂了。但米朵不让他走，说你就休息一天吧。

结果出来的时候，朱博正在打电话。医生把米朵叫到一边，问清米朵的身份后，说你丈夫肺部出现大片的阴影，要立即住院进一步检查化验。

米朵一听，顿感不祥，腿也不由自主地发起抖来，“那是什么意思？一大片阴影是什么意思?”

医生冷漠的声音，“你要有思想准备，目前要进一步检查才确定，但估计情况都不会乐观，你们来得太晚了。去办住院手续吧！”

朱博打完电话，过来问结果。米朵控制住自己内心的翻江倒海的恐惧情绪，说，医生说你得了轻度肺炎，要住院治疗。

朱博很不愿意住院，但一听说会传染，只好住下了。一边还打电话跟朋友开玩笑，“老婆可能找借口想跟我在一起几天，得个感冒也非要我住院不可，要被关几天了。”

朱博被安排到住院部，重新检查身体。米朵回家拣衣服的时候，趁着女儿没回来，想着医生说的那句话：你们来得太迟了……惊恐的米朵躲在卫生间放声大哭，哭了一会儿，米朵又寄希望于重新检查的结果，希望刚才那个医生给的是个错误的判断。

煎熬了几天，复查的结果全出来了，朱博患的是肺癌晚期，癌细胞已经扩散。医生建议米朵立即转到省城的肿瘤医院。

听了医生的话，米朵几乎昏过去。她自己一个人坐在医院的走廊里，很久很久……这一年，朱博35岁，她才34岁。他们的事业正是做得风生水起的时候。

冷静下来的米朵控制住自己的情绪，走回住院部跟朱博说，要转到省城条件好的医院。米朵说，反正这几年店里生意好，赚了不少钱，她要把他送到城里条件好的医院尽快把他的病治好。

朱博紧张起来，问：“我的病是不是很严重?”

米朵安慰他，“没什么大事，只是想换条件好点的医院。”

米朵带着朱博到省城的大医院，她现在离自己父母家很近了，当初生米煮成熟饭后，父母也原谅了她。可此时的她却不敢告诉父母自己的情况，她不敢回家，她不想让父母整天看到自己的悲苦。朱博的病情她也瞒着朱博瞒着女儿，她一人扛着这巨大的悲伤，她要找个地方自己发泄自己的伤痛，她太难受了。于是，她在医院附近租了一个小房子，因为她每天要自己煮东西送到医院给朱博，医院的饭菜不合朱博的胃口，在医院每天的治疗费用高达两万块钱。

每天从医院回到那个孤寂而暗无天日的小房间，米朵就会以泪洗面。到了朱博的面前又得强颜欢笑，她怕朱博一旦知道真正的病情精神会彻底垮掉，于是，她想尽一切办法哄着安慰着朱博，让他配合着医生的治疗。

不到半个月的时间，米朵那头乌黑的头发白了三分之二。丈夫看到了很心疼，从自己不断的化疗中也隐约知道了一些自身的情况，只是没说什么，默默地配合着治疗。

这期间，米朵曾经拿着化验单私下找到一个在医院做这方面专家的亲戚问情况。亲戚看着化验单，对她说：这种情况，在医院治疗已经失去意义，到最后也会人财两空。劝她干脆带丈夫回家随便找点中药吃就算了，可是米朵不甘心。只要有一线希望，她就绝不放过！

因为转院时匆忙，米朵身上没带什么衣服。那天她抽空回家拿衣服，顺便在抽屉里找出他们用朱博名字开的那本存折。当初那本存折是带卡的，但米朵没有找到那张银行卡，曾经很多大钱都存到这本存折，但领钱的时候都从卡上领的，因为比较方便。米朵没时间找卡了，拿着存折到银行查看里面还有多少钱，因为朱博跟她说过，工厂还没产生效益。米朵也不知道这存折到底有没有钱。

米朵拿着存折到银行查，显示有八十多万。米朵只是领了几千块放在身上，她不敢带太多现金在身上，怕自己出门不安全。现在医院用的钱都是她自己随身带的那张卡，那张卡是她的名字开的，是这些年开水泥店赚的钱，目前卡里还有一百三十多万。她想用完了卡里的钱再说了，于是不再动那本存折。

在医院待了三个月，一百多万用完了，水泥店的转让费四十万也用完了。朱博的病不仅一点起色都没有，医院还拒绝治疗，让米朵带人回家准备后事。

最后那半个月的日子，朱博神智一会儿清醒一会儿糊涂，米朵一天24小时侍候着他，一个人把他从床上扛上扛下，几个月的功夫，体重从120斤跌到85斤，可她依然坚强地自己撑着。无论她怎样的不舍、怎样的难过，朱博还是扔下她和女儿走了。

处理完后事，米朵沉沦了很长的时间，想想自己还要撑起抚养女儿的责任，于是振作起来。米朵拿起朱博开户的那本存折，准备把那八十多万转到自己的卡上来。那笔钱现在是唯一能给自己和女儿马上解决生活费的钱了。

可是等她去银行排队取钱的侍候，工作人员跟她说存折里已经没有钱了。

米朵愣了一下，说你是不是搞错了？上个月我查还有八十七万元，怎么可能没有了？

工作人员说，是没有了，就是上个月底的时候有人用卡把钱全部取完了。

米朵叫了起来，“不可能！我们根本没有人来取钱！”

“那你报警吧。下一个！”工作人员摁响了手中的叫号器。

米朵这才想起，自己一直找不到这本存折配的卡，是不是卡被老公遗失后被别人冒领了？米朵心急火燎来到派出所，听了米朵的陈述，值班警员有些冷漠地说：“这个就比较难了，又不是本人来报案，说不定是持卡人把卡给别人用了呢？人家不知道密码怎么能把钱领出来？”

米朵惊呆了！这个问题自己怎么从来就没想到呢？难道丈夫真的把卡给了别人？如果是卡不见，他该早跟自己说的啊！

米朵暂时不去想这个问题，她要去朱博生前合伙的工厂，那里还有她和朱博贴进去的一百多万呢。那可是自己和女儿后半生的依靠。

可是当米朵找到工厂另一位合伙人的时候，对方却非常惊讶，“那一百多万，工厂早就还给朱博了，他不是拿那笔钱在西区买了一栋别墅吗？”

米朵像听天方夜谭，“买什么别墅？我怎么不知道？”

对方也是一脸的惊讶，“那我就不知道了。反正钱已经给他了，因为当时他说想去广东发展，我就把钱还给他，退了他的股份。不信你去财务查看，那里还有底单的。”

米朵精神恍惚地找到财务，会计是位中年女人，听她说要查账，于是拿起电话向经理求证。放下电话，中年女人带着狐疑的目光盯着米朵问道：“你是朱博的前妻？”

“什么前妻？你什么意思？”米朵控制不住地喊了起来。

女人没好气地说：“你喊什么？谁知道你是谁？上次朱博带个女人在身边，跟我介绍时说是他老婆，那个人可不是你……”

女人边说边翻出财务的账单给米朵看。账单显示，早在去年底，工厂就把一百多万转到了朱博的账户上，那个账户的号码，米朵是不知道的，就是说朱博并没有打算让她知道自己有这笔钱。

米朵控制不住自己，一边哭一边离开工厂。米朵并不相信那个女人的话，她不相信朱博还有别的女人。

米朵走访朱博生前的几位好友，证实了朱博已经退出了工厂。一位好友告诉她，朱博在住院之前，曾经跟他说准备到广东那边发展，所以就退了股。

一位朋友的妻子见米朵因为朱博的离去已经瘦得没了人样，忍不住劝她，“其实，你也不用太为他难过，你已经够对得起他了。他生前有个小的，他都帮那个女的买了一栋大别墅呢！”

米朵不愿意相信这事实，可是，米朵不得不回忆起朱博住院前的那段日子：常借口出差，十天半月不回家，有时不出差，深夜才回的他见到米朵还在等他，却从不碰她的身子，总是借口说太累了不想动……他们都才三十多岁，正是壮年，可是几乎过着禁欲的生活，当时米朵也有些困惑，往时的朱博在这方面总是不知疲倦的，不管回来多晚都要折腾她的，现在怎么突然就累成那样子了？只是米朵一贯相信朱博爱朱博，什么都体谅他。现在米朵才明白，那是他在别的女人身上用完了力气所以才会对自己禁欲。想着自己对朱博的付出，想起朱博住院期间自己倾家荡产不顾一切对他的治疗，想起自己每天待在那间白天也很黑暗的房间里为他熬汤煮菜，不管烈日炙烤还是风吹雨打每天都踩着单车往医院里往返五六趟七八趟，想着朱博回家后那些日子自己忍着他病魔折磨的种种恐怖的叫声……自己的整个青春、自己的半条命都给了这个男人，可他却瞒着自己在外面养别的女人，把她辛苦挣的钱拿去给别的女人用，还帮别人买了一百多万的别墅！她现在跟女儿住的房子才十几万啊！米朵越想越昏眩，没等回到家就昏倒在了半路上。

路人把米朵送进了医院。米朵醒来的时候，女儿泪汪汪地坐在床沿前，见到她醒来，女儿不停地哭。看着长相极像朱博的女儿，米朵失控地朝着女儿吼：“出去！滚出去！我看见你就想打你！”

11岁的女儿从未见母亲如此的失常，她恐惧地边哭边尖叫，医生急忙跑过来，给米朵打了镇静剂。

米朵的母亲听外孙女向自己求救，急忙从省城赶过来。看到女儿的凄惨样，她的心像刀割一样难受，女儿才34岁，头发已经全白了……

朱博背叛自己，甚至比朱博的离世对米朵的打击更加致命。米朵的梦境里全是自己拿着棍子追打责问朱博的场面，可是每次朱博都躲着自己，这让清醒过来的米朵更加的难过和伤心，她想不明白，朱博为什么那样对待自己?!

米朵哭着对母亲说：“我要下到阴间地府去责问他为什么那样对我？我要把他碎尸万段！”

母亲既担心又恐惧，更加憎恨女儿的不争气！母亲忍不住吼她："不用你碎尸万段，他早就变成灰了！你要想女儿变成孤儿，你就去找他去！你赔了整个青春你觉得还没赔够，你就把自己的一辈子再赔给他吧！我也懒得理你了！"

在房间外面偷听的女儿这时候冲进来死死地抓住米朵，撕心裂肺地哭着："妈妈，妈妈你不要离开我，我以后一定听你的话，我永远永远听你的话。我已经没有了爸爸，你不要离开我，你不要丢下我不管啊！"

女儿凄惨的哭喊让米朵的心痉挛起来：是啊，自己死了一了百了，女儿怎么办？她父亲在的时候也没多少时间管她，只有自己和女儿相依为命。她要有个三长两短的，女儿多凄凉。再说，母亲也骂得对，自己把整个青春都赔给了他，难道还要把自己的命都赔给他？值得吗?!

米朵知道跟一个死人计较是一点意思都没有的，但她还是无法从那种被欺骗被利用被践踏了情感的屈辱中解脱出来，她变得脾气暴躁，动辄拿女儿出气……那天洗澡，她突然发现自己白皙的乳房突出了一个明显的大包块，有着基本医学常识的米朵知道这情况非同一般。米朵第二天去医院检查，医生说是肿瘤，要等化验结果，看是良性还是恶性。

在等待化验结果的那段时间里，米朵是那样害怕自己就这样死去，她突然不想死了。她死了无爹无娘的女儿会很凄惨，她才三十多岁，她是那样的不甘心，她的上半辈子都在付出，她还没享受过真正的幸福，她还没看到女儿长大。现在，她才明白，当初朱博面对着死亡，他是何等的不甘心！他一定觉得自己的人生才刚刚开始，可老天却跟他开了那样的玩笑……米朵回忆起当时朱博过世的情景，最后的几天，朱博已经皮包骨，神智也已经不清醒了，但最后断气的那一刻，朱博却紧紧拉着米朵的手，深陷的眼窝里溢出了几滴眼泪，他除了不甘，一定也在跟她忏悔自己的罪过……

躺在医院的病床上，多日来纠缠自己的心魔突然就被自己赶走了。就算朱博再对不起自己，上天已经帮自己惩罚他了。想起朱博也一直在辛苦在拼搏，很爱女儿的他也还没机会看女儿长大就离开了，那些背叛、那些金钱，就算是让他提前多点享受吧。他这么年轻就离开人世，也真不值，他一定是带着很多遗憾很多痛苦而离开的……米朵突然就原谅了那个对不起自己的男人，不再怨恨不再计较，米朵只是祈祷自己的肿瘤是良性的，希望自己还有生还的希望……

也许是因米朵宽阔的胸襟，上帝没把她给收去，医生说只是良性肿瘤，开刀切除就好了。但劝她对生活要乐观，极度忧郁的情绪就是她乳房突然发生病变的原因。

一听是良性肿瘤，米朵竟然喜极而泣。她真的要好好珍惜生命了，生命真是太脆弱，说没就没了啊！

从医院回来，米朵涅槃重生，她的心境完全改变。她庆幸在朱博病重的时候自己没有知道他背叛自己的真相，如果知道，冲动之下，也许就不会医他陪他照顾他，如果那样做，多年以后，自己的良心是否安宁又怎么知道？女儿知道了内情这辈子又怎么想？现在，她终于释然，他是对不起她米朵，可是，她米朵却是太对得起他了。她的灵魂感到从没有过的宁静，她还要好好陪着女儿长大呢。女儿接下来就要读初中、读高中，学习越来越紧张，跟她在一起的时间也越来越少，等到她读大学、参加工作，就更没时间在一起了，现在跟女儿在一起的时间都是数着过的。于是，米朵很是珍惜跟女儿在一起的每分每秒，尽量地让女儿快乐开心。

米朵重新找了份工作，白天工作，晚上跟女儿一起学习。开始，米朵只是陪女儿学习，渐渐地，米朵对英语感兴趣起来，于是她花很多的时间和精力钻进去，这份时间和精力，足够她忘记以前所有的一切。米朵还没到40岁，她要重新开始自己的生活。

米朵开始用英语跟自己的女儿交流，渐渐地，她上网找志趣相投的网友沟通，好几位西方的朋友成了她的至交。他们都是基督教和天主教的教徒。他们给她传输的爱心和生活理念，让米朵心胸和视野越来越开阔。原来这世界这么大，所有生活的苦难都是上帝对自己的恩泽，都可以变成自己人生的财富和经验。米朵不会因为过去的苦难和不幸而拒绝后半生的爱情与美好，只是，米朵明白：自己的后半辈子一定会活得比之前更淡定更从容了……

图书在版编目（CIP）数据

嫁个好男人 / 苏彦兰 著. -- 北京 : 作家出版社，2015. 12

ISBN 978-7-5063-8393-6

Ⅰ. ①嫁… Ⅱ. ①苏… Ⅲ. ①散文集 - 中国 - 当代 Ⅳ. ①I267

中国版本图书馆CIP数据核字（2015）第244124号

嫁个好男人

作　　者：苏彦兰
责任编辑：郑建华　李　雯
装帧设计：梦　石
出版发行：作家出版社
社　　址：北京农展馆南里10号　　**邮　　编**：100125
电话传真：86-10-65930756（出版发行部）
86-10-65004079（总编室）
86-10-65015116（邮购部）
E-mail:zuojia@zuojia.net.cn
http://www.haozuojia.com（作家在线）
印　　刷：三河市北燕印装有限公司
成品尺寸：165×240
字　　数：385千
印　　张：21.25
版　　次：2015年12月第1版
印　　次：2015年12月第1次印刷
ISBN 978-7-5063-8393-6
定　　价：32.00元